毛澤東的新世界

三十‧三十書系

毛澤東的新世界
中華人民共和國初期的政治文化

洪長泰　著

麥惠嫻　譯

中文大學出版社

■ 三十‧三十書系

《毛澤東的新世界：中華人民共和國初期的政治文化》

洪長泰 著
麥惠嫻 譯

繁體中文版 © 香港中文大學 2019

國際統一書號 (ISBN)：978-988-237-128-6

本書根據 Cornell University Press 2010 年出版之
Mao's New World: Political Culture in the Early People's Republic 翻譯而成。

出版：中文大學出版社
香港 新界 沙田‧香港中文大學
傳真：+852 2603 7355
電郵：cup@cuhk.edu.hk
網址：www.chineseupress.com

■ 30/30 SERIES

Mao's New World: Political Culture in the Early People's Republic (in Chinese)
By Chang-tai Hung
Translated by Wai-han Mak

Traditional Chinese edition © The Chinese University of Hong Kong 2019
All Rights Reserved.

ISBN: 978-988-237-128-6

Mao's New World: Political Culture in the Early People's Republic
by Chang-tai Hung, originally published by Cornell University Press.

Copyright © 2010 by Cornell University

This edition is a translation authorized by the original publisher via Big Apple Agency Inc.

Published by The Chinese University Press
The Chinese University of Hong Kong
Sha Tin, N.T., Hong Kong
Fax: +852 2603 7355
Email: cup@cuhk.edu.hk
Website: www.chineseupress.com

Printed in Hong Kong

群峰並峙　峰峰相映

《三十‧三十書系》編者按

　　在中國人的觀念裏，「三十年為一世，而道更也」。中華人民共和國建國迄今六十餘年，已歷兩世，人們開始談論前三十年與後三十年，或強調其間的斷裂性及變革意旨，或著眼其整體性和連續性。這一談論以至爭論當然不是清談，背後指向的乃是中國未來十年、二十年、三十年以至更長遠的道路選擇。

　　《三十‧三十書系》，旨在利用香港中文大學出版社獨立開放的學術出版平台，使不同學術背景、不同立場、不同方法的有關共和國六十年的研究，皆可在各自的知識場域充分完整地展開。期待群峰並峙，自然形成充滿張力的對話和問辯，而峰峰相映，帶來更為遼闊和超越的認識景觀。

　　自2013年起，《三十‧三十書系》已推出兩批共十種著作。首批四種探討的都是集體化時期的農村、農民和農業，但由於作者的背景、研究方法不盡相同，作品之間的立場和結論甚至互相衝突，恰恰拼合出了一個豐富而多元的光譜。第二批則試圖突破中國研究領域傳統研究對象的局限，地域分隔造成的研究盲點和不同學科間的專業壁壘，尋找代表全球視野下具有前瞻性、成長性的研究方向，展現一幅更開闊而富有生機的中國研究圖景。這些作品在同一平台上呈現時自然形成的照應、互

補，乃至衝突和砥礪，正切合了《三十‧三十書系》所期待的學術景觀──群峰並峙，峰峰相映。

此次推出的最新三種為：

高崢（James Z. Gao）《接管杭州：城市改造與幹部蟬變（1949–1954）》、洪長泰《毛澤東的新世界：中華人民共和國初期的政治文化》與楊麗君《文革中的公民權競爭與集體暴力》。

三位作者所共同面對的議題是人民共和國建國早期新政權志在創造新社會、新文化、新階級的宏大計劃和實踐──從最初政策的實驗與建設，到其後的破壞與重建。1949年共產主義革命勝利之後，新政權如何著手對社會進行符合革命理想的全面改造，以確立其統治的合法性？它又如何試圖通過文化政策和宣傳運動，創造出一個新世界和新文化？而隨著國家權力在社會中的逐步滲透所確立的新制度結構，在文化大革命中又如何被衝擊破壞，並導致失控的集體暴力？

《接管杭州》被譽為研究共產黨接管中國城市的「一個標本著作」，其討論圍繞1949–1954年間中國共產黨「解放」大城市杭州的過程展開。1949年共產主義革命的勝利帶來了新的困境：革命者發現，政權的更迭並不足以確立統治的合法性，亟需在文化和社會層面對「舊社會」的城市做更深入的改造，將之塑造成符合革命理想的新城市。改造在幹部培訓、城市政策的討論與制定等方面陸續展開，從中可以看到，革命者改造城市的同時，城市也給革命者自身帶來種種如「蟬變」般的複雜變化。

《毛澤東的新世界》審視在人民共和國最初十年，中共如何通過不同領域的宣傳運動和文化政策創造出一個「新世界」，加強人民對社會主義國家的認同。蘇聯影響、民族主義訴求和中共的專制統治是起支配作用的三種因素，它們之間的角力體現在天安門廣場擴建等建國之初的重要工程中。這些新的政治文化形式藉由不斷收緊的管制手段得到推廣，然而並非無往不利，在諸如年畫等事例中遭遇民眾無聲的抵抗。《美國歷史評論》曾評價，本書為中共「如何通過文化圖像和符號塑造一種新的集體想像建立了一幅扎實全面的圖景」。

《文革中的公民權競爭與集體暴力》首次引入「公民權競爭」的概念，在「制度性空間」的分析框架之下考察文化大革命中的派系鬥爭與集體

暴力行為。人民共和國建立後，國家權力逐步滲透至社會各個角落，創造出等級森嚴的公民權分配制度。這一制度性空間遭到文化大革命的衝擊：國家無力提供社會穩定，群眾不得不在近乎無政府的狀態之下組建臨時同盟，為獲取公民權及與之掛鈎的政治、經濟與文化資源展開激烈競爭。本書「提供了甚具創見的制度論視角」，日文版於2005年獲日本大平正芳紀念學術獎。

　　書系第四批仍和之前一樣，兼收中、英文著作及譯著。本社一貫注重學術翻譯，對譯著的翻譯品質要求與對原著的學術要求共同構成學術評審的指標。因讀者對象不同，中文出版品將以《三十‧三十書系》標識出版，英文專著則以單行本面世。

　　「廣大出胸襟，悠久見生成」是香港中文大學的大學精神所在。以此精神為感召，本書系將繼續向不同的學術立場開放，向多樣的研究理路開放，向未來三十年開放，歡迎學界同仁賜稿、薦稿、批評、襄助。

　　有關《三十‧三十書系》，電郵請致：cup-edit@cuhk.edu.hk。

香港中文大學出版社編輯部

2019年6月

獻給惠嫻、明梅和明陽

目　錄

插圖目錄

中文版序

　　《毛澤東的新世界》中譯本終於出版了，對於作者來說，是感到特別欣慰的。理由有三：第一，這本書討論的是中華人民共和國建國初期的政治文化，涉及的是中國當代史，主要對象是華人讀者，所以用中文發表，是合適的。第二，此是英文原著的全譯本，沒有任何刪減，這在現今世界很多地方的學術自由正受到有形或無形的威脅下，是值得珍惜的。假若學術不能在自由的空間發展，必定會枯萎，變得毫無價值可言。第三，香港中文大學是譯者和作者的母校，此書能夠由中大出版社出版，對我們來說，有一種「回家了」的感覺。

　　本書是一本討論「新政治文化」的著作。有關這個題目的分析，我在「導言」中已經有詳細的交代，這裏就不贅述了。現在只把書中的研究方法簡單歸納一下，與讀者諸君討論：

　　(1) 新舊的研究：舊的政治史通常是研究典章制度、官方架構、政治精英等課題，而新的政治史是探索文化、空間、儀式、圖像、紀念等主題。但新、舊的政治史研究不是一個好壞優劣的問題。新的不一定是先進，舊的也不一定是落後。這裏沒有價值判斷的意思，只是觀點與角度不同而已。我們要明白，新的研究往往建基於舊的成果；而且今天的「新」，明天已經變成「舊」的了。研究學問，應該把新、舊方法兼容並包，達致相輔相成的結果。此書討論政治文化的傳播與演變，也分析決策者和官方機構 (例如中共中央宣傳部) 的策劃和運作，就是把新、舊

政治文化史的研究互用互補。學術研究絕不是追逐時尚理論，而是建基於扎實的資料，不說空話，並要拿出證據來。

(2)跨學科：此書借助不同學科的長處，來分析歷史現象。這些學科包括歷史、政治、建築、人類學、藝術、博物館學等。政治文化史是一極為複雜的問題，也只能透過不同學科的整合，才能一窺全豹。

(3)多元材料：此書用的材料除了歷史檔案外，還包括已解密的官方內部資料、城市設計記錄(廣場、建築物、紀念碑)、圖像宣傳(油畫、年畫、漫畫)、表演藝術(遊行、農村舞蹈、歌舞劇)、訪問(建築師、城市設計家、畫家、舞蹈員、博物館員)、調查(年畫銷量)等。把各類材料整合起來，從不同的角度去探討歷史事件。

(4)立體和動態的：歷史事件是發生在特定的時空中，受不同政治、社會、經濟和文化因素所影響，一直在變化。新政治文化史研究把政治課題視為持續演變的現象。一項政策的落實，往往是通過決策者的構思、討論、頒布、實施；同時也要注意這項政策是否為社會大眾所接受？實施時碰到甚麼難題？有沒有遇到反抗？民眾有否採取直接行動，為自己發聲？官方又會如何反應？這些演變過程，正好說明官方推行的政策，成果難料。所以研究者必須留意具體的歷史背景，明白特定的社會環境和政策的實際運作，才能看清箇中成敗真偽，不能空談抽象理論，切忌單憑想像去以管窺天。

(5)不同階層：舊的政治文化史比較注重典章制度，而新的政治文化史則多留意下層民眾的生活及政策推行時對他們的影響。「民眾」是一個籠統的稱號。事實上，不同民眾(例如工人和農民)很多時反應都不一樣。所以在研究時，要分析不同階層的回應和不同地域的差異，如此，才能對歷史事件有比較全面和正確的了解。

中譯本和英文原著在編排上主要有兩處不同的地方。第一是增加了圖片，由原來的66增至73幅，擴大了視覺效果。第二是把參考書目分為中、外文兩部分，方便讀者查閱。

這本中譯本能夠出版，我要特別感謝香港中文大學出版社的大力支持。這些年來，香港科技大學圖書館的同事一直幫忙搜集所需的參考資料，非常專業，我很感激他們。

最後要感謝妻子麥惠嫻。她用了無數心血、時間翻譯全書，繼而覆核資料，做校對和索引。沒有她的幫忙，這本中譯本是無法出版的。

洪長泰

2019年5月15日於香港

致　謝

　　本書的研究始於1990年代中。這項月復月、年復年的寫作，有賴朋友、同事、學者和家人給予的建議及鼓勵。本書作者特別要感謝董曉萍的幫忙。

　　許多前輩學者的思想啟發及精神支持，使我獲益良多。兩位特別值得一提的是薄松年和董錫玖。薄松年是位睿智而謙厚的學者，他把中國民間傳統和當代藝術領域的廣博知識，無私地介紹給我。董錫玖的專業是中國舞蹈研究，本身又是舞蹈家。她親切又耐心地展示了表演藝術是一門獨特的途徑，有助我了解中國的政治文化。此外，李準與林洙的慷慨支持和中肯建議，也令我萬分感激。

　　在學術界的朋友與同事中，歐達偉（R. David Arkush）、陳永發、馮耀明和鄭樹森都樂於分享他們的研究心得。翟志成、張灝、張洪年、莊錦章、朱鴻林、高辛勇、雷競璇、陸國燊、沈志華、丁邦新諸位，都給我不少建議和鼓勵，謝謝他們！幾位優秀的研究生，尤其是潘淑華和許國惠，在搜集報章資料方面幫了不少忙。

　　許多城市規劃家、建築師、藝術家、博物館學者在過去15年來接受了我的訪問，有些人甚至不止一次，我是銘記於心的。他們很多是1950年代中華人民共和國初期參與國家建設的重要人物。這些專家的回憶提供了獨特觀點，顯現了一個新生國家在文化和政治建設的背後，還是離不開種種辯論、複雜的政治和深厚的感情。在本書的註腳中，有提

及名字的受訪者，我已經註明出處並表謝意；對那些不便公開名字的人，我更要在此深表感激。

本研究受惠於多個檔案館、圖書館及館員所提供的資料。我要特別感謝的是北京市檔案館、上海市檔案館及台灣的國史館和國民黨黨史館。在香港更得到香港科技大學圖書館工作人員的幫忙，他們是那麼專業和能幹。

此書的研究和出版經費，多蒙以下幾個單位資助：香港研究資助局、利希慎基金會及香港科技大學人文社會科學學院，謹此致謝。

瑞塔·伯恩哈德（Rita Bernhard）為本書的初稿文字加以潤色。我特別要感謝康奈爾大學出版社的編輯羅傑·海頓（Roger Hayden）。他一開始就對此書稿充滿信心，大力支持此書的出版。另一編輯安琪·羅美奧荷（Ange Romeo-Hall）也提供了不少幫助。還要感謝凱蒂·美茲（Katy Meigs），她為本書的定稿本，作了最終的文字修飾。

最後，我要感謝長女明梅與小兒明陽。他們與這本書一起成長，盡量忍受父親長年累月專注於寫作。他們是我快樂與靈感的泉源。我最要感謝的是妻子麥惠嫻。在無數的日子裏，她給我多方面的關懷與愛護。她既是書稿的首位讀者，又是出色的評論者和熱心的支持者。我謹以此書獻給妻子及兩位兒女。

本書徵引過我曾發表的論文，並經修改。我要多謝下列出版社允許引用原文：

(1) "Repainting China: New Year Prints (*Nianhua*) and Peasant Resistance in the Early Years of the People's Republic," *Comparative Studies in Society and History*, Vol. 42, No. 4 (October 2000), pp. 770–810;

(2) "Revolutionary History in Stone: The Making of a Chinese National Monument," *The China Quarterly*, No. 166 (June 2001), pp. 457–473;

(3) "The Dance of Revolution: *Yangge* in Beijing in the Early 1950s," *The China Quarterly*, No. 181 (March 2005), pp. 82–99;

(4) "The Red Line: Creating a Museum of the Chinese Revolution, " *The China Quarterly*, No. 184 (December 2005), pp. 914–933;

(5) "Mao's Parades: State Spectacles in China in the 1950s," *The China Quarterly*, No. 190 (June 2007), pp. 411–431;

(6) "Oil Paintings and Politics: Weaving a Heroic Tale of the Chinese Communist Revolution," *Comparative Studies in Society and History*, Vol. 49, No. 4 (October 2007), pp. 783–814; and

(7) "The Cult of the Red Martyrs: Politics of Commemoration in China," *Journal of Contemporary History*, Vol. 43, No. 2 (April 2008), pp. 279–304 (© Sage Publications Ltd).

導　言

　　諸位代表先生們，我們有一個共同的感覺，這就是我們的工作
將寫在人類的歷史上，它將表明：佔人類總數四分之一的中國人從
此站立起來了。中國人從來就是一個偉大的勇敢的勤勞的民族，只
是在近代是落伍了。這種落伍，完全是被外國帝國主義和本國反動
政府所壓迫和剝削的結果……我們團結起來，以人民解放戰爭和
人民大革命打倒了內外壓迫者，宣佈中華人民共和國的成立了。[1]

　　　　——毛澤東：〈中國人民站起來了〉，1949年9月21日
　　　　在中國人民政治協商會議第一屆全體會議上的開幕詞

　　毛澤東主席 (1893–1976) 宣佈「中國人民站起來了」時，不僅是指中
華人民共和國將於10月1日在天安門廣場正式成立，這位政治宣傳高手
說的這句話，還帶有強烈的象徵意義，表明這個國家已經重新建立，脫
離受盡屈辱的歲月，徹底消滅了自晚清以來的帝國主義侵略。「站起來
了」這句話向世人宣告中國艱苦的近代歷史的終結。昔日政局不穩、戰
爭頻仍、社會動盪、經濟落後、人民流離失所和飽受外國侵略的日子已

1　毛澤東：〈中國人民站起來了〉，《毛澤東選集》，5卷本 (北京：人民出版
　　社，1952–1977)，第5卷，頁4–5。

成過去。最後中國取得了渴望已久的和平與統一，看來好像一個新時代終於來臨。

雷蒙・威廉斯（Raymond Williams）指出，關鍵詞能反映一個社會的本質，有助我們了解社會現實和政治變化。[2]然而，對毛澤東和中國領導層來說，語言，尤其是革命語言，即激昂的口號、愛國歌曲以及政治術語，包括「站起來了」一詞，都是一種有感染力和有效的工具，有助交流和說服工作。這些口號和演說由於能夠振奮人心，比起深奧的馬克思理論更易為普羅大眾接受。這些口號，通常帶有深刻情感，是用來支持中國共產黨的執政和說明它的統治理念。

當然，毛澤東和中國領導層並非最早明白語言的重大影響力的共產黨人。比他們更早的是蘇聯布爾什維克黨，為了傳播政治訊息，使用了大量的術語，包括「革命」（*revoliutsiia*）、「起義」（*vosstanie*）和「人民」（*narod*）等。[3]不過，中國共產黨運用政治語言更加熟練。延安時期（1936–1947）或之前，各種激動人心的語句和口號，如「解放」、「翻身」和「起義」，已成為中共革命詞彙中必不可少的部分。[4]這些詞語能給黨員一種患難與共的感覺，但同樣激烈的政治語言也可用來形容和妖魔化「革命敵人」，使好與壞黑白分明。毛澤東眼中的革命敵人隱藏在每一暗角，即使在光天化日下也壞事做盡。他稱這些人為「帝國主義的走狗」、「反革命分子」、「特務」和「惡霸」。[5]在毛澤東的名單中，居於國內邪惡

2　Raymond Williams, *Keywords: A Vocabulary of Culture and Society*, rev. ed. (New York: Oxford University Press, 1989), pp. 11–26.

3　Frederick C. Corney, *Telling October: Memory and the Making of the Bolshevik Revolution* (Ithaca: Cornell University Press, 2004), pp. 8–9；see also Orlando Figes and Boris Kolonitskii, *Interpreting the Russian Revolution: The Language and Symbols of 1917* (New Haven: Yale University Press, 1999), pp. 104–152.

4　例如《解放日報》；又參考William Hinton, *Fanshen: A Documentary of Revolution in a Chinese Village* (New York: Vintage Books, 1968); 毛澤東：〈戰爭和戰略問題〉,《毛澤東選集》，第2卷，頁536。

5　毛澤東：〈關於鎮壓反革命〉，中共中央文獻研究室編：《毛澤東文集》，8卷本（北京：人民出版社，1993–1999），第6卷，頁117。

勢力與帝國主義走狗之首的，就是國民黨領導人蔣介石(1887–1975)。[6]

　　本書作者認為，中共操控的政治語言，是它創造的新政治文化的眾多形式之一，在建國初期為共產革命賦予意義。中國共產黨的革命，不應僅視為近代中國的政治、經濟和社會制度的徹底變革，更重要的，是一種新的政治文化的興起與推動，由執政黨為政治目的而獨斷實行。中共創造的一系列新政治文化形式，在執政初期能解決迫在眉睫的需要，以鞏固它對國家的控制，證明它的合法地位，及在全國培植新的社會主義文化。有一點可以肯定，毛澤東和黨高層認為，與敵人的鬥爭，不僅是武裝對抗或社會衝突，還基本上是為了正確的意識形態和徹底改變中國文化本質而戰。為了穩固政權而採取這些手法，其種種原因也許從中共1949年10月掌權時所面對的實況可以得知一二。

歷史背景

　　中共在1949年10月面對種種棘手的問題：社會分裂、經濟崩潰、人心惶惶，且國外普遍存有敵意，中共政權的合法地位旦夕不保，而黨幾乎沒有準備去接管一個久經戰亂的國家，社會隨時失控。

　　早在國共內戰期間(1946–1949)，國民黨兵敗如山倒，共軍極速地擊敗對方也出乎中共高層意料。他們雖然滿懷革命樂觀主義，但對接管一個百廢待興的國家，也不敢等閒視之。為應付新的挑戰，不得不馬上作出重大的決定。在1949年3月舉行的一次重要會議上，中共中央委員會決定「黨的工作重心由鄉村移到了城市」。[7]這個重要政策的轉變，實際上早在1945年4月於延安舉行的中共第七次全國代表大會上就已出現。當時毛澤東號召黨代表「需要用很大的力量轉到城市，準備奪取大

6　毛澤東：〈中國人民站起來了〉，《毛澤東選集》，第5卷，頁4。

7　毛澤東：〈在中國共產黨第七屆中央委員會第二次全體會議上的報告〉，《毛澤東選集》，第4卷，頁1428。

城市。」其中所提到的大城市包括北平和天津。[8]

但是共產黨人對於管理中國的大城市，可算是毫無經驗。1949年毛澤東警告那些過往以農村為根據地的共產黨人，今後管理城市會是一項極為艱巨的任務，「屆時很可能覺得打仗還比較容易些」。[9]國民黨政府的迅速垮台，亦意味着一個合法卻無效的行政機關突然瓦解，隨即也失去了日常管理的能力。因此中共高層極度憂慮，他們嚴重缺乏可以信賴的幹部去維持基本法治。早在1947年佔領東北後，中共就不得不調動數千名忠誠的黨員到新佔領區去維持基本的管治，就如梁思文(Stephen Levine)所指出的那樣。[10]這種危急情況到了1949年，隨着勝利的臨近而變得更加迫切，例如1949年5月佔領杭州後，共產黨只好再次將大批剛受訓完畢的山東幹部派往這座南方城市去負責行政工作。[11]

中共為了確保順利接管並迅速恢復民眾信心，在大部分公開的講話中都避重就輕地少談階級鬥爭和對抗，反而選擇提出「人民民主專政」原則下的統一戰線。這個原則亦即毛澤東所說的：「人民民主專政的基礎是工人階級、農民階級和城市小資產階級的聯盟，而主要是工人和農民的聯盟。」[12]到了1953年，逐步的社會主義改革已發展成斯大林式的社會與經濟發展模式，支援急速工業化發展。隨後幾年的政府運作似乎都按此計劃進行，到了1957年，中共領導人已經取得了顯著的成果：農村改造促成土地重新分配；工業國有化；1950年代初在城市展開「三反」、

8　毛澤東：〈在中國共產黨第七次全國代表大會上的口頭政治報告〉，《毛澤東文集》，第3卷，頁332–333。

9　薄一波：《若干重大決策與事件的回顧》，修訂本，2卷本（北京：人民出版社，1997），上卷，頁17。

10　Steven I. Levine, *Anvil of Victory: The Communist Revolution in Manchuria, 1945–1948* (New York: Columbia University Press, 1987), pp. 162–168.

11　James Z. Gao, *The Communist Takeover of Hangzhou: The Transformation of City and Cadre, 1949–1954* (Honolulu: University of Hawai'i Press, 2004), pp. 42–64.

12　毛澤東：〈論人民民主專政〉，《毛澤東選集》，第4卷，頁1483。

「五反」運動，前者整頓官僚主義，後者打擊資產階級的非法經營；1954年公佈了新憲法；中國的國際地位提升，首先是令世界上最強大的國家不得不停止韓戰，然後是在1955年參加萬隆會議，提高了國際聲望；又根據蘇聯模式制定「第一個五年計劃」(1953–1957)，均取得重大成就。因此，歷史學家認為中華人民共和國最初幾年是達致鞏固、建設、發展和穩定的黃金時代。

誠然，在人民共和國鞏固政權的初期，碰到了不少難題：兩個例子是1954年高崗(1905–1954)和饒漱石(1903–1975)的政治事件以及1955年波及全國的反胡風運動。近年來基於新解密的檔案而做的學術研究，也顯示出中共大力控制社會，尤其是在農村實施強制土地改革，又在1950年代初推動殘酷的「鎮壓反革命」運動，引致七十多萬人被殺。[13] 1956至1957年間，政府倡導的「百花齊放」運動，給予知識分子和文藝工作者較大的表達空間。但是，表達空間開放了，卻帶來一連串針對政府尖銳的批評，這又導致黨在1957年中展開「反右運動」。這個運動最後導致50萬知識分子、文藝工作者及專業人士受到種種政治迫害。雖然如此，很多人卻認為，到1957年為止，當權者已經取得了相當程度的成就，尤其是穩定了政治局面。可是這些成就卻激發滿懷自信的毛澤東又在1958年發動了全面的「大躍進」運動，產生了急進和浮誇的後果。我們不禁要問：中國共產黨取得成功是基於哪些原因呢？

早年西方對中華人民共和國建國初期歷史的學術研究，主要集中在共產黨鞏固政權方面。兩個顯著的例子為傅高義(Ezra Vogel)對中共在南方城市廣州鞏固政治組織的研究，[14] 以及李侃如(Kenneth Lieberthal)關

13　Julia C. Strauss, "Paternalist Terror: The Campaign to Suppress Counter-revolutionaries and Regime Consolidation in the People's Republic of China, 1950–1953," *Comparative Studies in Society and History*, Vol. 44, No. 1 (January 2002), pp. 80–105; Yang Kuisong, "Reconsidering the Campaign to Suppress Counterrevolutionaries," *China Quarterly*, No. 193 (March 2008), pp. 102–121.

14　Ezra F. Vogel, *Canton under Communism: Programs and Politics in a Provincial Capital, 1949–1968* (Cambridge: Harvard University Press, 1969).

於中共在天津這個北方大城市如何控制重要經濟企業和動員群眾運動的專著。[15]不過，1949年以後中共建立的新社會，其範圍遠超政治及組織的重整，還包括對中國文化的廣泛改革。毛澤東和黨領導人明白，要贏得人民的誠心支持，就必須把軍事勝利轉化為改變全國的文化。然而，對這樣關鍵的文化改革，卻甚少人研究。

近幾十年來，學者們運用以往未經發掘的歷史資料，及新的藝術與文學理論，去探討1950年代發生的大規模文化與文學的變化。新的研究方向包括通俗戲、政治劇和鄉村戲曲的研究、[16]中國政治語言、[17]官方藝術政策、藝術家在黨控制下的困境、[18]中國電影、[19]西方音樂與毛澤東思想的衝突，[20]以及黨對作家和知識分子的控制。[21]近期有學者探討一些新領

---

15 Kenneth G. Lieberthal, *Revolution and Tradition in Tientsin, 1949–1952* (Stanford: Stanford University Press, 1980).

16 Rudolf G. Wagner, *The Contemporary Chinese Historical Drama* (Berkeley: University of California Press, 1990); Xiaomei Chen, *Acting the Right Part: Political Theater and Popular Drama in Contemporary China* (Honolulu: University of Hawai'i Press, 2002); R. David Arkush, "Love and Marriage in North Chinese Peasant Operas," in *Unofficial China: Popular Culture and Thought in the People's Republic*, ed. Perry Link, Richard Madsen, and Paul G. Pickowicz (Boulder: Westview Press, 1989), pp. 72–87.

17 Michael Schoenhals, *Doing Things with Words in Chinese Politics: Five Studies* (Berkeley: Institute of East Asian Studies, University of California, 1992).

18 Julia F. Andrews, *Painters and Politics in the People's Republic of China, 1949–1979* (Berkeley: University of California Press, 1994); Ellen Johnston Laing, *The Winking Owl: Art in the People's Republic of China* (Berkeley: University of California Press, 1988).

19 Paul Clark, *Chinese Cinema: Culture and Politics since 1949* (Cambridge: Cambridge University Press, 1987).

20 Richard Curt Kraus, *Pianos and Politics in China: Middle-Class Ambitions and the Struggle over Western Music* (New York: Oxford University Press, 1989).

21 Timothy Cheek, *Propaganda and Culture in Mao's China: Deng Tuo and the Intelligentsia* (Oxford: Clarendon Press, 1997); Merle Goldman, *China's Intellectuals: Advise and Dissent* (Cambridge: Harvard University Press, 1981).

域,包括1949年共產黨奪取杭州後,遵照官方的政治目標而推行的地方戲劇改革,[22] 以及對傳統相聲這門通俗表演藝術的改造,將它變成人民共和國初期的社會主義教育工具。[23] 這些新的研究無疑富有創見,但都比較片面,並沒有探討中共對文化的全盤改革,也沒有分析中共是怎樣有系統地利用文化作為一種宣傳工具。它們更鮮有涉及官方文化形式的製作、傳播、與觀眾的接觸、群眾的接受程度和被群眾挪用的種種複雜過程。過去的研究還忽略了對革命語言的探討,如毛澤東所說的「站起來了」這類政治口號。本書運用跨學科的研究方法,綜合史學、文化及人類學對符號、儀式、圖像的分析,探討中共為了鞏固政權,如何在建國初期推出新的政治文化,將中國變成一個宣傳大國。中共透過建造具有愛國與文化主題的巨型建築物,並且發動大規模慶祝遊行,利用油畫和年畫來廣泛宣傳,以及改寫中共黨史來達到這個目標。本書建議使用更綜合的手法去研究權的運作:考察政府推行的一大批新的政治文化的形成、傳播與實施,以及對民眾的影響。這些官方形式有些是新創,有些是經過改造,雖然加添了那一時期的特色,但不少都是根據1949年之前,特別是延安時期的模式來發揮,用來強調和推動中共的政治目標。

政治文化

「政治文化」(political culture) 一詞是由美國政治學者於1950年代提出來的。這個詞的概念非常模糊,很難下定義。[24] 在本書中它指的並非政治體制和官方架構,而是指由最高權力機關創造出來的一些大眾的共

---

22 Gao, *Communist Takeover of Hangzhou.*

23 Perry Link, "The Crocodile Bird: Xiangsheng in the Early 1950s," in *Dilemmas of Victory: The Early Years of the People's Republic of China*, ed. Jeremy Brown and Paul G. Pickowicz (Cambridge: Harvard University Press, 2007), pp. 207–231.

24 Gabriel A. Almond and Sidney Verba, *The Civic Culture: Political Attitudes and Democracy in Five Nations* (Newbury Park: Sage Publications, 1989), pp. 1–44.

同價值觀、願景、態度和期望。這些集體價值觀強調了政治在日常生活中的重要影響，而且它們是透過符號、儀式、語言和圖像表達出來。政治領導人利用它們來推動自己的政策、製造社會輿論和壓制反對勢力。雖然這些集體價值觀來自管治精英，但創造的過程卻絕非單向的、自上而下的壓制，決策者必須不停地調整策略，以應付來自下層的迴響，甚至抵制。因此這是個經過協商的過程，而且不斷改變，雖然到最後總是當權者佔盡上風。本書強調宣傳與操縱在中國的政治文化中所起的作用，並指出中共是透過有系統的思想教化與管制，把它的政治理念灌輸給人民。

傳統馬克思主義者認為文化是由社會階級塑造，而社會階級則主要由經濟條件及生產關係所決定。長久以來，反對馬克思理論的人，認為這種看法過於簡單化和公式化。研究法國大革命的學者中，最著名的弗朗索瓦‧傅勒 (François Furet)、莫娜‧奧祖夫 (Mona Ozouf) 和琳‧亨特 (Lynn Hunt) 等人，持不同觀點。[25] 傅勒批評馬克思的革命教義和經濟決定論，他依據盧梭 (Rousseau) 的觀點，再三強調在法國大革命時，是政治而非經濟力量影響了群眾的價值觀和思維。他指出政治是社會生活的基礎，主導民眾的行為。[26] 正如莫里斯‧阿居隆 (Maurice Agulhon) 和琳‧亨特在他們的著作中所說的那樣，在法國大革命時，這種強調政治影響社會的觀念，變得更加明顯，如革命派以三色帽徽、自由樹和節慶等形式來重新塑造群眾的價值觀和公民權力。[27]

---

25 François Furet, *Interpreting the French Revolution*, trans. Elborg Forster (Cambridge: Cambridge University Press, 1981); Mona Ozouf, *Festivals and the French Revolution*, trans. Alan Sheridan (Cambridge: Harvard University Press, 1988); Lynn Hunt, *Politics, Culture, and Class in the French Revolution* (Berkeley: University of California Press, 1984).

26 Furet, *Interpreting the French Revolution*, pp. 28–61.

27 Maurice Agulhon, *Marianne into Battle: Republican Imagery and Symbolism in France, 1789–1880*, trans. Janet Lloyd (Cambridge: Cambridge University Press, 1981); Hunt, *Politics, Culture, and Class*.

　　傅勒和阿居隆對法國大革命的研究，是屬於政治文化研究中的一種新趨勢。這種趨勢汲取人類學、社會學和藝術（尤其是肖像畫）的理論，並開闢了歷史研究與分析的新途徑。此類跨學科的研究方法，令學者探討法、俄、英和西班牙等國的傳統君主政體，[28] 及德國、蘇聯和意大利的當代政治體制時，[29] 得出很多有啟發性的成果。儘管學者的研究方法不同，研究的政治體系各異，但我們仍能從他們對政治文化的探討中，發現一些共同點。

　　第一個共同點是把政治體制視為一種嚴謹有序、連貫一致的結構，由中央從上而下加以管控。克利弗德‧格爾茨（Clifford Geertz）稱之為「主體理念」（master fictions）形式，由一個明確的政治中心統治，並借助「一系列故事、慶典，和徽章」來說明其政權的目標。[30] 在近代共產政治體制中，執政黨擔當主要的決策角色。它推行一套新的政治秩序，大都是透過重新創造及不斷重複政權的主體理念而呈現出來。舉例說，布爾什維克是根據自己的信念來闡釋歷史。它擁有軍事實力和通過嚴厲的控制，改寫國家歷史，只強調某些歷史事件，甚至製造新的傳統去維護政權。[31]

　　第二個共同點是這些跨學科研究都強調政治符號的作用。歷史學家受人類學、社會學和藝術研究的理論所啟示，開始不從制度和官僚架構

28　例如，參考 Sean Wilentz, ed., *Rites of Power: Symbolism, Ritual, and Politics since the Middle Ages* (Philadelphia: University of Pennsylvania Press, 1985); Jonathan Brown and J. H. Elliott, *A Palace for a King: The Buen Retiro and the Court of Philip IV* (New Haven: Yale University Press, 1980).

29　例如，參考 James von Geldern, *Bolshevik Festivals, 1917–1920* (Berkeley: University of California Press, 1993); Simonetta Falasca-Zamponi, *Fascist Spectacle: The Aesthetics of Power in Mussolini's Italy* (Berkeley: University of California Press, 1997).

30　Clifford Geertz, *Local Knowledge: Further Essays in Interpretive Anthropology* (New York: Basic Books, 1983), pp. 124, 146.

31　Corney, *Telling October*, pp. 126–148.

的角度去研究政治,而是從文化與象徵符號的互動和協調角度去看。政治符號由語言(口號、講話)和非語言(儀式、神話)組成。歷史學家透過探索口號、國家儀式、典禮和花車巡遊等多種途徑,可以深入研究政治符號對社會可能產生的影響。例如隨處可見的錘子鐮刀象徵,代表的是共產國家裏工人與農民的團結,以此強調新的政權與被共產黨推翻的舊政府之間的區別。

第三個共同點是這些學術研究對圖像的密切關注,尤其是政府如何利用圖像去影響社會輿論。這種重視用圖像去理解複雜文化現象的趨勢,被米歇爾(W. J .T. Mitchell)稱為「圖像轉向」(pictorial turn),是鼓勵歷史與藝術作更有效的交流。[32] 從政治層面來看,官方選擇利用視覺形式如圖片、肖像、服飾、手勢,通常都有其政治目的。官方圖像跟法令和公文一樣,可被視為展現政府或領導人對國家發展的鴻圖大計。油畫、漫畫、版畫和海報等呈現出來的領導人肖像,能提供探究政治內情的重要線索。

本書建基於這些學者的創新研究理論,審視中共建國的最初十年,官方如何創造新的政治文化形式,並以不斷收緊的管治手法,按照自己的意願去改造中國。透過國家推行的政治文化形式如空間、語言、圖像和符號等形式,讀者可以看到中共如何建立其政治風格和鞏固其合法統治權。

本書所指的政治,有更為廣泛的含義,它並非單指官方機構、組織、政令與決策,也非僅指領導人及其管治方法。說得確切點,本書研究的政治,是看官方怎樣制定、實施和推行政策,並透過政治符號,如遊行、博物館和新年畫,傳遞政治思想給民眾的過程。故此本書是對權力的一種研究,集中分析官方與民眾之間的社會關係,也研究這些政治文化形式如何隨着時間而演變,以應付1950年代不斷轉變的政治實況,其中最主要的策略是共產黨動員群眾的計劃。中共依照列寧主義,

---

32　W. J. T. Mitchell, *Picture Theory: Essays on Verbal and Visual Representation* (Chicago: University of Chicago Press, 1994), pp. 11–34.

建立嚴密的黨組織及壟斷傳媒和其他文化活動，發動了接二連三的大型群眾運動，如1950年代初遍及全國的抗美援朝運動，以此推行社會主義思想和群眾教育。這些政治文化形式並非簡單地順應當時的政治與社會變化，它們是官方製造出來的，透過中共中央宣傳部（俗稱中宣部）及文化部的監視和控制，用來積極宣傳社會主義的美好明天，激發群眾堅定不移地跟黨走。但官方政策卻碰到一個問題：民眾對強加下來的意識形態，並非全盤接受，往往用有異於官方的觀點，去理解、爭論及抵制，結果是出乎官方的意料。

本書研究範圍

第一部分：空間

本書第一部分（第1、2章）探討在新首都北京的政治空間的意義：首先討論天安門廣場的擴建，它是人民共和國立國初期創造的神聖中心；繼而討論1950年代末十大建築的興建。

西方學者近年來對人民共和國初期天安門廣場和北京的主要政治建築，漸感興趣。巫鴻的《重造北京：天安門廣場和政治空間的創造》，是反映這些研究興趣的例子。[33] 不過，巫鴻的書是從藝術史角度入手，著重的是美學、象徵符號和宏偉建築。就本書作者所知，沒有任何學術研究真正深入探討過天安門廣場和其他主要建築物的政治意義。此書第一部分的目的是透過歷史文化、制度和比較研究的方法來填補這個空白。作者根據未被發掘的檔案資料，及訪問當年參加過這批重大工程而仍健在的建築師，來審視各種爭議、官方機構的操縱及外國（特別是蘇聯）的影響。

當北平這個昔日受國民黨控制的城市，在1949年10月1日回復其1928年之前的名稱北京，並成為社會主義中國的首都時，這座古老的名

---

33 Wu Hung, *Remaking Beijing: Tiananmen Square and the Creation of a Political Space* (Chicago: University of Chicago Press, 2005).

城立即被賦予了重要的象徵意義。毛澤東與其他高層領導明白，為了改變中國，他們不但要著手改造這個國家的意識形態，還需要改造它的政治空間，因此設計全新的社會主義首都成了首要任務。北京重建的第一步是擴建天安門廣場。這個當年被高牆圍繞的廣場，位於故宮正門天安門的南面。廣場擴建從1949年開始，經歷幾個階段，主要由北京市委官員、蘇聯顧問、建築師和城市規劃家共同努力完成，由中共中央主導每一步驟。直到1959年擴建工程才基本完成，趕及慶祝中華人民共和國成立十週年。廣場面積已擴大到44公頃，位列世界上最大的政治廣場之一。

許多中共領導人到訪蘇聯，參觀過紅場後讚歎不已。[34] 他們受到紅場啟發，早就認為在鞏固政權的關鍵時刻，於首都開闢一片廣闊的空間，是展示國家地位的最佳方法。奧祖夫研究空間佈局與建築在法國大革命中所起的作用，她認為由於垂直形態象徵從上而下的統治，革命派的設計師選擇了開放的、橫向的露天空間來代表開放的社會。她說：「在戶外、在正常和中立的自由空間裏，一切區分似乎都不復存在。」[35] 然而天安門廣場從最初開始便有截然不同的構思。中國的城市規劃家、建築師和來華的蘇聯顧問，一開始便為這個城市中心未來的形狀爭論不休，但最後的決定權還是落在中共中央領導層手裏。結果落成的是一座巨大的、受緊密監視的長方形廣場，可容納大型的政治集會；而更重要的是便於舉行國家大遊行，尤其是每年的五一勞動節和國慶日的慶祝活動。擴建後的天安門廣場在規模和氣勢上均超越了它的對手莫斯科紅場。

天安門廣場的擴建僅是實現中國空間政治的第一個重大工程。第二個工程是1950年代在首都興建十座大型建築物，俗稱「十大建築」。這批建築在1958年開始建造，一年時間便告完成，速度之快是前所未有，規模也極之宏大。十大建築當中有中國革命博物館和中國歷史博物

---

34 例如，參考瞿秋白：〈赤都心史〉，《瞿秋白文集》（北京：人民文學出版社，1985），第1卷，頁144–146。

35 Ozouf, *Festivals and the French Revolution*, pp. 126–157.

館及人民大會堂，置於天安門廣場東西兩側。它們所處的位置有象徵意義，用來展示共產黨的至高無上權力。

十大建築是共產黨一篇勝利宣言，慶祝新政權最初十年的輝煌成就。這些宏偉建築物是中共舉行國慶大典時，可以看到及觸摸到的明顯實證。對毛澤東和中央領導人來說，這個工程表明中國不再是一個落後國家，而是已經踏足世界舞台的巨人。在首都興建大型建築物和擴展天安門廣場，並在大躍進狂熱的歲月中完成，就是要在建築成就上比得上或甚至超越蘇聯，繼而逐步成為共產世界的中心。

天安門廣場是世界上數一數二的大型戶外廣場，常被稱為「人民廣場」。[36]但廣場從不屬於人民，也不是毫無保留的開放給大眾，那即是説並非自由和無監管的開放。國家在廣場發起的大型集會，經常掀起高漲的民族主義情緒，是按官方的劇本，在嚴密監控和規限了的場景中演出。

第二部分：慶典

本書第二部分（第3、4章）討論慶祝活動。這兩章集中探討政治舞蹈（重點是秧歌）和國家大遊行，這兩種大眾慶典是中共新政治文化的另一重要部分。秧歌源自華北地區，是一種常見的農村舞。在人民共和國成立之初，這種農村舞經過改造，時常用來慶祝新政權的誕生。遊行是1950至1960年代在北京及其他大城市，每年勞動節和國慶日都會舉行的活動，慶祝在中共領導下新政權所取得的成就。政治因此成了一場好戲及表演舞台，在街上多姿多彩的演出旨在對觀眾製造出最激動人心的效果。

我們該怎樣去研究這些群眾戲呢？維克多・特納（Victor Turner）建議：「我們必須觀看他們的現場表演，還有其演變與形成，這些都是表

36　侯仁之、吳良鏞：〈天安門廣場禮贊——從宮廷廣場到人民廣場的演變和改造〉，《文物》，第9期（1977年9月），頁1–15。

演過程中最重要的部分。」[37]秧歌和慶典大遊行的最佳研究確實是在街頭和活動中進行。唯有這樣，我們才能體會這些盛大群體表演的動態與複雜程度。有別於鄉間祈求多產和豐收的活動，這裏討論的秧歌和遊行兩種中共慶典形式，都是政治表演，由官方監督並在開闊但受控制的場地進行。

建國初期流行的秧歌舞，並非新鮮事物；借用艾瑞克・霍布斯邦（Eric Hobsbawm）所説的，只是一種「創造的傳統」（invented tradition）。[38]1949至1950年在中國大城市街頭出現的新秧歌，是從延安時期的表演形式中，得到啟發並加以發揮。因此，1949年的新秧歌與延安秧歌沒有太大的分別，人們見到的是新舊時期廣泛的文化延續。延安時共產黨對舊秧歌中的鬼神與不雅內容極為不滿，很快便將它改造成一種新的「鬥爭秧歌」。[39]這種新舞蹈加入了階級鬥爭的主題，成為一種與共產黨有密切關連的政治灌輸工具。

中共在1949年取得政權時，便將這改造過的鄉村舞蹈引入城市，秧歌便立刻用來表達了社會主義政權的觀點。很多住在城市的人，最初並不接受這種農村舞。共產黨從不隱瞞新舞蹈的根源，他們宣告秧歌出自農村文化是明智之舉，因為農村被視為民間智慧的寶庫，也是共產黨獲得極為重要支持的地方。1950年代初，中共藝術家創作了新的秧歌舞蹈劇來傳遞社會主義訊息和民族主義訴求。中共透過歌舞劇，試圖創立本書作者所稱的「隨着拍子舞動出來的敘事史」（a narrative history through rhythmic movements），以便將黨史的種種發展編織成一個前後連貫的成功故事。新秧歌劇有以下主題：人民對共產黨革命的支持、紅軍的英勇無畏、黨的英明領導以及國家的光輝未來。這些主題結合起來

37　Victor Turner, introduction to Turner, ed., *Celebration: Studies in Festivity and Ritual* (Washington, DC: Smithsonian Institution Press, 1982), p. 20.

38　Eric Hobsbawm and Terence Ranger, eds., *The Invention of Tradition* (Cambridge: Cambridge University Press, 1983), pp. 1–14.

39　張庚：〈魯藝工作團對於秧歌的一些經驗〉，《解放日報》（延安），1944年5月15日，第4版。本書作者於1989年10月14日在北京訪問張庚的記錄。

便編成一套共產黨大獲全勝的歷史，以舞蹈和大型慶典形式表達出來。

不過，秧歌的意義必須放在更大的背景來看，那就是慶祝新政權的誕生。政府每年舉行兩次極具規模的國家盛事：五一和國慶大遊行，主要是慶祝全世界無產階級的大團結和社會主義中國的誕生。在首都這兩件盛事由中共北京市委負責，但實際上是由權力更大的中宣部統籌，以確保一切順利進行。

慶祝遊行的排場，都極其壯觀。每逢五一和國慶，全國各大城市尤其是北京和上海，都佈置得五光十色，洋溢着節日氣氛。在遊行中，耀眼的彩車、大紅橫額、氣球、革命歌曲及一排排步伐整齊的遊行隊伍，構成了一幅令人難忘的場面。每年被挑選出來的數十萬遊行者，齊步從東往西走，路線通常是從東單開始，列隊經過天安門廣場前的天安門城樓，讓站在城樓上的毛澤東和黨高層領導人檢閱。這個重要的國家慶典由高層官員負責統籌，並嚴謹控制事先確定的遊行路線及準確的遊行人數來代表社會主義國家的特定組成部分，包括工人、農民和城市居民。這些遊行明顯具有重大的戲劇成分，包括矚目的效果和興高采烈的情緒，但政府的目的是透過這些大型的民眾集會，營造出一種人民全情投入的感覺。每年在北京天安門廣場和上海人民公園，共產革命都會以戲劇形式，重新上演。

五一和國慶遊行，從政治的角度來看，就是一套整合的宣傳形式。雅克‧以祿（Jacques Ellul）認為，這種遊行「追求的並非短暫的興奮，而是對人深入的整體影響。」[40]這些組織精密的政治儀式有多重目的：反對腐朽的傳統、推翻舊日體制、迎接社會主義新時代的到來、展示共產黨領導下取得的多方面成就、肯定毛澤東在近代中國革命史中的核心地位，以及宣告中國加入了國際社會主義陣營。最終，毛澤東和黨高層領導扮演了演員和導演的角色，嚴謹控制及編排天安門廣場的遊行人士，他們其實是大會的觀眾，向黨和黨主席的成就送上讚歌。

40　Jacques Ellul, *Propaganda: The Formation of Men's Attitudes*, trans. Konrad Kellen and Jean Lerner (New York: Vintage Books, 1973), p. 76.

第三部分：歷史

本書第三部分（第5、6章）是關於中共對近代中國歷史的闡釋，而發展一套有關共產黨勝利之路的官方論述。怎樣書寫人民共和國的歷史是最重要的政治任務，因為它涉及支持黨取得合法地位這惹人爭議的議題。這兩章探討共產黨如何透過以下兩種途徑來建立中共的「主體理念」：建造中國革命博物館及委派創作一系列油畫來表現黨走向勝利之路的英勇歷程。這些油畫要在1961年博物館開幕時在館內展出。共產黨的歷史因此不僅依靠文字詳細敘述，還透過博物館展出的文物以及油畫這種從西方引進的視覺藝術來展示。

中國從唐代（618–907）開始便有官修史書的悠久傳統。[41] 但中共掌權後，比前人更獨斷、更嚴厲控制歷史事件的撰寫，規定要跟隨黨的意識形態走。官方史書的撰寫或改寫已慣常地由中共高層嚴格控制及主導。中共的發展欠缺一個歷史轉捩點，像法國巴黎民眾攻打巴斯底（Bastille）監獄或俄羅斯革命黨人攻佔冬宮（Winter Palace），因而無法讓中共將革命昇華至一個神聖時刻。[42] 共產黨在1949年1月底佔領北平，的確是一次重要的和平行動：國民黨將領被包圍數週後宣佈投降，中國人民解放軍隨即接管北平；但事件卻比不上法俄兩國的政治戲劇高潮和軍事場面。然而，中共黨史的論述對毛澤東和領導層來說，都是同樣重要。

毛澤東和高層領導像法俄的革命家一樣，早就要面對如何提交一套歷史論述去維護自己的權威。毛澤東的中國歷史觀，理論上遵從馬克思

41　Lien-sheng Yang, "The Organization of Chinese Official Historiography: Principles and Methods of the Standard Histories from the T'ang through the Ming Dynasty," in *Historians of China and Japan*, ed. W. G. Beasley and E. G. Pulleyblank (London: Oxford University Press, 1961), pp. 44–59.

42　Maurice Agulhon, "Politics and Images in Post-Revolutionary France," in *Rites of Power: Symbolism, Ritual, and Politics since the Middle Ages*, ed. Sean Wilentz, p. 189; von Geldern, *Bolshevik Festival*, pp. 199–207.

主義的階級鬥爭框架，對歷史發展的目的論有相似的宏觀看法。但實際上他缺乏了正統馬克思主義中那種形而上學和未來世界的發展觀；他對具體事物比抽象哲理更感興趣。延安時期，毛澤東提倡馬克思主義「中國化」，警告不應把空洞深奧的外國理論硬搬到中國來。他認為，這些理論如果不置於特定的社會歷史環境下，是毫無作用的。[43]他的歷史觀無疑是源於土生土長的具體中國環境中。這一點在他的1940年甚具影響力的〈新民主主義論〉一文中說得很清楚。這篇文章概要地說明中國近代史的發展過程：從鴉片戰爭開始到中國共產黨的必然勝利為止。[44]1950年代初，官方又把這一時期劃分為兩個階段並加以闡釋：舊民主主義階段 (1840–1919) 和新民主主義階段 (1919–1949)。[45]毛澤東的兩個階段觀點，由中宣部副部長亦是毛澤東的私人秘書胡喬木 (1912–1992) 在其1951年出版的《中國共產黨的三十年》一書中詳盡解釋。[46]胡喬木的書受毛澤東推舉，成了中共黨史官方論述的指導路線和基礎。官方認為，其中一個有效率和成果的方法，便是把中國共產黨的發展史用實物來展示，亦即建造博物館和利用革命文物來展現黨史。然而，尋找一個為人接受、對革命能整體描述的方式卻是個異常複雜的過程。

在天安門廣場東面興建的中國革命博物館，是用來仔細記載中共的成就，使其長存不朽，同時肯定毛澤東在中國革命的核心地位。如前所述，中國革命博物館是為慶祝中華人民共和國成立十週年所建造的十大建築之一。博物館從開始已計劃成為一座政治建築物，用來歌頌黨的建設，從沒有打算用作藝術場所。博物館的興建過程中，黨無處不在，並透過多個政府機關去加以嚴控，其中以看守黨官方形象的中宣部尤為重要。博物館工作人員收集了有關中共的革命文物，包括毛澤東的著作和

43　毛澤東：〈中國共產黨在民族戰爭中的地位〉，《毛澤東選集》，第2卷，頁522。

44　毛澤東：〈新民主主義論〉，《毛澤東選集》，第2卷，頁655–704。

45　本刊記者 (王冶秋)：〈中國革命博物館巡禮〉，《文物》，第7期 (1961年7月)，頁27–37。

46　胡喬木：《中國共產黨的三十年》(北京：人民出版社，1951)。

私人用品，全部都按毛澤東規定的官方歷史觀細心編排。[47]於是，博物館就這樣成了公眾接受政治教育的學堂。

博物館原定於1959年正式開放，後推遲至1961年，原因是黨內發生爭論，對如何正確講述官方歷史，尤其是毛澤東與同輩的黨領導在黨史中的地位對比這問題上意見不一，此即是「紅線」之爭。最終，毛澤東的領導地位，即真正「紅線」重新得到肯定。雖然黨內對毛澤東在中國革命的核心地位有不同意見，但對中國革命博物館為何而建就毫無異議，那就是要建成一座有特色的政治建築物去支配國家的集體記憶。

共產黨亦明白，展示歷史最好是靠圖像表達。早在延安時期，宣傳工作者就已經意識到，想要獲得廣泛的民眾支持，除了標語與文章外，還須借助其他工具，尤其是當時仍有很多人目不識丁。這次官方從油畫這種由西方引進的媒介找到解決方法。在1950至1960年代初，革命博物館委派畫家創作一系列的油畫來詳述中共的崛起與得勝。黨又再次監督歷史主題的選擇，指派受官方信任的藝術家，批准通過審查的作品及確保這些畫作符合黨定下的指導方針。這批油畫集中在烈士、戰役、領袖、工人、共和國成立等主題，被精心安排以配合特定的歷史事件。因此，博物館的展品和歷史油畫重現了歷史大事、關鍵戰役和有影響力的人物，綜合起來為黨史添加了引人注目的色彩和視覺鮮明的故事。這些圖像編織成一部中共英雄史，更說明中共革命的基本意義。鮑里斯·葛羅伊斯（Boris Groys）在他有關蘇聯博物館的研究中，認為當權者在博物館創造了「一個單一、全面的視覺空間，在此抹去藝術與現實生活的界限。」[48]中國革命博物館也相似，成為教育大眾有關黨的光榮歷史的官方學堂。

47　參看《文物》，第7期（1961年7月），圖片；《人民日報》，1961年8月12日，第8版。

48　Boris Groys, "The Struggle against the Museum; or, The Display of Art in Totalitarian Space," in *Museum Culture: Histories, Discourses, Spectacles*, ed. Daniel J. Sherman and Irit Rogoff (Minneapolis: University of Minnesota Press, 1994), p. 144.

第四部分：圖像

中共壟斷歷史記載，只不過是它試圖推行自己的政治理念的方法之一。另一同樣甚至更重要的方法是利用圖像來宣傳，這個又是借用延安時期的老辦法，再加以重新創造。建國初期，大量的通俗與民間藝術形式，包括漫畫、年畫與連環畫，為新政權贏取支持明顯地起了關鍵作用。本書第四部分(第7、8章)會集中討論這些藝術形式。

中共宣傳人員利用通俗的藝術形式去達到兩個看似對立卻又是互補的目的：一方面醜化敵人，另一方面美化新的社會主義政權。共產黨藝術家大量利用漫畫和連環畫來抨擊蔣介石和美帝國主義等敵人，卻用年畫來歌頌官方的政策。

延安時期利用漫畫和連環畫達致政治目的是個普遍現象。[49]這個時期所用的技巧也明顯地沿用於人民共和國初期。而最大的分別是，1949年以後宣傳網絡變得更為集中，並受到黨和政府機關更嚴格的管制。中國在這方面與蘇聯很不相同。蘇聯在奪取政權之後，並沒有立即訂下具體的宣傳計劃。[50]

中共宣傳人員早就用刻板的二分法解釋革命，即被剝削者與剝削者，好與壞，光明與黑暗。這種二分法部分先是來自傳統的民間觀念，即英雄與壞人總是忠奸分明的；後是來自馬克思主義的階級鬥爭觀念，即無產階級對抗資產階級。這種劃分使複雜的問題簡單化，能引起觀眾即時的反應。政治漫畫由於簡單直接和誇張變形的手法，成了及時評論時事的最佳工具。同樣，連環圖是一種自古以來即廣受歡迎的傳統說書形式，也常用來對當前事物作貼切的描述。這兩種藝術形式不時出現在黨控制的主要報章(如《人民日報》)上，成為批評美帝國主義、國民黨

---

49 Chang-tai Hung, *War and Popular Culture: Resistance in Modern China, 1937–1945* (Berkeley: University of California Press, 1994), pp. 234–244.

50 Peter Kenez, *The Birth of the Propaganda State: Soviet Methods of Mass Mobilization, 1917–1929* (Cambridge: Cambridge University Press, 1985), pp. 13–14.

政府、特務、資本家、地主和資產階級知識分子的常用武器。

漫畫和連環畫傳達的大多是對敵人的嚴厲指控。不過,圖像也會用作鼓吹正面訊息:頌揚共產黨的執政和協助建設社會主義新時代。深受農民歡迎的民間藝術之一的年畫,成了歌頌社會主義的重要工具。選擇這種藝術形式的理由看來很明顯,是因為它的鮮艷色彩和誇張設計,用於民間傳統的喜慶場面,如豐收、胖娃娃、門神和天官賜福,反映了農民追求安定、祈求多產的心態。但1949年以後的年畫為了反映新時代,同樣遭到改造,摒除灶君之類的宗教迷信年畫及添加了社會主義新題材。因此,歡樂的娃娃和門神不見了,改造後的年畫上是拿起槍桿子對付美國侵略者的兒童,及代表勞動至上的工農勞動模範。

文化部監督新年畫製作,採用了流行已久並行之有效的「舊瓶裝新酒」(用舊方法傳播新思想)方式,這種方式在1949年之前已極之有效。新年畫不單表明政治藝術家繼續挪用民間文化的豐富傳統,為當前的社會服務,而且它們帶出強烈的民族主義訴求,顯示中國藝術家刻意重新利用這些流傳已久的本土藝術,從而遠離蘇聯等外國藝術的影響。

當然製作這些圖像不是為了美學原因,而是在構思和實行上純粹為政治服務。這種為政治服務的藝術與1950年代國家政策的發展有密切關係。例如,我們可看到韓戰時期尖銳的反美漫畫,但在1958年大躍進時期,大量圖像很明顯地轉向推動工業化和國家的迅速發展。這些藝術作品因而成為記錄當時國家政策的重要歷史資料。

可是,繪畫勞動模範和當代政治景物的新年畫卻受到大眾的抵制。農村的消費者總覺得新年畫甚為陌生,不易明白,又沒有精彩的傳統故事情節,因而拒絕購買。在這場年畫改造運動中,政府發現自己對民眾生活的控制能力有限。很明顯,這次來自草根階層的聲音響而亮,沒有多少妥協餘地。

第五部分:紀念

第五部分(第9、10章)是本書的結尾,討論烈士紀念儀式,分析自1949年以後變得越加重要的為國犧牲觀念。共產黨怎樣處理1949年前

為了民族解放和階級鬥爭而發起的多場戰爭中慘烈的人命傷亡？如果民眾在天安門廣場大遊行是為了慶祝國家的誕生，那麼，紀念儀式則是用來追悼在戰爭中為美好未來而犧牲的無數生命。這樣，戰爭與紀念成了共產黨政治文化中另一重要環節。

自1930年代開始，中共不能不面對的傷痛問題是：怎樣對待在抗日戰爭和與國民黨鬥爭中犧牲的大量基層人員。若拿不出有價值的解釋或崇高的目標，戰爭和犧牲便失去了意義。在戰場上血流成河的屠殺能否因「正義之戰」的大道理而得以昇華？那些失去親人的孤兒寡婦怎樣面對生活？犧牲者該得到怎樣的悼念？中共從延安後期起，便開始推動紅色烈士崇拜。當年一位農民出身的紅軍戰士因意外而死，毛澤東致詞哀悼。[51]1949年以後，追悼會便成為遍及全國的悼念儀式。

紀念革命烈士本質上是一個「集體記憶」的政治問題，即是法國社會學家莫里斯・哈布瓦赫（Maurice Halbwachs）在1920年代提出的集體紀念行為概念。哈布瓦赫指出，雖然人人都有記憶，但「只有成為集體一分子才會留住記憶」。[52]唯有集體記憶方能長久不滅，而且是由社會群體而非個人，決定甚麼才值得記憶，以及該用甚麼方式去記憶。記憶很容易受人影響，易為精英階層所操控。如皮耶・諾哈（Pierre Nora）所說的，記憶「很容易被人挪用和擺佈」。[53]對中共而言，哈布瓦赫的「社會群體」（social group）概念，加多了一重政治含義：社會群體被轉化為國家有力的工具，不僅用來控制過去的記憶，也控制悼念死者的形式。

1949年以後，中共馬上利用陣亡事件去培植紅色烈士崇拜，來推動黨的政治理念。這種崇拜有多種目的：轉移人們對戰爭禍害的關注，

51　毛澤東：〈為人民服務〉，《毛澤東選集》，第3卷，頁1003–1004。

52　Maurice Halbwachs, *The Collective Memory*, tran. Francis J. Ditter, Jr. and Vida Y. Ditter (New York: Harper & Row, 1980), p. 48.

53　Pierre Nora, "General Introduction: Between Memory and History," in *Realms of Memory: Rethinking the French Past*, Vol. 1, *Conflicts and Divisions*, ed. Pierre Nora, trans. Arthur Goldhammer (New York: Columbia University Press, 1996), p. 3.

把武裝鬥爭説成是打擊敵人的合理手法，撫慰喪親者的心靈，最後，以社會主義理想教育下一代，就如周恩來總理 (1898–1976) 所説的，起到「紀念死者，鼓舞生者」的作用。[54]

　　紅色烈士崇拜透過各種紀念形式得以發展。其中最重要的是把清明節改為烈士紀念節。在清明節紀念陣亡英雄，是把他們視為國家的先祖，因為他們是為了國家而犧牲。除了烈士紀念節，新的烈士崇拜形式還包括國葬、公審、興建軍人公墓，及最重要的也許是設立國家公墓，即位於北京西郊的八寶山革命公墓，作為全國瞻仰之地。這個公墓顯示出共產黨要創造一個統一的國家英雄主義象徵。

　　哈布瓦赫的觀點對中國來説是甚有道理的，因為他強調要理解集體記憶的意義，地點是至關重要的。他指出理解的最佳方法是觀察當地的環境地貌。[55]諾哈在對法國的「記憶之地」(lieux de mémoire) 的研究中，也同意這一觀點。雖然諾哈的記憶之地還包括了徽章和雕像，但所指的主要是實質場所和紀念空間。[56]八寶山革命公墓跟西方墓園一樣，是在恬靜安寧的地方建一座園林式公墓，用自然環境來隱藏陣亡與哀悼的殘酷現實。這片國家墓園有着長眠之所的寧靜安逸，掩蓋戰爭的殺戮，四周景色能安撫心靈。八寶山革命公墓當然沒有西方墓地常有的象徵基督教信仰或死後復活的裝飾，[57]但卻在和平年代讓人回憶起戰爭的光榮，同時也是一個集體目標的象徵。

　　除了軍人公墓，紀念碑是另外一種大眾都看得見的建築，讓集體記憶存放在重要的公共場所。1949 年以後大量公共紀念建築湧現，全國一下子建造了幾千座紀念物，顯示了民族主義的興起，與毛澤東的「中國

54　《人民日報》，1949 年 10 月 1 日，第 1 版。

55　Halbwachs, *The Collective Memory*, p. 156.

56　Pierre Nora, ed., *Realms of Memory: Rethinking the French Past*, 3 vols., trans. Arthur Goldhammer, Vol. 1, *Conflicts and Divisions*; Vol. 2, *Traditions*; Vol. 3, *Symbols* (New York: Columbia University Press, 1996–1998).

57　George L. Mosse, *Fallen Soldiers: Reshaping the Memory of World War* (New York: Oxford University Press, 1990), pp. 34–50.

人民站起來了」的口號是同一格調。[58]在眾多紀念碑中，天安門廣場的人民英雄紀念碑是最重要的一座，在1958年五一勞動節終於落成。碑的正面向北，朝向天安門城樓，碑上刻有毛澤東的巨大題詞「人民英雄永垂不朽」。碑的背面向南，朝向正陽門，刻有毛澤東起草、周恩來親筆書寫的碑文，號召國民對「人民英雄」，即那些自鴉片戰爭以來為「爭取民族獨立和人民自由幸福」而犧牲的人表達敬意。[59]

人民英雄紀念碑既是刻在石頭上的中共歷史，也讓人銘記中國人民從帝國主義列強和國內奴役者的束縛中，為解放國家而參與的鬥爭。但如本書討論的那樣，這座建築物在興建期間極具爭議，並引出好幾個棘手的問題，如紀念碑應採用民族的或外國的建築風格？八塊浮雕中應把哪幾件大事包括在內，以追溯中國近代史的發展？紀念碑設計者如何正確地表現共產黨在中國近代史中的角色？這些問題都經過直接參與這項建築工程的官員、歷史學家、建築師和藝術家的激辯。紀念碑的建造絕不像官方傳媒所描述的那樣過程順利。唯一沒有爭議的就是這座「人民紀念碑」要建立在「人民廣場」上。中共聲稱是代表人民的政府，而在建造這座國家紀念碑的過程中，共產黨無疑是獨斷地決定了如何確立殉國者的身份和對他們的集體回憶。

宣傳國家

本書中所談的蘇聯影響、民族主義和黨國專政這三大主題，把多種政治文化形式串連起來。蘇聯在當時的影響，在今日的中國已極少人提及，但它卻是當代歷史中的重要環節。這影響不單透過莫斯科派來成千上萬名的蘇聯專家可以說明，還有在城市規劃、擴建天安門廣場、國家大遊行、藝術和建立博物館等方面都有他們的影響。毛澤東在建國初期

58　有關中國紀念建築物的概況，參考劉國福、衛景福編：《國魂典》（長春：吉林人民出版社，1993）。

59　毛澤東：〈人民英雄永垂不朽〉，《毛澤東選集》，第5卷，頁11。

的親蘇政策是戰略和政治上所必須的。他那時也沒有多少選擇的餘地，因為在新政權建立的關鍵時刻，中國共產黨在國際上受到孤立和西方列強的威脅。但不久中國領導人便與蘇聯導師發生衝突。中國人出於國內形勢的考慮和民族尊嚴的驅使，開始尋找一條更加自主的道路，認為這樣更適合國情。這也許是必要的，因為毛澤東與黨高層十分清楚其政權的合法地位，並非來自對外國模式的盲目跟從，而是來自對中國主權的維護。這也是 19 世紀末以來無數中國人拼命爭取的目標，因此政治文化無可避免地受到民族主義的影響。1950 年代末隨着北京與莫斯科的關係惡化，中共對獨立自主的追求更加強烈。只有從這個角度去看，我們才能理解為何要建造那麼一座廣闊的天安門廣場，把紅場比下去，以及為何尋求一種有本土風格的藝術形式。因此深入地看，民族主義主要是中共追求獨立自主，用來鞏固政權的方法，而不僅是為了挑戰莫斯科的權威。中共作為一個列寧式政黨，把嚴密組織和中央控制看作是穩固政權的必要工具。中共容忍不了異見和對抗，要確保它能繼續掌權的最佳方法之一，便是透過不同的政治文化形式，去創造中國共產革命勝利歷程的官方論調。為了保持對人民的控制，中共領導人將國家變成一個大肆宣傳的龐大機器。

如果新政治文化是國家行使權力的一連串象徵，那麼我們可以說，宣傳是把這些象徵無限擴大的工具。但是，一直以來，歷史學家低估了宣傳的重要性，很少關注政治宣傳的理念與手段。即使有關注，宣傳也只是政治學家研究的範圍。讀者也許會想起漢娜‧阿倫特 (Hannah Arendt) 的話：「只有暴徒與精英才會被極權主義的威力所吸引；普通大眾是要靠宣傳去贏取……宣傳……是一種、亦可能是最重要的一種極權主義的工具，用來對付非極權的世界。」[60] 作者在本書中提出，共產政權不僅把宣傳用來說服和脅迫民眾，還用來向民眾傳遞社會主義訊息和動員民眾以謀求政治利益。彼得‧凱內茲 (Peter Kenez) 把蘇聯形容為

60　Hannah Arendt, *The Origins of Totalitarianism* (New York: World Publishing, 1958), pp. 341, 344.

「宣傳國家」，是因為在這個國家，「列寧和斯大林式的群眾動員和思想灌輸方法成了基本特色。」[61]「宣傳國家」一詞，同樣或更加適用於人民共和國，原因是它一早就提出利用宣傳策略和一系列管制方式去監控人民的文化生活。蘇聯政府在 1920 年 8 月之前仍未發展出一套完整的宣傳系統，[62] 而中共則早在掌權之前已開始發動它的宣傳機器，這樣做對它極為有利。

　　雖然中共早年已發展了一套宣傳系統，但要到延安時期，中宣部成了最高權力的管制中心後，才執行統籌的工作。[63] 1949 年之後，黨建立一套更全面的宣傳系統，還對中國社會的控制日益加強和專橫。文化部擔當重任，負責制定文化政策，協調興建中國革命博物館及製作新年畫，但實際權力是由陸定一 (1906–1996) 任部長的中宣部所擁有。故此從一開始，組織的等級制度已非常分明。資深共產黨員鄧拓 (1912–1966) 是《人民日報》的主編，他恰當地總結這種劃分上下階層的組織為「雙重領導」；以他身處的《人民日報》為例，當份屬下級的日報人員做了個初步決定，也要經上級的中宣部做最後批示才能執行。[64]

　　把人民共和國說成是宣傳國家，不是指中共事先已制定好整套的宣傳計劃，也不是說它把官方思想灌輸給大眾的一切行動都是經過細心安排的。沒有人能否認中共壟斷權力，但即使黨嚴格控制宣傳活動，它的權力也並非絕對的，尤其是在建國初期，中共為了贏取其他黨派人士的支持，訂立比較開明的「人民民主專政」政策。假若認為宣傳系統中所有政府部門都發揮了同樣效率的話，未免把問題看得太過簡單。現實是，黨和政府的宣傳機構都嘗試過合作，卻在不同時期和不同領域取得不一樣的成果。

61　Kenez, *The Birth of the Propaganda State*, p. 251.

62　Ibid., p. 123.

63　Nicolai Volland, "The Control of the Media in the People's Republic of China" (PhD diss., University of Heidelberg, 2003) , pp. 34–61.

64　引自袁鷹：《風雲側記：我在人民日報副刊的歲月》(北京：中國檔案出版社，2006)，頁 58。

　　研究新政治文化形式，也需考慮所涉及的機構、製作者、觀眾和創作背景的各種觀點。本書除了探討掌管宣傳的各個機關和部門外，也會研究參與宣傳的藝術家、建築師和博物館工作人員的角色。藝術家和知識分子為配合國家的政治運動而創作所需的作品。那麼，官方有否全面控制那些不願意順從的藝術家？那些藝術家是否在強迫下毫無自由地工作？或是心甘情願地服從甚至熱烈地支持官方政策？

　　國家與知識分子之間的關係十分複雜。假若認為藝術家是由於國家強制而被迫工作，那只是看到了問題的一面。正如本書隨後所討論的那樣，塑造政治文化的任務，並不能簡單地說成是來自上層的控制，壓在那些毫無戒心的藝術家和建築師頭上。人民共和國的建立令很多知識分子和藝術家感受到前所未有的幸福和希望。在建國初期，中共的確受到了許多人的熱烈歡迎。這些人雖然並不贊同或了解馬克思主義，但仍視中共為拯救這個長期動盪不安、貧困無助和受盡外國屈辱的國家的最佳希望。許多人對國民黨的無能統治不存任何厚望。毛澤東說的「中國人民站起來了」無疑是說出民眾的心底話；毛澤東回應了他們共同的反帝立場和建立強國的長期盼望。1940年代，毛澤東的〈新民主主義論〉鼓吹在不同政黨之間實現大聯盟的方案，以此作為治國藍圖，確實贏得了民心。一些知識分子也歡迎毛澤東崇高的馬克思主義承諾，被那個「使階級、國家權力和政黨很自然地歸於消滅，使人類進到大同境域」的未來世界所吸引。[65] 許多著名學者和無黨派知識分子，包括畫家徐悲鴻（1895–1953），想像新世紀即將來臨，因而充滿熱誠和幹勁，投身於國家建設。

　　最近幾年作者訪問的老知識分子和藝術家，當中大部分人在回憶建國之初的歲月時，仍然十分激動。[66] 這樣的念舊情懷，是與我們所認識的極權政府與受壓制的精英分子之間的衝突關係這慣常觀念不同。我們所見到的1950年代的文化美景是由專制政府設計，由充滿理想的藝術

65　毛澤東：〈論人民民主專政〉，《毛澤東選集》，第4卷，頁1474。

66　本書作者於2005年8月2日在北京訪問油畫家詹建俊的記錄。

家和作家積極參與完成的。這種知識分子向政權效忠的表現，很快便在1957年的反右運動中落得悲慘下場。

　　觀眾的接受情況是討論人民共和國新政治文化的另一重要方向。要看國家強制執行的政策是否有效，就需衡量大眾對這些文化項目的反應。學者可以研究圖像、政治語言的內容和遊行活動，但這些活動很少提及觀眾的真實體會。觀眾常帶有先入為主的觀念，這無疑會影響他們的所見所聞和價值判斷。此外，藝術作品能引發多種解讀。有些文化作品本身比較直接淺白。《人民日報》刊載抨擊美國極具野心的介入韓戰的政治漫畫，會比人民英雄紀念碑更容易理解。正如作者在第10章中提出的，人民英雄紀念碑是個錯綜複雜的混合體，它包含修改了的歷史敘述、意見分歧的藝術風格及官方推動的政治理念。無論政府規管如何嚴格，觀眾仍可以不理會設計者的意願，對紀念碑有自由的解讀。

　　研究中共的政治文化時，我們都要時常提醒自己，不要被官方傳媒宣傳的成果所誤導。作者由於缺乏直接和可靠的資料去了解觀眾的反應，只好依據檔案文件、訪問、調查報告和回憶錄，以及搜集盡可能找到的出版物和年畫的銷售量，以評估其影響。這些資料顯示的情況比官方報導的還要複雜，並且經常矛盾重重。例如在1950年代印製的幾百萬幅年畫，觀眾卻總是有自己的意見。這些經過改造的新年畫把門神換成解放軍戰士，更糟的是，許多新年畫是農民不能明白的。藝術家製作那些普及作品時，都會普遍被視為不入流，影響他們的投入熱情。更嚴重的問題是，黨的管制容不下自由藝術創作空間，導致陳舊乏味的作品充斥市場。

　　本書研究人民共和國的各種形象，是透過不同圖像和空間來建立。作者指出政治文化是了解中共政治本質的重要及極有價值的領域。若把文化現象僅視作社會及經濟的附帶物，便是扭曲了中國共產革命的基本性質。在中華人民共和國，由空間政治、遊行、歷史編寫、圖像和紀念建築所組成的新政治文化，並不一定依從或受制於社會經濟條件。反而，政治文化事實上影響了社會輿論，重寫了歷史，改變民眾思想，並有助創造出一種鼓舞人心的新環境，在這種環境中實施的官方政策，是為了建設更加美好的未來。作者在本書中認為，中國共產革命的其中一

項重大成就是設計（或改寫）、創造及傳遞新的政治文化。整個過程是受到人民共和國的一套宣傳系統所監管，這個政治文化有助中共鞏固其1950年代的統治。

第一部分

空　間

_____

第1章

天安門廣場：空間與政治

紅旗飄揚歌聲嘹亮，

人山人海慶解放，

人民大眾作主人，

古宮變成了新紅場。

這首海報上的新詩，在1949年2月天安門廣場上的群眾大會中出現。[1]在當時仍稱北平，但不久後恢復舊名北京的祝捷大會上，中國共產黨宣佈解放軍已於1月31日解放了這座歷史名城。中共建國前後的日子裏，這種把天安門廣場比喻為莫斯科紅場的說法，相當流行。[2]這年的10月1日，毛澤東在天安門廣場宣佈中華人民共和國正式成立，舉世矚目。新政府重建首都北京的龐大規劃裏，天安門廣場立即成了工程的重心，但這規劃引發了漫長的爭議。

歐洲新成立的政權，為了宣告輝煌時代的開始，通常會到處建立有象徵意義的景觀或建築物，及改造政治空間如巨型廣場和高聳大樓。1789年法國大革命之後，新政府成立國民議會，豎立很多新的紀念碑，

---

1   Derk Bodde, *Peking Diary: A Year of Revolution* (New York: Henry Schuman, 1950), Illustration 8.

2   《人民日報》，1949年10月3日，第2版。

並舉行大規模慶祝活動，來展示它脫離了傳統皇權。[3]法國歷史學家莫娜・奧祖夫認為，法國革命分子把時間與空間重整，以塑造一種開放與平等的新文化。[4]蘇聯十月革命後，列寧（Vladimir Lenin）在1918年4月頒佈了「紀念碑宣傳法令」，下令拆除沙皇的塑像，並在莫斯科和聖彼得堡的街頭豎立新英雄雕像，包括馬克思、恩格斯、馬拉（Marat）和傅立葉（Fourier）等受人敬仰的革命家、哲學家和進步人士。這做法顯示了蘇聯領導人相信建築是展示新政權力量的一種有效方法。[5]中共執政後，做法也一樣。除了引入新的社會主義制度外，也致力建立新的政治空間，例如擴建天安門廣場。在重建北京城的總體計劃中，擴建廣場的工程是重中之重，另外還包括廣場周邊的兩座巨型建築：人民大會堂及中國革命博物館和中國歷史博物館（圖1）。[6]然而，擴建天安門廣場有甚麼目的？中共領導人真的想把天安門廣場改造成莫斯科紅場嗎？這樣的擴建是否受到蘇聯的影響？天安門廣場工程的真正性質是甚麼？要探討上述問題，必須把廣場工程放在更大的爭議層面去看，即建國初期新政府行政中心區的選址問題。

3　James A. Leith, *Space and Revolution: Projects for Monuments, Squares, and Public Buildings in France, 1789–1799* (Montreal: McGill-Queen's University Press, 1991), pp. 33–56, 151–214.

4　Ozouf, *Festivals and the French Revolution*, pp. 126–157.

5　Christina Lodder, "Lenin's Plan for Monumental Propaganda," in *Art of the Soviets: Painting, Sculpture and Architecture in a One-Party State, 1917–1992*, ed. Matthew Cullerne Bown and Brandon Taylor (Manchester: Manchester University Press, 1993), pp. 16–32.

6　洪長泰：〈空間與政治：擴建天安門廣場〉，陳永發編：《兩岸分途：冷戰初期的政經發展》（台北：中央研究院近代史研究所，2006），頁207–259；王軍：《城記》（北京：三聯書店，2003）。有關天安門廣場的紀念性質的研究，也可參考Wu Hung, *Remaking Beijing*; Rudolf G. Wagner, "Reading the Chairman Mao Memorial Hall in Peking: The Tribulations of the Implied Pilgrim," in *Pilgrims and Sacred Sites in China*, ed. Susan Naquin and Chün-fang Yü (Berkeley: University of California Press, 1992), pp. 378–423.

圖1　天安門廣場現貌。由北京《世界博覽》提供。

新行政中心區

中國共產黨1949年執政前後，即面臨迫於眉睫的問題：中央行政中心區應設在哪裏？可供選擇的是故宮的紫禁城，或在北平西郊建一座全新的行政中心區。1949年5月，中共成立了北平「都市計劃委員會」（簡稱「都委會」），由北平市長葉劍英 (1897–1986) 為主任委員，負責決定行政中心區的選址和制定整套計劃。都委會於5月22日在北海公園舉行成立大會，出席的有北平市副市長張友漁 (1899–1992)，北平市建設局長曹言行 (1909–1984)，清華大學著名教授、建築學家梁思成 (1901–1972) 與妻子林徽因 (1904–1955)，以及工程師華南圭 (1875–1961) 等人。會議決定「正式授權梁思成先生及清華建築系師生起草西郊新市區設計」。[7] 這個決定後來引起了北京市委領導、建築師和蘇聯專家之間的激烈爭論：爭辯的一方是梁思成等人，他們想抓緊機會在北平西郊設立

7　〈都市計劃委員會成立大會記錄〉，北京市檔案館，150-1-1。

新中央行政區，但反對這建議的是極有聲望的建築師趙冬日（1914-2005）和朱兆雪（1900-1965），他們認為應重建北平老城區，反對另建新城市中心。

梁思成父親梁啟超（1873-1929）是中國清末民初最重要的知識分子之一。梁思成學貫中西，早年接受父親教導漢學經典，後來在美國賓夕法尼亞大學研習建築學，師承法國美術學院（École des Beaux-Arts）畢業的著名建築師保羅・克雷（Paul P. Cret）。梁思成除了熟習西方新古典主義與近代建築學外，亦醉心於中國古建築。1928年梁思成與林徽因回國後，兩人致力研究悠久的中國建築史，到偏遠的地方做了大量古建築調查，並力倡保護國家無價之寶的古建築與廟宇。[8] 梁思成認為北京是世界最偉大的建築瑰寶之一。他看到這座中國古都，以「故宮為內城核心，也是全城佈局重心，全城就是圍繞這中心而部署的。但貫通這全部署的是一根直線。一根長達八公里，全世界最長，也最偉大的南北中軸線穿過了全城。」他盛讚北京城是「都市計劃的無比傑作」。[9] 能夠為北京設計新的行政中心，簡直是夢想成真。

可是新的政府行政中心到底該設立在哪個地方？梁思成提議在首都西郊另建新城，以保舊城。但他的專業並非城市規劃，故找來在英國念過城市規劃並與他看法相近的陳占祥（1916-2001）幫忙。1950年2月，兩人合寫了著名的〈關於中央人民政府行政中心區位置的建議〉，俗稱「梁陳方案」（圖2）。他們認為建新行政中心區，需要大量的建築面積，在舊城內根本找不到足夠和合適的地方擴建，同時舊城的文物必須加以保護。在舊城區建新的行政中心，需要大規模拆除約13萬間房屋，不合理地驅逐無數居民。梁陳認為是「勞民傷財」之舉。因此，在北京西郊——公主墳以東、月壇以西——之間建造新的中央行政中心區，是極

8　林洙：《大匠的困惑》（北京：作家出版社，1991）；又見Wilma Fairbank, *Liang and Lin: Partners in Exploring China's Architectural Past* (Philadelphia: University of Pennsylvania Press, 1994).

9　梁思成：〈北京——都市計劃的無比傑作〉，《梁思成文集》，4卷本（北京：中國建築工業出版社，1982-1986），第4卷，頁58。

圖2　梁思成、陳占祥：〈關於中央人民政府行政中心區位置的建議〉。右方是
　　　以天安門廣場為中心的舊城區；左方是提議在北京西郊建造的新政府的
　　　行政中心。梁思成：《梁思成文集》(北京：中國建築工業出版社，1986)，
　　　第4卷，頁2–3。

有道理及很理想的建議。[10] 梁陳方案無疑是受到了 1938 年日本在北京西
郊開闢新市區的計劃所影響。日本人想確立對北京的軍事佔領，並安置
日本移民。[11] 不過，兩個方案當然動機不同。日本人是想強化其殖民統
治，而梁陳二人則希望保護古都文物。

　　梁陳方案很快就受到各方批評。第一批的抨擊來自專業界。1950
年4月，任職北京市建設局、留學比利時的工程師朱兆雪和留學日本的
建築師趙冬日，提出了〈對首都建設計劃的意見〉的反對方案(俗稱「朱
趙方案」)。他們認為北京舊城「具有無比雄壯美麗的規模與近代文明設
施，具備了適合人民民主共和國首都條件的基礎，自應用以建設首都的

10　梁思成、陳占祥：〈關於中央人民政府行政中心區位置的建議〉，《梁思成文
　　集》，第4卷，頁1–31。本書作者於1994年12月16日在北京訪問陳占祥的
　　記錄。
11　越沢明 (Koshizawa Akira) 著，黃世孟譯：〈北京的都市計劃：1937–1945〉，
　　《國立台灣大學建築與城鄉研究學報》，第3輯，第1期 (1987年9月)，
　　頁235–245。

中心，這是合理而又經濟的打算。」朱趙的考慮以經濟因素為主，認為
修建舊城比發展新區來得划算，而且重建舊城，可使舊的地方免於衰
落，因而變得更加「繁榮」。[12]

　　朱趙方案與1949年蘇聯建築師提出的建設北京方案非常接近。而
蘇聯專家的方案則是基於斯大林 (Joseph Stalin) 1935年〈莫斯科重建的
總體規劃〉而制定的。1949年後，在毛澤東的「一邊倒」親俄政策下，[13]中
國政府邀請大批蘇聯專家來華支援各項建設。從1950至1956年，來華
的蘇聯專家估計有5,092名，包括城市規劃家、建築師、運輸專家、冶
金學家和軍事顧問，並且隨後陸續增加。[14]最早到達的蘇聯代表團之一、
由莫斯科副市長阿布拉莫夫 (P. V. Abramov) 帶領的城市規劃家和建築
師，於1949年9月中、人民共和國正式成立之前抵達北平。[15]經過幾輪
考察後，團員之一的建築師巴蘭尼克夫 (M. G. Barannikov) 於12月向北
京市委提交了〈北京市將來發展計劃的問題〉。斯大林1935年的規劃是
把蘇聯首都發展成放射型佈局，以克里姆林宮和紅場為中心，放射出幾
條主要的幹道，並以不斷向外散開的環城路來連接。巴蘭尼克夫預料到
中國的首都也將以同樣的方式發展。他指出：

　　　為了將來城市外貌不受損壞，最好先解決改建城市中的一條幹線或

12　〈朱兆雪、趙冬日對首都建設計劃的意見〉，北京建設史書編輯委員會編
　　輯部編：《建國以來的北京城市建設資料》(北京：缺出版社，1987)，第1
　　卷，《城市規劃》，頁203。

13　毛澤東：〈論人民民主專政〉，《毛澤東選集》，第4卷，頁1477。

14　1949至1960年，蘇聯來華的顧問和專家超過了18,000人。參考沈志華：
　　《蘇聯專家在中國》(北京：中國國際廣播出版社，2003)，頁4及408。西
　　方有關此方面的研究不多，見Deborah A. Kaple, "Soviet Advisors in China in
　　the 1950s," in *Brothers in Arms: The Rise and Fall of the Sino-Soviet Alliance,
　　1945–1963*, ed. Odd Arne Westad (Washington, D.C.: Woodrow Wilson Center
　　Press; Stanford: Stanford University Press, 1998), pp. 117–140.

15　〈關於贈蘇聯專家阿布拉莫夫等17位同志精裝毛澤東選集的有關文件〉，北
　　京市檔案館，1-6-688。

一處廣場，譬如具有歷史性的市中心區天安門廣場，近來會於該處
舉行閱兵式，及中華人民共和國成立的光榮典禮和人民的遊行，更
增加了他【原文】的重要性，所以這個廣場成了首都的中心區，由
此主要街道的方向便可斷定，這是任何計劃家沒有理由來變更也不
會變更的。

巴蘭尼克夫還建議第一批主要行政大樓「建築在東長安街南邊」，這
條街是天安門城樓前的幹道。[16] 很明顯，巴蘭尼克夫認為北京只應有一
個主要中心區，而梁陳方案則建議兩個中心區：一個在舊城，另一個在
新行政區。阿布拉莫夫支持蘇聯同事的方案，認為「北京是好城，沒有
棄掉的必要。需要幾十年的時間，才能將新市區建設如北京市內現有的
故宮、公園、河海等的建設。」[17] 梁思成並不同意，雙方爭辯多時都無法
消除分歧。[18]

梁思成的考慮重點既是文化又是政治。他說：「可以像美國的華盛
頓，北京只是政治中心，不發展工業。」[19] 不過，他保存老城珍貴歷史建
築的願望與官方政策背道而馳。1949年政府已把首都從「消費城市變成
生產城市」。[20] 北京市長彭真 (1902–1997) 總結該年的官方政策時寫道：
「根據黨的七屆二中全會決議的精神，目前黨的工作重心已由鄉村轉向
城市，城市工作的中心任務則是恢復與發展生產。」[21] 這番話當然是反映

16　巴蘭尼克夫：〈北京市將來發展計劃的問題〉，《中共黨史資料》，第76期
　　(2000年12月)，頁8；同時見北京市城市建設檔案館，C3-85-1。

17　〈市政專家組領導者波．阿布拉莫夫同志在討論會上的講詞〉，《中共黨史資
　　料》，第76輯 (2000年12月)，頁19。

18　本書作者於2002年10月28日、2004年1月16日及2004年8月9日在北京訪
　　問李準的記錄。李準是北京市城市規劃管理局總建築師。

19　陳幹：《京華待思錄》(北京：北京市城市規劃設計研究院，缺出版年份)，
　　頁219。

20　規劃局：〈北京市總體規劃綱要 (草稿)，1958–1972〉，北京市檔案館，47-
　　1-57。

21　彭真：《彭真文選：1941–1990》(北京：人民出版社，1991)，頁178。

了馬克思主義所主張的社會主義國家，應建基於強大的工業基礎的理論。斯大林的快速工業化模式，是由單一、高度集中的策劃所推動。中國政府1953年推行的第一個五年計劃，就是要全速發展工業。梁思成着重文化的主張，雖然得到了北京市副市長張友漁的理解，[22]但很快被政府熱烈推行的城市工業化發展所掩蓋。另一位隨後來華的蘇聯顧問勃得列夫（S. A. Boldyrev），對北京市委領導直言：「我們在蘇聯時，黨和政府一再告訴我們：要注意經濟問題……不能讓建築師隨便搞，應該給建築師的嘴上帶上嚼子（意即加以控制）。」[23]

可是，對梁陳方案最激烈的批評並非來自蘇聯專家或梁的同行，而是中共中央。1953年，北京市委常委鄭天翔（1914–2013）公開批評梁思成的方案是一個「錯誤思想」。鄭天翔認為，人民共和國建國初期資源匱乏，建設新的政府行政中心會大量消耗本來就捉襟見肘的資源。[24]然而，決定是基於政治而非經濟理由：中共高層純粹以政治因素拒絕了梁思成的方案。到目前為止，中共的中央檔案文件仍不讓公眾查閱，但從間接得來的資料看，毛澤東有參與最終的決定。阿布拉莫夫1949年在北京的一次演說中，透露彭真市長告訴了蘇聯專家，「關於這個問題曾同毛主席談過，毛主席也曾對他講過，政府機關在城內，政府次要的機關是設在新市區。」阿布拉莫夫補充說：「我們的意見認為這個決定是正確的，也是最經濟的。」[25]1949年毛澤東和核心領導層已經進駐中南海，這昔日的故宮立即成為新政府的權力中心。對中共來說，中南海附近的天安門廣場，是個有豐富象徵意義的特殊地方。毛澤東一直認為在這裏發生的1919年五四運動，是「中國反帝反封建的資產階級民主革命」的「一個新階段」，並最終於1921年催生了中國共產黨。[26]他在這裏宣告人民

22　〈都市計劃委員會成立大會記錄〉。

23　鄭天翔、佟錚：〈專家組的一些個別反映（一）〉，北京市檔案館，151-1-6。

24　鄭天翔：《行程紀略》（北京：北京出版社，1994），頁130–133。

25　〈市政專家組領導者波·阿布拉莫夫同志在討論會上的講詞〉，頁18；又見北京市城市建設檔案館，C1-308-1。

26　毛澤東：〈五四運動〉，《毛澤東選集》，第2卷，頁545。

共和國成立，這個廣場因此既是中國共產黨的發源地，又是社會主義新中國的誕生地，在意識形態上是個繼往開來的關鍵聯繫。

擴建廣場的背景

天安門廣場的擴建是個十分複雜的政治決定，涉及四個互相牽連的問題：應否保留廣場東西兩側的紅牆與中華門等古建築？廣場四周將來的主要建築群的規模應怎樣？天安門廣場的理想面積應多大？最重要的是，該怎樣顯示廣場的精神面貌？要回答這些問題，我們不得不追查一下廣場錯綜複雜的發展歷程。

明（1368–1644）清（1644–1911）時代，北京分為外城、內城、皇城與紫禁城。天安門是皇城的正門，有一狹長T字型的宮廷廣場（圖3）。廣場依循古代《周禮》沿南北中軸線而建，有深厚的建築文化歷史。《周禮》規定，沿南北中軸線而設的建築，必須有嚴格的對稱佈局。昔日這個宮廷廣場四邊封閉，老百姓不能進入。1911年辛亥革命後，國民政府才開啟了天安門城樓前的長安街上兩座城門，即長安左門（俗稱「東三座門」）和長安右門（「西三座門」）。[27] 在中華人民共和國成立之前，修建廣場的工程已經開始。1949年8月底，新成立的北平市人民政府、都委會和公安局決定，修整東西三座門之間的地段，以騰出更大的空間舉辦10月1日的開國大典。工程要到9月底才完成，開拓了一個可容納16萬人的廣場。[28] 這次修葺工程規模不大，主要是粉刷牆身，立旗桿，設立為開國大典而建的臨時觀禮台，及清除多年遺留下來的垃圾。[29]

27 北京市規劃委員會、北京城市規劃學會編：《長安街：過去、現在、未來》（北京：機械工業出版社，2004），頁62。有關國民政府時期的北平歷史，見Madeleine Yue Dong, *Republican Beijing: The City and Its Histories* (Berkeley: University of California Press, 2003).

28 《人民日報》，1949年8月31日，第4版。

29 《光明日報》，1950年9月1日，第4版；樹軍：《天安門廣場歷史檔案》（北京：中共中央黨校出版社，1998），頁21–28。

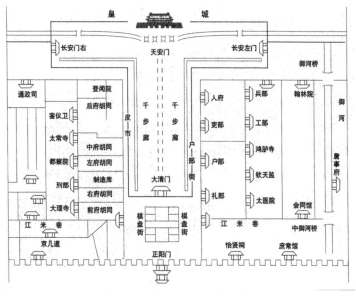

圖3　清代天安門廣場平面示意圖。《世界博覽》，第2期 (2008)，頁20。

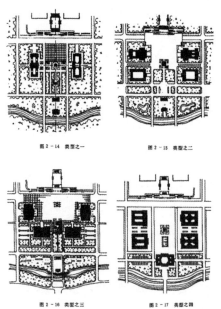

圖4　天安門廣場的四個重建方案。
北京建設史書編輯委員會編：
《建國以來的北京城市建設》(北
京：缺出版社，1986)，頁45。

擴建天安門廣場是北京重建計劃的核心，其地位一直沒變。從1950至1954年，都委會和其他相關部門總共起草了15個重建方案（圖4）。[30]這些方案都明確提出廣場的中心區準備興建政府的主要機構部門，但不會改變廣場傳統的 T 字形狀。為了擴展空地，市政府在1952年拆除了東西三座門，從而擴大了廣場面積。還把天安門城樓前臨時看台改建成鋼筋混凝土的觀禮台，由建築師張開濟（1912–2006）設計。[31]1955年，工人拆除了廣場東西側的紅牆，並在地面鋪上混凝土磚，又擴充了廣場南面，使面積達到12公頃。擴建還陸續推進。鄭天翔指出，其中一個方案是將廣場擴大到「二、三十公頃」。他補充說：「中央領導機關將要設在天安門廣場的附近，或者沿着市中心區的幾條主要街道修建。」[32]

1958年8月，天安門廣場擴建有重要的發展。中共中央政治局擴大會議在北戴河召開。為了慶祝翌年建國十週年，與會代表決定在一年之內，於首都建造一大批重要建築，稱為「國慶工程」。這些工程有兩個主要的目標：拓展天安門廣場以及興建十座大型建築，包括人民大會堂、中國革命博物館和中國歷史博物館、民族文化宮等，俗稱「十大建築」（見第2章）。到了1958年後期，提議中的國慶工程增加至17個項目。[33]北戴河的決定被視為「歷史性決定」，因這是新首都第一次經歷大規模重建。[34]為實現黨的決定，北京市委召集了全國各地一千多名建築師和藝術家，提出方案及編排工程的進度。1958年底，周恩來總理將最終方案提交中共中央政治局，最後獲得了批准。[35]

30　董光器：〈天安門廣場的改建與擴建〉，《北京文史資料》，第49輯（1994年11月），頁6。

31　本書作者於1996年9月16日在北京訪問張開濟的記錄。

32　鄭天翔：《行程紀略》，頁148。

33　國慶工程辦公室：〈關於慶祝國慶十週年建房施工安排的報告〉，北京市檔案館，125-1-1233。

34　參閱趙冬日著、北京市建築設計研究院編：《建築設計大師趙冬日作品選》（北京：科學出版社，1998），趙鵬飛撰寫的序言。

35　董光器：〈天安門廣場的改建與擴建〉，頁1–2；《建築學報》，第9–10期（1959年10月20日）。

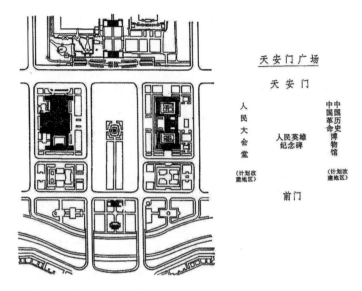

圖 5　天安門廣場重建設計藍圖，1958–1959。《文物》，第9期（1977年9月），
　　　頁11；《文物》，第5期（1973年5月），頁10。

　　1958年天安門廣場的重建以空前的速度進行。年底便拆除了廣場
南面（現址為毛主席紀念堂）的中華門（建於1420年）。在廣場上鋪設混
凝土方磚，並把架空電線改埋地下。廣場北面的長安街從24米拓寬至
120米。同時修建了一條專用的遊行大道，東起南池子，西至南長街，
1,239米長，80米寬，可容120人並列遊行通過。改建後的廣場仍保留原
有的南北中軸線。同樣重要的是，拓寬並延長了的東西長安街在天安門
城樓前匯合，形成一條新的東西軸線。擴展後的廣場面積已達44公頃，
東起中國革命博物館和中國歷史博物館，西至人民大會堂，相距500
米；北起天安門城樓，南至正陽門，相距880米，可容納50萬人的集
會，加上旁邊的東西長安街提供的空間，甚至可容納100萬人（圖5）。[36]
　　天安門廣場多次的擴建工程，需要在規劃的施工地區拆遷萬多間房

36　北京市城市建設委員會：〈天安門廣場工程的基本情況〉，北京市檔案館，
　　47-1-92。

圖6　1950年代中為擴建天安門廣場而拆除的周邊民房。中間是當時尚未拆除
的中華門，遠處右上方是天安門。《世界博覽》，第2期（2008），頁20。

屋（圖6），這事官方史書甚少提及。1958年，為了要應付更急進的擴展
方案，拆遷行動更加劇烈。此項任務交給了副市長兼公安局長馮基平
（1911–1983）。拆遷工作自1958年9月10日開始，「經過三十天的苦戰，
到10月10日基本完成了安置任務。」官方報告指出：「這次搬家的速度
是過去從來沒有過的。」在短時間內拆除了一萬六千多間房屋，包括原
來的天安門廣場周邊的4,600間，及人民大會堂現址上的2,610間。官方
報告指出，該工程是在黨的「群眾路線」方針指引下完成的。由於「事先
準備倉促，協作單位未及很好組織，開始發生了些問題。住戶沒搬淨，
工人就去拆房，供電部門撤電錶拆電線，供水部門拆水錶。」[37] 這樣大量
拆遷民房之舉，是北京近代史上罕見的。但為了實現建設社會主義的宏
圖，官員們認為上述問題就變得不大重要了。

蘇聯顧問的影響

　　天安門廣場擴建的另一個重點是蘇聯顧問的大量參與。中國現存的

37　〈擴建天安門廣場等處工程拆遷工作總結報告〉，北京市檔案館，47-1-61。

文獻很少提及這種外國支援，主要是因為 1950 年代末期中蘇交惡之後，官方故意淡化蘇聯顧問的貢獻。事實上，大量檔案資料顯示，蘇聯專家積極參與首都的重建。中方專家與蘇聯顧問對北京和天安門廣場的發展，看法分歧，充分說明了整個工程的政治性質。很明顯，中共領導人將擴建後的廣場視為確定其合法統治權的有力象徵，同時也用它來宣示國家獨立與民族自主的原則。這些原則尤其配合 1958 年的情況，那時候全國陷入大躍進運動的狂熱之中，中蘇關係亦日趨惡化，促使毛澤東等領導人不得不尋求一條與蘇聯不同的自主發展道路。

　　中共執政初期，對城市規劃可算是毫無經驗。所以蘇聯模式自然引起了他們的關注。[38]北京市委在初期討論首都未來發展的會議上，一再承認：「我們深感必須學習蘇聯在城市建設方面的先進經驗。」[39]梁思成等主要建築師亦有同感。梁一直重視城市自然和整體的發展模式。因此，至少在表面上，他認為蘇聯中央統籌的城市發展模式值得參考。梁思成 1953 年 5 月訪問蘇聯之後，盛讚 1935 年莫斯科重建的總體規劃是「一個劃時代的歷史文件」。他認為這個計劃「要求建築師把一個城市作為一個由無數組成部分綜合起來的建築整體。」他指出莫斯科規劃顯示了少年先鋒宮和工人俱樂部等建築物的「社會主義內容」。該規劃另一個特點是重建的整體性，例如從列寧山上的莫斯科國立大學到蘇維埃宮之間的空間關係，清楚說明這種設計讓環境和建築「相輔相成」。[40]蘇聯專家慣於成立專責委員會，尤其主張在整體發展框架內的分工，對中國人影響甚深。例如都委會在 1951 年 8 月，設立了三個專門委員會來統籌道路、園林以及河流湖泊的規劃，並承認這做法是直接「學習蘇聯的工作方法」。[41]

38　〈都市計劃 1952 年工作總結〉，北京市檔案館，150-1-56。

39　中共北京市委：〈報送改建與擴建北京市規劃草案和規劃草圖〉，北京市檔案館，1-5-90。

40　梁思成：〈我對蘇聯建築藝術的一點認識〉，《梁思成全集》，9 卷本（北京：中國建築工業出版社，2001），第 5 卷，頁 175–176。

41　〈第 3 次常務委員會會議記錄〉，北京市檔案館，150-1-30。

　　中國政府並沒有一個機構來通盤策劃和協調蘇聯城市規劃專家來華的邀請。不同單位因應個別的需要向政府申請，從而引起混亂。阿布拉莫夫和巴蘭尼克夫是北京市政府邀請來的，而城市規劃家穆欣（A. S. Mukhin）與巴拉金（D. D. Baragin）則是由國務院外國專家局於1950年代初招聘的。[42] 兩人進入不同部門工作：穆欣為國務院的建設工程部服務，而巴拉金為國務院管轄的城市建築總局工作。[43] 不過，市政府仍然常找他們徵求意見。

　　穆欣遵從斯大林的「社會主義內容與民族形式」政策，鼓勵中方專家創造富有民族特色的建築。[44] 他說：

> 在大城市中，行政社會機關數目很多，事實上難於集中在一起，因此必須有幾個中心，但也有所謂「總中心區」，集中一切重要黨政機關及市內重要機關……從規劃上來考慮中心區；中心區首先是一個大廣場，周圍有大建築。或幾個商場用大路聯繫之，每個中心要代表建築藝術，是城市的骨幹。[45]

　　實質上，穆欣的看法與阿布拉莫夫和巴蘭尼克夫沒有多大分別，尤其是提倡只有一個城市中心的主張。所不同的是他的建築規劃更加全面，更重視建築的藝術性，並主張保留北京的舊城牆。[46] 這也許可以解釋為甚麼梁思成會特別欣賞穆欣，卻與其他蘇聯城市規劃家意見不合。

42　有關穆欣（又譯為莫欣或莫辛）的檔案資料，參考〈蘇聯專家莫辛對北京市總體規劃的意見〉，北京市城市建設檔案館，C3-86-1；〈文書處理號5〉（1952年第2卷），中華人民共和國國務院外國專家局檔案室，案卷號2。有關巴拉金的檔案資料，參考〈聘請第29卷〉（1955年5月3日），中華人民共和國國務院外國專家局檔案室。

43　〈北京市規委會1955年專家工作計劃〉，北京市檔案館，151-1-5。

44　張鎛：《我的建築創作道路》（北京：中國建築工業出版社，1994），頁71。

45　北京市檔案館，150-1-69。

46　〈梁思成關於民族形式、保留古物言論意見〉，北京市城市建設檔案館，C3-80-2。

在許多中國人眼中，巴拉金是個不受傳統束縛的人。他雖然很欣賞北京歷史悠久的南北中軸線設計──即之前提到的從北面鐘鼓樓到南面永定門之間八公里長的軸線──但他不認為這條中軸線神聖得不可觸碰。在一次與中方專家討論北京未來佈局時，巴拉金用鉛筆畫了一條線，把中軸線從北端的鐘鼓樓向北延伸。這不尋常的建議令中方建築師嚇了一跳。根據城市規劃家李準（1923年生）的回憶：「巴拉金拿了支鉛筆，畫了一條線，就叫『中軸線的延長線』。這個畫得可厲害呀！過去我們想都不敢想。」[47]很多人覺得巴拉金的想法很妙，然而延長中軸線意味着要改變傳統空間思維，這對當時的中國人來説，是難以接受的。

1955年2月，北京市政府成立了都市規劃委員會（簡稱「規委會」），取代原有的都市計劃委員會，由鄭天翔任主任。規委會顧名思義是指未來的建設更有統籌、更加協調、制定策略更加深思熟慮，尤其是關於天安門廣場的發展。兩個月後，市政府聘用了另一批蘇聯顧問，「進行總體規劃的研究和編制工作」。[48]

城市規劃家勃得列夫帶領九人小組，包括城市設計家茲米耶夫斯基（V. K. Zmievskii）和阿謝耶夫（G. A. Aseev）、經濟學家尤尼娜（A. A. Iunina）、公共運輸顧問斯米爾諾夫（G. M. Smirnov）以及供水供氣系統的專家。專家組成員於1955年4月和7月陸續抵達北京。為了表示國家的重視，市長彭真接見了他們。蘇聯顧問的任期為兩年，大部分人在1957年底合約期滿後回國。但有些專家如勃得列夫，延長了工作合約繼續提供幫助。由於留在北京的時間長，有些人還帶同妻子前來，阿謝耶夫便是其中之一。[49]這批專家在蘇聯本土雖不是頂尖人物，但在各自行業裏都備受敬重。例如勃得列夫曾任莫斯科總體規劃學院建設規劃工作

47　本書作者於2002年10月28日、2004年1月16日及2004年8月9日在北京訪問李準的記錄。

48　北京市城市規劃管理局、北京市城市規劃設計研究院黨史徵集辦公室編：《組織史資料：1949–1992》（北京：缺出版社，1995），頁32–36。

49　〈北京市人民委員會關於審查1957年聘請蘇聯專家的報告〉，北京市檔案館，151-1-45。

圖7　蘇聯專家與中國翻譯小組(1956)。北京市城市規劃管理局、北京市城市規劃設計研究院黨史徵集辦公室編：《黨史大事條目：1949–1992》(北京：缺出版社，1995)，圖片。

室主任，阿謝耶夫亦曾擔任莫斯科設計院建築施工組的領導(圖7)。[50]
中方為他們制定緊密的工作時間表，包括學習中文，並委派他們到總圖組、市政組、交通組、力能組和建築組工作。[51]蘇聯專家也為規委會成員舉行城市規劃講座。[52]在勃得列夫與同事所監管的工程中，天安門廣場工程是最重要的。除了他之外，茲米耶夫斯基和阿謝耶夫也積極參與

50　北京市檔案館，151-1-4。

51　〈北京市規委會1955年專家工作計劃〉。

52　北京市城市規劃管理局、北京市城市規劃設計研究院黨史徵集辦公室編：
　　《黨史大事條目：1949–1992》(北京：缺出版社，1995)，頁38–40。

該任務。勃得列夫和茲米耶夫斯基專注制定天安門廣場和北京市整體規劃，阿謝耶夫則負責具體設計工作。

之前提及，都委會自1950至1954年做了第一批15個天安門廣場重建方案，預計廣場面積將達「二、三十公頃」，並保留昔日的傳統T字形狀。然而到了1955年，在新的規委會旗下工作的勃得列夫團隊，提出了10個新方案，其中涉及三個主要建議：廣場內不許興建重點大樓；廣場周邊擬定興建的樓宇高度不可以超過天安門；擴建工程應保留天安門（原皇城的正門）和正陽門（原內城的正門）。[53]

小心分析一下，我們不難看出蘇聯專家的靈感，主要來自1935年莫斯科重建的總體規劃。巴蘭尼克夫早於1949年便在他的北京市未來發展的報告中，熱心推介這個規劃。[54]其後市政府在1953年11月的文件中，已明確表示建設新中國首都時，會積極考慮以莫斯科重建的總體規劃作為可行的藍圖。[55]其後，勃得列夫在規委會會議上的幾次演說中，更熱衷地向中國人推銷蘇聯模式，並重複談及該模式的重點。[56]

1935年莫斯科重建的總體規劃無疑對蘇聯首都及周邊的放射型設計影響甚大。在斯大林的授權下，城市規劃家謝苗諾夫（V. Semenov）和建築師切爾尼紹夫（S. Chernyshev）統籌這規劃的工程，大規模改建蘇聯首都。該規劃的主導原則是保存莫斯科的傳統中心結構，以克里姆林宮為城市的核心，並基於莫斯科傳統的放射型佈局，把首都發展成耀目的現代化大都市。總體規劃有下列五個重點：

- 限制城市人口在500萬之內（1936年莫斯科人口是360萬），不再擴展工業，以免引入大量工人；
- 重建交通網絡，擴寬主要馬路，發展地鐵系統和增建鐵路；

---

53 《長安街：過去、現在、未來》，頁62–66。

54 巴蘭尼克夫：〈北京市將來發展計劃的問題〉，頁3。

55 中共北京市委：〈改建與擴建北京市規劃草案的要點〉，北京市檔案館，1-5-90。

56 〈北京市規委會1955年專家工作計劃〉。

- 擴大城市面積，把全市劃分為住宅、工業和文娛等13個區，各
  區建設必須與整個城市協調和諧；
- 發展大量綠化地帶；
- 擴大紅場面積一倍。[57]

紅場的改造是這大規模重建規劃的核心，而且早在1935年之前就
已展開工程，使它換上現代風貌。1930年，建築師舒舍夫（Aleksei
Shchusev）在紅場中央用花崗岩和大理石建成一座永久的列寧墓，與克
里姆林宮內最高蘇維埃大樓處在同一條中軸線上，取代了1924年前後
拆了又重建的木構列寧墓，紅場立刻成了社會主義革命的永久聖地。在
墓室頂部還加建一座觀禮台，供蘇共領導檢閱慶祝五一和十月革命的遊
行隊伍。1935年之前，斯大林已拆除了紅場北端的舊城門，使軍隊和遊
行隊伍能夠從拓寬了的高爾基大街（Gorky Street，現名特維爾斯卡亞大
街Tverskaya Street）走來，輕鬆穿過新建的馬涅斯廣場（Manezhnaya
Square）進入紅場。1935年後又開闢了馬涅斯廣場四周的空地，從而擴
寬了紅場。

與紅場重建最有關的是擴寬走向紅場的主要街道。首要的是廣場北
面的高爾基大街，由著名建築師莫爾德維諾夫（A. G. Mordvinov）負責工
程。[58]他拆除了沿街的幾座教堂，增建高樓大廈，拓寬了通往紅場交通
繁忙的幾條大馬路，把路面從16至18米擴展到49至61米。[59]拓寬主要

57　A. M. Zhuravlev, A. V. Ikonnikov, and A. G. Rochegov. *Arkhitektura Soveskoi
　　Rossii* (Architecture of the Soviet Union) (Moscow: Stroiizdat, 1987), pp. 129–
　　177; 又見童儁：《蘇聯建築：兼述東歐現代建築》（北京：中國建築工業出
　　版社，1982），頁32–34。

58　S. Boldirev and P. Goldenberg, "Ulitsa Gorkogo v proshlom i nastoyashchyem"
　　(The past and present of Gorky Street), *Arkhitektura SSSR*, No. 4 (1938), pp. 14–19;
　　Greg Castillo, "Gorki Street and the Design of the Stalin Revolution," in *Streets:
　　Critical Perspectives on Public Space*, ed. Zeynep Çelik, Diane Favro, and
　　Richard Ingersoll (Berkeley: University of California Press, 1994), pp. 57–70.

59　Boldirev and Goldenberg, "Ulitsa Gorkogo"; Andrei Ikonnikov, *Russian
　　Architecture of the Soviet Period*, trans. Lev Lyapin (Moscow: Raduga, 1988),
　　p. 185.

街道和保留放射型佈局是1935年規劃最主要的內容，所有的大街都因而朝向紅場與克里姆林宮，使莫斯科全市融為一體。改建後的紅場象徵意義更強，既代表蘇聯權力的所在地，也是世界上第一次無產階級革命的大舞台。慶祝五一和十月革命的大型巡遊和閱兵儀式，都在此隆重上演。斯大林的親信拉扎爾‧卡岡諾維奇 (Lazar Kaganovich) 倒說得妙：「莫斯科六個區的巡遊隊伍同時湧入紅場，那情景才符合我的審美要求。」[60]

　　莫斯科改建構想之大，令人聯想到19世紀法國建築師侯斯曼 (Georges-Eugène Haussmann) 重建巴黎的傑作。那劃時代的工程將法國首都改造成為擁有康莊大道，流暢交通網絡及莊嚴紀念文物林立的世界名城。就蘇聯而言，莫斯科改建工程在國際及國內都產生了深遠的影響。到了第二次世界大戰之初，蘇聯境內已有300座城市依照莫斯科的模式而重建。[61]斯大林並非單單要求把城市修建一下，他還希望將莫斯科發展成現代化的國際大都會，更重要的是，將它奉為所有社會主義國家的聖地，令世人嚮往，萬邦來朝。[62]重建後的紅場是蘇聯領導人對世界革命雄心萬丈的無聲示範。

　　拓寬後的天安門廣場同樣是按紅場的模式而造，這也是蘇聯顧問極力推動的。雖然北京與莫斯科有不同的城市佈局：前者為長方形結構，後者為同心圓模式，但兩者都有單一的核心區，奉為國家權力的所在地。蘇聯專家的方案讓中共領導更加肯定地把新政府機關設在舊城區。但中共領導人心底裏並不願將天安門廣場變成不折不扣的紅場翻版。他們要創造具有顯著中國特色的新政治空間，在設計和象徵意義上都超越蘇聯紅場。

60　Richard Stites, *Revolutionary Dreams: Utopian Vision and Experimental Life in the Russian Revolution* (New York: Oxford University Press, 1989), p. 243.

61　童寯：《蘇聯建築：兼述東歐現代建築》，頁37。

62　Matthew Cullerne Bown, *Art under Stalin* (New York: Holmes and Meier, 1991), p. 15.

天安門廣場的規模

　　1950年代初，天安門廣場擴建有兩種對立的主張。有人認為廣場應看作國家政治權力的象徵，因而廣場四周必須設置政府機關大樓；有人則認為這片廣闊的空間應成為文化中心，以圖書館和博物館為主要建築。[63] 勃得列夫和阿謝耶夫贊同第一種主張，提議要為無產階級革命者和烈士修建莊嚴的紀念堂。若是政治中心，這裏就不應經常成為公共活動場所，以免造成人群擁擠和交通堵塞。蘇聯專家提出這種説法時，其實心目中就以紅場作依據。建築師張鎛 (1911–1999) 是梁思成的學生，並與蘇聯專家共事過，稱這種建議是「把紀念性與政治性聯繫起來」。[64]

　　勃得列夫和阿謝耶夫的建議與中國官方的最初設想相當接近，並不考慮文化中心的建議。早在1949年9月30日，人民共和國成立的前一天，中國人民政治協商會議就決定在天安門廣場建一座人民英雄紀念碑──廣場上第一座建築物，用以紀念為1949年中國革命最終勝利獻出生命的烈士 (參閱第 10 章)。多年後，即1959年，在廣場西邊建人民大會堂和東邊建中國革命博物館和中國歷史博物館 (即今日的中國國家博物館)，這種把政治與紀念聯繫起來的觀念就更加明顯。蘇聯專家的建議，顯然是給予中共官方有力的依據去實現天安門廣場的發展計劃。

　　然而，仍有一個關鍵問題引起了爭議：即天安門廣場究竟要多大？有一説法是毛澤東在1958年批示要在首都造「能容納100萬人集會的世界上最大的廣場」，[65]但目前還沒有檔案文件來證實此説。有資料顯示，在市級會議中，有些人建議將廣場面積擴大到20、30或50公頃。[66]

63　《長安街：過去、現在、未來》，頁62。

64　張鎛：《我的建築創作道路》，頁88。本書作者於1994年12月14日在北京訪問張鎛的記錄。

65　李海文編：《彭真市長》(太原：中共黨史出版社、山西人民出版社，2003)，頁197。

66　楊念：〈一段溫馨的回憶〉，北京市城市規劃管理局、北京市城市規劃設計研究院黨史徵集辦公室編：《規劃春秋》(北京：缺出版社，1995)，頁161。

不過，修建更大規模的廣場卻不是蘇聯專家所想。事實上，巴拉金和阿謝耶夫傾向建小一點的廣場，因為北京當時的城市人口僅為140萬，而世界上大多數城市廣場面積一般都是「五到六公頃」，並不是很大。[67]巴拉金認為公共廣場最多可以「擴大到25公頃，但不可能擴大到40公頃。」他說：一個40公頃的廣場，已經「不是廣場，而是像列寧格勒的練兵場。」他又指出：「紅場並不大，而通過的遊行群眾並不多。」[68]茲米耶夫斯基也同意，他認為假如天安門廣場擴建得太大，便「很難按適當的比例來組織建築，人們在那裏看起來不舒服、不方便。」[69]蘇聯顧問的觀點卻遭到中國官員和建築師堅決反對，中方認為中國是世界上人口最多的國家，這是毋庸置疑的，因此天安門廣場應該建得更加寬闊。而且，天安門廣場是政治活動時「群眾遊行集會的中心」，故廣場的面積要大，不能太小。[70]北京副市長薛子正（1905–1980）認為當時的廣場空間有限，會成為五一和國慶群眾集會及閱兵儀式的障礙，因而認為有「迫切的需要將廣場擴大」。[71]

　　1956年，彭真發表了明確的指示：

> （天安門）廣場勢必要大一些，不能太小，當然是不是一定要到正陽門倒也不一定。不要說世界上沒有這麼大的廣場，我們就不能那麼作……列寧在十月革命時〔，〕是不是因為世界上還沒有一個社會主義國家就不革命了？這些是反動思想、落後思想。（廣場大一點）是實際需要。[72]

楊念女士為蘇聯顧問當翻譯。

67　〈蘇聯專家對天安門廣場規劃草案模型的一些意見〉，北京市城市建設檔案館，3-7-14。

68　同上。

69　〈專家談話記要（400）〉，北京市城市建設檔案館，3-7-14。

70　楊念：〈一段溫馨的回憶〉，頁161。

71　〈專家談話記要（58）〉，北京市城市建設檔案館，3-7-14。

72　〈10月10日彭真同志在市委常委會上關於城市規劃問題的發言〉，北京市檔案館，151-1-17。

彭真堅決地説：我們不能「甚麼都跟在人家後邊走。要根據我們的實際情況和發展需要考慮。」[73]

　　擴建天安門廣場的形狀也有爭議。廣場應否保持其歷史悠久的長方形，還是應該改變一下？蘇聯顧問最初提出了幾種形狀，有半圓形、多角形和長方形。[74]巴拉金傾向半圓形，認為「半圓形廣場很好看」。[75]中方對半圓形和多角形都不接受，而選擇繼續沿用北京傳統的長方形佈局，並把建築物從北向南排列。經過幾次激烈爭論，蘇聯專家也同意假如廣場的主要目的是用於國慶遊行和集會，半圓形和多角形就不是理想的形狀，因為不能盡量利用廣場的空間。[76]中方要保持首都現存佈局的決心最終佔了上風。阿謝耶夫也隨即附和，認為紅場也算是「長方形」的。[77]當然，從天安門廣場形狀的爭論，可以看出中蘇雙方歷史背景的不同。中方認為未來的天安門廣場不單要跟隨原本已有的長方形佈局，還要保持傳統講求的左右對稱和南北中軸線的上下連貫。蘇方卻不受這種一脈相承的歷史束縛。克里姆林宮實際是一大群以三角形排列的建築，左右看不到對稱。當然，即使有人接受阿謝耶夫關於紅場也算是長方形的看法，紅場仍有異於天安門廣場。天安門廣場由北向南直走，紅場卻由西北向東南伸延。中國官員堅持保留廣場傳統形狀，不應視為單純的懷舊情意結，而是這堅持實際反映了中共領導不斷追求民族身份的認同，努力尋找一處地方，可讓他們宣示國家的尊嚴。

73　彭真：〈關於北京的城市規劃問題〉，《彭真文選：1941–1990》，頁309。

74　〈專家談話記要（130）〉，北京市城市建設檔案館，3-7-14。

75　〈巴拉金專家對天安門廣場及長安街兩模型的意見摘要（二）〉（1954年5月12日），《關於天安門廣場、長安街及前門大街規劃方面的談話記要》，北京市城市建設檔案館，3-7-14。

76　〈專家談話記要（130）〉。

77　同上。

長安街的寬度

中蘇城市規劃專家的另一個爭論焦點是長安街的擴展問題，這也是天安門廣場整體擴建規劃的關鍵部分，因為長安街是天安門前的主要交通命脈。1950年代初，中方專家為未來的北京設想了四種不同寬度的街道：主幹道寬110至120米；次幹道寬60至90米；小幹道寬40至50米；支路寬30至40米。[78] 蘇聯專家卻認為北京擁有汽車的人不多，交通流量不大，故那麼寬闊的馬路是超過首都的實際需要。[79] 這樣的考慮也是離不開他們在蘇聯的經驗，正如勃得列夫所説：「莫斯科街道一般40、50公尺【原文】到60公尺，超過60公尺的很少。」[80] 蘇聯專家拿比較現成的例子來説明，就是拓寬後的高爾基大街。雖然這是莫斯科主要的繁榮大道，沿路有很多劇院、旅館和新公寓，以精心規劃取勝，只是它最寬處也僅為61米。當蘇聯專家聽説中方官員竟然超出他們原先的方案，表明要把東單至北京飯店的一段東長安街擴寬至140米時，不禁説這個想法「實在可怕」。[81]

蘇聯專家對長安街不宜過寬的建議找不到多少支持，但卻得到梁思成的認同。梁思成雖然不同意蘇聯專家要在舊城建行政中心區的主張，但對他們將東西長安街僅作適度加寬的提議卻表示贊同。梁思成擔心任意拓寬大街會導致不必要地拆除民房，無論如何，「西長安街太寬，短跑家也要跑十一秒鐘，一般的人走一趟要一分多鐘，小腳老太婆過這條街道就更困難了。」[82] 梁思成認為，建築物與道路的寬度要與周圍環境和諧相容，而非不成比例。他的理想計劃是將長安街建成一

78　楊念：〈一段溫馨的回憶〉，頁161。

79　同上。

80　〈專家談話記要 (58)〉。

81　〈巴拉金專家對道路寬度和分期建設等問題的意見〉，北京市城市建設檔案館，C3-87-1。

82　〈梁思成對北京市政建設的幾點意見〉，《內部參考》，第2152期 (1957年3月14日)，頁257。

條不是太寬的「林蔭大道」。[83]

梁思成反對將長安街建得太寬，是因為他更加擔憂：老北京城內的古建築會遭到任意拆卸。他的反對，使他與位高權重的官員如市長彭真等的立場明顯有異，官員們對北京的發展有不同的期望。舉一個事例，1952年政府不顧梁思成熱切的請求，拆除了天安門廣場兩端的東西三座門，當時，官方認為它們在國慶遊行時阻礙隊伍前進，必須予以拆除。[84]梁思成指出，任意拆除古城門，會徹底破壞故宮完整的建築格局。梁思成說，將歷史悠久的城牆和城門說成是無用的封建社會遺物是「偏差幼稚的看法」。這些文化遺產具有獨一無二的民族特徵，是無價寶。梁思成據理力爭：

> 故宮不是帝王的宮殿嗎？它今天是人民的博物院。天安門不是皇宮的大門嗎？中華人民共和國的誕生就是在天安門上由毛主席昭告全世界的。我們不要忘記，這一切建築體形的遺物都是古代多少勞動人民創造出來的傑作。[85]

有一次，梁思成氣得說反話：「我贊成把故宮也拆掉！」他繼續說：「不愛惜文物，對不起我們的子孫後代，對不起我們的祖宗……五十年後，有人會後悔的。」[86]那些官員並不同意梁思成的觀點，他們反駁說舊城牆和古城門，日久失修，很多地方倒塌，對行人非常危險，又阻礙日常交通。鄭天翔和劉仁（1909–1973）等北京市委領導，極力主張拆除大部分城牆。彭真立場也一致：「我是堅決主張拆除北京的城牆的。只要把長城的若干段保存下來，即可以代表這方面的文物。」[87]但最後都是黨

83　梁思成：〈為東長安街中央各部建築設計問題上周總理書〉，北京市城市建設檔案館，C3-80-1。

84　北京市城市建設檔案館，C2-46-2。

85　梁思成：〈關於北京城牆存廢問題的討論〉，《梁思成文集》，第4卷，頁48。

86　〈梁思成關於民族形式、保留古物言論意見〉。

87　北京市都市規劃委員會：〈關於城牆拆除問題的意見〉，北京市檔案館，151-1-73。

最高層作主。毛澤東1953年清楚表示:「在天安門建立人民英雄紀念碑,拆除北京城牆這些大問題,就是經中央決定,由政府執行的。」[88]黨官員其後批評梁思成力保古城牆的主張是「資產階級形式主義的建築思想」。[89]

對於長安街的寬度問題,多數中方專家都不同意蘇聯專家和梁思成的主張。他們考慮到世界各大城市交通擁擠的情況,認為最好把主要幹道築得寬一點,為日後發展做準備。[90]他們還提出當時有一種迫切的戰略考慮。張鎛解釋說,由於面臨帝國主義空襲的威脅,北京的主要幹道應建得寬大點,在緊急情況下可用作跑道,供小型飛機和直升機升降。[91]彭真也認為道路要建得寬大點。他在1956年10月的市委常委會議上,發表了〈關於北京的城市規劃問題〉的重要講話,透露了毛澤東的大北京構想。彭真說:「毛主席說,北京不要一千萬人?將來人家都要來,你怎麼辦?」彭真接着說:「我提個意見,城市人口近期發展到五百萬人左右,將來全市要發展到千把萬人。這是大勢所趨,勢所必至。」彭真說他知道倫敦、東京、巴黎和紐約的交通問題,莫斯科的情況也好不了多少。他補充說:「我們應該吸取這方面的經驗教訓。」最後,彭真的結論是:「(北京的)道路不能太窄。1953年提出東單至西單的大街寬90公尺,就有人批評這是『大馬路主義』。大馬路主義就大馬路主義吧。不要害怕,要看是否符合發展的需要……將來的問題是馬路太窄,而不會是太寬。」[92]當然歸根結底,長安街要築得寬大點絕非只為解決交通問題。更重要的是,這條主幹道要用來為大型遊行和政治集會提供足夠的空間。檔案文件顯示,早在1950年,五一和五四遊行導致的堵塞就令高層官員很憂慮。時任北京市長的聶榮臻 (1899–1992) 在報告中說道:「三

---

88 毛澤東:〈反對黨內的資產階級思想〉,《毛澤東選集》,第5卷,頁95–96。

89 《內部參考》,第107期 (1955年5月11日),頁145–146。

90 楊念:〈一段溫馨的回憶〉,頁162。

91 張鎛:《我的建築創作道路》,頁89;楊念:〈一段溫馨的回憶〉,頁162。

92 彭真:〈關於北京的城市規劃問題〉,《彭真文選》,頁307–308。

座門路面狹窄，西長安街一帶則尤甚……三座門至多僅能並列通過23人。以20萬人縱隊前進……遊行時，群眾隊伍歷四小時半始行通過完畢……因之全路交通阻塞終日。參加遊行者，則均感疲倦。」[93]於是，1950年提出要修築「遊行道」，以「應付將來100萬人隊伍的大遊行。」[94]

看一座建築物會留意它的規模與高度。從政治的角度觀察，建築物的大、小、高、低都會帶出很多象徵意義。建築的高度可以視為政治權力強大的標誌。要說明這一點，最好看看蘇聯政府在1919年邀請俄羅斯構成派雕塑家塔特林 (Vladimir Tatlin) 設計的第三國際紀念碑 (Monument to the Third International) 的例子。塔特林設計中的紀念碑會有四百多米的高度，遠超巴黎埃菲爾鐵塔 (Eiffel Tower) 的320米。[95]如此巨大的俄國建築物，就是用來向全世界表明，社會主義的輝煌成就已遠遠超越資本主義。

中共高層在構思一個新北京時，也同樣強調建築物的宏偉與高大。毛澤東在這事情上再一次直接下達重大決定。鄭天翔在回憶錄中說道：

> 關於天安門廣場的規模和佈局，曾經先後做過幾十個方案，徵求過多方面的意見，最後是經毛主席在天安門城樓上對彭真同志親自指點確定下來的……按毛主席指點規劃的天安門廣場，規模宏偉，佈局簡潔，莊嚴樸素。廣場東西寬500米，天安門到正陽門，長860米，面積四十多公頃。[96]

擴大和拓寬了的天安門廣場和長安街，形成了一條新的東西軸線，為北京創造了一個新的空間佈局。這種新格局，也反映了一個新時代的來臨，中國要尋找一條富有民族特色的社會主義建設道路。1958年狂熱

93　北京市城市建設檔案館，C2-46-2。

94　同上。

95　Anatole Kopp, *Town and Revolution: Soviet Architecture and City Planning, 1917–1935*, trans. Thomas E. Burton (New York: George Braziller, 1970), p. 52.

96　鄭天翔：《行程紀略》，頁639。

的大躍進蔓延全國。1950年代末中蘇關係逐漸惡化，也促使毛澤東去另
覓一條適合中國發展的道路。即使蘇聯城市建設模式在1950年代中受
到追捧，中共領導人也會即時指出，一定要結合國情，要有「洋為中
用，走自己的路的精神。」[97]彭真講得很清楚，他認為拓寬主幹道是要結
合中國的實情，「不是為了給外國人看」。[98]由此可知，中共領導層和建
築師顯然是想在北京市中心建一座有異於紅場的公眾廣場。1959年擴建
工程完成後，44公頃的天安門廣場與只有9公頃的紅場相比，實在是高
下立見。擴建後的廣場獲得了新的象徵意義：由於天安門廣場比紅場大
得多，遠超這個蘇聯地標，使北京而非莫斯科成為社會主義陣營的中
心。這種並未言明的觀念隨後更加得到肯定。1959年12月，蘇聯方面
提請中國政府同意他們派一個三人專家小組來北京，考察人民大會堂的
營造與設計。[99]中國人因此多了一種受人尊重的感覺，而整個廣場也為
北京市中心添加了一個新的政治空間。有一份專家文件說：「改變了舊
城以故宮為中心、體現封建帝王唯我獨尊的格局，形成了體現勞動人民
當家作主的社會主義首都中心廣場的新格局。」[100]工程完成後，全國的
焦點從此不再是明清時代的故宮，而是轉移到故宮大門天安門前面那片
富有象徵意義的新空間。就這樣，天安門廣場標誌着中國脫離了悲慘的
過去，創造了一個嶄新的時代。歷史學者侯仁之和建築學家吳良鏞指
出，象徵昔日皇權統治的紫禁城，已經退居到次要地位，成為「人民廣
場」的「後院」。[101]

97　楊念：〈一段溫馨的回憶〉，頁159–160。

98　彭真：〈關於北京的城市規劃問題〉，《彭真文選》，頁311。

99　中華人民共和國建築工程部檔案室，檔案編號3873。

100　北京建設史書編輯委員會編：《建國以來的北京城市建設》（北京：缺出版
　　　社，1986），頁47。

101　侯仁之、吳良鏞：〈天安門廣場禮贊〉，頁12。

天安門廣場的政治性質

　　公共廣場的概念來自西方。羅馬建築家維特魯威（Vitruvius）在其著名的《建築十書》（*Ten Books on Architecture*）中寫道，公共廣場（他稱之為"forums"）對城市生活起着至關重要的作用。維特魯威發現廣場與民眾的日常生活息息相關。因此，廣場的設計根據城市人口和居民的生計而定。廣場過小對人民的生活起不了作用，過大卻會使廣場看上去太「空曠」。[102]文藝復興時期學者萊昂·巴蒂斯塔·阿爾伯蒂（Leon Battista Alberti）持相同觀點，不過他的解釋更加實際。例如，令阿爾伯蒂印象最深的是意大利廣場的多元化，這多元化包含兩種特徵：一是民眾多姿多彩的日常生活，二是廣場各有不同的形狀和規模。[103]19世紀末城市規劃學者卡米洛·西特（Camillo Sitte）研究中世紀至文藝復興時期歐洲的公共廣場，把城市廣場描寫得特別生動：「人民熙來攘往，群眾慶典在此舉行，戲劇在此上演，政府事務在此展開，法令也在此頒佈等等。」[104]這種種活動後來成了西方廣場的基本特徵。

　　然而，傳統的歐洲廣場並非都經過仔細的規劃，許多都受到建築物包圍。同時不一定很寬大。又如阿爾伯蒂之前指出的那樣，這些廣場形狀各異，從常見的長方形到佛羅倫斯的新聖瑪利亞廣場（Piazza di Santa Maria Novella）的五角形等。17、18世紀，大型公共廣場越來越盛行是受法國大革命所影響。[105]當時的革命分子要求建立更大的開放空間來表

102　Vitruvius, *Ten Books on Architecture*, trans. Ingrid D. Rowland (Cambridge: Cambridge University Press, 1999), Book 5, Chap. 1, p. 64.

103　Leon Battista Alberti, *The Ten Books of Architecture* (The 1755 Leoni Edition) (New York: Dover, 1986), Book 4, Chap. 1, p. 64; Book 8, Chap. 6, p. 173.

104　George R. Collins and Christiane Crasemann Collins, *Camillio Sitte: The Birth of Modern City Planning*, with a translation of the 1889 Austrian edition of his *City Planning according to Artistic Principles.* (New York: Rizzoli, 1986), Chap. 1, p. 151.

105　Leith, *Space and Revolution*, p. 6.

達大眾的民主訴求。莫娜·奧祖夫指出，這些無束縛的空間，是「在戶外、在正常和中立的自由空間裏，一切區分似乎都不復存在。」這是明顯有異於傳統貴族那種「封閉、分隔和孤立的」廣場。[106]法國大革命後，法國人重建巴黎市中心的「路易十五廣場」(Place Louis XV)，將其改名為「革命廣場」(Place de la Révolution)，後來又改稱「協和廣場」(Place de la Concorde)。現代歐洲、北美和拉丁美洲的廣場均沿用了這些開放、廣闊和自由自在的特色，用以舉行節日活動，市民可以在那裏休憩及公開發表個人意見。[107]

但天安門廣場與這些西方廣場不同，它明顯是政治廣場，要為中國共產黨服務。它雖然有廣闊的面積，但還是個封閉的，受嚴密監控的官方專有用地。當毛澤東1949年在天安門城樓上宣佈中華人民共和國成立，並舉行盛大的群眾巡遊慶典時，天安門廣場的政治性質已清晰確定下來。1959年人民大會堂及中國革命和中國歷史博物館落成後，這片廣闊空間作為全國政治中心的地位就更加明確了。這裏成了勞動節和國慶日盛大巡遊的理想場所，用來重新喚起社會主義革命精神(參閱第4章)，同時也成了群眾譴責帝國主義勢力的合適平台，就如1950年代初的抗美援朝運動那樣。當然，官方宣傳的天安門廣場不僅是一個政治空間，還是一個「人民廣場」。[108]在此，政治運動是由上而下發動，卻以人民的名義推展至全國。這樣的人民廣場由北京開始，帶領全國追隨，以類似的形式在上海和天津等主要城市廣泛建造，用以鞏固黨的統治。[109]

那麼，大眾對以他們名義而建的廣場到底有甚麼看法？在一個黨控制傳媒及政府禁止公開批評的國度裏，我們要找答案，也是徒然。倒有一個例外。建築學者羅健敏在1981年5月的《建築學報》上發表一篇題

---

106 Ozouf, *Festivals and the French Revolution*, p. 128.

107 Setha M. Low, *On the Plaza: The Politics of Public Space and Culture* (Austin: University of Texas Press, 2000), pp. 31–37, 180–204, 238–247.

108 《人民日報》，1959年9月27日，第2版。

109 《解放日報》(上海)，1951年9月30日，第2版。《進步日報》，1949年9月28日，第3版。

為〈試評天安門廣場的規劃〉的文章中，質疑新廣場是否有利大眾。那時正值鄧小平（1904–1997）管制較為寬鬆的時期。羅健敏涉足政治險境，提出了他聲稱與天安門廣場有關的三個「值得探討的問題」。他的文章值得在此詳細徵引：

> 天安門廣場是個舉世聞名的廣場……但是隨着時代的前進，天安門廣場規劃中與社會需要不相適應的那些方面，日益顯著的表現出來……
>
> 下面想就天安門廣場規劃和使用上的幾個問題，發表一些意見……
>
> 幾個值得探討的問題：
>
> 1. 單純強調廣場的政治作用，忽視了整個城市對廣場的多方面需要。
>
> 　　天安門廣場位於北京城的中央，不但在政治上它是首都的中心，而且從城市的功能佈局上、交通以及建築等多重意義上講，它都確實是城市的中心廣場……所有這些每日每時都在進行的城市經常活動，對於城市在規劃建設中來說，是比偶而舉行的慶祝遊行要實際得多重要得多的。
>
> 　　可是當初步進行廣場規劃、確定廣場性質的時候，卻是把「百萬人大會」作為廣場的首要用途確定下來的。這樣就把遊行集會在政治上的重要性與它們在城市建設中的地位等同起來，顛倒了廣場功能的主次關係……節日遊行時廣場上要坐滿十萬群眾，用服裝花束組字。而由十萬人組成的這個特大圖案，卻只有天安門城樓上的少數領導同志能夠俯瞰全貌；參加集會遊行的其餘幾十萬人，則簇擁在旗海之中，曝曬於烈日之下，是甚麼也看不見的……
>
> 2. 廣場周圍的建築內容過分單一〔。〕
>
> 　　像天安門廣場這樣重要的城市中心廣場，不但應當具有相當的面積，而且圍繞廣場應當安排有足夠豐富的一系列建築物，以便廣場具有較全面的功能。

　　　　然而現狀的天安門廣場，在功能上存在着很大的缺陷。目前，這裏只有政治性、紀念性的建築，卻沒有必要的文化、教育、社會服務等公共建築……

　　　　這種側重於象徵作用的政治中心，假如並不居於城市中央，也許就不算毛病。問題在於，天安門廣場恰恰是外在城市的獨一無二的中心點上。在這裏佈置建築而不使其具有足夠的使用功能來為「政治中心」服務，就很難說是正確的了……

3. 廣場的土地利用率很低。

……可是天安門廣場，規劃是開敞的，建築也是鬆散的，城市用地使用得很不經濟。[110]

羅氏跟着提出了幾點建議使廣場更能吸引大眾：在廣場上加大綠化地帶、大量修建水池噴泉、建設國家大劇院與少年宮、多建雕塑和展覽文物，全面規劃廣場及其周圍的交通。

　　羅健敏的批評與梁思成相似，對天安門廣場整體工程最不滿是該工程為政治目的所主宰。不過，這正是毛澤東等高層領導所要求的，尤其是操控這片廣闊空間來證明中共的絕對威信和偉大成就。羅健敏還觀察到，國家領導人可以在天安門城樓上觀看大遊行，而遊行的參加者卻對這場大型的集會幾乎甚麼也看不到。這與俄國學者弗拉基米爾·帕普尼（Vladimir Paperny）的觀察不謀而合。帕普尼研究斯大林時期在紅場舉行的遊行。他問：「誰才是1930年代聲勢浩大的巡遊和示威集會的觀眾？在還沒有電視機的年代，除了站在列寧墓室頂的幾位黨的領導人，還有誰能看見他們呢？……領導人也並非觀眾，而是演員，遊行者倒扮演了觀眾的角色……這些『無法真正參與，但卻要不停歡呼』的觀眾被『運送』到舞台前，讓他們有機會一睹『國王與群臣』的風采。」[111]中國方

---

110 羅健敏：〈試評天安門廣場的規劃〉，《建築學報》，第5期（1981年5月20日），頁28–33。

111 Vladimir Paperny, "Moscow in the 1930s and the Emergence of a New City," in *The Culture of the Stalin Period*, ed. Hans Günther (New York: St. Martin's Press, 1990), p. 232.

面，雖然毛澤東等領導人最初的廣場構想源於對蘇聯紅場的稱許，但明顯地他們是努力要在天安門廣場創造一個具有中國特色的政治空間，有別於紅場。兩大廣場，儘管存在差異，但本質上卻並無區別，都是為了服務各自共產主義的意識形態而建的。

1949年後的天安門廣場擴建，是中共一個富有重要象徵意義的行動。它透過操控這個新的政治空間，來宣示其統治及確立其政權的合法地位。黨把這個位於北京市中心的傳統宮廷禁地，改造成一個新意識形態的舞台。

雖然黨領導人在理論上建立一個遵從社會主義的新政權，然而他們強烈地以民族思想及感情來號召大眾支持。民族主義肯定是近代中國歷史上最有具影響力的意識形態之一，它喚醒國人不要忘記那段遭到列強侵略，民族受辱的歷史。更重要的是，民族主義成了不可或缺的推動力，去維護國家的主權。中國人要走自己的發展道路，主要是來自對外國侵略的強烈民族憤慨。彭真反對「甚麼都跟在人家後邊走」，就是把這種民族情緒一語道破。儘管天安門廣場的擴建極受紅場設計的影響，中共在規劃自己神聖的政治空間時，不會、也不可能緊跟着蘇聯的模式走。若跟着走，只會嚴重削弱中共基於民族自主而取得的統治合法地位。建造一座比紅場大五倍的廣場之有所必要，不僅因為中國是世界上人口最多的國家，更重要的是毛澤東所領導的中國，意識到自己的發展道路比其疏遠了的「老大哥」的模式，優越得多。天安門廣場是愛國主義與民族自豪的象徵。

我們從政治史的角度看，天安門廣場的建設，象徵了中國共產黨鞏固對內的統治和對外的政策，抗衡蘇聯和西方帝國主義國家。1950年代，天安門廣場從明清時期封閉的宮廷禁地發展成為世界上最大廣場之一。最諷刺的是，即使舊日的宮牆拆除了，原來被包圍的地方也打通了，實際空間也擴寬了，但現今的天安門廣場，仍然是世界上最封閉的地方之一，受到專制政權的嚴密監控。

第2章

十大建築：樹立政治威信

　　現代的政治權力通常以幾種方式展現：軍事力量、穩固的官僚體制、群眾的慶典和大型遊行，以及韋伯(Max Weber)所稱的魅力型領袖。此外還有哈樂德．拉斯維爾(Harold Lasswell)所指的建造新建築物和宏偉大樓，也是展現權力的方法。[1]以往有不少政治家建立和利用新的大型建築物和新闢的城市空間，來宣示自己的權力和確立統治的合法地位。最廣為人知利用建築物去彰顯權力的例子，莫過於蘇聯斯大林和德國希特勒(Adolf Hitler)的建築大計。斯大林1935年莫斯科重建的總體規劃是向全世界展示城市改造的典範，並宣揚莫斯科是世界工人階級的首都。重建計劃是要將蘇聯首都變成大道縱橫、高樓林立，能與巴黎和羅馬一爭高下的城市。最重要的是，斯大林打算在莫斯科建造一座高聳的蘇維埃宮(Palace of the Soviets)，並在其上豎立巨型的列寧像。計劃中的蘇維埃宮，是一首獻給無比尊榮、至高無上的蘇維埃共產主義的讚歌。[2]無獨有偶，希特勒也把建築提升到極之顯赫的地位。他這樣說

1　Harold D. Lasswell, with the collaboration of Merritt B. Fox, *The Signature of Power: Buildings, Communication, and Policy* (New Brunswick: Transaction, 1979), pp. xiii–xiv, 84.

2　Ikonnikov, *Russian Architecture*, pp. 176–226.

過：「每個偉大年代的中心價值，最終以建築物表達出來。」[3]他認為建築物象徵了偉大的德意志民族的團結和力量，而他大肆炫耀的柏林和紐倫堡 (Nuremberg) 重建計劃，也以建築物作為核心。在希特勒眼中，由其首席建築師阿爾伯特・斯佩爾 (Albert Speer) 設計的新柏林，不僅將成為第三帝國 (Third Reich) 的首都，還會成為歐洲新秩序的中心。[4]

中華人民共和國成立之後，毛澤東與高層領導的做法也跟歐洲政治領袖類似，用新的建築物和宏偉的大樓來宣示新政權，並塑造新首都北京以符合中共的政治形象。中國共產黨除了擴建天安門廣場之外，還在1958年8月北戴河的政治局會議上，宣佈要在一年內完成「十大建築」，來慶祝人民共和國建國十週年。但是，決定在北京建造這麼多的龐大工程，必定離不開當年複雜的歷史背景。那時期，毛澤東一手推動的大躍進正席捲全國，這場激進的運動要求加速實現中國的工業和農業現代化，並建立先進的社會主義國家。從政治的層面看，毛澤東決心尋找一條富有中國特色的社會主義發展道路，而非照搬蘇聯模式。結果是十大建築匆匆完成，引發了強烈的民族自豪感。這次北戴河的決議卻是扭轉了1955年官方反對俗稱「大屋頂」的政策。這種大屋頂是指琉璃瓦頂配上飛簷的傳統建築風格，主要由梁思成提倡。當年官方批評梁思成推行古建築風格和力保古跡是「復古主義」和「形式主義」思想，在國家資源匱乏的年代搞「鋪張」和「浪費」。[5]不過這種傳統建築風格很快又在十大建築工程中捲土重來，為的是強調中國的本土特色。

1959年10月1日，十大建築在國慶日正式揭幕 (圖8)。這十大建築分別是：人民大會堂 (圖9)、中國革命博物館和中國歷史博物館 (兩者視為一座建築，稍後討論) (圖10)、中國人民革命軍事博物館 (圖11)、

3 Barbara Miller Lane, *Architecture and Politics in Germany, 1918–1945* (Cambridge: Harvard University Press, 1985), p. 188.

4 Igor Golomstock, *Totalitarian Art in the Soviet Union, the Third Reich, Fascist Italy and the People's Republic of China*, trans. Robert Chandler (New York: IconEditions, 1990), pp. 273–275.

5 《人民日報》，1955年3月28日，第1版。

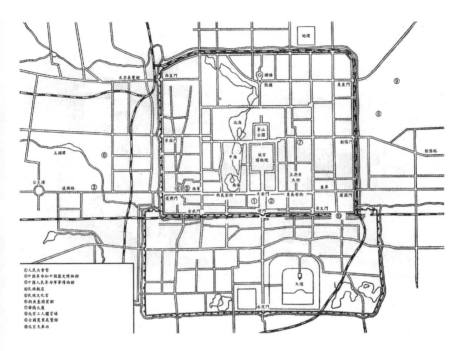

圖8　十大建築分佈圖（1950年代的北京）：①人民大會堂；②中國革命博物館
　　　和中國歷史博物館；③中國人民革命軍事博物館；④民族飯店；⑤民族
　　　文化宮；⑥國賓館；⑦華僑大廈；⑧工人體育場；⑨全國農業展覽館；
　　　⑩北京火車站。此圖的繪製參考了 *Peking: A Tourist Guide (*Peking:
　　　Foreign Languages Press, 1960)。

全國農業展覽館、民族文化宮、北京火車站、工人體育場、國賓館、民
族飯店以及華僑大廈。[6]

　　1959年的十大建築名單，跟一年前北戴河會議上由中共中央書記
處提出的最初那份名單，略有不同。1958年的那份名單提議建造人民大
會堂、國家大劇院、中國革命博物館、中國歷史博物館、全國農業展覽
館、軍事博物館、藝術博物館、科學技術館、民族文化宮及國賓

6　《建築學報》，第9–10期（1959年10月）。

圖9 人民大會堂，天安門廣場。2004年8月1日，作者攝。

圖10 中國革命博物館和中國歷史博物館(現為中國國家博物館)，天安門廣
場。2002年10月13日，作者攝。

圖11　中國人民革命軍事博物館，復興路。2002年10月26日，作者攝。

館。[7]1959年最後落成的名單，取消了三個建築項目，分別是國家大劇院、藝術博物館和科學技術館，但添加了四座新建築：工人體育場、民族飯店、北京火車站和華僑大廈。此外，中國革命博物館和中國歷史博物館合為一個建築項目計算，並不像1958年的最初方案中，分成兩項建築工程。

　　為何改動？表面上，改動反映了這批工程實在是非常龐大。深入點看，改變顯露了中共的計劃過於急進又缺乏經驗，引致施工混亂和經常要緊急修改圖則。建築師之間的風格之爭，也是政府需要面對的問題。我們可以從國慶工程看到中共積極利用建築物來彰顯其政治權威，鼓舞國人的民族自豪感，但要實現這些目標，卻是波折重重，荊棘滿途。

7　中共北京市委：〈中共北京市委關於紀念國慶十週年的籌建情況和問題的報告〉，北京市檔案館，125-1-1254。

施工情況

中央政治局負責監管國慶工程的主要領導是周恩來總理，而直接管理日常建築事務的是北京副市長萬里 (1916–2015)。萬里成立「國慶工程辦公室」來協調工程並匆匆開始工作。[8] 由於時間不多，來不及組織國際設計比賽，況且中共也無意邀請外國人參與這批重要工程。大躍進時期民族主義熱情高漲，中央早就決定建築師必須是中國人，而且要在國內選拔人才。在 1958 年 9 月 8 日舉行的動員大會上，萬里對着從全國趕來的一千多位官員、建築師和城市規劃家，宣佈了該項宏偉計劃。他反覆強調大躍進的口號，要做到「多快好省」，並告訴大家：「我們要建設一批『國慶工程』，反映建國十年來工農業生產和各個方面建設取得的巨大成就。」然後，他讚揚知識分子有「很強的愛國心和民族自豪感」，鼓勵他們盡最大的力量來完成這個使命。[9]

國慶工程辦公室挑選了全國最優秀的建築師參與籌劃，包括北京的梁思成、趙冬日和張開濟，南京的楊廷寶 (1901–1982) 和上海的陳植 (1902–2002)。很多人對國家委派的這個重任深感榮幸。[10] 短暫和繁忙的商討過後，1958 年初秋便開始動工，而人民大會堂在 10 月 28 日開始興建。[11] 國慶工程辦公室最憂慮的是所有建築物能否在不足一年，實際只得十個月的時間要全部完工，還要在 10 月的開幕日前預留幾個星期去做必須的驗收和完工前的清理工作。有官員承認，建造像人民大會堂那樣的大型工程，通常「需要一年設計，半年準備，三年施工才能完成。」[12] 國慶工程辦公室別無選擇，不得不兵分三路同步進行：「邊設

8　沈勃著、北京市城市建設檔案館編：《北京解放，首都建設札記》（北京：缺出版社及年份），頁 114。

9　萬里：《萬里文選》（北京：人民出版社，1995），頁 48–50。

10　北京市檔案館，2-11-137。

11　《建築學報》，第 9–10 期 (1959 年 10 月)，頁 30。

12　北京市建築工程局：〈十項公共建築的施工情況概況介紹〉，北京市檔案館，125-1-1218。

計、邊備料、邊施工。」[13]

　　國慶工程辦公室決定各施工地點落在天安門廣場和長安街附近後，清拆工作便馬上展開。拆除房屋，移除舊墳場（北京城西軍事博物館附近），國慶工程辦公室亦向居民收購土地。[14]由於時間緊迫和準備不足，官員也不得不承認這場大遷徙引起很多民怨，「群眾也有意見」。[15]

　　各項工程還面臨技術工人短缺和資源緊絀的問題。1958年10月，北京市委向中央政府求助，表示北京市無法獨力承擔這些艱巨任務，務求從天津、上海和武漢等以傑出建築聞名的城市派來熟練工人。市委還要求徵調山東與河北的優秀石匠。[16]短期間就召集了以萬計的工人進京。例如，1959年3月，在北京各個工地共有五萬多名工人，日以繼夜分三班輪替趕工。[17]高峰時期工人甚至超過七萬人。[18]但工作品質參差，很多從京郊農村招募而來的本地工人，就像官員所批評的：「技術水準和勞動效率都很低。」[19]整個工程很快就像軍事行動一樣。戰場術語如「戰區」、「打殲滅戰」等在工地此起彼落。[20]官方運用口號，加上訴諸民族自豪感，無疑是為了激勵工人的士氣，引發他們的工作熱情。

　　另一個障礙是北京缺乏建築材料，大部分材料要從外省運來。國慶工程辦公室在中央幫助下，協調全國搜集所需建築材料，包括上海的大批鋼窗、山東的花崗石、湖北的大理石。[21]國慶工程辦公室將整個工程稱為「一盤棋」，強調各個部門要齊心合力，共同奮鬥，一起完成目

13　萬里：《萬里文選》，頁51。

14　北京市檔案館，125-1-1243。

15　〈擴建天安門廣場等處工程拆遷工作總結報告〉。

16　北京市檔案館，125-1-1219；北京市檔案館，125-1-1233。

17　國慶工程辦公室：〈關於目前國慶工程進行情況的報告〉，北京市檔案館，125-1-1233。

18　〈萬里同志在國慶工程宣傳報導會議講話提綱〉，北京市檔案館，2-11-138。

19　國慶工程辦公室：〈關於目前國慶工程進行情況的報告〉。

20　〈萬里同志在北京市國慶工程五級幹部會議上的報告（記錄摘要）〉，北京市檔案館，125-1-1228。又見北京市檔案館，125-1-1242。

21　《建築學報》，第9–10期（1959年10月），頁33。又見北京市檔案館，125-1-1269。

標。[22]氣候也是個大問題。1958年10月工程剛開始便入冬,北京嚴寒的天氣使工作環境令人難以忍受。[23]

周恩來將國慶工程置於首位。他最擔心的是安全問題,尤其是人民大會堂內可容萬人的大禮堂。[24]延安發生的慘劇一直在他腦海中揮之不去。1945年夏天在延安慶祝中共第七次黨代表大會之際,大廳中一座挑台倒塌,導致好幾位倚靠在挑台邊緣看表演的觀眾死亡。周恩來在救助時也受了傷。而這次人民大會堂內的大禮堂會建兩層巨型挑台,每層可容納二千多人。周恩來非常關注挑台的安全問題,以致在1959年1月的一個晚上,他召集了萬里、國慶工程辦公室主任趙鵬飛(1920–2005)和北京建築設計院院長沈勃(1918–2012)到他在中南海的辦公室,明確地指示他們必須把安全問題放在首位。周恩來警告他們:「你們三個人一定要抓好結構安全,如果發生問題,那就要『三個人頭一把火』。」[25]但在工程異常複雜,工程數目眾多,進度非常緊迫的情況下,難免出錯,甚至錯得厲害。常見的問題是主要建築材料的品質不合乎要求。例如1959年2月,發現用來支撐人民大會堂屋頂的主鋼架有缺陷,只好匆忙搶修。[26]施工現場亦頻頻發生事故。1959年3月,大會堂一樓發生火警。[27]民族飯店工地至8月份為止已有37宗事故,[28]導致官員不得不頻頻發出小心安全的警告。[29]

22　北京市檔案館,47-1-71。

23　國慶工程辦公室:〈中國革命、歷史博物館工程總結〉,北京市檔案館,125-1-1223。

24　萬里:〈關於國慶工程進展情況和存在問題的報告〉,北京市檔案館,47-1-72。

25　沈勃:《北京解放,首都建設札記》,頁126。

26　萬里:〈關於人大會堂屋架鋼材質量不合要求嚴重影響施工進度的報告〉,北京市檔案館,2-11-128。

27　北京市檔案館,125-1-1261。

28　北京市城市建設委員會:〈關於建設長安飯店的經驗總結〉,北京市檔案館,47-1-71。

29　中共市建一公司委員會:〈人大工程情況簡報(78)〉,北京市檔案館,125-1-1226。

　　由趕工而引起的另一問題是浪費。因為經驗不足和協調不當，引致大量建材裝配錯誤或胡亂浪費了。[30]雖然施工過程中有多次檢查，但往往遲遲才發現錯誤，來不及糾正，一位建築師氣憤地說：「房子已蓋起來了，有意見也不能提了。」[31]

工程的數量

　　如第1章提到，1958年後期最初計劃的國慶工程數量，共達17個，除了十大建築之外，還包括由商務部籌建的西單百貨大樓，以及文化部副部長周揚(1908–1989)提議的電影宮。[32]然而，由於極之缺乏技工和建築材料，一些項目很快便被刪除。趙鵬飛馬上便看到新增的項目所帶來的問題，他擔心過多的工程會消耗本已不足的資源，並產生難以預料的技術障礙。更糟的是，每個項目都有不斷擴大的趨勢，添加附件的要求像是沒完沒了。他舉例說，獲批准興建的百貨大樓的建築面積，「原訂為5萬平方米，現已增為6萬4千平方米。」[33]計劃修建的十大建築總面積很快已從1958年底的30萬5千平方米激增到1959年初的60萬平方米。[34]趙鵬飛警告說，事情照這樣發展下去，可能會失控。

　　到了1958年12月，形勢又有變化，高層領導開始認真考慮要調整各項目的優先次序。五個被視為關鍵項目的是：人民大會堂、中國革命博物館和中國歷史博物館(漸被看作是合而為一)、國賓館、民族文化宮

30　萬里：《萬里文選》，頁51。〈一位老工人的來信〉，北京市檔案館，125-1-1228。

31　北京市檔案館，131-1-359。

32　中共北京市委：〈中共北京市委關於紀念國慶十週年工程的籌建情況和問題的報告〉，北京市檔案館，47-1-60。

33　趙鵬飛等：〈關於紀念國慶十週年建築工程施工力量部署的報告〉，北京市檔案館，47-1-51。

34　萬里：〈關於國慶工程進展情況和存在問題的報告〉。

以及軍事博物館。國慶工程辦公室聲明：「五項工程為當前突擊重點」。[35]

次年1月，正式調整策略，周恩來評估實際情況後將工作分為三類。第一類是「必成」，包括11座建築：人民大會堂、中國革命博物館、中國歷史博物館、全國農業展覽館、軍事博物館、民族文化宮、國賓館、體育場、民族飯店（又名長安飯店）、華僑大廈以及北京火車站。這批建築要在國慶十週年揭幕。第二類是「期成」，包括東長安街的科學技術館和天安門廣場東面的藝術博物館。第三類是「推遲」，包括人民大會堂西面的國家大劇院、復興門外的大型電影宮以及西單的大型百貨商場。[36]

這份修訂過的名單，也有一些明顯的變更。首先，「必成」的建築總數確定為11個。其次，從1958年最初名單上刪除了國家大劇院、藝術博物館、科學技術館，是由於周恩來獲悉這三個項目無法按時完工。最後，增加了體育場、民族飯店、北京火車站以及華僑大廈這四個新建築。其中，北京火車站和華僑大廈雖不在最初的名單上，事實上早已在1958年夏天之前就開始動工，屬於個別工程，但也被算進總額之內。[37]名單的重新編排，表明國慶工程辦公室為了達到目標，必須盡快調整，甚至將已開始的工程納入其中。辦公室更指示，所有資源從此只提供給「必成」工程，以確保如期完工。[38]

1959年10月1日國慶日的限期前，官方又做了最後一次調整，建築物總數減至十個。要這樣做，就得把中國革命博物館和中國歷史博物館二合為一。[39]當然，「十」這個數目字有完美的含義，即俗語所說的「十全十美」。除了配合中華人民共和國建國十週年外，這個數字也有歷史淵源，例如清朝乾隆的「十全武功」：十次出征奠定了18世紀的清朝版

35 國慶工程辦公室：〈國慶工程簡報第15號〉，北京市檔案館，125-1-1217。

36 國慶工程辦公室：〈關於國慶工程的情況和1959年第一季度施工安排的報告（初稿）〉，北京市檔案館，125-1-1233。

37 萬里：〈關於國慶工程進展情況和存在問題的報告〉。

38 北京市建築工程局：〈十項公共建築的施工情況概況介紹〉。

39 同上。

圖。但批評者則認為，這個數字只是共產黨的把戲而已，有反對者其後指出這不過是用來「湊數」罷了。[40]

各種爭議

對中國共產黨來說，「十大建築」中的「大」字，並非單指建築物的大小，同時還指高度和所處的地理位置。這些建築的確是結構宏偉，外型高聳，且佔據中心地域。十大建築清晰表現了政治權力、建築和空間三者的緊密關係，其設計具震懾作用，是要使人肅然起敬。其居高臨下的宏偉氣勢代表中國共產黨的權威，頌揚新時代的成就。

建築物的雄偉氣勢首先呈現在規模上。人民大會堂的面積是171,800平方米，居十大建築之首。中國革命博物館和中國歷史博物館（參閱第5章）與軍事博物館居第二位和第三位，面積依次為66,000平方米和60,000平方米。最小的建築為華僑大廈，面積是13,000平方米。[41]人民大會堂主建築最高點達46.5米，正門東向天安門廣場，高40米，比具有歷史意義的天安門城樓高出6米。[42]中國革命博物館和中國歷史博物館同具氣勢，其正門西對天安門廣場。門前的方柱高度為32.7米，正門兩側的大塔門高達40米。[43]最高的建築是復興門外的軍事博物館，其主樓連同尖塔頂的五角星軍徽高94.7米。軍徽上刻有「八一」兩個大字，象徵1927年8月1日中國共產黨發動南昌起義，建立紅軍。[44]除了大和高之外，這些重點建築全部設在天安門廣場附近，那處成了首都的核心，也是全國的象徵中心。最重要的兩座建築：中國革命博物館和中國歷史博物館及人民大會堂依次分踞廣場東西兩側，很明顯也是為了將

40　本書作者於2007年1月24日在北京訪問建築師甲的記錄。

41　〈國慶工程建築造價分項統計表〉，北京市檔案館，2-12-138。

42　《建築學報》，第9–10期（1959年10月），頁23。

43　國慶工程辦公室：〈全國人民代表大會堂工程的基本情況〉，北京市檔案館，125-1-1218。

44　《建築設計》，第9期（1959年9月25日），頁36。

這個充滿意識形態的廣場作為中心而設。

十大建築中，人民大會堂居首，一如官方所指的是「重中之重」。[45]
沈勃談及早在延安時期，毛澤東就想過中國共產黨取勝後要建造一座大
會堂，「使黨的領導人能夠和群眾一起共商國家大事」。[46]中華人民共和
國成立後，就更需要一座大會堂來召開重要的政治和立法會議。政府已
於1956年展開規劃，到了1958年7月，北京市派了一批城市設計家和
建築師前往蘇聯學習。[47]在8月的北戴河會議上，中央正式批准興建人民
大會堂。它的構思是要展現中國共產黨與人民的團結，因為黨聲稱是以
人民的名義執掌政權。正因這樣的象徵意義事關重大，周恩來時常視察
該建築工地，檢查工程進度。毛澤東罕有地在1959年9月9日施工的最
後階段去視察了一次。[48]

人民大會堂用了鋼筋混凝土及鋼架而建，是十大建築中最大和造價
最貴的。[49]它有一座可容納萬人的大禮堂，一座五千人的宴會廳，及多
間全國人民代表大會常務委員會的辦公室。大禮堂是召開中國共產黨全
國代表大會和全國人民代表大會的地方，是最重要的場地，因而建在大
樓的中心位置。宴會廳設在北面，全國人大常務委員會辦公室在南面。
還有300間會議廳、休息室和辦公室。會議室均以省、直轄市和自治區
的名字命名，裝飾也各具地方特色。

北戴河規劃剛宣佈後，國慶工程辦公室就在全國舉行了人民大會堂
的設計比賽，共收到273份方案，以建築師趙冬日與女建築師沈其合作
的設計勝出。[50]趙冬日早在1950年已頗有名氣，當時他建議在北京舊城

45　北京市檔案館，125-1-1224。

46　沈勃：《北平解放，首都建設札記》，頁90。

47　北京市檔案館，125-1-32。同時參閱沈勃：《北平解放，首都建設札記》，
　　頁90–91。

48　趙冬日：《建築設計大師趙冬日作品選》，頁6。

49　人民大會堂的建築造價為一億一百萬元，比起次名的中國革命博物館和中
　　國歷史博物館的三千五百萬元高出近三倍。見〈國慶工程建築造價分項統計
　　表〉。

50　沈勃：《北平解放，首都建設札記》，頁104–105。

內設新政府行政中心區，有異於梁思成及陳占祥主張在北京西郊設新行政區。趙冬日與沈其早前合作設計北京城西的人民政治協商會議禮堂而得到好評，也贏得了位高權重的市委副書記劉仁的器重。[51]

趙冬日留學日本，1957年加入中國共產黨，1958年升任影響力大的北京市城市規劃管理局總建築師，負責北京市的總體規劃。趙冬日心懷大志，所設計的人民大會堂類似歐洲新古典主義風格那樣，講求均衡對稱的大型建築。最初官方預算興建一座70,000平方米的建築，[52]但他認為規模太小，太狹窄，不夠氣勢。他有意將大會堂面積倍增，以配合擴建後有四十多公頃的天安門廣場。趙冬日完成大禮堂和宴會廳設計後，發覺面積已超出配額，於是大膽地在南面加入了全國人大常務委員會辦公室。他隨後加入了各省和直轄市的會議廳，最終竟達到大規模的171,800平方米，比最初的預算擴大了近2.5倍。[53]

為了凸顯萬人大禮堂是無比重要的，趙冬日將其移向大會堂後方，遠離東向天安門廣場的正門。這樣，會議代表從正門進來後必須走不少路，經過好幾道門，才能到達大禮堂。迎面是耀目紅旗、巨型橫額和極度寬敞的中央大禮堂，是商討國家大事的地方。按趙冬日的說法，多重進口的設計是受到了傳統中國深宅大院的啟示，訪客要穿過一重又一重的門才能到達大堂。[54]

為了給大會堂的擴建騰出空間，趙冬日果敢地將南端的範圍延伸，超越中華門，擴展到了正陽門，即昔日內城的正門。對此有人大加讚賞，認為趙冬日「出手非凡」，把廣場範圍開拓成「一個氣勢宏偉的開放空間」。[55]

是甚麼促使趙冬日將這項目設計得如此龐大？儘管他強調靈感部分

51　張鎛：《我的建築創作之路》，頁150。
52　同上，頁202。
53　趙冬日：《建築設計大師趙冬日作品選》，頁157–162。
54　同上，頁95及124。
55　參閱熊明為趙冬日《建築設計大師趙冬日作品選》撰寫的序言。

源自日本的國會議事堂和蘇聯的圓柱大廳。[56] 我們很難證實這說法，只可從他的文章去了解他對氣勢恢宏的建築風格有所偏愛：

> 當時我的想法是，按規定設計還是按需要設計，按需要設計就可能不符合規定，不符合規定就可能不中選，但我寧肯做大些挨罵，也要做大體現出中國國家會堂的氣勢。[57]

趙冬日過分重視龐大的面積，招致了很多批評，其中最直言不諱的當屬梁思成。1958 年 11 月，周恩來召開會議討論趙冬日與沈其已獲通過的人民大會堂設計方案 (趙冬日、沈其兩人缺席避嫌)，梁思成是第一個站起來批評的人。為了說明趙冬日、沈其的設計大得不合理，梁思成就當着周總理的面，畫了一個腦袋極大的小孩。他指出兩位設計師犯的錯誤，就是將「小孩兒放大」至不成比例。[58] 梁思成認為這份設計方案的問題，與梵蒂岡 (Vatican) 聖彼得大教堂 (St. Peter's Basilica) 設計所犯的錯誤一樣，其室內層高、開間、門窗都不成比例地擴大了兩倍，使人感覺好像走入巨人國。用梁思成的話說，趙冬日的大會堂設計很不幸是「重複了歷史上的錯誤」。[59]

梁思成認為趙冬日的設計只講求大面積，暴露了功能主義最拙劣的一面，就是強調實用理性主義的原則，而忽視建築最重要的人文精神。在一個碩大無朋的殿堂內，人置身空洞的空間中很容易變得渺小，無法取得平衡，本身感到孤立，不能與四周的環境融為一體。梁思成深信建築物也講求美感，跟建築技術和功能同樣重要。他心目中最佳的景觀是天安門廣場到處設有富文化氣息的建築物，作為公眾使用的場所。

對大會堂規模的爭論，已經是梁思成與趙冬日就首都發展規劃問題的第二次交鋒。不過這次反對建築設計過於龐大，除了梁思成之外，還

---

56 趙冬日：《建築設計大師趙冬日作品選》，頁 160。

57 同上。

58 張鎛：《我的建築創作之路》，頁 156。

59 同上，頁 153。

有其他人，如北京工業設計院總建築師王華彬（1907–1988）就曾批評該建築「大而無當」。[60]另外也有人質疑這麼大規模的建築能否用得其所，導致它不符合經濟效益。[61]不久前北京一位建築師受訪時說：大會堂的大廳太大了，「講話都聽不清楚……實際上後來二十幾個廳也不適用，真正小組開會，都在旅館開。」[62]

趙冬日對這些批評並不同意。他問：「廣場應該是政治性的，還是文化性的？」[63]對他來說，天安門廣場明顯是一個政治空間，所以鄰近的建築也必須配合這一目的。他強調功能是首要的，堅持大會堂是為了服務國家的政治需要與實際用途。梁思成當然不否定政治與實用的重要作用，但他堅信，人民大會堂是北京這個文化古都整體的一部分，應該表現出獨特的傳統建築風格。他也因此反對趙冬日依照西方文藝復興的古典風格來設計人民大會堂。梁思成認為人民大會堂最好是有「中而新」的風格，可惜他沒有清楚說明這個概念。[64]趙冬日的古典建築方法並非獨有。斯皮羅・科斯托夫（Spiro Kostof）的研究指出，這種古典建築方法在1930年代的美國、希特勒的德國、墨索里尼（Benito Mussolini）的意大利、斯大林的蘇聯等國家都十分盛行，皆因這風格崇尚「秩序、穩定、宏偉和持久」。[65]

梁思成無疑是看不起趙冬日，而趙冬日對梁思成也毫無好感。梁思成認為趙冬日缺乏思想深度，只是個平庸的建築師，對建築學講求整體的、人文主義的道理認識不深。而且趙冬日與劉仁友好，所以奉行僵硬的官方路線，這也是梁思成無法忍受的。另一方面，趙冬日視梁思成為

60　同上，頁153–154。

61　國慶工程設計審查會議辦公室：〈國慶工程設計審查會議簡報，第2號〉，北京市檔案館，131-1-359。

62　本書作者於2007年1月24日在北京訪問建築師甲的記錄。

63　趙冬日：〈天安門廣場〉，《建築學報》，第9–10期（1959年10月），頁19。

64　張鎛：《我的建築創作之路》，頁153。

65　Spiro Kostof, *A History of Architecture: Settings and Rituals*, rev. by Greg Castillo (New York: Oxford University Press, 1995), p. 717.

人迂腐，毫不掌握中國的實情。梁思成與趙冬日，一個是理想主義者，一個是緊跟黨走的人，兩人對首都的發展，看法南轅北轍，互不相容。

梁思成反對興建巨型大會堂的意見沒人理睬，而趙冬日的方案得到了市委領導劉仁的大力支持。[66]當然，劉仁也並非獨立行事，而是遵照黨高層的想法去做。周恩來從不認為大會堂的面積過於龐大。梁思成的學生，也是民族文化宮主要設計師張鎛的回憶錄提到，總理親自指示「要作一個能容五千座的大宴會廳」。[67]趙冬日為自己的計劃辯護時，特別提出周恩來在1959年1月討論大會堂高度時，說過贊同的話：「我們站在天底下不覺得天高，站在海邊不覺得水遠。」[68]換言之，大會堂的大小早已是中央領導決定了的，而大會堂和其他建築的龐大規模正是他們想要的。中共領導清楚知道，天安門廣場面積將擴展到四十多公頃，四周的建築也必須同時擴大來配合，所以這座巨型大會堂正好起到最佳的示範作用。這些國慶工程做得越大及越有紀念性，高層領導便越能向人民展示國家的輝煌成就，同時也向世界宣佈中國人也能在建築設計上創造奇蹟，甚至能超越西方國家。趙冬日顯然比梁思成更了解政治形勢。一位當代建築評論家就說過：「我覺得趙冬日就體會到領導要大，所以他就拚命做大。」[69]也有批評家譏諷趙冬日懂得迎合共產黨的路線，稱他其實只是一個「御用文人」而已。[70]

無可否認，北京十大建築的巨大規模緊跟1930年代蘇聯斯大林和1940年代德國希特勒的建築風格。斯大林在1930年代初構思蘇維埃宮時，期望它成為紅色首都的意識形態中心。由建築師鮑里斯·約凡（Boris Iofan）、弗拉基米爾·格爾夫列赫（Vladimir Gelfreikh）和弗拉基米爾·舒科（Vladimir Shchuko）設計的蘇維埃宮，將以415米的高度雄

---

66 沈勃：《北平解放，首都建設札記》，頁121。

67 張鎛：《我的建築創作之路》，頁145。

68 趙冬日：《建築設計大師趙冬日作品選》，頁161。

69 本書作者於2007年1月22日在北京訪問建築師乙的記錄。

70 本書作者於2007年1月24日在北京訪問建築師甲的記錄。

踞莫斯科河畔。其頂部放上高達100米的列寧雕像，以手指向共產主義的光輝未來。計劃中的蘇維埃宮，比剛落成的381米高的紐約帝國大廈還要高，算得上是世界最高的建築物。[71]希特勒察覺到斯大林的野心；據希特勒的首席建築師阿爾伯特‧斯佩爾的記載，希特勒知道蘇聯的計劃後「感到大為不快」，因為這分明是挑戰他想在柏林市中心建造絕大穹頂的「人民會堂」。不過，希特勒認為自己的設計更有創意。他說：「摩天大樓無非是高一點、低一點，哪有我們大廈的穹頂那麼了不起！」[72]該構想中大樓的穹頂比聖彼得大教堂的穹頂大16倍。斯大林與希特勒在建築上的競爭不斷白熱化。在1937年巴黎世博會上，約凡設計的蘇聯館與斯佩爾設計的納粹館比拼激烈：德國館頂部是斯佩爾設計的抓着納粹黨徽的巨鷹；蘇聯館上是薇拉‧穆希娜（Vera Mukhina）的《工人與集體農莊女莊員》雕像。除了敵意與嫉妒，兩者都展現了當時追求宏偉建築的潮流。

　　十大建築與歐洲建築相似，以大為榮。但中國共產黨更希望在以下幾方面超越歐洲：數目更多（原計劃了17座）、速度更快（不用一年便完成）和更重要的是真正完成建築工程。而斯大林的蘇維埃宮與希特勒的人民會堂由於第二次世界大戰爆發，未能付諸實行。中國人能以破紀錄的速度完成這些項目，也表明了中國人只要定下了目標，就能更出色地完成計劃。

中西合璧的風格

　　希格弗萊德‧吉迪恩（Sigfried Giedion）極之擁護現代主義建築，認

71　Vladimir Paperny, *Architecture in the Age of Stalin: Culture Two*, trans. John Hill and Roann Barris, in collaboration with the author (Cambridge: Cambridge University Press, 2002), p. 56.

72　Albert Speer, *Inside the Third Reich: Memoirs*, trans. Richard and Clara Winston (London: Weidenfeld and Nicolson, 1970), p. 155.

為民族色彩的建築不合時宜。[73] 中國的國慶工程卻另有一套說法：民族
主義正正就是興建這些政治建築的核心思想。中共決定只選用本土建築
師已經表明黨推動「自力更生」的原則，這也是大躍進時期的特色。當
然，從歷史上看，很少新政權的建築是可以擺脫傳統的影響。例如
1940年代蘇聯的建築雖然偏愛新古典主義風格，但其色彩仍是源於俄國
傳統。斯大林時期的建築如外交部大樓都有醒目的尖塔設計，與克里姆
林宮的塔樓及17世紀的帳篷式教堂頂部的設計風格類似。中國十大建
築的風格卻是複雜得多。十大建築工程從不打算盲目模仿西方風格，而
是要建造獨特的中國色彩。大躍進席捲全國，在不斷高漲的民族主義熱
潮推動下，中央主張國家建築物要有民族特色。極為諷刺的是，傳統的
飛簷「大屋頂」風格，不久前還令梁思成遭到鋪張浪費的批評，此時竟
在官方的厚愛下捲土重來。

　　不過，細察十大建築時不難發現，這些建築實際上是採取中西合璧
的建築設計，是兼收並蓄，沒有自己真正的獨特風格。當然，官方要求
有更具中國特色的設計，建築師為了應付這個要求所帶來的必然壓力，
必須在不同層面靈活多變。例如建築的空間佈局便是其中一個層面。人
民大會堂及中國革命博物館和中國歷史博物館這兩個主要建築，明顯地
均為長方形，依着傳統坐向格局而建。兩座建築長度基本相同，大會堂
南北長336米，東西寬206米；中國革命博物館和中國歷史博物館南北
長313米，東西寬149米。[74] 人民大會堂的圓柱與中國革命博物館和中國
歷史博物館的方柱，在廣場兩邊互相呼應。再加上博物館的入口是個開
放的庭院，而人民大會堂的正門是個封閉的玻璃高牆，形成鮮明的對
比，是中國建築師所稱的「一虛一實」佈局。[75] 兩大建築互相協調，遙遙

73　Anders Aman, *Architecture and Ideology in Eastern Europe during the Stalin Era: An Aspect of Cold War History* (New York: Architectural History Foundation; Cambridge: MIT Press, 1992), p. 96.

74　〈全國人民代表大會堂工程的基本情況〉，北京市檔案館，2-11-138；〈中國革命和中國歷史博物館工程的基本情況〉，北京市檔案館，2-11-138。

75　〈首都國慶工程介紹(初稿)〉，北京市檔案館，131-1-361。

圖12　中國革命和中國歷史博物館的正門面對人民大會堂的正門（遠處），形成
　　　一條直線。這條直線從人民英雄紀念碑的北邊經過。2002年10月22日，
　　　作者攝。

對望，就如官方所說的，形成了「（在廣場）左右二輔」的傳統特色。[76]

　　兩座建築物的正門在天安門廣場東西兩邊相對，形成一條直線。但
是，這條直線卻沒有一直穿過廣場中心的人民英雄紀念碑，而是偏偏從
紀念碑的北面經過，就這樣三座建築的交匯點便沒有落在同一條直線
上。這種故意不對稱的設計是奉劉仁之命而行，並應是得到了中央政府
的首肯。就如劉仁自己說的：「活人〔人民大會堂〕不對死人〔人民英雄
紀念碑〕」，這也是趙冬日所說的：「不同意兩幢建築正對紀念碑的方
案。」[77]這明顯反映出中共領導人的迷信觀點，雖然對外聲稱自己是馬列
主義無神論者（圖12）。

　　十大建築的內部空間也按傳統細心部署。前面說過，代表進入大會
堂後，需通過好幾道大門才能到達舉行全國人民代表大會的大禮堂。從

76　《建築學報》，第9–10期（1959年10月），頁33。

77　趙冬日：〈回憶人民大會堂設計過程〉，《北京文史資料》，第49輯（1994年
　　11月），頁17。

正門走到中央禮堂只能緩緩前進，就是有意為與會者營造一種莊嚴肅穆的氣氛。[78] 其他例子亦多不勝數，如該建築物四周排列筆直的圓柱廊，設計者解釋是象徵「中國人民團結在黨的周圍」。[79] 正門的柱廊設計特別，有12根25米高的圓柱，配上有傳統花紋的柱座，令人印象深刻（圖13）。大會堂圓柱的數目和故宮中最宏偉的太和殿的柱子數目相等。[80] 根據彭真的指示，柱廊要有中國特色，就是柱子之間距離不同，中間兩條柱子的距離最大，兩旁的柱子距離逐漸收窄。這種主間寬，次間狹，梢間更窄的不等距離設計，有主次之分，與中國傳統手法的不對等距離安排是一脈相承的，[81] 與西方建築柱廊的等距設計卻有所不同。

還有其他常見的民族建築風格，如屋頂鋪設傳統的琉璃瓦，及石柱的底座和柱頭配上傳統喜用的蓮花瓣雕刻，寓意出於污泥而不染，正直不阿（圖14）。趙冬日清楚知道多層台基是另一種常見的中國建築特色，於是他設計了三組台階，又把建築物的台基分為兩層。下層為兩米高的台明，上層是三米高刻有裝飾的傳統須彌座。台基把整座建築抬高了，產生額外穩重的感覺。[82]

但是這些富有民族色彩的裝飾，並不足以令十大建築產生獨特的中國風格。民族建築風格僅是國慶工程整體的一部分而已。最重要的是，大會堂的整體設計，如梁思成正確指出的那樣，大體上追隨了文藝復興和新古典主義的傳統，尤其是它的柱廊設計，長方形的外觀以及講求協調和規律，均源自古典建築風格。[83] 大會堂的立面看上去與西方古典公共建築近似，其屋頂、柱式、圓柱和平台等，產生一種藝術的美感，又有和諧的意境。高高的圓柱，雖然添加了傳統的蓮花瓣，但也採納了不少西方的美學元素，尤其是圓柱支撐上部的立面，其細節精巧與古典建

78　趙冬日：《建築設計大師趙冬日作品選》，頁124。

79　《建築學報》，第9–10期（1959年10月），頁26。

80　感謝建築家王維仁提供這一資料。

81　沈勃：《北京解放，首都建設札記》，頁135–136。

82　趙冬日：《建築設計大師趙冬日作品選》，頁5。

83　張鎛：《我的建築創作之路》，頁153。

圖13　人民大會堂正門的圓柱。2007年1月20日，作者攝。

圖14　人民大會堂正門前的柱座。2007年1月20日，作者攝。

築相似。從整體上看，人民大會堂展現了西方新古典主義中理性與傳統價值觀。更重要的是，它亦反映了雄偉的規模與國家權力的氣勢。這種風格自18世紀以來就影響歐美的建築設計。

傳統的大屋頂設計顯然又再受到官方重視，以民族文化宮（圖15）、農業展覽館和北京火車站等設計最為明顯。不過，這種民族色彩並非是國慶工程的主流。總的來看，十大建築其實是中西建築風格的合璧。多年後的1988年，趙冬日不得不承認在建築設計水平來說，中國「還沒有形成新中國的建築風格」。[84]對高層領導而言，建築的藝術外觀，倒不如它的實用價值來得重要。周恩來直截了當地說：「中外古今，一切精華，含包並蓄，皆為我用。」[85]這樣強調務實原則才能合乎政治的需求，從而讓這些建築物展示黨的威信。中央一定很滿意十大建築這成果，因為它們都清晰地成了中共統治威信的象徵。有兩個建築細節能充分說明這一點：大會堂正門上的巨大國徽（圖16）和大禮堂天花板上巨大的紅星，都象徵「黨的領導」。[86]此外，軍事博物館尖塔頂上那顆碩大的五角星，也展示中國人民解放軍的顯赫地位。

蘇聯建築師有否參與國慶工程？假如有，中方建築師努力把十大建築營造成民族榮耀的自豪感有否受挫？張鎛承認，蘇聯建築風格在1950年代的中國無疑是影響很大。例如，莫斯科國立大學的樓宇設計便啟發過當時很多中國設計。[87]軍事博物館上的尖塔明顯是模仿蘇聯建築。但是，本書作者訪問的幾位建築師，均斷然否認受到任何蘇聯專家的直接幫助。張開濟說：「國慶工程沒有外國人參加。」[88]另一位曾參與這些工程的建築師劉小石（1928年生）更堅決地說：「我們不主動讓他們知

84　趙冬日：《建築設計大師趙冬日作品選》，頁91。

85　張鎛：《我的建築創作之路》，頁157。

86　《建築學報》，第9–10期（1959年10月），頁29。

87　張鎛：《我的建築創作之路》，頁85。本書作者於1994年12月14日在北京訪問張鎛的記錄。

88　本書作者於1996年9月16日在北京訪問張開濟的記錄。

圖15　民族文化宮，西單。2002年10月21日，作者攝。

圖16　人民大會堂門廊上的國徽。2007年1月20日，作者攝。

道。」[89]對這些大型工程來看，事實似乎如此。但對小型工程來說，則未必真確。畢竟國慶工程的策劃和動工，正值中蘇關係急劇惡化，向一個疏遠了，甚至快會反目成仇的朋友直接求助，即使不覺恥辱，也會十分尷尬。雖然我們找不到檔案資料證實蘇聯專家有參與策劃人民大會堂之類的大型工程，但卻有資料顯示，俄方曾為北京火車站和全國農業展覽館等較小項目提供了相當多的技術支援。[90]有官方報告指出，蘇聯顧問對他們的付出得不到公開承認「很有意見」。一位蘇聯專家抱怨道：「工程出了事故找我，開幕典禮不找我了。」[91]萬里得悉後，即忙於補救，於1959年9月宴請蘇聯專家，並當面對他們在「國慶工程上所做的貢獻表示感謝。」[92]萬里的這一番話，自然沒有公開報導。

象徵意義

1949年毛澤東和高層領導決定將國家的政治核心設在中南海時，固然否決了梁思成在北京西郊另闢新行政中心的提議，更重要的是天安門廣場由此新添了神聖的政治象徵。政府早已頒下明確指示：「具有全國意義的重大建築，應該佈置在天安門廣場附近、東西長安街及其它主要幹道兩側。」[93]十大建築分佈在天安門廣場四周，是依照兩個相關的空間來佈局，並按嚴格的主次等級來排列。首先，十大建築環繞天安門廣場這個中心而設，其中以人民大會堂及中國革命博物館和中國歷史博物館為最重要的建築，設在廣場兩側。第二，這分佈也是依照橫向排列，

89　本書作者於2007年1月24日在北京訪問劉小石的記錄。

90　中華人民共和國建築工程部：〈關於宣傳首都一批新建工程未注意提到蘇聯專家的幫助的報告〉，北京市檔案館，125-1-1254。又見北京市檔案館，125-1-1242。

91　中華人民共和國建築工程部：〈關於宣傳首都一批新建工程未注意提到蘇聯專家的幫助的報告〉。

92　同上。

93　規劃局：〈北京市總體規劃綱要（草稿）：1958–1972〉。

把次要的建築設立在伸展開去的長安街上。中華人民共和國成立後，擴建了的長安街成了新的東西軸線，在天安門前與原有的南北軸線交匯。

　　要實現這個建築規劃，北京市政府在1950年代把天安門前的長安街地段拓寬至120米。1958年，又將西長安街從西單伸展至復興門。[94]後來又繼續向西延至石景山。沿着這條東西軸線，政府在西單附近修建了民族文化宮和民族飯店，都是按傳統坐北向南的格局。過了復興門往西走，是同樣朝南的軍事博物館。其他建築則圍繞着天安門廣場而建，包括西北面的國賓館、東北面的華僑大廈、工人體育場和全國農業展覽館，以及東南面的北京火車站。

　　十大建築中每座都有含義深遠的空間佈局，各有特定功能配合不同的政治象徵。人民大會堂代表全國人民；工人體育場代表工人階級；全國農業展覽館代表農民；軍事博物館代表人民解放軍；民族文化宮和民族飯店代表各少數民族；中國革命博物館和中國歷史博物館更加突出了中國共產黨在近代史中的關鍵作用。最後，國賓館代表國際友人；華僑大廈代表海外華人；北京火車站代表全國運輸系統。

　　原先的構思中並沒有代表工人階級的建築，但如果把無產階級遺漏了，後果會非常嚴重，尤其是1954年的憲法宣佈了中華人民共和國是「工人階級領導的、以工農聯盟為基礎的人民民主國家」。[95]先前忽視了工人，就要趕快透過重新命名體育場來補救。工程剛開始時，只是簡單地以其功能稱為「體育場」，或以其地點稱為「東郊體育場」。[96]然而，到了1959年夏天，官方正式命名為「工人體育場」，[97]無產階級也因而得到了恰當的代表。

94　〈北京市規委會關於北京市第二批道路命名清單（西郊部分）〉，北京市檔案館，151-1-71。

95　*The Constitution of the People's Republic of China* (Peking: Foreign Languages Press, 1954), p. 9.

96　萬里：〈關於國慶工程進展情況和存在問題的報告〉。

97　馮佩之、沈勃：〈國慶工程的勝利建成（初稿）〉，北京市檔案館，131-1-362。

　　如何代表少數民族也是政府非常關注的問題。在施工階段的少數民族飯店，僅被稱為「長安飯店」，[98] 以表明其位於西長安街。後來改名為「民族飯店」，因而加添了政治色彩。十大建築中有民族文化宮和民族飯店兩座建築來代表少數民族，充分表明了中共重視這個敏感和重要的政治課題。

　　中共以天安門廣場為核心是要強調北京作為首都的至高無上地位。這種以一個城市獨當一面的國策，與歐洲國家以幾個城市來扮演不同角色的政策相比，可算是絕無僅有的。伊戈爾‧格隆斯托克 (Igor Golomstock) 認為，在斯大林的蘇聯和希特勒的德國，主要城市都是根據所謂「空間的極權主義等級」來排列。[99] 他指出蘇聯擁有不止一個極具影響力的城市。政治中心的莫斯科與有「革命搖籃」之稱的列寧格勒分庭抗禮。希特勒時期德國同樣擁有多個中心：柏林為首都，慕尼黑是「納粹運動的首府」，紐倫堡則為「納粹黨代表大會之城」。與此相比，北京沒有能與它對等和匹敵的城市，連上海這個昔日有資本主義背景的大城市，也無法等同。中共通過北京這個擁有眾多大型建築物的城市，在政治上和空間上控制一切。

　　澳洲一位共產黨代表，應邀參加1959年10月舉行的中華人民共和國建國十週年慶祝活動，他公開說：「包括羅馬的美麗的國會大廳，還沒有比人民大會堂更加壯麗的，只有在社會主義制度下才能實現這樣的壯麗事業。」捷克共黨的代表附和說：「這樣大的工程在捷克要花五年時間，而你們十個月就完成了，這是破紀錄的速度。」[100] 儘管這些外國友人的讚詞都是恭維話，但沒有甚麼更能令中共領導人心滿意足的了。然而，十大建築到底有甚麼真正意義呢？

　　我們必須以大躍進這個歷史背景去理解這些建築的意義。正如大躍進的「多快好省」口號一樣，國慶工程也同具野心：無數項目同時施工，

98　北京市城市建設委員會：〈關於建設長安飯店的經驗總結〉。

99　Golomstock, *Totalitarian Art*, p. 275.

100 北京市檔案館，102-1-54。

以破紀錄的速度和用最少的資源完成。[101]口號歸口號，整個工程在共產黨嚴苛的策動下，建築師和工人都疲於奔命，而且障礙重重，簡直是極艱巨的任務。很多錯誤頻頻出現，要更改時卻為時已晚。沈勃承認：「因為工期緊迫⋯⋯根本沒有時間冷靜地研究關鍵性的疑難問題。」[102]有位批評者更嚴厲指出，十大建築只不過是在大躍進這種狂熱的政治運動中，掌權者「好大喜功」的表現而已。[103]

　　但對中共領導人來説，這些困難只是微小的代價，好讓他們在首都建立新的空間政治來宣揚新中國十年來的傑出成就。十大建築無疑是受民族主義的推動而成，以展示中國人民在沒有外界的幫助下也能取得偉大的成就，卻也説明中共如何控制大型建築和傳統空間去為政治服務。中共在首都大興土木，尤其是在天安門廣場及長安街設立連串的巨型建築，開闢了嶄新廣闊的政治空間，去彰顯黨的地位及鞏固其統治。

---

101 北京市檔案館，125-1-1226。

102 沈勃：《北京解放，首都建設札記》，頁113。

103 本文作者於2007年1月24日在北京訪問建築師甲的記錄。

第二部分

慶 典

第3章

秧歌：革命之舞

俄國布爾什維克黨在1917年十月革命時對政治藝術形式幾乎毫無經驗。中國共產黨就不同，即使在1949年奪取政權之前，已經精於運用大眾喜歡的藝術形式，向農村絕大多數是文盲的農民推展有效的宣傳運動。這些藝術形式之中以秧歌舞最為突出，在延安時期已受到共產黨的大力推廣。[1]中共取得政權之初，秧歌更是隨處可見，代表了中國共產革命的最終勝利。新政權很快就把秧歌變成一種必不可少的宣傳工具，用來解釋政策及組織支持者。

秧歌是中國北方農村在戶外表演的傳統民間舞蹈。這種表演混合了生動的舞蹈、俗艷的打扮和喧天的音樂，編織成多姿多彩極有節奏的舞步，屬於新年習俗和慶典活動的一種，用來驅鬼消災及祈求豐年。[2]秧歌隊由稱作傘頭的舞者帶領，他舉着傘，指揮眾人的舞步。秧歌隊人數由幾十到百多人都有（有男扮女裝的全男班），邊走邊按規定的步法扭動，以此慶祝農曆新年的來臨。鼓、鑼、鑔和嗩吶等樂器齊奏，小丑滑稽胡鬧，也加插色情動作，常引得村民嘻哈大笑，連聲叫好。表演還加

---

1   David Holm, *Art and Ideology in Revolutionary China* (Oxford: Clarendon, 1991).

2   張華：《中國民間舞與農耕信仰》（長春：吉林教育出版社，1992），頁16。

插秧歌戲，大多以農村日常生活為題。[3]

　　毛澤東於1942年發表的〈在延安文藝座談會上的講話〉，號召將文學藝術作為政治工具來為人民服務，影響極大。[4]延安政府隨即推出新秧歌運動，將社會主義思想注入舞蹈中，成為新秧歌，其中主要的一種就是「鬥爭秧歌」。這種改造了的秧歌把鐮刀斧頭取代傘頭手中的傘，成了新的指揮工具。工人、農民和戰士等新人物登場，取代傳統的男女角色。胡鬧惹笑的丑角沒有了，被視為下流的挑逗動作不見了。此外，新秧歌還添加了五角星等步法，而五角星是人所共知的中國共產黨象徵。[5]還有新秧歌劇目上演，如《兄妹開荒》，讚揚共產黨領導下邊區人民的勤勞與收成；還有《牛永貴掛彩》，歌頌紅軍的英雄行為。這些新秧歌戲合稱「陝北秧歌」，是中共用來描繪社會主義新天地的政治工具。正如賀大衞（David Holm）所指，新秧歌的目的是要形成一個「工人及農民出身的幹部和戰士，以及城市知識分子」都參與的群眾運動。[6]

　　內戰期間，共產黨的武裝力量在華北迅速擴張，同時也不忘推動陝北秧歌及其他有獨特風格的地方秧歌。陝北秧歌以自由奔放、壯觀熱鬧見稱；河北秧歌則着重規範和較為優雅；山東的膠州秧歌長於舞步優美和動作輕盈；東北秧歌則扭動強勁、節奏鮮明。[7]各地秧歌之中，以陝北秧歌流傳最廣，最為人熟悉，因為除了舞步自由奔放外，還與延安所處的地方有關；抗日戰爭（1937–1945）時期共產黨的革命中心延安就在陝北。

　　中共在內戰期間，不單改變戰略，從佔領農村轉移到奪取城市和工業地區，還毫不留情地發動了一場針對國民黨統治的猛烈宣傳攻勢。中共藉着1945年春節的好時機，在抗戰時期的陪都重慶《新華日報》報社

3　　Holm, *Art and Ideology*, pp. 115–341.

4　　毛澤東：〈在延安文藝座談會上的講話〉，《毛澤東選集》，第3卷，頁849–880。

5　　艾思奇等編：《秧歌論文選集》（缺出版地點：新華書店，1944），頁14。

6　　Holm, *Art and Ideology*, p. 259.

7　　本書作者於2003年6月29日以電話訪問秧歌舞蹈家甲的記錄。

內，上演了好幾場秧歌戲，包括《兄妹開荒》。為了使表演得到廣泛關注，周恩來邀請了很多藝術家和作家前來觀看，即時收到了效果。戴愛蓮 (1916–2006) 是重慶附近育才學校的優秀舞蹈教師，她出席觀看表演，周恩來還親自教她扭秧歌，後來她便在學校開始教秧歌。[8]1946年5月，《兄妹開荒》得以在上海上演，亦引起了**轟動**。[9]

在此期間，中共還印刷了秧歌戲劇本，由地下黨人在大學裏偷偷教秧歌。其中一例是北京大學的「民間歌舞社」將這種新舞蹈介紹給北京學生，並且着重比較自由奔放的陝北秧歌。[10]但是，這些活動逃不過國民黨的監視。他們視秧歌為共產黨推翻國民政府的陰謀之一，馬上予以取締。[11]有位北京大學的舊生，同時又是秧歌舞蹈員告訴本書作者：「解放前跳秧歌風險極大，因為國民黨特務嚴密監管所有大學校園。」[12]

然而，1949年中華人民共和國成立後，秧歌的地位卻完全被改變過來。這種被國民黨視為藉着藝術形式來反政府的農村舞蹈，轉眼已改造成官方支持的慶祝藝術。當時中共在城市大力推廣，並利用秧歌這引人注目的宣傳手法，去營造勝利後舉國歡騰的景象。

人民共和國的初期

1949年初，解放軍於1月底佔領北平後，在這座以深厚文化傳統和壯麗古建築聞名的城市，秧歌舞隨處可見。在2月3日，當時在北平學

---

8 戴愛蓮：〈我的舞蹈生涯〉，《中華文史資料文庫》(北京：中國文史出版社，1996)，第15卷，頁482；戴愛蓮：《我的藝術與生活》(北京：人民音樂出版社，華樂出版社，2003)，頁112及153。本書作者於2002年10月16日在北京訪問戴愛蓮的記錄。

9 《解放日報》(上海)，1946年6月10日，第4版。

10 本書作者於2002年10月15日在北京訪問秧歌舞蹈家乙的記錄。

11 中華全國文學藝術工作者代表大會宣傳處編：《中華全國文學藝術工作者代表大會紀念文集》，(缺出版地點：新華書店，1950)，頁287。

12 本書作者於2002年10月15日在北京訪問秧歌舞蹈家乙的記錄。

習的美國富布萊特 (Fulbright) 獎學金的年輕學者卜德 (Derk Bodde)，親眼看到解放軍入城儀式中這一富有象徵意義的勝利巡遊。他在日記中寫道：

> 今天發生的大事是慶祝正式接管這座城市的勝利大巡遊⋯⋯遊行隊伍中最可觀的是來自全城學校和工廠的成千上萬學生與工人⋯⋯有的隊伍隨着鑼鼓的節奏扭着秧歌。秧歌又稱「插秧歌」，是民眾步伐一致的跳着簡單的傳統農村舞蹈。由於共產黨一向重視民間藝術，秧歌在這裏已十分流行。[13]

共產黨的軍事行動確實與這種舞蹈關係密切，使這種農村藝術與共產革命形成緊密連繫。共軍4月佔領南京，5月接管上海，10月攻佔廣州後，秧歌都被視為政權更替的象徵及慶祝的方式，大街上民眾扭着秧歌歡慶中國共產黨的勝利。[14]中共的高層領導榮高棠 (1912–2006)，自己也跳秧歌，驕傲地宣稱：「哪兒解放了，哪兒扭秧歌。」[15]

不過，這種共和國成立初期在城市扭的秧歌，比北方農村扭的秧歌簡單得多。調查顯示在陝北就有三百多種秧歌，[16]而1950年代初城市的秧歌則只有幾種簡單的步法，如旋轉舞姿的「捲菜心」，蛇形扭動的「龍擺尾」。一位秧歌藝人受訪時說：「這類動作相對來說並不複雜。」她還補充：「舞步簡單是為了表達興高采烈的情緒，同時盡量讓更多人參與這種歡慶。」[17]人民共和國成立初期，城市秧歌確實是靠舞蹈本身簡單易學及引人注目而成為政治象徵。早期的農村秧歌有各地獨特的風格，時下的城市版本卻是為了贏得更多的觀眾和激發更大的熱情，而採用簡單

13　Bodde, *Peking Diary*, p. 103.

14　《光明日報》，1949年7月9日，第1版；《越華報》，1949年11月10日，第1版。

15　見《舞蹈藝術》，第4期 (1992年11月)，頁48。

16　Holm, *Art and Ideology*, p. 168.

17　本書作者於2003年4月2日以電話訪問秧歌舞蹈家甲的記錄。

的步法。以當時改朝換代的形勢來看，也實在需要一種不太複雜的形式。在中共奪取政權後的幾個月，城市秧歌便迅速傳遍各地，官方主要以這種最易看得到的方式，鼓勵國民參與這類大眾活動，向新政權表態支持。

官方的首要任務是建立更有效的宣傳系統。不用等到1949年10月共和國成立，中共已開始協調各部門對文化宣傳實施更嚴密的控制。1949年初，北平市黨委轄下的文藝工作委員會發起了把社會主義思想灌輸給基層，尤其是工廠工人的運動。該委員會成立了15個秧歌隊，訓練了二千多成員，表演了82場改造過的秧歌劇。[18]共和國成立之後，中宣部和文化部負責協調宣傳工作，推廣社會主義思想。文化部長沈雁冰（茅盾，1896–1981）號召藝術工作者藉着1950年中共掌權後的第一個春節，利用秧歌來宣傳政府的新政策。[19]官方同時在學校積極推廣及在戲院上演這種舞蹈。[20]影響力大的報刊現已受到中共牢牢掌控，變成了另一有效宣傳秧歌的工具，從廣州出版的眾多報章報導可見一斑。[21]

儘管有傳媒宣傳，秧歌還是要成為官方慶典中的重頭戲後，才獲得了廣泛的關注。中國共產黨明白它與1920年代的蘇共一樣，[22]精心編排的巡遊和莊嚴盛大的遊行隊伍是展示新政權威望和成就的最佳場合。在這些場合善於利用秧歌，可以產生巨大的影響，因為秧歌是十分獨特的本土藝術，能加強共產黨自延安時期以來就積極推廣的民族主義精神。秧歌隊伍在大型遊行中非常矚目。最令人難忘的是1949年10月1日星期六，在天安門廣場慶祝中華人民共和國成立典禮的盛大遊行隊伍中，秧歌隊登場。這個盛典場面壯觀，其中的秧歌隊，成員全部是來自中共重點培育文化幹部的華北大學（通稱華大）文學藝術系有經驗的舞蹈員，

18　〈北京市文藝工作委員會工作報告〉，北京市檔案館，1-12-3。

19　《人民日報》，1950年1月23日，第4版。

20　《越華報》，1949年12月14日，第4版。

21　《越華報》，1949年10月19日，第3版。

22　von Geldern, *Bolshevik Festivals.*

隨着解放軍隊伍之後出場，表演聲勢浩大（見圖17）。[23] 全國城市紛紛仿效，武漢就有多達1,500人的秧歌隊在大街上慶祝這大日子。[24] 其後秧歌仍是中共政治文化中一個主要的部分。1950年6月韓戰爆發，秧歌再一次成為宣傳工具，支持抗美援朝運動。[25]

新舞蹈：隨着拍子舞動出來的敘事史

然而新秧歌的整體意義不在於出現在個別的遊行或表演，而是在於中共全面使用這種舞蹈來編排了本書作者所稱的「隨着拍子舞動出來的敘事史」（a narrative history through rhythmic movements），也就是說，用秧歌將中共一直以來的發展，編織成一個成就輝煌的故事，來敘述共產黨的崛起、人民解放軍的英勇、中國人民的支持、黨的正確領導及社會主義的光明未來。這一故事於1949年中至1950年初上演，是由三部重要的歌舞劇來表達的：《慶祝解放大秧歌》、《人民勝利萬歲大歌舞》和《建設祖國大秧歌》。每部歌舞劇雖然敘述不同的故事，但合起來可以視為獻給中國共產黨英明領導的一套完整讚歌。

第一部大型秧歌劇在1949年6月中國人民政治協商會議第一次籌備會議上演出。應中國共產黨的邀請，代表23個政治團體的中國人民政治協商會議籌備會在北平商討中國的未來發展。6月19日晚上，五天會議結束時，為了慶祝這次富有歷史意義的聚會，在中共領導層進駐的中南海懷仁堂，上演了一場音樂表演，出席者有毛澤東、周恩來及其他與會代表。

當晚節目由兩個表演拉開序幕。第一個是勝利腰鼓舞，歌頌政協籌備會議在中國新政權建立過程中所起的作用。第二個為秧歌舞，取名

23　劉峻驤編：《中國舞蹈藝術》（南京：江蘇文藝出版社，1992），頁34。

24　《光明日報》，1949年10月1日，第4版。

25　《光明日報》，1951年1月15日，第3版；《人民日報》，1951年2月18日，第5版。

圖17　華北大學學生在1949年10月1日中華人民共和國成立典禮上，於天安門
　　　廣場表演秧歌舞。圖片由董錫玖提供。

《慶祝解放大秧歌》（以下簡稱《慶祝解放》），將陝西、東北和河南中部
的秧歌結合在一起，歌頌解放戰爭。《慶祝解放》實際上是華大師生的合
作成果。該節目以類似陝北秧歌常用的新年賀辭作開始，但注入了當前
的大事，即慶祝北平解放和國民黨敗走。大量傳統音樂如戰鼓等用於表
演中，來營造歡樂滿堂的氣氛。正如一位華大舞蹈員回憶的那樣，秧歌
舞用意在表現一座城市以「無限自由歡快來慶賀自己的解放」。[26]

　　華大秧歌隊並不是唯一的表演團體，參加演出的還有華北軍區政治
部的抗敵劇社。但秧歌受到最熱烈的喝彩。報紙上一篇報導大字標題
「人民娛樂進宮殿，懷仁堂裏鬧秧歌」，清楚說明了這一平凡民間藝術今
日走紅的情況。報導指出該表演大獲成功，而且《慶祝解放》最大的價
值就在於為「許多未到過解放區的代表」展示當地的精神面貌。[27]

26　晉察冀文藝研究會編：《文藝戰士話當年》（北京：缺出版社，2001），
　　頁211。
27　《光明日報》，1949年6月21日，第1版。

　　第二部更精心製作的表演是9月底同樣在懷仁堂上演的《人民勝利萬歲大歌舞》（以下簡稱《人民勝利》），當時政協為籌備人民共和國成立再次舉行會議。負責節目的是光未然（張光年，1913–2002）和胡沙（1922–2005），兩位均為華大著名的文學藝術系教師，協助他們的是舞蹈家戴愛蓮。

　　三位著名的藝術家資歷豐富。詩人兼文學評論家光未然，早年受到社會主義思想影響，1937年加入中國共產黨，次年來到延安，1939年創作《黃河大合唱》，曲詞熱情澎湃，號召人民在抗戰中以游擊戰抵禦日本侵略者。這首曲詞後來由冼星海（1905–1945）譜成歌曲，迅速成為抗戰期間最流行的樂曲之一。[28]胡沙在共產陣營中具有同樣輝煌的事業。他是一位編舞家，參加多次抗戰話劇團的演出。1938年加入共產黨，兩年後到達延安，並繼續在延安戲劇界活躍。1942年新秧歌運動興起，胡沙大力提倡，並為一些歌劇編舞，其中最聞名的是歌頌勞動光榮的秧歌《生產舞》。[29]

　　戴愛蓮是個享有盛名的舞蹈家，她的出身與別不同（圖18）。戴愛蓮生於西印度群島千里達（Trinidad）一個海外華人家庭，很小的時候便展現出舞蹈才能。1931年到倫敦學習芭蕾舞。1930年代末日本侵略中國，戴愛蓮受民族主義思想的影響越來越深。與此同時，她對中國舞蹈產生了濃厚的興趣。1940年她第一次來到中國，如她所説的，對祖國文化「感到無比自豪」。[30]戴愛蓮是中國少數能掌握西方舞蹈理論並且有實踐經驗的舞蹈家，深受國內藝術界的尊重。戴愛蓮不是共產黨員卻支持社會主義事業，理所當然成為共產黨希望爭取的重要人物。如前所説，1945年新華社邀請她觀看秧歌表演，並且由周恩來親自教她扭秧歌，一再顯示她在藝術界的地位。1949年華大聘請戴愛蓮擔任舞蹈教師。

28　艾克恩編：《延安藝術家》（西安：陝西人民教育出版社，1992），頁325–328。

29　胡沙：〈想起在延安鬧秧歌的幾件事〉，《人民日報》，1962年5月24日，第6版。

30　戴愛蓮：〈我的舞蹈生涯〉，頁479。

圖18　戴愛蓮，北京。2002年10月16日，作者攝。

《人民勝利》演出場面浩大，動員250人，大部分為華大學生。這個秧歌劇成了中共當時舉辦的最壯觀的音樂會之一。這場演出以秧歌為主要內容，其重要性不單是慶祝政協會議開幕，並有毛澤東、周恩來和朱德（1886–1976）等中共高層領導出席觀看；它還有極大的象徵意義，胡沙認為它是用來「體現一個人民勝利的完整思想」。[31]

這場表演雖然是監製人、導演、舞蹈員、歌唱家和民間藝術家共同努力的成果，但最高指示卻來自上層。根據共產黨給予組織者的指示，這表演的目的是「要表現人民民主專政的，無產階級領導的，以工農為基礎的，全民族大團結的思想內容。」[32]這一指示顯然與官方政策一致，就如前文所述，與毛澤東在1949年的文章〈論人民民主專政〉所闡釋的一樣。

31　胡沙：〈人民勝利萬歲大歌舞創作經過〉，《人民日報》，1949年11月1日，
　　第6版。

32　同上。

與先前推出的《慶祝解放》相比，《人民勝利》是更具雄心，協調更好，表演時間更長的製作。前者突出的是北平解放和紅軍的英勇，後者着重人民群眾在革命中的作用，並強調其政治意義，重申毛澤東的群眾路線。[33]

《人民勝利》是一部十幕的歌舞劇，每一幕涉及人民革命的一方面。[34]為了表示這部歌舞劇是之前的《慶祝解放》的延續，表演一開始便以大合唱來歌頌紅軍在國共內戰中推翻國民黨反動勢力的豐功偉績，也展示了人民在共產黨取得最終勝利後的喜悅。第二幕戰鼓舞是河北民間風格的表演，以一面大鼓和兩面銅鑼伴奏。十幾位男舞蹈員各持雙鑔，以強勁的舞步在舞台上遊走，邊走邊擊手中的銅鑔，發出震耳的聲響。來自河北的傑出民間舞蹈家王毅表演了獨舞。但見他飛快地把雙鑔繞着身子不停舞動，極其流暢悦目。有一位觀眾讚歎不已，説：「就如兩隻金色的蝴蝶在旋轉飛舞。」[35]

第三幕歌舞序曲是喜氣洋洋的歌舞組合，慶祝政協為準備新國家的成立而召開這次富有歷史意義的會議。第四幕花鼓舞有鑼鼓伴奏，這個舞蹈勾起觀眾對國民黨過去統治的亂局和腐敗的回憶，迎來解放自然令他們歡天喜地。第五幕〈戰旗飄揚〉是進軍舞，描述革命軍隊英勇無懼，士氣高昂。舞蹈員高舉着紅旗，揮舞大刀，「躍過」黃河長江去解放全中國。

隨後的節目是秧歌劇〈四姊妹誇夫〉。節目中四個女舞蹈員各自唱起誇讚丈夫的歌曲，她們的丈夫或是工人、農民或是戰士。該劇表達的訊息很清楚，如果沒有工農兵的不懈努力，共產革命就不會成功，這也

33　毛澤東：〈關於領導方法的若干問題〉，《毛澤東選集》，第3卷，頁901。

34　胡沙：〈人民勝利萬歲大歌舞創作經過〉；董錫玖：〈《人民勝利萬歲》響徹中南海〉，《舞蹈》，第5期 (1999)，頁52–53；隆蔭培：〈投身革命文藝〉，《文藝報》，第121期 (1999年10月16日)，第1版；王克芬、隆蔭培編：《中國近現代當代舞蹈發展史：1840–1996》(北京：人民音樂出版社，1999)，頁178–180。本書作者於2002年10月15日在北京訪問董錫玖的記錄。

35　本書作者於2002年10月18日在北京訪問秧歌舞蹈家丙的記錄。

圖19 舞蹈員在《人民勝利萬歲大歌舞》(1949年9月)中，用彩帶組成一顆五角星。圖片由董錫玖提供。

是對黨的群眾路線再一次的肯定。第七幕腰鼓舞〈慶祝勝利〉是來自陝西安塞縣的腰鼓手表演。他們邊跳舞邊拍打腰鼓，表達了人民對勝利的喜悦，更使表演添加氣勢。

第八幕〈獻花祝捷〉是來自陝北的另一種民間舞蹈。年輕的舞蹈員穿上荷花舞裙，舞姿優雅，代表喜悦與慶典，很受觀眾喜愛。舞蹈結束時，舞蹈員用彩帶組成一顆五角星，象徵黨的勝利 (見圖19)。[36]

第九幕是少數民族歌舞，包括蒙、回、藏、苗以及台灣的高山族。色彩繽紛的少數民族歌舞，展示了中國在共產黨領導下，各民族團結一致，為共同目標奮鬥。舞蹈經精心編排，以求有戲劇性效果，例如在蒙古舞中，舞蹈員扮成蒙古族的騎馬好手，從大草原「策馬」來到北平，向新的領導人致敬。

最後一個節目是〈在毛澤東的旗幟下我們勝利向前進〉。在該尾聲部分，背景中央放上領袖的畫像，舞蹈員裝扮成工人、農民、士兵和少

36　本書作者於2003年6月29日以電話訪問秧歌舞蹈家乙的記錄。

數民族，一起邁着堅定的步伐前進，齊聲高歌：

> 在毛澤東的旗幟下，
> 我們勝利向前進！
> 高山擋不住我們的熱情，
> 大海淹不掉我們的意志。
> 我們力量大無邊，
> 我們智慧高如山。
> 萬里長征不辭難，
> 我們永遠跟着他，
> 向前、向前、向前！[37]

《人民勝利》不是純粹的藝術表演，而是每一幕都按事先確立的政治模式精心編排。雖然敘事形式很簡單，但表達的政治訊息卻份外清晰。表演注入了多種政治符號（如紅旗和五角星），是為了總結和重申共產革命的意義。在感情上，參與者藉此重溫革命的熱情和分享勝利的成果。當時佔領北平只是幾個月的事，與國民黨的內戰在南方仍未停止。正正就是這個關鍵時刻，極需要重新喚起革命熱情，再三肯定革命理想。這場演出能帶出幾個重要內容：民間傳統的重要、紅軍的戰績、領導人的智慧以及各族人民在新政權下團結一致。

《人民勝利》甚具鄉土氣息，就如導演胡沙自豪地告訴觀眾，這是一個「具有濃厚的民族氣派」的歌舞劇。[38]除了以陝北流行的秧歌舞為主外，該歌舞劇還綜合了許多民間藝術形式，包括花鼓舞和腰鼓舞。[39]一位秧歌舞蹈員在接受訪問時說：「整個秧歌舞，包括音樂與舞蹈動作，都是按照陝北秧歌編排的。」[40]同時，還邀請了民間藝人（如河北的王毅）來示

---

37 董錫玖：〈《人民勝利萬歲》響徹中南海〉，頁53。

38 胡沙：〈人民勝利萬歲大歌舞創作經過〉。

39 本書作者於2002年10月18日在北京訪問秧歌舞蹈家甲、丁和戊的記錄。

40 本書作者於2003年7月6日以電話訪問秧歌舞蹈家乙的記錄。

範秧歌在當地農村表演時的真實情況，以此為秧歌劇添加了幾分地道色彩。這樣努力追求地方色彩，正好表明舞蹈劇創作者仍將民族舞蹈置於很高的地位。不過，方便實用和政治因素也是另外的動機。在舞蹈界，來自延安的資深藝術家（如光未然）負起領導角色，去訂下節目規條；故此，他們採用在陝北農村早已行之多年、耳熟能詳而又十分有效的表演形式，也不足為怪。更重要的是背後的政治因素去決定把大量民間藝術形式注入這套歌劇中，因為這樣才能持續不斷證明毛澤東「向群眾學習」的路線是正確的。

歌舞劇表現的另一主題是軍事。在人民共和國建立初期，全國仍未統一，國內外還有國民黨和美國等敵對勢力存在，對新社會主義政權來說仍是致命的威脅。因此頌揚武裝鬥爭的成果，是突出解放軍所向無敵的最重要方式。

此外，該歌舞劇亦是刻意用來向領導人，尤其是毛澤東致敬的。營造毛澤東個人魅力的宣傳已經在延安時期展現。這種對毛澤東的個人崇拜在建國後仍繼續推行。對中共而言，把毛澤東捧至崇高的地位是有必要的，用以填補國民黨政權被推翻後留下的政治空白，並為急劇變化的社會提供穩定的象徵中心點。故此節目結束後，讓毛澤東與表演者握手是有其作用的。就如一位舞蹈員多年後，想起此事時仍禁不住驚喜和激動的心情，說：「想不到毛主席……站立在我們的面前……一下子都像電影定格似的傻愣在那裏，大約過了三、四秒鐘，突然眾口一聲地高喊起『毛主席萬歲』來。」[41]

這些舞蹈還歌頌偉大的民族團結，讓少數民族平等地團結在一起，成為新時代大家庭的一分子，互相尊重。將台灣高山族加入節目內無疑是刻意的安排，顯示中共決心要「解放」當時為國民黨軍隊退守的台灣，統一中國。

第三部歌舞劇《建設祖國大秧歌》（以下簡稱《建設祖國》），正如一

41　隆蔭培：〈投身革命文藝〉。

圖20 《建設祖國大秧歌》表演，1950年2月於天安門廣場。圖片由董錫玖提供。

位編導所說，是「《人民勝利萬歲大歌舞》之後的又一次集體創作。」[42]這歌舞劇是1950年春節上演的，是共和國成立後的第一個農曆新年（見圖20）。該表演因此寓意一年復始，萬象更新，四季交替，生生不息。

　　《建設祖國》與《人民勝利》一樣，同樣是政府推動的項目。《建設祖國》由文化部和中央戲劇學院聯合舉辦，由張庚（1911–2003）和曹禺（1910–1996）兩位文藝界舉足輕重的人物擔任監督。[43]兩人之中，張庚對黨的路線跟得更緊，與光未然和胡沙一樣，在抗戰時期積極編寫抗日戲劇；也跟他們一樣，是遠赴延安的忠誠馬克思主義者。張庚在延安的新秧歌運動中擔任重要角色，負責在偏遠地區，尤其是延安東北部的綏德地區推廣新秧歌。[44]人民共和國成立後，張庚擔任中央戲劇學院副院長，再次負責戲劇改革工作。曹禺是極負盛名的劇作家，把西方話劇技巧引入自己的作品中，可算是最具影響力的人物。他將西方技巧靈活地運用在其名著《雷雨》（1933）中，以話劇形式控訴守舊欺壓的古老家庭制度

42　趙耶哥（彭松）：〈建設祖國大秧歌總結〉，《戲劇學習》，第1期（1950年4月2日），頁6。

43　同上。

44　《解放日報》（延安），1944年5月15日，第4版。

和陳腐的傳統價值觀念。曹禺是位支持左派思想的作家，於1950年當上人民藝術劇院院長。與此同時，戴愛蓮又一次應邀負責指導整個秧歌劇。她的得意門生彭松 (1916–2016) 負責演出的協調工作。[45]

中央戲劇學院 (源自華大文學藝術系) 挑選了135名學生，參與這個在戶外表演的歌舞劇，宣稱要「提高舊有秧歌藝術」水平。[46]表演分四部分：士兵舞、農民舞、工人舞和最後的集體舞，每個部分都有專題的音樂伴奏。這部歌舞劇有新的主題：建設社會主義國家。

士兵舞以保衞祖國為主題率先登場。男舞蹈員手握不同武器道具，組成各種陣勢，表現了解放軍的勇氣與鬥志。隨後的農民舞由40位女學生表演，描繪的是集體農場裏飼養肥壯牲口、下田種地的正面形象。她們揮舞着收穫的農作物 (如麥子之類)，很自豪的表示喜迎豐收。跟着是工人舞，男舞蹈員表現的是工人決心為祖國打下穩固的重工業基礎。表演者轉動齒輪之類的道具，模仿一座全速生產的工廠；舞蹈員疊成一座金字塔，代表了工業發展蒸蒸日上。音樂劇的最後一幕是很有氣勢的集體舞蹈，三組演員全部參加，組成三個同心環，外環是士兵，中環是農民，內環是工人。這樣的編排既有寬闊的空間佈局，又不乏深遠的寓意：解放軍在外保衞祖國的邊疆，農民在廣闊的農地耕作，工人在新城市工業中心勞動。工人佔據廣場的中心，顯示了他們在馬克思主義制度中的領導地位。[47]彭松執導，把歌舞劇提升到振奮人心的高潮，並由著名音樂家、中央戲劇學院教師馬可 (1918–1976) 所創作的主題曲伴奏。彭松告訴觀眾，整個節目通過歌曲和舞蹈，歌頌「祖國自由富強美麗的遠景」。[48]

《建設祖國》於春節期間在北京演出了九場，主要是在天安門廣場舉

45　本書作者於2002年10月17日在北京訪問彭松的記錄。

46　〈建設祖國大秧歌〉，《人民日報》，1950年2月23日，第3版。

47　本書作者於2003年3月30日以電話訪問秧歌舞蹈家己的記錄。

48　趙鄲哥 (彭松)：〈建設祖國大秧歌總結〉。

行。觀眾多達85,000人，節目似乎頗受歡迎。[49]主辦者對這部音樂劇的
演出場所作了多種嘗試，例如將音樂劇搬到戶外的公眾廣場上舉行。表
演已不再局限於只能坐幾百人的懷仁堂內。演出安排在室外，目的是吸
引更多的觀眾及讓他們更加投入。就如《人民日報》報導的，這些新穎
的方式是「在舊秧歌的基礎上提高了一步……為新秧歌運動起示範作
用。」[50]

新秧歌的價值

　　歷史上的革命似乎都發生在一處極有意義的地方，此地點隨之轉化
為強而有力的政治象徵。法國歷史學家米什萊（Michelet）認為，巴黎的
巴斯底監獄在法國是邪惡的化身；而聖彼得堡的冬宮是俄國人視為黑暗
之地。因此，《攻打巴斯底監獄》（*The Storming of the Bastille*）和《攻佔
冬宮》（*The Storming of the Winter Palace*）兩個西方的大型音樂劇表演，
代表了各自國家人民的起義。[51]與紀念攻打巴斯底監獄和攻佔冬宮的劇
作不同的是，三部秧歌劇缺少了可以凝聚中國共產革命的重要單一起義
事件，反而是以一連串的事件顯示出幾個重大的主題：解放戰爭、紅軍
的英雄氣概、毛澤東的英明領導以及人民的真誠擁護。

　　為了達到最佳效果，中共宣傳部門將三部歌舞劇按時間順序推出。
先是解放戰爭（《慶祝解放》），繼而人民取得勝利（《人民勝利》），最後
是建設社會主義新中國（《建設祖國》），每一主題都以常見的說故事形
式來表達。就像昔日鄉間的說書人，或者像阿爾伯特·洛德（Albert
Lord）有名的說法「故事的歌手」（singer of tales），[52]編導將三部歌舞劇中
的劇情連貫起來，編織成一個生動的故事。雖然三劇組織不夠緊密，情

49　同上。

50　《人民日報》，1950年2月23日，第3版。

51　von Geldern, *Bolshevik Festivals*, pp. 1–3, 199–207.

52　Albert Lord, *The Singer of Tales* (Cambridge: Harvard University Press, 1960).

節也沒有清晰界定，但中國共產黨正確領導革命這個共同主題，使三者串連起來，從而成為一位參與者所稱的「史詩」式的故事。[53] 後來，這一故事在精心編排的《東方紅》歌舞劇中重現。《東方紅》是1964年大型的歌舞劇，歌頌中國共產革命的光輝歷程，是共產黨藝術家為慶祝中華人民共和國成立15週年而製作。

當然，三部歌舞劇並非毫無問題。根據著名作家田漢（1898–1968）觀看後的評語，《人民勝利》的藝術水準，與精湛的蘇聯音樂劇相比，仍是粗糙蒼白。更重要的是缺乏深度。田漢認為，演出初時的壯觀場景，或許多少能讓人感到振奮，但由於表演對革命僅作表面的探討，令這種熱情很快就消退。田漢最不滿意的是少數民族舞蹈，尤其是台灣的山地舞，認為缺乏深度，無法「引起任何實感」。[54] 音樂劇的幾位導演也坦率地承認各人缺乏執導大型表演的經驗。例如，《建設祖國》的編劇彭松就公開承認，如何準確描繪勞動人民的生活是令他最傷腦筋的事。[55] 鄉土秧歌明顯地不能轉化為城市工人的寫照。

衰　落

在人民共和國成立初期，秧歌既是使人着迷的舞蹈，又是引人注目的政治象徵。秧歌確是無處不在，經常出現在巡遊、展覽和大學校園中。但是，中共的新秧歌運動成功嗎？這種鄉土藝術能否在城市中流行起來？更重要的是，共產黨有否像最初計劃的那樣，有效地運用秧歌來培養民族精神及傳播社會主義思想？

城市秧歌經歷了1949至1951年那段熱烈流傳的日子後，似乎風光不再。1951年以後，再沒有大型秧歌劇上演，對秧歌的報導也大幅減少。在2002年秋的一次訪問中，一位在北京參加過秧歌表演的女士承

53　王克芬、隆蔭培編：《中國近現代當代舞蹈發展史：1840–1996》，頁180。

54　田漢：〈人民歌舞萬歲〉，《人民日報》，1949年11月7日，第6版。

55　趙鄆哥（彭松）：〈建設祖國大秧歌總結〉。

認，秧歌看來已失去了吸引力，她黯然地說：「1951年已經很少有人表演秧歌了。」[56]秧歌事實上一開始就遇到很多阻力，與官方樂觀正面的報導大不相同。有些困難屬技術層面，但更嚴重的是政治問題，源於官方對藝術政策毫不放鬆的管制。

首先問題可能出於這種藝術本身的局限。延安來的幹部在城市推行的是一種並不複雜的秧歌，以動作簡單、形式變化少見稱。對很多城市居民來說，只需見過一次，就覺得這種舞蹈看似粗糙，不值一顧。之前提到卜德批評秧歌為「簡單的傳統農村舞蹈」；他不是唯一認為秧歌「簡單」的人，有些北京市民也嘲諷秧歌為「粗俗的鄉下舞」，[57]很多人認為秧歌「單調」乏味。[58]有些亞洲專業舞蹈家也表示了相同的意見。著名的朝鮮舞蹈家崔承喜，在韓戰期間從北韓來華訪問，觀看秧歌後發表意見，認為秧歌雖然表達了健康的形象，但「技巧比較簡單、粗糙」。她認為秧歌只有經過徹底改造，才可能贏得專業界的尊重。[59]崔承喜是國際知名的舞蹈家，她那著名的《菩薩舞》能完美地將傳統朝鮮舞與西方舞蹈技巧融會貫通。她的評語當然落入中方東道主的耳中。

建國後共產黨改變了政治策略也導致了秧歌的衰落。1949年9月，中國政治協商會議通過共同綱領，正式宣佈中華人民共和國「實行工人階級領導的、以工農聯盟為基礎的、團結各民主階級和國內各民族的人民民主專政。」[60]這種強調以工人為重的轉變，明顯影響了工人對秧歌的看法。事實上，並非所有工人都對秧歌抱有熱情。對某些人來說，秧歌這門藝術充滿濃厚的農村特色，不能輕易轉化成適合都市的形式。一位

56　本書作者於2002年10月18日在北京訪問秧歌舞蹈家甲的記錄。

57　David Kidd, *Peking Story: The Last Days of Old China* (New York: Clarkson N. Potter, 1988), p. 72.

58　《進步日報》，1949年6月7日，第4版。

59　崔承喜：〈中國舞蹈藝術的將來〉，《人民日報》，1951年2月18日，第5版。

60　*The Common Program and Other Documents of the First Plenary Session of the Chinese People's Political Consultative Conference* (Peking: Foreign Languages Press, 1950), p. 2.

工人建議，秧歌若要得到工人階級的認可，它必須能表達工人的「思想意識和情感」。[61]這一點可能顯示了工人階級日益自大的心理，但也的確觸及了問題的核心：在鄉村藝術和城市工業勞動者之間，出現了潛在的不和諧因素。

　　政府發起的秧歌城市化改革也遇到了制度上的挑戰。兩位資深的戲劇評論家最近在一本書中寫道：隨着人民共和國的建立，逐漸「改變其文工團綜合性宣傳隊的性質，成為專業化的劇團。」例如著名的華大文工團，很快就與1950年才成立的中央戲劇學院舞蹈團合併。1951年6月，文化部召開會議，計劃下階段的宣傳策略。翌年12月，文化部下達〈關於整頓和加強全國劇團工作指示〉，將過去鬆散的、業餘性質的文工團改革成為更專業的舞蹈團體。[62]該指令不僅為藝術活動提供了組織上的支援（包括資助），還要求藝術團體更加專業化。因此這些改革必然削弱了秧歌隊那種自發的特色。

　　1952年12月，中央歌舞團成立，兩年後又成立了中央民族歌舞團。這種藝術組織的制度化，意味着未來的演出會加重對舞蹈員和歌唱家的專業訓練要求。此外，大型音樂劇的推行也會考驗傳統秧歌的局限。秧歌是一種戶外表演的藝術，不能應付時間長、內容複雜的製作。在編排《建設祖國》時，彭松了解到秧歌的缺點。實際上，他編導的歌舞劇與原有簡單的秧歌形式不盡相同。舉個例子，彭松劇中扮演工人、農民和戰士的舞蹈員，他們的舞步是經過編排的，使動作協調一致，組成複雜的環形模式來演出。[63]

　　1950年代初，越來越多外國舞蹈家訪華，他們很多來自社會主義國家，讓中國藝術家對外國新穎的藝術表演大開眼界。到訪的有1949年的蘇聯紅軍歌舞團，以至1952年的著名蘇聯芭蕾舞蹈家珈麗娜・烏

61　《進步日報》，1949年6月7日，第4版。

62　王克芬、隆蔭培編：《中國近現代當代舞蹈發展史：1840–1996》，頁181。

63　趙鄲哥（彭松）：〈建設祖國大秧歌總結〉。本書作者於2002年10月17日在北京訪問彭松的記錄。

蘭諾娃 (Galina Ulanova)，很自然地受到大量關注。[64]戴愛蓮讚揚烏蘭諾娃是「世界最偉大的芭蕾舞演員」，[65]她的話其實是對中國舞蹈演員暗中提點，即俄國芭蕾舞對舞蹈技巧另有一番演繹，與中國的舞蹈甚為不同。事實上，戴愛蓮從未將全部精力放在秧歌上。她本來就是受過訓練的芭蕾舞蹈家，加上較為廣闊的國際視野，促使她不斷將西方技巧引入中國舞蹈。這方面我們可從她在1950年表演的《和平鴿》芭蕾舞中看出來。《和平鴿》是一部歌舞劇，主題是歌頌世界和平及反對帝國主義。外國的芭蕾舞與本土舞蹈自然存在着矛盾，使觀眾看得不習慣。[66]1954年11月，戴愛蓮擔任新成立的北京舞蹈學校首任校長，便投入更多的心血訓練新一代專業舞蹈員，並決定在課程中加入俄羅斯芭蕾舞和印度舞等外來舞蹈。[67]

然而，對秧歌更大的挑戰來自政治層面，而非藝術界本身。中共自延安時期起，明顯地是主導一切，令文學藝術為黨服務。要這樣做，便要限制藝術空間和創作自由。中共奪取政權後，更加強了這方面的控制。1949年6月，北平市總工會為秧歌發佈了下列四項規條：不准男扮女裝，男女調情；不准含有封建、迷信的色彩，如扮成和尚、道士、鬼神等；不准有低級趣味：「如把蔣介石扮成烏龜，反而顯不出人民公敵的面目」；不准表演者過分濃妝艷抹，[68]而這些指令並非是來自上層的唯一限制。官方還明確表示，秧歌中嚴格禁止對勞動人民任何負面的描寫。[69]周揚明確聲明：任何「侮辱勞動人民的形象……是不能忍耐」的。[70]

---

64 《人民日報》，1949年10月8日，第3版；1952年11月15日，第3版。

65 《人民日報》，1952年11月16日，第3版。

66 保守人士批評戴愛蓮的芭蕾舞：「大腿滿台飛，工農兵受不了。」戴愛蓮：《我的藝術與生活》，頁155。

67 同上，頁164–165及190–195。

68 〈扭秧歌注意四點〉，《進步日報》，1949年6月28日，第3版。

69 《人民日報》，1951年10月19日，第3版。

70 周揚：《周揚文集》，4卷本 (北京：人民文學出版社，1984–1991)，第2卷，頁237。

政府對秧歌中出現外國敵人表示不滿。河北一個縣在國慶遊行時秧歌隊伍中出現了杜魯門（Harry Truman）和麥克阿瑟（Douglas MacArthur）的角色，《人民日報》對此嚴厲批評：「秧歌隊裏不應使反動角色與勞動人民的角色一起跳同樣的舞蹈。我們甚麼時候看到過杜魯門、蔣介石、李承晚、吉田茂等反動分子和勞動人民一起生活，載歌載舞呢？」[71]

毫無疑問，中共的新秧歌運動是一種政治宣傳運動，根本就沒打算要提高民眾的藝術欣賞水平或鼓勵多元文化。中共認為秧歌是將社會主義思想傳播給人民的合適和有效的工具。經改造後的演出必須準確反映政府的立場。因此，新的城市秧歌舞已經背離了草根階層最初自發的農村藝術，反而是代表一種由上而下的、經過改造和重新編排的藝術形式。當藝術被官方改造成政治產物、並遭到操控後，便明顯成了一種被束縛的藝術。秧歌不但喪失了無拘無束的風格，還失去了自由發展的機會。改造後的城市秧歌如今唱着同一調子，跳着同一舞步，很快成了政治上的陳詞濫調，空洞乏味。新秧歌最初引起全城興奮的局面過後，再也無力使人雀躍。[72]

秧歌作為宣傳部門積極推行的官方藝術形式，在共和國成立初期的城市中確實是極受歡迎。即使後來在城市不再流行，在農村卻依然深受喜愛，且更加無拘無束地流傳。要判斷新秧歌運動成功與否，我們必須將這宣傳活動作為政府總體計劃的一部分看。這個總體計劃是要運用全國大型的盛典，來慶賀新政權的輝煌成就；其中最大的盛典是國慶日和勞動節的巡遊。在歌頌新政權的舉國歡騰的慶祝活動中，秧歌只不過是眾多形式中的一種。總體上，這些由政府發起的慶典在1950年代對人民確實產生了相當大的影響。

71　《人民日報》，1951年2月18日，第5版。

72　秧歌在1950年代開始衰落，但最近又在華北流行起來，尤其是在瀋陽和北京。本書作者在過去幾年到中國做研究時，看到不少市民在扭秧歌。但這些秧歌與過去的政治秧歌不同，扭秧歌的大多是年長的市民和退休人士，目的是為了保健。官方認為這些秧歌不構成威脅，故不加理會。有關這方面的資料，可參考《舞蹈藝術》，第1期（1994），頁9–14；及吉田治郎兵衛：〈北京新秧歌的調查與思考〉，北京師範大學碩士論文，1997年。

第4章

遊 行

中國人民解放軍在奪取北平三天後，於1949年2月3日上午開進了這座歷史名城，凱歌高奏，象徵政權的正式更替及一個新時代的開始。司令員林彪（1907–1971）和羅榮桓（1902–1963）站在正陽門城樓上，檢閱從城門下通過的部隊。軍隊隨即東轉入外國使館區（東交民巷），之後轉往城中其他地區。美國富布萊特學者卜德再次在場目睹了這個展示軍事力量的盛會，並在日記裏留下了珍貴的記錄：

> 我趕不及看最初部分的步兵和騎兵隊，以及部分機動部隊。但我在一小時內看得到的，我數過已有250台以上的各種重型機動車，有坦克、裝甲車、運兵車、裝上機關槍的卡車以及拖着重炮的運輸車。後面還跟着無數救護車、吉普車和其他小型車輛。這可能是歷史上最大一次展示中國軍事力量的場面，令人印象深刻。但最令美國人忘不了的是，這基本上是一次「美國」軍事裝備的展覽，所展的差不多全部是在短短兩年半內，從國民黨那裏繳獲或行賄得來的。[1]

但卜德及許多北平市民都毫不知情的是，那個大日子的軍事巡遊絕

1　Bodde, *Peking Diary*, pp. 103–104.

非隨意安排。中國共產黨一開始就精心策劃和細心安排這件事。1月29日北平地下黨電台就收到了劉仁發來的一封密電。劉仁負責這次慶祝巡遊，並如前面提到的，他後來成了中共北京市委領導。電報中的指令是：「要組織群眾夾道歡迎〔我軍〕！」[2]組織者計算過路線，以求取得最震撼和富有象徵意義的效果。解放軍進入北平要先通過正陽門這座昔日只供皇帝出入內城的南大門，然後再操向使館區這個往日外國人的盤踞點，這些都是強而有力的宣示：要消滅封建主義和帝國主義這兩個禍害中國多年的大惡魔。共產黨軍隊懷着迎接光明新世界的希望，現在就要「解放」全中國。

遊行有深厚的文化和政治內容，能讓歷史學家更深入地了解社會的本質。中國傳統農耕社會的社火可作參考，這種流行的遊行活動在農曆新年初舉行，農民用來祭祀當地的神靈，祈求來年豐收。[3]不過，中國共產黨的軍事巡遊與此甚為不同，因為它還包含廣泛的地域色彩及重大的政治含義。歷史上，民眾遊行與皇室巡遊是最重要的政治活動。克利弗德·格爾茨研究了三種社會形式：伊莉莎白時期的英國 (Elizabethan England)、14世紀的爪哇 (Java)、19世紀的摩洛哥 (Morocco)，從而提出統治者利用盛大的巡遊來「證明他們的合法地位，及通過一些方式和行動，例如故事、慶典、皇室標幟、禮儀以及其他附屬品來表明自己的身份。這些事物也許是他們世代相傳的，也許是用革命方式創造出來的。」[4]莫娜·奧祖夫認為法國大革命時期，有廣大民眾參與並在戶外舉行的節日慶典和遊行，是新革命文化的重要組成部分。這種文化強調的是現代世俗社會的開放與平等。[5]德國納粹文化依靠大眾集會來推廣。希特勒善於透過大型遊行和體育盛事來煽動群眾的情緒。在紐倫堡舉行

2　《緬懷劉仁同志》(北京：北京出版社，1979)，頁111。

3　董曉萍：《田野民俗志》(北京：北京師範大學出版社，2003)，頁612–626。

4　Geertz, *Local Knowledge*, p. 124.

5　Ozouf, *Festivals and the French Revolution*, pp. 126–157

精心編排的遊行和情緒激昂的集會，令觀眾歎為觀止，甘於臣服。[6]蘇聯五一和十月革命勝利的紅場慶祝活動，都是頌揚蘇維埃政權和社會主義制度的優越。[7]美國人在7月4日獨立紀念日舉行的巡遊，是民間團體的表演及社區的慶祝活動。就如瑪麗·瑞安（Mary Ryan）所説，它們是「民眾主權的實踐」。[8]相比之下，中國共產黨的遊行又如何呢？

研究中國國家慶典與研究秧歌相似，都有助我們加深了解儀式與象徵意義是如何影響民族主義的發展。近期有關辛亥革命的雙十節國慶的研究，解釋了中華民國初期新國民社會的形成。[9]另外有藝術史家對社會主義中國10月1日舉行的國家大遊行所做的研究，對中共的政治儀式和象徵也有見解。[10]但是，鮮有探討這些國家盛典是由哪個政府部門籌備的，或誰是主要的策劃者，更沒有多少人研究西方國家慶典對中國慶祝活動的影響（就社會主義中國而言，這是指蘇聯模式）。為了試圖填補這些空白，本章會探討中國1950年代負責策劃國家大遊行的相關部門以及蘇聯對籌備過程的影響。更重要的是，本章力求了解國家盛典的性質，研究除了集中在1950年代在天安門廣場舉行的國慶遊行之外，還包括五一勞動節遊行。

本書作者認為，中共的遊行活動是經過細心設計的政治儀式，具有多重功能：用來彰顯破除舊制度和迎接新社會主義的來臨；宣示共產黨

6　George L. Mosse, *The Nationalization of the Masses: Political Symbolism and Mass Movements in Germany from the Napoleonic Wars through the Third Reich* (Ithaca: Cornell University Press, 1975), pp. 100–126.

7　Christel Lane, *The Rites of Rulers: Ritual in Industrial Society–The Soviet Case* (Cambridge: Cambridge University Press, 1981), pp. 153–188.

8　Mary Ryan, "The American Parade: Representations of the Nineteenth-Century Social Order," in *The New Cultural History*, ed. Lynn Hunt (Berkeley: University of California Press, 1989), p. 138.

9　Henrietta Harrison, *The Making of the Republican Citizen: Political Ceremonies and Symbols in China, 1911–1929* (Oxford: Oxford University Press, 2000), pp. 93–132.

10　Wu, *Remaking Beijing*, pp. 85–104.

政權的合法地位；展示社會主義制度下的偉大成就；肯定毛澤東在現代中國革命史上的核心地位(因而強化對毛的個人崇拜)；及公佈中國加入國際社會主義的陣營。遊行亦反映了當時中國正經歷各種政治與經濟變遷。雖然不少慶祝與遊行活動也在上海等大城市舉行，然而在首都舉行的活動是最令人難忘和更有象徵意義，它成了其他城市效法的榜樣，各地代表常被派往首都學習北京的經驗。[11]

市容佈置與大眾慶典

由於民國初期的政治與社會不穩定，早年的10月10日雙十節國慶活動都是斷斷續續由北洋政府和後來的南京國民政府舉行。民國最初的20年，北洋政府偶然會在國慶日於天安門廣場和北京南郊的南苑軍營舉行閱兵儀式。但到了1920年代末，國民政府則在南京機場閱兵。[12]當時政府很少組織大規模遊行，而且慶祝活動常常是準備不足。[13]這時期典型的國慶日活動，據上海具影響力的報章《申報》報導，是由民眾熱烈地在市區用國旗和燈籠來點綴市面。[14]

1949年12月中華人民共和國成立後不久，政府便公佈了一份新的公眾節日和慶典名單，用以表示封建時代結束，嶄新時代來臨，做法與法國大革命和俄國十月革命時期相似。[15]頒佈的節日包括勞動節(5月1日)、青年節(5月4日)、建軍節(8月1日)和國慶日(10月1日)。其中最值得紀念及政治意義深刻的是勞動節和國慶日，通常都有盛大的巡遊和到處歡樂的氣氛。

---

11 王豐德：〈報告〉，上海市檔案館，A22-2-894。

12 《申報》，1914年10月14日，第2版；1916年10月11日，第2版；1929年10月12日，第11版。

13 上海的學校有時會組織臨時的遊行。例如在1917年10月10日，超過4,757名學生就參加了國慶遊行。《申報》，1917年10月11日，第10版。

14 《申報》，1917年10月12日，第7版；1929年10月10日，第15版。

15 《人民日報》，1949年12月24日，第1版。

中共的國家慶祝活動與蘇聯節日相似，[16]有三個基本成分：市容的節日裝飾；盛大的慶典；以及最重要的是有場面壯觀和政治訊息濃厚的遊行。節日裝飾在勞動節和國慶前數週便開始在北京出現。建築物和道路兩旁掛上紅色橫額和海報，商店櫥窗和路牌都貼上標語和紅星。城內不同區域的裝飾都各有差異。天安門廣場這個最具象徵意義的儀式中心的四周，裝飾格外突出，以正陽門(通稱前門)前的幾條街道最為明顯。上海市中心也一樣，以人民廣場最引人注目。1951年的國慶，上海市委下令通往人民廣場的大街，尤其是南京路和西藏路這兩條主要的遊行路線，為「佈置重點」。[17]人民廣場對面的國際飯店，在那年代是亞洲最高的建築物之一，懸掛着巨大的紅布直幡，上面寫着「中國人民的偉大領袖毛澤東主席萬歲！」等標語。[18]

大型的公共慶典都是由官方直接指導的。在北京，有開放給大眾的園遊會，除了在天安門東西兩側的勞動人民文化宮(昔日的太廟)和中山公園外，還在頤和園和其他地點舉行，有萬千市民參加。晚上還在天安門廣場舉行舞蹈盛會，及煙火表演。[19]市民燃放爆竹及在東單和西單的露天影院觀看愛國電影。[20]據《人民畫報》報導，在這些活動中，人們都「為新中國的前途鼓掌」。[21]

遊　行

國內外最關注的是每年勞動節和國慶日在天安門廣場(圖21)和上海人民廣場舉行的遊行活動。首次遊行是1949年10月1日，隨着毛澤

16　Lane, *The Rites of Rulers*, p. 172.

17　〈1955年五一節市容佈置工作計劃〉，上海市檔案館，B56-2-3。

18　〈關於幾個主要的高樓大廈的巨幅標語的佈置〉，上海市檔案館，B56-2-2。

19　〈關於五一遊行和晚會準備情況的報告〉，北京市檔案館，99-1-110。

20　中國人民政治協商會議北京市委員會文史資料委員會編：《莊嚴的慶典：國慶首都群眾遊行紀事》(北京：北京出版社，1996)，頁151。

21　《人民畫報》，第1卷，第1期(1950年7月)，圖片。

圖 21　1954 年 10 月 1 日天安門廣場國慶遊行隊伍中的文藝大隊。《人民畫報》，
　　　第 10 期（1954 年 10 月），頁 3。

東在天安門城樓宣佈中華人民共和國成立後舉行。帶頭的是軍隊，後面
跟着無數興高采烈的民眾走過天安門廣場。毛澤東對在建國大日子舉行
的軍民大遊行極為重視，他說：「開國第一次嘛，一定要搞好！」[22] 遊行
人士高舉着毛澤東等國家領導人的巨大畫像，隨着腰鼓聲有節奏地擺
動，扭着秧歌，穿過東三座門，經過當時還未開放的天安門廣場，魚貫
走過天安門城樓，接受國家新領導人的檢閱，再從西三座門離開，分散
到附近的街道。

　　1951 年北京市政府成立了兩個委員會：首都慶祝中華人民共和國
國慶節籌備委員會、北京慶祝五一國際勞動節籌備委員會。兩者與蘇聯
中央政府節日籌備處相似，[23] 負責組織遊行活動。不過，蘇聯中央政府節
日籌備處要到 1930 至 1931 年間才成立，此時十月革命已經過了十多

22　樹軍：《天安門廣場歷史檔案》，頁 227。

23　Lane, *The Rites of Rulers*, p. 179.

年，而北京的這兩個委員會則是在人民共和國建國之初便成立，顯示中共急於掌控遊行慶典這一政治活動。兩個委員會名義上歸北京市政府管轄，由市長彭真負責監督巡遊的組織工作，[24]但實際上是由中央統籌。

　　每年五一和十一的大清早，參加遊行的人士便在天安門廣場附近指定的地點集合，通常在廣場的東、南和北面，如王府井和東單等地。[25]有些人半夜三時就得趕來準備，而遊行在早上十時才開始。[26]遊行的彩排至少在三個月之前就開始，通常在晚上進行。1949年10月的首個巡遊有軍隊和平民兩個部分，後者通稱「群眾遊行」。軍隊走在群眾隊伍前面，由解放軍各兵種構成不同方陣，並展示各類武器。隨後是平民隊伍，參加者為幾十萬的工人、農民、學生和藝術工作者。[27]1952年以後的五一勞動節遊行，軍隊不再參加，只保留群眾隊伍。[28]然而舉辦這種政治儀式絕非易事，並不如官方報導那麼簡單，組織者實際上碰到了很多問題。

　　在人民共和國成立的最初兩年，代表國家未來的少先隊員緊跟在解放軍隊伍之後，帶領群眾遊行。少先隊員大部分來自天安門廣場附近的小學，免得孩子們要從老遠趕來參加排練和正式遊行。[29]許多參加者都覺得這是莫大的榮譽。「我是整個小學裏唯一派去參加國慶遊行的學生，我感到非常幸福。」一位出身於忠誠的共產黨家庭、當年是少先隊員的女士回憶道：「我奶奶還特意為我做了一條鮮紅裙子去參加這個盛會。不過，到場後，我卻必須在裙子上蓋上白色的制服。」[30]少先隊員之

24　〈群眾遊行隊伍組織方案等〉，北京市檔案館，99-1-1。

25　〈遊行隊伍序列和行進路線〉，北京市檔案館，99-1-61。

26　〈編隊工作的幾項規定〉，北京市檔案館，99-1-200。

27　〈群眾遊行隊伍組織方案等〉，北京市檔案館，99-1-1。

28　《人民日報》，1952年5月3日，第1版。

29　本書作者於2006年1月6日在北京訪問遊行人士甲的記錄；及於2006年1月13日在北京訪問遊行人士乙的記錄。

30　本書作者於2006年1月4日及5日在北京訪問遊行人士丙的記錄。

後是工人、農民、機關幹部、學生和文藝工作者。[31] 隨後幾年，遊行隊
伍又添加了其他成員，包括儀仗隊、運動員、各地區的市民及工商界代
表。工商界人士可以加入，據官方文獻記錄，是因為他們已經宣佈「堅
決破資本主義立場，立社會主義立場。」[32] 遊行隊伍的標準模式到了1951
年已大體上形成，共有十個組別代表不同的社會階層，按下列次序出
場：儀仗隊、少先隊、工人、農民、機關幹部、城區、工商界人士、學
校、文藝大隊以及運動員。[33] 文藝大隊表演豐富多彩的舞蹈。遊行隊伍
的最後是大規模的體操表演，展示身體動作的劃一協調，以表現紀律和
秩序。其他城市也跟隨這個模式，只是也有一些地區差異，例如上海的
1959年國慶遊行就加入熱鬧的火炬傳遞。[34]

　　通常遊行隊伍的橫排排面有110人，分成9路 (以城區或單位劃
分)。到了1959年，天安門廣場和東、西長安街為慶祝共和國建國十週
年已大為拓寬，每排人數便增至150人。[35] 參加遊行的人數為30萬至45
萬不等。[36] 另外還有5萬至10萬人聚集在天安門廣場，有的高舉橫額，
有的參與花式操表演，成了令人難忘的政治象徵。[37] 有一位在1950年代
參加過三年國慶巡遊的人說：「人多得不得了啊！」他感到特別高興和幸
福。[38] 整個遊行，包括軍隊和平民兩部分，通常不到三小時便完成，其
中平民的遊行要佔去四分之三的時間。[39]

　　遊行通常有五光十色的彩車、大紅橫額、各行業逼真的模型、附上
標語的大氣球、多種音樂演奏、舞蹈雜技、各民族的節日盛裝，以及完

31　〈1951年國慶節遊行計劃〉，北京市檔案館，99-1-1。

32　〈遊行隊伍介紹〉，北京市檔案館，99-1-162。

33　〈工作日程和簡報〉，北京市檔案館，99-1-13。

34　有關上海的火炬傳遞，參考上海市檔案館，B55-2-6。

35　〈編隊工作的幾項規定〉。

36　〈遊行人數〉，北京市檔案館，99-1-94。

37　同上。又見《莊嚴的慶典》，頁83。

38　本書作者於2006年1月5日在北京訪問遊行人士丁的記錄。

39　〈群眾遊行準備工作情況的報告〉，北京市檔案館，99-1-94。

圖22 1959年10月1日天安門廣場國慶遊行隊伍中工業成就模型。《人民畫報》，1959年10月16日，頁5。

結時象徵和平的放鴿子活動。大型工業機械和農業產品的模型使遊行更加壯觀（圖22）。[40] 帶領遊行的儀仗隊高舉國旗，抬着國徽和領袖像，其中最為突出的是毛澤東畫像。1951年的國慶巡遊以毛澤東和孫中山（1866–1925）的畫像領先。第二排是周恩來、劉少奇（1898–1969）和朱德的畫像。馬克思、恩格斯、列寧、斯大林的畫像出現在第三排，隨後是其他社會主義國家領導人（通稱「人民領袖」）的畫像，包括金日成、胡志明、拉扎爾・卡岡諾維奇和赫魯曉夫（Nikita Khrushchev）。[41]

這些畫像的排列次序時有變化，但毛澤東畫像的首要地位是清楚不

40 〈各隊伍隊容情況〉，北京市檔案館，99-1-45。
41 〈領袖像排列順序及旗幟排列的規定〉，北京市檔案館，99-1-1。又見上海市檔案館，B55-1-5。

過的。學者早已指出，中國的政治文化中，對毛澤東的個人崇拜是重要的一部分，[42]而1950年代國家慶典的舉行，無疑是為建國以來把毛澤東奉若神明的崇拜增添了新動力。毛澤東的畫像確是國家大遊行中的關鍵部分。1955年的國慶遊行時，孫中山的畫像被降到了第二排，落在毛澤東、劉少奇、周恩來、朱德、陳雲(1905–1995)的畫像之後。馬克思、恩格斯、列寧、斯大林的畫像出現在第三排，隨後的是其他社會主義國家的領袖像。[43]1950年代，毛像雖然有時與其他領導人的畫像排在一起，但其超然的主席地位是無可置疑的，因為他的畫像總是最靠近整個遊行中最莊嚴之地的天安門。在最初幾年的遊行，即使毛澤東和孫中山的畫像並排出現，毛像也總是靠近天安門，因而其地位也更見重要。[44]毛像唯一不置於前列的只有在每年的勞動節大遊行。前排由外國共產黨領袖如馬克思、恩格斯、列寧和斯大林的畫像所佔。[45]然而，勞動節慶祝活動紀念的不僅是中國而是全世界無產階級的勝利，因此鐮刀和斧頭這類具有世界象徵意義的標誌更是隨處可見。[46]

　　前面說過，政治修辭如毛澤東的「站起來了」，是社會主義中國新政治文化的組成部分。這類宣傳在中國的遊行活動中十分明顯，與法國大革命和布爾什維克革命中所見相似。[47]皮耶‧布迪厄(Pierre Bourdieu)指出：「在政治上，『說了就會做』，就是讓人民相信你說得出便做得到；

42　Stuart R. Schram, "Party Leader or True Ruler? Foundations and Significance of Mao Zedong's Personal Power," in *Foundations and Limits of State Power in China*, ed. Stuart Schram (London: School of Oriental and African Studies, University of London; Hong Kong: Chinese University Press, 1987), pp. 203–256.

43　〈慶祝1955年國慶群眾遊行儀仗隊抬領袖像排列順序〉，北京市檔案館，99-1-61。

44　《普天同慶》(北京電影製片廠〔1950〕)。《1951年國慶節：大型紀錄片》(中央電影局北京電影製片廠〔1951〕)。

45　〈五一節遊行隊伍領袖像排列辦法〉，北京市檔案館，99-1-3。

46　〈少先隊〉，北京市檔案館，99-1-196。

47　Hunt, *Politics, Culture, and Class*, pp. 19–51; Lane, *The Rites of Rulers*, p. 167.

還有是要讓他們認識和辨別出劃分社會階層的原則；也讓他們了解到口號是將社會群體分類，形成一種社會秩序。」[48]遊行中通常會出現標語和口號兩種政治修辭。遊行人士有的高舉寫有政治主張的標語牌，有的齊聲高喊口號。「中華人民共和國萬歲！」和「一定要解放台灣！」是常見的例子。[49]不斷高呼毛澤東的名字，有助推動人民對毛澤東的個人崇拜。那位當過少先隊員的女士興奮地回憶天安門廣場那難忘的遊行時說：「我們要不斷高呼『毛主席萬歲！』」[50]即使這種對毛澤東的頌揚是經過中共精心策劃的，但本書作者所訪問的遊行人士都表達了對領袖的崇敬之情，這説明毛澤東當時在黨內享有至高無上的領導地位。[51]其他的口號涉及了一些具體事件。例如1951年國慶遊行時高呼的口號，帶有軍事意味，清楚反映了朝鮮半島的衝突，其中有「向中國人民解放軍致敬！」、「向中國人民志願軍致敬！」、「慶祝中朝人民的勝利！」等口號。[52]勞動節遊行的口號也表達了同樣的主題，只是更側重國際主義。例如1957年勞動節遊行呼喊的口號有：「全世界工人階級大團結萬歲！」、「馬克思列寧主義萬歲！」、「以蘇聯為首的社會主義陣營萬歲！」[53]

　　遊行活動的另一主題是各族人民的團結，強調中國是讓各民族和平相處的和諧國度。民族問題是十分敏感的，尤其是1950年代初，中國共產黨軍隊在西藏完成了統一戰役，但局勢仍然十分緊張。「民族大團

48　Pierre Bourdieu, *Language and Symbolic Power*, ed. and intro. John B. Thompson, trans. Gino Raymond and Matthew Adamson (Cambridge: Harvard University Press, 1991), p. 190.

49　〈呼喊的口號〉，北京市檔案館，99-1-94。

50　本書作者於2006年1月4日及5日在北京訪問遊行人士丙的記錄。

51　本書作者在北京訪問遊行人士甲（2006年1月6日）、乙（2006年1月13日）、丙（2006年1月4日及5日）、丁（2006年1月5日）和戊（2006年1月7日）的記錄。

52　〈北京市慶祝國慶大會口號〉，北京市檔案館，99-1-11。

53　〈關於五一遊行和晚會準備情況的報告〉。

結」的主題便順理成章地被編成了一部流行的歌舞劇，還在大量的口號中出現。[54]

組織者告知遊行人士，通過天安門時必須表現「熱烈」的感情，並且當他們從東面接近觀禮台時，要向台上的觀眾揮手。[55]整個遊行的焦點在於隊伍經過天安門城樓前接受領導人檢閱的那一刻。這種安排跟蘇聯的做法很接近，蘇聯的遊行人士列隊經過列寧墓前，接受墓室頂部禮台上領導人的檢閱。[56]然而，中方的組織者創造了新的形式。緊隨各路隊伍走過天安門後，原本聚集在廣場上負責組成花式圖案，多是工人和少先隊的群眾，此時一齊湧向天安門城樓前的金水橋，向國家領導人歡呼致敬。這個安排被稱為「湧向金水橋」。與此同時，《團結就是力量》等激昂的歌聲響起，象徵人民與領導人之間的緊密聯繫。[57]

最令人難忘的是1959年共和國成立十週年的國慶巡遊。在首都和上海等大城市都舉行了規模盛大的遊行。[58]赫魯曉夫等四十多位外國領導人，應邀到北京參加典禮。[59]遊行隊伍還新增了一個民兵方陣。[60]各隊伍的橫排排面也由110人增至150人，成為中國現代史上規模最大的一次巡遊。[61]

主　題

政治與經濟是每年兩次遊行的主題，以彩車、橫額和大型標語牌上

54　〈各隊伍隊容情況〉，北京市檔案館，99-1-61。

55　〈遊行計劃〉，北京市檔案館，99-1-2。

56　Lane, *The Rites of Rulers*, p. 156.

57　〈第三次指揮部會議〉，北京市檔案館，99-1-47。又見《莊嚴的慶典》，頁50。

58　有關這次上海的國慶遊行，參見上海市檔案館，B55-1-14。

59　《莊嚴的慶典》，頁487。

60　同上，頁90。

61　〈首都慶祝十週年國慶節遊行組織工作要點（草案）〉，北京市檔案館，99-1-193。

的口號來展現。沒有甚麼方式比口號更能明確簡潔地展示這些主題。這等口號可以說成是共同建設祖國的號召，也可以看作是當年一個又一個政治運動的歷史記錄。如前所述，「向人民志願軍致敬！」等口號在韓戰期間是軍事和愛國主義的政治宣傳，其他口號反映了不同時期所面臨的迫切問題。1950年代初，「三反」、「五反」運動成了另外一批官方口號的核心主題。[62]而在後來舉行的遊行中，「擁護第一個五年計劃！」、「努力增產，厲行節約，為完成五年計劃奮鬥！」等口號，用於宣傳中國正努力追求工業和農業現代化。[63]1958年政府發起大躍進運動，遊行隊伍中出現了「多快好省」等口號，用以強調毛澤東的三面紅旗，即社會主義建設總路線、大躍進及人民公社。[64]這些政治詞彙儘管有點誇張，卻凸顯了革命語言與國家政治目標和經濟發展之間的關係。中共通過鋪天蓋地的激勵言詞，試圖營造有力的形象，展示出新政府立下堅定不移的政策，並同時推動前景美好的經濟大計。共產黨期望在大型集會中這些振奮人心的口號能令參與者產生認同感，從而在社會和政治事務上團結起來。

儀仗隊和少先隊帶領遊行隊伍進場，拉開了表演的序幕。前者代表慶祝活動的開始，後者代表中國革命的接班人。工人緊跟在這兩個隊伍之後，顯示了他們在社會主義政權中的領導地位。工人的重要地位最先在1949年公佈的〈中國人民政治協商會議共同綱領〉中得到了確立，然後在1954年的中華人民共和國第一部憲法中進一步得到肯定，憲法中稱工人是新中國的領導階級。這一觀點當然完全符合中國共產革命所遵循的馬克思列寧主義的正統理論。

緊跟在工人之後是農民，象徵兩種階級之間的緊密結合，這也是社會主義用語中常有的主題，並以隨處可見的鐮刀斧頭標誌加強意識。儘

---

62 〈上海市各界人民慶祝五一國際勞動節的宣傳要點和紀念辦法〉，上海市檔案館，A22-2-88。

63 〈1955年國慶節群眾遊行時呼喊的口號〉，北京市檔案館，99-1-61。

64 〈1959年國慶節群眾遊行隊伍隊容簡況〉，北京市檔案館，99-1-208。

管兩者要緊密結合，但無產階級的領導地位卻是明顯不過的，因而儀仗隊中大部分都由工人組成。[65]工人的確是遊行隊伍中最大的一群，多出農民好幾倍。例如1952年國慶遊行有85,000名工人參加，而農民只有20,000人。[66]而且遊行組織者將最重要的標語牌和告示板交給工人隊伍去高舉。1953年的國慶遊行，工人舉着主要的橫額「慶祝中國共產黨第八次全國代表大會成功！」[67]象徵工人在新社會主義國家的領導地位更加明確。參加遊行的工人有明顯的自豪感。一位從1949年起到1960年代初多次參加每年兩次遊行的工人說：「〔我〕能代表工人階級接受毛主席的檢閱，又興奮又光榮。」[68]

國家舉辦的遊行不僅是用來表現民族主義的訴求。事實上，中國共產黨宣稱其革命是整個國際社會主義運動的一部分，官方組織者也積極促進共產主義的世界觀，體現於遊行中到處出現的鐮刀斧頭標誌及馬克思、恩格斯、列寧、斯大林的畫像。[69]另外也在標語牌和口號上清楚展現中蘇兩國的友誼，以及蘇聯在國際共產主義運動中的領導地位。這也是中國對1950年代莫斯科提供的經濟與技術援助表示感激的一種方式。

勞動節遊行的組織者特別着重國際主義精神。國際勞動節是個外國發起的節日，也是個紀念工人反抗資本主義及反抗壓迫的世界性行動。在1956年五一遊行的籌備會議上，當大家討論到應否只展示毛澤東畫像時，彭真說：「光抬毛主席〔像〕，人家說『你們國際主義，只抬本國的領袖像』，也不好。」[70]為了顯示國際友誼，中國還經常邀請外國政要出席兩大國家慶典。[71]即使這樣，國家主題時常會蓋過慶典中的國際主義精神。雖然慶典中有播放外國音樂，但據官方指示，要「以中國樂曲

65 《莊嚴的慶典》，頁89，271。

66 〈計劃人數〉，北京市檔案館，99-1-2。

67 北京市檔案館，99-1-94。

68 本書作者於2006年1月7日在北京訪問遊行人士戊的記錄。

69 〈少先隊〉。

70 〈彭真同志召集的五一籌備工作會議記錄〉，北京市檔案館，99-1-93。

71 〈外賓對遊行隊伍的反映〉，北京市檔案館，99-1-48。

為主，適當放一些外國音樂。」[72] 這個指示可能直接來自毛澤東，因為他曾經要求慶祝活動要「以我為主」。[73]

中共強調以本國事物為主，因而在慶祝活動時大量採用了本土藝術。革命當然是破舊立新的，但共產黨人卻常常使用大眾早已喜聞樂見的藝術模式與視覺圖像。正如前面提到的，歡樂熱烈的秧歌舞和腰鼓舞是符合毛澤東指示的兩種最引人注目的民間表演藝術。另外還有歷來廣受歡迎的荷花舞，[74] 以及舞龍（尤其是四川的）和舞獅，都深受觀眾喜愛。[75] 表演中都加入了各地方的特色，例如山東的傘舞就在1956年的國慶活動中登場。[76] 強調民族形式部分是出於實際需要，因為這些藝術形式本來已深受中國觀眾歡迎，更重要的是，這些形式能夠體現民族藝術的價值觀，就是新建國家的獨立自主精神。事實上，國際主義色彩濃厚的五一勞動節遊行，無論在陣容和象徵意義方面，都比國慶遊行遜色得多。另一不同的是，勞動節遊行沒有閱兵儀式。而且國家領導人往往視勞動節遊行是為國慶的盛典做準備。這一點可見於1959年的建國十週年的國慶巡遊。官方説，那年的勞動節慶祝活動，是作為「十週年國慶遊行的一次大預演」。[77]

大規模遊行的意義，也可從空間政治所起的作用這一角度去理解。也就是說，鼓吹毛澤東作為至高無上的領袖崇拜，是以他為中心，讓一環又一環的遊行群眾圍繞着他，使他成為新成立的人民共和國的象徵中心。在這政治空間裏，天安門廣場代表最外面的一環。跟着是從東單進入廣場的遊行人士，構成次一環；還有預先挑選過的參加者留守在廣場上，隨後要湧去金水橋，向黨的領導人歡呼，他們構成內一環。朱德、周恩來等黨的高層領導在天安門城樓上，形成最內一環。毛澤東這位新

72　〈工作日程〉，北京市檔案館，99-1-32。

73　《莊嚴的慶典》，頁47。

74　本書作者於2006年1月6日在北京訪問遊行人士甲的記錄。

75　〈關於五一遊行和晚會準備情況的報告〉。又見《莊嚴的慶典》，頁425。

76　〈文藝大隊目前工作進行情況〉，北京市檔案館，99-1-95。

77　〈組織工作要點〉，北京市檔案館，99-1-178。

的國家領袖，站在最有象徵意義的中間，完成了這一個空間等級有序的體系。

　　克利弗德‧格爾茨在研究權力的象徵時，認為中心位置與神聖地位是息息相關的，政治中心因而常常是最神聖、最有權力的空間。[78]毛澤東在節日慶典中的卓越地位是清楚不過的，一如他在黨和國家中擁有至高權力與神聖地位也毋庸置疑。毛澤東的地位在以下幾方面表露無遺：是他於1949年10月1日正式宣佈新中國的成立；他的巨幅畫像懸掛在天安門城樓的正面；他在國慶遊行時是唯一接受兩位少先隊代表獻花的領導人；[79]他的畫像總是被抬在眾多中國領袖像之前；「湧向金水橋」的新儀式也是以這位中國最高領袖為中心。在象徵世界的核心裏，毛澤東的地位超然。

組織與管理

　　中國國家慶典最明顯的特徵之一，毫無疑問就是共產黨強而有力的組織及嚴密的監察系統。中共作為列寧主義式的組織，必然要求中央的決定得到有效和全無異議的執行。建國初期存在的不明朗和不穩定因素，也使政府對重大的安穩問題格外謹慎。儘管節日氣氛洋溢，國家大遊行的策劃受到了嚴密的監督，部分是基於安全理由。例如在1949年5月4日，國民黨空襲北平南面的南苑機場，響起了很大的警號。[80]1950年2月6日，上海遭到襲擊，國民黨轟炸機炸毀了該市的發電廠，中斷了供水系統。[81]1950年中國公安人員還揭發了一宗由美國特務策劃的陰謀。據說這批特務企圖在國慶日的巡遊中，以迫擊炮殺害在天安門城樓

78　Geertz, *Local Knowledge*, pp. 121–146.

79　《莊嚴的慶典》，頁321。獻花的儀式於1954年停止。

80　同上，頁56。

81　〈關於1950年2月6日楊樹浦發電廠遭受國民黨飛機轟炸的報告〉，上海市檔案館，B1-2-390-1。

上觀禮的毛澤東和其他高層領導。涉案的一批人最終下獄，其中兩人一年後被處死，一名是意大利人李安東 (Antonio Riva)，一名是日本人山口隆一 (見第 7 章)。[82]

周密謹慎的組織工作不僅是出於安全考慮。國家盛典規模巨大，以致所有事情必須經過細緻的安排，這既然是國家組織的活動，就不得不毫無錯漏地順利完成。因此整個活動經常需要好幾個月的時間來籌劃。不過本書作者認為這種嚴密的控制更多是出於中共對自身存亡的憂慮，在共和國成立初期更是如此。所有遊行活動經常由黨的領導和政府官員直接和嚴謹的指導，容不下基層的自主行為和未經批准的活動，甚至跳舞作樂或社區的慶祝晚會，凡是出於群眾自發性質的，都受到仔細的監視，以確保活動沒有偏離中共的安排。尤其是天安門廣場舉行的歡慶活動更受到嚴格的監控，甚至到了這個地步：由組織者指派某個特定組別在巨大的廣場上的某個具體位置內活動。例如 1957 年勞動節慶祝晚會舉行時，金水橋前那個區域劃定為「高等學校區」，只允許大學生進入。[83] 國家盛典要通過多種的監控才能舉行，有些監控是來自機關制度的規條，有的卻來自領導的喜好和官方高層的指示。控制大概以三種形式施行：中央委員會負責全盤管理，黨及政府官員的監督以及黨高層的影響。

從組織上來說，兩大遊行是由北京市的兩個委員會策劃的：首都慶祝中華人民共和國成立籌備委員會、北京慶祝五一國際勞動節籌備委員會。其他市級和中央機構也負責監察。正如檔案資料顯示，1950 年北京市文化局和國務院文化部也參與了監督工作。[84] 但最重要的是中宣部全盤負責審視所有關於遊行的決定。[85] 遊行口號當然受到了嚴格限制，如 1955 年中央指示：「口號一律按中央規定，各單位不要自己搞口

82　《人民日報》，1951 年 8 月 18 日，第 3–4 版。

83　〈關於五一遊行和晚會準備情況的報告〉。

84　〈慶祝 1955 年首都國慶節文藝大隊工作總結〉，北京市檔案館，99-1-62。

85　〈工作簡報〉，北京市檔案館，99-1-46。

號。」[86]這一指示同時也在北京以外的其他城市頒佈。1951年國慶活動中，上海市委領導下令人民廣場地區所有標語必須「統一安排」。[87]很明顯，中共不容許異議，因而要求對訂下的計劃必須服從和劃一進行。

高層組織的管制只是事實的部分。還有中央領導對整個國家慶典規劃的關注，從不鬆懈。身為中央政治局委員的市長彭真積極參與了遊行的籌備工作，是眾所周知的事。1955年的勞動節遊行籌備會議上，大家對是否使用孫中山的畫像爭論不已。彭真回答得很肯定：「不要孫中山是不對的，民主革命他是有貢獻的。」[88]

彭真也並非唯一參與決策的黨高層領導，其他還有副總理陳毅(1901–1972)、文化部副部長錢俊瑞(1908–1985)、北京市委副書記劉仁。[89]雖然周恩來的直接角色大家所知不多，但他對慶祝活動，尤其是文藝節目，表示了個人的關注。據報導，周總理在1955年「親自審查了文藝大隊的節目」。[90]他這樣做不足為怪。周恩來喜歡文學藝術，並與許多有影響力的藝術家和同情共產革命的知識分子關係密切，這都是廣為人知的。檔案還顯示，在後來的幾年，尤其是文化大革命期間，慶祝遊行活動必須有總理的簽署才能舉行。[91]對許多忠於黨的人來說，紀律嚴明及監察周密是顯示了中共能掌握實權。一位上海市的代表在觀看了首都遊行後，在報告中讚賞道：「北京市委對遊行隊伍的內容抓得很緊。」[92]

---

86 〈第二次指揮部會議〉，北京市檔案館，99-1-47。

87 上海市檔案館，B55-1-6。

88 〈第三次指揮部會議〉。

89 〈慶祝1955年首都國慶節文藝大隊工作總結〉。

90 同上。

91 〈周總理對市革委會關於1972年五一節慶祝活動的請示的批示〉，北京市檔案館，99-1-784。

92 王豐德：〈報告〉。

中蘇慶典比較

　　中國的慶典是否受到蘇聯的影響？雖然有關這方面的資料相當簡略，但也有證據顯示蘇聯模式得到了中方的欣賞、學習，並多少有仿效。早期中共領導人顯然對蘇聯的遊行十分讚歎。瞿秋白 (1899–1935) 1920 年代初在莫斯科觀看了勞動節遊行隊伍中的工人及農民在紅場跳舞，非常佩服。他讚揚那是充滿了「佳節的興致」。[93] 在建國初期，中方組織者向蘇聯軍事顧問尋求軍隊檢閱的意見，也諮詢了中共黨高層如劉伯承 (1892–1986) 將軍等人的意見。劉伯承早年在莫斯科軍事學院接受訓練，熟悉蘇聯軍隊的檢閱方式。[94]1954 年，一位北京市領導被派往蘇聯首都學習遊行事宜。他報告蘇聯與中國一樣，視工人和學生為巡遊的重要組別。其實蘇聯人比較不太講究隊伍的分別，遊行也顯得更加無拘無束。[95]

　　中蘇兩國的國家慶典當然有很多相同之處。蘇聯以勞動節和十月革命紀念日為兩個最重要的節日，中國也一樣，以勞動節和國慶日遊行為最重要的國家慶祝活動。跟蘇聯建國初期相似，中國早期的遊行活動同樣洋溢着高昂的革命熱情。但兩者之間同樣有明顯的區別。如詹姆斯‧馮‧格爾登 (James von Geldern) 所言，早期的布爾什維克慶祝活動，都受到十月革命前已有的前衛思想影響，是自發和充滿創意的，由才華洋溢的藝術家和劇作家從藝術傳統中自由取材。[96] 很多人自願參加蘇聯早期的國家盛事，如 1925 年在列寧格勒舉行的勞動節慶祝活動。[97] 但在 1930 年代斯大林主義主導下，國家監控日益擴張，導致後來民眾自發舉辦的活動越來越少，大規模的公共慶祝活動也變得單調乏味。

93　瞿秋白：〈赤都心史〉，《瞿秋白文集》(北京：人民文學出版社，1985)，第 1 卷，頁 145。

94　《莊嚴的慶典》，頁 5。

95　〈1954 年 8 月 4 日國慶節籌備會〉，北京市檔案館，99-1-33。

96　von Geldern, *Bolshevik Festivals*, pp. 40–71.

97　Lane, *The Rites of Rulers*, pp. 166–173.

與此相反，中國共產黨一早就對遊行活動的每一事項嚴加掌控。遊行人士經過細心挑選，遊行路線兩旁的觀眾遭到嚴密監視，尤其是對東、西長安街等幹道的人群更甚。那些被召集到廣場上作為慶典背景的人，在不同場合人數可達5萬至10萬，更是經過極小心的審核。[98] 這些巨型活動所受到的官方管控，已到了巨細無遺的程度。

早期的蘇聯遊行還很有嘉年華會的氣氛，大眾以取樂為快。這種氣氛以嘲弄取笑敵人最能顯示出來，像在紅場焚燒富農（kulak）的醜化造像，在遊行隊伍中把敵人化作畜牲模樣。[99] 然而中國共產黨禁止在秧歌舞等慶祝活動中，出現美帝國主義等敵人的負面形象，[100] 斥責這些敵人為壓迫者和剝削者。[101]

遊行的問題

中國共產黨明顯地很着重這兩大政治盛會。這些人數鼎盛的遊行隊伍、五光十色的彩車、遊行人士的精準動作、歡樂的節日氣氛，確實是令人印象深刻，贏得了外國友人的讚賞。報導說，有一位外賓看了1955年國慶典禮後大力誇獎：「中國將成為世界上最強大的國家。」另一位則說：「蔣介石看到這個場面會哭的。」[102]

可是，不管慶典經過多麼周密的籌劃，多麼嚴謹的控制，過程卻並不如官方想讓人相信的那樣順利。這也難怪，要在遊行之前、之中和之

---

98 〈組織群眾在西長安街參觀閱兵、遊行的工作計劃〉，北京市檔案館，99-1-75。此檔案引毛澤東的話：「群眾已經高度的組織起來了。」

99 Victoria E. Bonnell, *The Iconography of Power: Soviet Political Posters under Lenin and Stalin* (Berkeley: University of California Press, 1997), p. 193; Lane, *The Rites of Rulers*, p. 168.

100 負面的象徵符號如「紙老虎」已經常出現在反帝國主義的示威中，尤其是1950年代初的抗美援朝運動。見《人民日報》，1950年12月18日，第1版。

101 《人民日報》，1951年2月18日，第5版。

102 〈外賓對遊行隊伍的反映〉。

後協調幾十萬遊行群眾，確實是極為頭痛的事。經常有人批評參與者步伐不齊，有時又要小跑才能跟得上隊伍。「湧向金水橋」的儀式要無數群眾湧向天安門城樓，往往導致意外，甚至嚴重的事故。例如1955年勞動節活動中，有很多人受傷。有官方警告：「這樣對外賓印象不好。」[103]

晚上的煙火表演也同樣令人擔憂。1955年4月，在為即將來臨的勞動節遊行而召開的籌備會上，有人想到明清時期故宮中不少木製建築遭幾次焚毀。彭真因而下令故宮在節日前關閉三天，作為預防措施。[104]

諷刺的是，兩大慶典雖然是歡慶活動，卻在戒備森嚴的保安下進行。組織者不得不顧慮國民黨在大陸內外發動的軍事與暗中顛覆的威脅。前面提及的1950年2月上海發電廠遭到空襲，仍讓人記憶猶新。每次遊行都有防空演習及要啟動反空襲的系統。[105]每年都會「發現反動標語」，就如1956年檔案文件顯示那樣，但卻缺乏詳細記載。[106]如果遊行時遇到空襲怎麼辦？組織者要求遊行人士必須遵守指揮中心發出的命令。彭真的指示，就是「不管空襲、原子彈、氫彈、下雨、下雹子，一切照舊，不許動！」[107]雖然語調誇張，但彭真的指示反映了他對出了亂子而引起嚴重後果的擔心。1954年國慶遊行時，下雨引發混亂，人們湧向出口，導致好幾個人被踐踏致死。[108]

盧梭以古希臘慶典在戶外開放地帶舉行為例，把公共慶祝活動視為人民表達共同意願的一種形式，同時又是減少社會障礙，增強民族意識的一種手段。他向波蘭政府提議設立公共節日，以此激發民眾的愛國情懷。[109]法國大革命領導人的做法也一樣。巴黎節日的設計者故意刪除舊

---

103 〈中直各機關同志對五一遊行的意見〉，北京市檔案館，99-1-48。

104 〈北京慶祝1955年五一勞動節籌備會議〉，北京市檔案館，99-1-60。但文件沒有解釋做了甚麼預防措施。

105 同上。

106 同上。

107 〈彭真同志召集的五一籌備工作會議記錄〉。

108 《莊嚴的慶典》，頁187。

109 See Mosse, *The Nationalization of the Masses*, pp. 73–74.

節日，加添新節日並利用它們來謀取政治利益。[110]我們也可同樣理解中國政府舉辦遊行與設立公共節日的目的，但它對這類活動實行的管制，比起法國和蘇聯，就更來得嚴厲。在一次籌備會上，彭真指出國家慶典，「對帝國主義是一個大示威，顯示了我們的力量。對資本主義國家是一個影響。」[111]要實現這個目標，他要求遊行活動必須有「排山倒海」之勢。[112]但彭真簡短的幾句話只觸及國家巡遊的最基本目的。實際上，中國的遊行不單是共產黨費盡心血安排的歡慶大典或組織嚴謹的活動，它們還是一個複雜的政治課題，用來頌揚共產黨，確立中共的合法地位，推動英雄崇拜和培養民族感情。表面看來，每年兩次的國家盛典是中共用來為自己增光而辦的慶祝大會。實質上，它們是中共深思熟慮的舉動，每年用來重塑自身形象和再次體驗革命的歷程。天安門廣場舉行令人目不暇給的盛大遊行，就是為了展示無比壯觀的場面。遊行的用意，在於透過新中國實行的社會主義制度來傳播共產黨的政治藍圖；贏取民眾對其政權合法地位的支持；突出毛澤東的核心地位和激發民族自尊。閱兵儀式和民眾遊行是為了顯示人民與黨緊密聯繫在一起，也以此震懾和臣服敵人。中國慶典的確受到蘇聯影響，但中方加以調整，使之適用於中國，決不盲從。明顯地，中國共產黨1949年取得的勝利，很大程度上是由民族主義訴求所促成的，這個訴求是要建立一個獨立的國家。一個完全仿照外國，即使是蘇聯模式，而沒有本土特色的遊行，只會導致政府失掉民眾的支持，並最終喪失其統治的合法地位。

　　嚴密控制是中國遊行活動最明顯的性質之一。兩大慶祝活動的舉辦，確實是中共透過不同層次的國家機器來舉行的盛大儀式。政府在時勢不明朗（如韓戰），社會又受到來自內敵（資本家和特務）及外敵（國民黨和美帝國主義）的真假威脅時，無疑會極度警惕。1950年代初發起的鎮壓反革命運動，是為清除可能出現的對抗而實施的眾多政策之一。但

---

110 Ozouf, *Festivals and the French Revolution*.

111 〈第三次指揮部會議〉。

112 〈彭真同志召集的國慶節遊行及保衛工作會議〉，北京市檔案館，99-1-78。

更重要的是，中共的本質就是要強硬控制民眾及要求藝術配合政治。與蘇聯早年的多元化巡遊的性質不同，中共在建國初期就已經嚴格控制公眾節日。儘管人民最初對新政權感到歡欣鼓舞，但遊行活動卻甚少容許觀眾自發參與。隨後而來的計劃趨向規範化，導致公眾節日的各個方面更加流於雷同。規範的確是所有儀式的重要特徵，能給人永恆不變之感。[113] 但規範化也容易導致僵化。中國正正是這個情況。沒多久，中國的國家盛典已變得劃一、重複、墨守成規、缺乏創意。

中國的遊行人士和天安門廣場事先安排好的表演者均經過嚴格挑選，才能參與國家慶典。在巡遊期間，遊行人士既是表演者，也同樣是觀眾，既想讓人看，也想自己去觀賞。「湧向金水橋」是儀式的終曲，遊行人士在這個場面裏由演員立即變為觀眾，渴望見到真正的主角，即站在神聖天安門城樓上的毛澤東和他的領導班子。本書作者訪問過的幾位在人民共和國初期曾參加遊行活動的人士，提起當年湧向金水橋去見他們敬愛的領袖、特別是毛主席的情景時，仍津津樂道。一位遊行人士緬懷過去說：「遊行一結束，我們湧向金水橋，站在天安門城樓下。毛主席在城樓上向我們走來，舉着帽子，用湖南口音說，『中國人民萬歲！』」[114] 這個奇妙的時刻裏，領袖與人民緊密相連，確定了中國共產黨有代表人民說話的權利。最終，毛澤東和中央領導層不僅是演員，而更重要的是，他們還是導演，指揮遊行人士，亦即觀眾，在慶祝活動中的一舉一動。黨永遠掌控着全局，指導早已選定的觀眾，精心編排他們的動作，並把他們一批批送往寬闊的廣場，即儀式的禮台，讓他們向黨和神聖的領袖歡呼歌頌。

---

113 David I. Kertzer, *Ritual, Politics, and Power* (New Haven: Yale University Press, 1988), p. 42.

114 本書作者於 2002 年 10 月 17 日在北京訪問遊行人士己的記錄。

第三部分

歷 史

第5章

紅線：中國革命博物館

　　文學史家王冶秋 (1909–1987) 是忠誠的共產黨員。當解放軍圍堵北平兩個月後終於在1949年1月31日佔領該城時，他欣喜若狂。不過，他一直擔心國民黨在撤退時會破壞許多共產黨留在城中的珍貴文物，其中最為重要的歷史文物，便是軍閥張作霖 (1875–1928) 處決中國共產黨創黨人之一的李大釗 (1899–1927) 所用的絞刑架。王冶秋説：「我一進北京城，首先想到這個絞架，我決心無論如何要找到它。」他還補充説：「一定要找到這具絞架，將來陳列在革命博物館裏，讓觀眾知道我們黨的創始之一——李大釗同志就義時是何等的英勇壯烈。」他最終在德勝門外的國民黨第二監獄找到了這座絞刑架，才放下心頭大石。[1] 果然，1961年7月1日中國共產黨成立40週年那天，位於天安門廣場的中國革命博物館終於開幕，絞刑架便成了第一件收藏品 (圖23)。

　　王冶秋尋找李大釗的絞刑架其實是回應由中共所發動，並得到像王冶秋等知識分子熱烈支持的大規模行動：目的是建一座博物館用來紀念共產黨烈士，更重要的是，記錄中共歷盡艱辛，走過在他們看來是必然之路，最終在1949年取得勝利的這段歷史。但王冶秋決心收集共產黨

1　國家文物局編：《回憶王冶秋》(北京：文物出版社，1995)，頁37–38、140、151。

圖 23　張作霖處決李大釗用的絞刑架，中國革命博物館第一件收藏品。2011年8
月13日，作者攝。

文物以興建一座博物館的想法，卻引發了有關博物館性質的連串複雜問
題。一座博物館如何既能概括地反映中國近代史，又能特別呈現中國共
產黨的角色？假如建立博物館主要是一項意識形態的任務，那麼收集的
文物應包括哪些種類？共產黨到底希望透過博物館的展品傳遞甚麼訊
息？又如何去達到這個目的？

　　建立革命博物館的意義，要從1950年代中共發起的一連串政治文
化運動的背景去看。在共和國早期，中共急於設法去確立他們一手建成
的新黨國的合法地位。他們最關心的問題是怎樣正確地記載和表述中國
剛過去的那段歷史，尤其是中國共產黨的經歷。於是如何陳述和演繹歷
史，成了這關鍵過渡時期的迫切政治問題。果然，中共透過控制對歷史
重新陳述和演繹的方法，迅速取得了對歷史闡釋的支配權，這主要靠在
首都建立一座國家博物館來實現。在這章裏，本書作者認為中國革命博
物館的建造是出於兩個明確的目的：一是通過展覽去細心為共產黨塑造
美好的形象，令大眾信服，從而使中共的政權早日為民眾接受；二是凸
顯毛澤東帶領共產黨取得勝利的關鍵角色。雖然這些展覽是受黨的獨家
控制，但要達成黨內共識仍要經過漫長和艱辛的過程。年復年的爭論和
妥協，當中有多個黨和國家不同部門及無數領導的參與，又時值經濟發

生急劇的變化（包括大躍進）及 1950 年代末中蘇交惡，對成立博物館的過程影響甚大。

早期歷史

為了記錄中國共產黨歷史和收藏革命文物及藝術品，中共早就在 1933 年江西蘇維埃時期（1931–1934），甚至更早些，已經提出興建博物館的構思。[2] 不過，由於當時軍事與社會形勢動盪，這一計劃未能實現。延安時期又有類似的提議，1946 年中國共產黨成立了陝甘寧邊區革命博物館籌備委員會，去訂定具體方案，但這一提議並未付諸實施。此時，中國共產黨與國民黨之間的關係又再次緊張起來，準備工作被迫中斷。[3] 直到 1949 年中華人民共和國成立以後，建造博物館的構思才再次得到官方的關注。

1949 年 1 月共產黨剛佔領了北平，就成立「文化接管委員會」，迅速控制了大學、傳媒以及博物館和圖書館等文化機構，包括故宮博物院和北平歷史博物館兩大北京博物館。王冶秋負責重新訂定博物館的任務和未來發展規劃。[4] 1950 年 5 月，政務院頒佈命令，禁止將「珍貴文物」走私出境，包括建築物件、繪畫、雕刻和善本書籍。[5]

新政府的政策跟蘇聯十分相似。1917 年布爾什維克取得政權後，迅速將沙皇的宮殿和所有藝術品收歸國有，並設立「博物館與藝術文物保護局」，負責保護文物。1918 年 9 月，蘇維埃新政府頒佈命令，取締出售文物及藝術珍品到外國。[6] 但相比之下，中國政府做得更徹底，協調和操控也更嚴密。

1949 年 5 月，文化接管委員會發出公告，徵集革命文獻和實物，集

2　中國革命博物館編：《解放區展覽會資料》（北京：文物出版社，1988），頁 5。

3　同上。

4　《回憶王冶秋》，頁 58–95。

5　《文物參考資料》，第 1–6 期（1950 年 10 月），頁 5–8。

6　Albina Danilova, *Dedicated to the Muses* (Moscow: Novosti, 1990), pp. 16–17.

中兩類：第一類為文獻，包括共產黨地下或公開出版的報章、畫報、公告、標語、照片和版畫；第二類為實物，包括共產黨烈士的遺物、旗幟、官方印章和郵票。[7]這為建立中國的革命博物館踏出了第一步。

1949年底，剛成立的文化部設立了文物局，負責監督博物館整個建築規劃和改善資源的協調，隨即加快了徵集紀念文物的速度。著名的文學史家鄭振鐸(1898–1958)被任命為文物局首任局長，王冶秋為副局長，負責局內的日常事務。文物局還出版了《文物參考資料》，後改稱《文物》。

中共計劃要建一座與昔日截然不同的博物館。建國後文化部控制了全國的21座主要博物館。王冶秋批評這些舊式博物館，指出它們離不開兩類：一類是由「帝國主義者」建立的，帶有明顯的侵略痕跡；一類是中國人辦的「古物陳列所」。[8]王冶秋認為兩者都是過時產物，根本不適合現代社會主義國家的需要。1950年3月，「國立革命博物館籌備處」成立，同年7月改名為「中央革命博物館籌備處」。這是人民共和國成立以來官方正式使用「革命博物館」這個稱號。[9]

蘇聯影響

如何建立革命博物館？應該按照甚麼模式和準則？鄭振鐸和王冶秋等人全非專業的博物館學家，他們只是門外漢。當時新政府趨向日漸強烈的反帝反美政策，因而轉向友好的社會主義蘇聯尋求幫助。1950年秋，王冶秋率領中國代表團前往莫斯科，在著名的特列季亞科夫畫廊(Tretyakov Gallery)，舉行過千件中國藝術品的大型展覽會。[10]中國博物館的籌辦者終於有了親身觀察蘇聯博物館的機會，王冶秋對這次旅程感

7　《人民日報》，1949年5月4日，第5版。

8　《回憶王冶秋》，頁44–45。

9　《文物參考資料》，第1–6期(1950年10月)，頁33–35。

10　王冶秋：〈訪蘇觀感〉，《文物參考資料》，第11期(1950年11月30日)，頁118–119。

到特別振奮。他不僅受到了蘇聯美術學院院長亞歷山大・格拉西莫夫
(Aleksandr Gerasimov)這位蘇聯藝術界元老的接待，還應邀參觀了莫斯
科幾間大型博物館，包括位於高爾基大街的「蘇聯國立革命博物館」，藏
品之豐，令他大為讚歎。[11]

王冶秋察覺到蘇聯國立革命博物館內的展覽，集中記錄了布爾什維
克革命的光輝歷程。當中自然強調列寧在革命中的核心地位。列寧的遺
物，包括影響深遠的《怎麼辦？》的原版，都陳列在顯著的地方。該博
物館對斯大林也有大篇幅介紹。布爾什維克的革命歷史分為四個時段，
以十月革命為轉捩點：一、十月革命前的俄國社會；二、十月革命的序
幕；三、十月革命的過程；四、革命後的社會主義建設。[12]王冶秋亦留
意到，蘇聯博物館成了龐大的無產階級教育體系的一部分，是配合國家
的精心計劃去教育群眾和傳播社會主義思想的重要一環。他說：「蘇聯
的博物館是與群眾發生極密切的聯繫的。學校以它為課堂。」[13]

隨着中國和蘇聯加強文化交流，王冶秋的訪問帶動了更多中方朝聖
者去蘇聯首都學習。歷史學家翦伯贊(1898–1968)在一篇文章中將蘇聯
的博物館分為三類：綜合的如國立歷史博物館；專門的如人種學博物
館；紀念的如列寧博物館和高爾基博物館。翦伯贊注意到三者之中，以
宣傳布爾什維克革命的紀念博物館佔優，因為新政府要大力頌揚革命中
的英雄和烈士的光榮事蹟。[14]

中方為了加深對蘇聯博物館體制的認識，邀請了蘇聯博物館學專家
來華講學及舉行研討會。[15]《文物參考資料》用了大量篇幅介紹蘇聯博物
館；蘇聯博物館學的書籍也被譯成中文。其中有《蘇聯博物館基礎》

11　同上，頁115–125。

12　王冶秋：〈蘇聯國立革命博物館〉，《文物參考資料》，第10期(1950年10月
　　31日)，頁66–77。

13　王冶秋：〈訪蘇觀感〉，頁120。

14　翦伯贊：〈參觀蘇聯博物館的印象〉，《文物參考資料》，第4期(1953年5月
　　30日)，頁30–31。

15　《回憶王冶秋》，頁40–43。

(*Osnovy Sovetskogo muzeevedeniia*)（1955）詳盡介紹博物館的管理方法，書中自然套用了馬克思主義的術語。[16]

中國訪問團特別關心的顯然是布爾什維克革命的歷史，因此革命博物館、列寧博物館和紅軍博物館的陳列最為吸引。他們發現蘇聯各地如列寧格勒、基輔（Kiev）和第比利斯（Tbilisi）處處都有列寧博物館。[17]這些博物館匯成讚曲，合力歌頌布爾什維克革命領導人的偉大，成了民眾經常參觀的場所。[18]紀念個別共產黨的英雄與烈士的博物館，也吸引了不少中國訪客。其中之一是莫斯科高爾基大街的尼古拉·奧斯特洛夫斯基（Nikolai Ostrovsky）博物館。奧斯特洛夫斯基是一位社會主義現實主義作家，其小説《鋼鐵是怎樣煉成的》（*How the Steel was Tempered*）（1932–1934）講述蘇聯共青團員保爾·柯察金（Pavel Korchagin）把一生貢獻給共產主義的故事。這本小説在1940年代譯成中文，在中國左翼青年中十分流行。王冶秋參觀該博物館時，稱讚奧斯特洛夫斯基是一位「以文藝的武器來為人民服務」的作家。[19]

建立中國革命博物館

西方認為公共博物館的主要作用是道德教化、社會教育和思想啟迪。這觀點可以追溯至1793年法國羅浮宮（Louvre）在巴黎的成立。法國畫家雅克·路易·大衛（Jacques-Louis David）有一句名言，説這個博物館不應該「收藏中看不中用的奢侈品去滿足無聊者的好奇心」，而應該成為「莊嚴的學校」去教育人民。[20]博物館學家卡蘿·鄧肯（Carol

---

16 中文譯本是：《蘇聯博物館學基礎》（北京：文物出版社，1957）。

17 楊伯達：〈蘇聯博物館工作介紹（一）〉，《文物參考資料》，第4期（1954年4月30日），頁99。

18 翦伯贊：〈參觀蘇聯博物館的印象〉，頁40。

19 《文物參考資料》，第10期（1950年10月31日），頁79。

20 Andrew McClellan, *Inventing the Louvre: Art, Politics, and the Origins of the Modern Museum in Eighteenth-Century Paris* (Berkeley: University of California Press, 1994), p. 91.

Duncan) 和艾倫‧華拉士 (Alan Wallach) 稱羅浮宮為「全面的博物館」 (universal survey museum)，最初只允許皇室貴族參觀，後來才改為向大眾開放。羅浮宮是按各國學派和藝術史時期把藝術品分類，反映新的社會價值，用以服務民主社會的公民。它的訪客被視為國家的「股東」 (shareholders)。[21] 相反，莫斯科的蘇聯博物館則有完全不同的目標，是為國家服務。[22]

　　未來的中國革命博物館應按蘇聯模式建造，還是該有自己的獨特風格？雖然王冶秋對蘇聯博物館印象甚深，尤其是欣賞他們訂立的兩大清晰主題：十月革命勝利及列寧與其領導班子所起的關鍵作用，[23] 但是，他仍然決心要建一座富有中國特色的博物館。這座未來的博物館將成為保存和重塑民族政治記憶的地方。王冶秋強調，將來這座中國革命博物館獨特之處，不單是傳播馬克思主義，還要宣揚「毛澤東思想」。[24]

　　1950年2月，文物局頒佈第二次更詳細的公告，要在全國展開徵集運動。王冶秋草擬的新通告，首次清楚列明文物局要求的具體時期：徵集工作應緊貼中國近代史的發展，時間從「鴉片戰爭」(1840–1842) 開始，但重點應放在「五四以後中國共產黨所領導的新民主主義革命」。[25]

　　到了1950年底收集的物品已超過1,300件，證明籌建博物館的工作已有點成效。[26] 徵集到的文物包括江西蘇維埃時期發行的政府債券和1947年山西軍閥用來處決劉胡蘭 (1932–1947) 的鍘刀。劉胡蘭是一位年輕的中共候補黨員，毛澤東親筆為她致悼詞，尊她為烈士。[27]

　　博物館籌劃者收集的不僅是革命文物，還有視覺效果的展品，以提供一套特定的中國近代史觀，尤其是共產黨的發展歷程。最明顯的

21　Carol Duncan and Alan Wallach, "The Universal Survey Museum," *Art History*, Vol. 3, No. 4 (December 1980), p. 456.

22　Groys, "The Struggle against the Museum," p. 144.

23　王冶秋：〈蘇聯國立革命博物館〉。

24　《回憶王冶秋》，頁48。

25　《人民日報》，1950年2月13日，第3版。

26　《回憶王冶秋》，頁151。

27　同上，頁143及165；《人民日報》，1950年2月21日，第3版。

是組織一些畫家，負責重現中國共產黨關鍵歷史時刻的畫作（參閱本書第6章）。

籌備革命博物館的工作，最重要的莫過於選址。王冶秋很清楚當時中央革命博物館籌備處的辦公室，只在故宮西側一座破舊的樓房裏佔了三個房間，根本不夠用。他提出為博物館重新選址的建議得到了黨領導如董必武（1886–1975）和陸定一等人的大力支持。[28]

在天安門廣場建新博物館是北京都市計劃委員會1953年初最先提出的。[29]王冶秋及同僚相信，博物館坐落在富有象徵意義的首都核心，肯定會在中國人民心中佔一席位，引起他們的關注。但政府一直沒有採取任何行動，直到1958年8月，中共中央政治局在北戴河開會，決定興建十大建築，包括中國革命博物館。中國革命博物館和中國歷史博物館籌建委員會隨即成立，由文化部副部長錢俊瑞領導，王冶秋任辦公室主任。[30]負責設計的是建築師張開濟，畢業於南京中央大學。[31]博物館大樓於1959年落成，但直到1961年才正式對外開放。正如第2章提到，十大建築中第二大的博物館大樓，實際上是由一樓兩館所組成：北翼為中國革命博物館，記錄從鴉片戰爭到中國共產黨1949年取得勝利的歷史；南翼為中國歷史博物館，涵蓋中華民族起源至清代的歷史。

中國革命博物館和中國歷史博物館的正門有兩列高大的柱廊，每列有12根方柱。正門頂部的中央以圍着麥穗的五角星巨徽作裝飾；麥穗象徵豐收，是共產黨常用的象徵符號。護着五角星的是16面紅旗，左右每邊有八面，代表中國共產黨至高無上的地位和革命的勝利（圖24）。雄踞入口的是兩座門墩，高達40米，是整座大樓的最高點。門墩形如燃燒的火炬，寓意毛澤東1930年的名句：「星星之火，可以燎原」，以

28 《回憶王冶秋》，頁144–145。

29 同上，頁149。

30 〈關於革命、歷史兩博物館籌建情況的報告〉，北京市檔案館，164-1-31。

31 本書作者於1996年9月16日在北京訪問張開濟的記錄。同時參閱張開濟：〈參加國慶工程設計的點滴回憶〉，《北京文史資料》，第49輯（1994年11月），頁40。

圖24　中國革命和中國歷史博物館正門上的五角星、麥穗和紅旗。2007年1月
　　　20日，作者攝。

表達中國共產黨對革命必勝的信心。[32]大樓的屋簷由傳統綠、黃色琉璃
瓦組合而成，清晰呈現了中國傳統建築特色。博物館展示強烈的民族主
義精神。張開濟自豪地指出，整座建築完全是由中國人設計和建造的，
沒有接受任何外國、包括蘇聯的幫助。[33]他和設計組成員認為「這奇蹟的
創造首先應歸功於黨的領導，歸功於全國的支援。」[34]這兩座博物館對共
產黨來說，無疑是中國革命博物館更為重要，[35]因為它是藉着精心挑選的
文獻與實物，把中國共產黨的歷史重現人前。

32　毛澤東：〈星星之火，可以燎原〉，《毛澤東選集》，第1卷，頁101–111。

33　本書作者於1996年9月16日在北京訪問張開濟的記錄。

34　《建築學報》，第9–10期 (1959年)，頁33。

35　〈中國革命、歷史博物館工程基本總結〉，北京市檔案館，47-1-90。

中共中央宣傳部

中國革命博物館從1950年代初開始策劃到1961年最終開幕，其建築硬件與館內藏品都無疑受到中國共產黨全面掌控。因此幹部最關心的是應選擇甚麼特定的展品，原因是博物館的中心任務就是要將中國共產革命的勝利歷程記錄下來。

自19世紀下半葉起，歐、美等地的文化藝術越來越受政府的控制。不過，這些外國政府充其量只會透過董事局間接參與博物館和美術館的事務，留下空間讓個別機構自己作決定。[36]中國的情況卻不一樣，黨處處監管文化政策，並運用嚴密的制度去控制，以中國革命博物館為例，黨透過中共中央宣傳部和多個委員會去全面監控博物館的建造。

從制度上而言，博物館歸國務院的文化部管轄。但實際上，相對於權力更大的中宣部，文化部只是從屬的機構。要決定如何向民眾正確有力地宣傳中共歷史這個重任，只可交給黨的心腹處理，別人無法承擔。這也明確顯示了黨而非國家在意識形態和文化事務上居主導地位，這是黨和國家之間不平等權力關係的明證。中宣部不僅控制了上一章提及的國家大遊行中所使用的口號，還監管了中國革命博物館的運作，並規定了館內展出的內容。

中央革命博物館籌備處最早辦的展覽，是1951年7月在故宮武英殿為慶祝中共成立30週年舉辦的「七一展覽」。一位前博物館員告訴本書作者：「我腦子記得很清楚，那時是陳伯達（1904–1989）去審查，他那時候是中宣部的副部長。」[37]中宣部其他重要人物也先後到場視察，包括善於搞宣傳工作的中宣部部長陸定一，而文化部部長沈雁冰則從旁協助。[38]

36　Nicholas Pearson, *The State and the Visual Arts: A Discussion of State Intervention in the Visual Arts in Britain, 1760–1981* (Milton Keynes, UK: Open University Press, 1982), p. 26.

37　本書作者於2005年1月22日在北京訪問博物館工作人員甲的記錄。

38　北京博物館學會編：《北京博物館年鑑：1912–1987》(北京：北京燕山出版社，1989)，頁197。

隨着博物館永久場館的興建展開，中宣部施加的影響也越來越大。只供內部參觀的「七一展覽」剛結束後不久，中共中央委員會就發出了「關於收集黨史資料的通知」，指定中宣部負責在黨內收集材料，文化部則負責在黨外收集展品。[39] 1953年4月中宣部頒佈「展覽大綱」，詳細列出以後修改展覽的規條。[40]

　中央領導視中宣部為維護黨官方形象的最主要部門。1957年時任中共中央書記處總書記的鄧小平參觀博物館預展後，便指令文化部每一次完成檢查後，「中宣部必須複審一次。」[41] 對此建議，周恩來總理也表示贊同。[42]

　除了中宣部的監管外，中共還設立多個委員會，以確保整個運作能順利進行。1958年10月，北戴河會議通告發出兩個月後，中宣部和文化部聯合組成「中國革命博物館、中國歷史博物館籌建小組」，由文化部副部長錢俊瑞任組長，王冶秋任辦公室主任。[43] 為了確保展覽內容符合要求，1959年9月中共中央書記處設立一個更高層的委員會，即「中國革命博物館籌建領導小組」，由中宣部部長陸定一聯同中央書記處書記康生 (1898–1975) 主持，成員中還有中宣部兩位副部長胡喬木和周揚，毛澤東的秘書田家英 (1922–1966) 和錢俊瑞等重要人物。[44]

　如前所述，黨高層如周恩來和鄧小平直接參與博物館成立的決策過程，更加證明了中共對博物館極為重視。正如兩位博物館前館員自豪地指出，在博物館興建期間，黨的最高的領導，「除了毛主席、林彪，其

39　同上。

40　同上，頁197–198。

41　方孔木：〈陳列工作的歷史發展〉，《中國革命博物館發展紀事》(缺出版資料)，頁5。

42　同上。

43　北京市檔案館，164-1-31。又見中國革命博物館50年編委會編：《中國革命博物館50年》(深圳：海天出版社，2001)，頁139。

44　《中國革命博物館50年》，頁140。

他都來視察過了。」[45]事實上，在博物館1961年正式開幕之前的多次預展中，不少領導人一次又一次地前來參觀，其名單足可編成一份「名人錄」。例如1951年「七一展覽」，便有董必武、彭真、聶榮臻、薄一波(1908–2007)等人前來視察。[46]

周揚是預展的常客。他身為中宣部副部長，又是黨內著名的文藝理論家，便成了監察博物館展覽的主要官員。[47]對於像于堅(1925年生)這些年輕一輩的館員來說，周恩來親臨視察展覽的那一次最令他們難忘。那天是1959年9月20日早上，離原定10月1日國慶日博物館開幕只有數天。[48]儘管周恩來發現展覽內容有缺點，而沒有批准博物館在指定的日期正式開放(容後討論)，他的蒞臨仍給博物館增添了光彩。

鄧小平在1961年5月16日對展覽的評價同樣意義重大。他時任中共中央書記處總書記，有權決定博物館能否在7月1日正式開幕。鄧小平前來檢查展覽的最後準備工作，由中國革命博物館籌建領導小組的陸定一、康生、周揚等一大群高層陪同。一位博物館工作人員多年後回憶時說：「小平同志看後，指着陳列風趣地說，『給打九十分吧』。」博物館最後得到了鄧小平的批准正式開放。[49]

毛澤東雖然未有親自視察博物館，但是他的影響力透過兩個秘書田家英及胡喬木顯示出來；尤其是胡喬木，他從延安時期起已是毛澤東首要文膽。[50]他後來成為四卷《毛澤東選集》的主編，並如前所述，於1951

45　本書作者於2005年1月21日在北京訪問博物館工作人員乙的記錄。又於2005年1月22日在北京訪問博物館工作人員甲的記錄。

46　方孔木：〈陳列工作的歷史發展〉，頁4。

47　于堅：〈周揚與博物館〉，《中國文物報》，第42期(1989年10月27日)，第2版。

48　于堅：〈審查中國革命博物館陳列〉，中國人民政治協商會議北京市委員會文史資料委員會編：《周恩來與北京》(北京：中央文獻出版社，1998)，頁266–275。

49　于堅：〈周揚與博物館〉。

50　劉中海、鄭惠、程中原編：《回憶胡喬木》(北京：當代中國出版社，1994)，頁35。

年寫了極具權威的《中國共產黨的三十年》。[51] 由於接近權力中心，胡喬木有巨大的影響力。陸定一說：「喬木是毛主席的秘書，經常傳達毛主席的指示，說毛主席是如何如何說的，我只好聽他的。」[52]

確立紅線

中國革命博物館展出黨的歷史，要讓人人都滿意是非常困難的，這一點從當時要成立多個委員會去監督博物館的工程及黨高層頻頻巡視可以得知。另一點證明情況複雜是博物館的開放日期推遲了將近兩年（從1959年10月1日延至1961年7月1日），比1960年8月1日開幕的軍事博物館還遲了11個月。[53] 中國共產黨歷史該怎樣呈現？中共與其他政黨如民主同盟相比，到底扮演甚麼角色？到底要不要在展覽中展出被視為敵對的國民黨？

對共產黨官員來說，「七一展覽」的確舉辦得很成功，也是共產黨新政權要在這片土地上取得合法地位的必然措施。但黨內也有很多人認為這次展覽範圍太窄，未能以宏觀的角度在歷史和政治領域中反映黨的圓滿和輝煌的成就。因此1955年1月，中宣部決定將展覽的範圍從「七一」建黨擴大到整個「黨史陳列」。[54] 兩年後的1957年9月，中宣部推出新指引，再把展覽的時期擴大，將展覽內容由「目前中共黨史的體系，逐步擴展，將我國的新民主主義革命、社會主義革命和舊民主主義革命等幾個階段都加進去。」[55]

然而，在展覽中到底怎樣處理這個指引，仍待解決。到了1959年中共中央委員闡明六項展覽原則：

51　同上，頁43–44及53。

52　陳清泉、宋廣渭編：《陸定一傳》(北京：中國黨史出版社，1999)，頁378。

53　《人民日報》，1959年8月17日，第2版；1960年8月2日，第1版。本書作者於2005年1月10日在北京訪問博物館工作人員丙的記錄。

54　《北京博物館年鑒：1912–1987》，頁198。

55　方孔木：〈陳列工作的歷史發展〉，頁5。

- 展覽應包括上述的三個時期。
- 高度結合黨史的政治性和真實性。
- 必須準確反映不同地區的革命鬥爭，特別是共產黨所領導的各地大規模的群眾鬥爭、武裝起義、各根據地的發展和各方面軍隊的活動。
- 根據國際主義的原則，蘇聯和其他社會主義國家「對我國革命和建設的援助」都要說明。
- 正確地體現黨的民族政策。
- 對於現在我們黨的領導人，以巨幅畫像表現的，以政治局常委為限；雕塑只限於毛主席。[56]

博物館領導層認為，舊民主主義革命 (1840–1919) 有七大事件應納入展覽內容：鴉片戰爭、太平天國、中法戰爭、1894年中日甲午戰爭、1898年戊戌維新、義和團起義以及1911年的辛亥革命。其後的新民主主義革命 (1919–1949) 有五大事件：中國共產黨創立 (1921)、第一次國內革命戰爭 (1924年1月至1927年7月)、第二次國內革命戰爭 (1927年8月至1937年7月)、抗日戰爭 (1937年7月至1945年8月) 以及第三次國內革命戰爭 (1945年8月至1949年10月)。最後，社會主義時期 (自1949年起) 記錄人民共和國建國後的空前成就。[57]

這樣的劃分，是根據毛澤東1940年發表的〈新民主主義論〉的近代史觀，後來胡喬木在《中國共產黨的三十年》一書闡述得更具體。[58] 如此劃分，表面看來毫不含糊，但是博物館人員很快就發覺並不容易。舊民主主義革命、新民主主義革命和社會主義革命三個歷史時期中，以第二個時期最讓人為難。多年後于堅承認：「最擔心的是⋯⋯特別是新民主主義革命史的部分。這部分是當代的歷史，要處理好黨內外、國內外〔有關的問題〕⋯⋯許多人還健在，處理不當就是現實政治性問題⋯⋯這是誰也不敢說有把握的事。」[59]

56　同上，頁 5–6。

57　同上，頁 7。

58　胡喬木：《中國共產黨的三十年》。

59　于堅：〈審查中國革命博物館陳列〉，頁 267–268。

　　1959 年 9 月 20 日周恩來巡視展覽時，又節外生枝。他參觀後正要離開時，王冶秋請示他的意見。根據在場的一位年輕館員的回憶，周恩來只簡短的說了一句：「『五四』以後的紅線不夠突出。」[60] 但紅線到底是甚麼？兩天之後，王冶秋應邀出席中共中央書記處第 159 次擴大會議。在會上，周恩來明確解釋了他的說話原意：「新民主主義革命史陳列，主要是一條毛澤東思想紅線沒有突出。」他繼續說：「這是個根本問題，關鍵問題。要用紅線團結各個方面，帶動各個方面。」[61] 這次會議最後做出明確的指引：兩個博物館 (中國革命博物館和軍事博物館) 全部展品的陳列，「都應政治掛帥，以毛主席的正確思想和正確路線為綱。」[62] 由於中國革命博物館的陳列未能達到這個目標，因而要延遲開放，直到修改到滿意為止。

　　十多天後的 10 月 8 日，錢俊瑞領導下的文化部提出了如下的修改準則：「突出紅線，大事不漏，戰線縮短，增強氣勢。」[63] 事到如今，情況已很清楚，很多高層領導已經知道，要在新民主主義革命時期的展覽內容上達到共識，的確困難重重。他們更不應自找麻煩去處理更具爭議的第三個社會主義革命時期。果然，中共中央委員會於 1960 年下令博物館把「社會主義部分的陳列工作暫時停止」。[64]

　　由此可見，如何正確掌握紅線問題仍未有共識。博物館人員在 1960 年再次試圖修改展覽內容。但是，這一次他們似乎做得過了火。令周揚懊惱的是這次與毛澤東有關的文物比比皆是，例如毛的照片和語錄隨處可見。此外，毛澤東的文章如〈湖南農民運動考察報告〉等的原版被棄而不用，反而以複製品代替，還把印刷的紙張放大一倍，從原版的十六開增大到八開。[65] 1961 年 2 月，周揚再來博物館視察，強調要展出原作，不採用仿製品，並批評擺放太多毛澤東的作品，他說結果在博

60　同上，頁 272。

61　同上，頁 273。

62　《北京博物館年鑑：1912–1987》，頁 199。

63　方孔木：〈陳列工作的歷史發展〉，頁 6。

64　同上，頁 6–7。

65　本書作者於 2005 年 1 月 13 日在北京訪問博物館工作人員丁的記錄。

物館內展出的不是「紅線」,而是「紅綢子」。[66]但是康生卻不同意博物館是過分宣揚毛澤東的展品,並認為毛澤東的貢獻值得大書特書,應該「孤立宣傳毛主席」。不必宣傳「其他老一輩無產階級革命家」,以免與主席「分庭抗禮」,實屬不智。[67]很可惜,我們無法找到有關檔案知道這個矛盾最終如何解決,只知道離博物館正式開幕前的一個半月,即5月16日鄧小平到來視察時,他表達了近似周揚的觀點。當鄧小平發現展廳只擺放一張李大釗的照片時,提出異議:「李大釗是建黨人之一,直到死才有一張照片怎麼行?」[68]

展覽館的開幕

據博物館學者蘇珊‧皮爾斯(Susan Pearce)所說,展覽館的陳列品是「博物館運作的核心」。[69]那麼,1961年7月1日,中國共產黨成立40週年之際,中國革命博物館隆重開幕,展出的到底是些甚麼東西呢?可惜革命博物館的檔案至今仍未對外開放,展品的詳細清單現在仍未公開。可幸的是,我們可以找到有關是次展覽的照片、文章和報紙報導。本書作者根據這些資料,再加上博物館人員的回憶錄及有關人士的訪問記錄,重組部分展覽內容。[70]

66　于堅:〈周揚與博物館〉。

67　方孔木:〈談黨史工作中的幾個問題〉,中國革命博物館黨史研究室編:《黨史研究資料》(成都:四川人民出版社,1980),第1集,頁477。

68　方孔木:〈陳列工作的歷史發展〉,頁7。

69　Susan M. Pearce, *Museums, Objects, and Collections: A Cultural Study* (Washington, D.C.: Smithsonian Institution Press, 1993), p. x.

70　主要資料來源:《文物》,第7期(1961年7月)的圖片;本刊記者(王冶秋):〈中國革命博物館巡禮〉,《文物》,第7期(1961年7月),頁27–37;《中國革命博物館發展紀事》(缺出版資料),圖37;《革命博物館工作研究》,第3期(1984),頁3及圖片。本書作者在北京訪問博物館工作人員甲(2005年1月22日)、乙(2005年1月21)、丙(2005年1月10日)、丁(2005年1月13日)的記錄。

博物館首次對外開放時，只設有新、舊民主主義革命兩個時期，而沒有社會主義革命時期的展覽。第一個時期從鴉片戰爭到辛亥革命，是毛澤東所指的一連串抵禦外敵入侵和對抗國內封建勢力的鬥爭時期。主要展品是一門防衛廣州南面珠江口虎門炮台上的大炮，在鴉片戰爭中用來抵抗英國海軍的攻擊。還有欽差大臣林則徐向道光皇帝上疏的那份著名奏章，向朝廷道出販賣鴉片的禍害與自己取締鴉片買賣的決心。太平天國運動也佔據了同樣重要的位置，展品包括洪秀全的玉璽和太平軍反清的宣言，說明這個不乏爭議的事件在中國共產黨的史觀中的重要地位。博物館另一展廳裏陳列着1900年義和團運動時用來對抗八國聯軍的大刀長矛等武器。有關辛亥革命的文物也有詳盡的陳列。

然而，博物館的重心無疑是新民主主義革命。整個展區佔地4,152平方米，其中四分之三的面積，即約3,000平方米用於展示這一歷史時期。在3,600件展品中，大部分也屬於這個時期。[71] 革命博物館以中國共產黨在中國的崛起為展覽重心，是意料中事。在通往這一時期展廳的大堂處，擺放了一尊巨大的毛澤東半身像。廳內最先展示的文物集中介紹馬克思主義如何從蘇聯傳到中國。毛澤東的名言：「十月革命一聲炮響，給我們送來了馬克思列寧主義」，[72] 掛在阿芙樂爾 (Aurora) 號巡洋艦模型之上，旁邊是1917年該艦用來攻打冬宮的一枚炮彈，由蘇聯送贈。展廳還掛有弗拉基米爾·謝洛夫 (Vladimir Serov) 的《列寧宣佈蘇維埃政權成立》(*Lenin Declares Soviet Power*) (1947) 的複製油畫。1920年上海出版的《共產黨宣言》中譯原版也一併展出。[73]

不過，有關蘇聯早期影響中國共產黨的展品，只是一個序幕，更重要的是中國共產黨在中國成立這件大事。因此，蘇聯的展品稍後便大幅減少。中共第一次代表大會的會址的複製品也陳列在展廳內。不過，展

71　《人民日報》，1961年7月1日，第1版。本書作者於2005年1月13日在北京訪問博物館工作人員丁的記錄。

72　毛澤東：〈論人民民主專政〉，《毛澤東選集》，第4卷，頁1476。

73　《文物》，第7期 (1961年7月)。

覽還是強調毛澤東的領導作用。位於展廳中心位置的是五名一大參加者的巨型照片：毛澤東居中，左側是董必武和陳潭秋 (1896–1943)，右側是何叔衡 (1876–1935) 和王盡美 (1898–1925)。五幅照片之上懸掛着毛澤東另一句名言：「中國產生了共產黨，這是開天闢地的大事變。」[74] 把毛澤東的照片和語錄放在中心位置，無疑是說明他自中國共產主義運動開始，在黨史中所起的關鍵作用。

李大釗受到的重視比預展時多，當時他只有一幅照片展出。現在不僅陳列他的重要文章如〈庶民的勝利〉，還有多張他的照片也懸掛在這個共產黨英雄殿中更高的位置。展覽一方面遵從馬克思主義的理論，凸顯了無產階級在中國革命中的重要作用，展示的武器有城市抗爭 (如1926至1927年的上海大罷工) 中工人使用的斧頭和刀子。另一方面，展覽亦同樣重視中國農村興起的農民運動。參觀者可看到毛澤東1927年4月在漢口出版的〈湖南農民運動考察報告〉的原版，也可以看到農民組織用來號召群眾去攻打土豪劣紳的臨時旗幟。

第二次國內革命戰爭的展品明顯有軍事性質。會場首先展示的是1927年8月南昌起義時紅軍的誕生。傳奇般的長征，更是一如所料受到英雄式的詳盡展示。博物館以一雙士兵的破草鞋，表達了紅軍在長征時所承受的艱苦磨練。[75] 毛澤東在1935年遵義會議中進入黨的最高領導層；置於展廳中央的遵義會議會址的模型，就是用來象徵中共從此走向正確領導的新紀元。

抗日戰爭展廳介紹了中國共產黨這時期兩方面的活動：抵抗日本侵略和建立延安根據地。此處陳列了八路軍和新四軍的臂章，還有1937年9月在山西東北部伏擊日軍的平型關大捷中繳獲的武器。平型關之役是由林彪的部隊發動，他在1959年盧山會議後取代彭德懷 (1898–1974) 擔任國防部長。展覽中強調這一戰役是說明林彪的地位正在上升。但是相比之下，延安整風運動在這次展覽中受到更大的重視。舉例說，羅工

74　毛澤東：〈唯心歷史觀的破產〉，《毛澤東選集》，第4卷，頁1518。

75　《人民日報》，1962年2月15日，第6版。

柳 (1916–2004) 畫的油畫《整風報告》(1951) 掛在牆上，描繪毛澤東在一個簡陋的禮堂裏，站在馬克思和列寧的畫像前，舉起左手，激昂地向全神貫注的聽眾演説他那著名的思想改造文章。[76]

這連串歷史事件中最後一個主題是第三次國內革命戰爭，展出的是國共內戰期間共產黨在東北、華北和華中的三大戰役 (遼瀋、平津、淮海) 中的物品，包括地圖和武器等。接着的展覽是有關 1949 年 3 月的中共七屆二中全會，講述了毛澤東召開政治協商會議，並籌組「民主聯合政府」，從而奠定了未來社會主義中國的基礎。隔壁的大廳記錄了共產黨贏得內戰並建立中華人民共和國。董希文 (1914–1973) 的油畫《開國大典》(在第 6 章討論)，掛在大牆上，非常奪目，是這個歷史時刻的見證 (圖 25)。

中國革命博物館自 1961 年開幕之後，經歷了幾番變動。1966 年 11 月文革期間，激進派關閉了博物館。1969 年重開時卻與中國歷史博物館合併，成為中國革命、歷史博物館。14 年後的 1983 年，博物館恢復了原名。[77] 不過，2003 年 2 月，又再改變名稱：政府要求革命博物館與歷史博物館再次合併，組成由文化部管轄的中國國家博物館。

中國革命博物館是一個政治舞台，讓共產黨人可以陳述和展覽自編的歷史。雖然館內掛了馬克思和列寧的畫像以表示尊崇共產國際主義，可是博物館的焦點卻始終離不開國情。展覽是要講述一場精心設計的故事，説明毛澤東帶領下的共產黨，如何勢不可擋地興起，同時説明共產黨員如何領導群眾對抗內憂外患，把飽受苦難的人民從國民黨和帝國主義 (尤其指日本和美國) 的壓迫下解放出來。一位博物館員在訪問時提醒本書作者，「(革命博物館內) 近代史的陳列，基本上還是 (中國共產黨的) 革命史。」[78]

要了解 1950 年代末中國革命博物館的成立，必須考慮這段時間的

76　本書作者於 2004 年 1 月 16 日在北京訪問羅工柳的記錄。

77　《中國革命博物館 50 年》，頁 143–144 及 148–149。

78　本書作者於 2005 年 1 月 13 日在北京訪問博物館工作人員丁的記錄。

圖25 董希文的《開國大典》，中國國家博物館。2011年8月13日，作者攝。

中國政治環境和國際關係等背景。一方面中蘇之間的分歧日益擴大，另一方面又發生了天翻地覆的大躍進。當然1959至1961年中國又遭遇多次嚴重的水災和旱災，此外大躍進的災難使中國淡化激進的毛澤東思想。然而，毛在黨內的地位仍未受到挑戰。事實上，廬山會議後彭德懷被批鬥的事件，更加深了毛澤東要強化階級鬥爭的信念。1960年10月《毛澤東選集》第四卷的出版，可以看成毛澤東藉機重新鞏固在黨內至高無上的地位。雖然毛澤東在1961年6月北京一次黨中央工作會議上，曾就大躍進事件自我檢討。但正如李侃如指出，這個檢討「從來沒有傳達到基層的幹部去」，而毛澤東要負的責任也被「掩飾掉，目的是要保護他的地位。」[79]本書作者訪問過好幾個革命博物館的工作人員，他們都重申同樣的觀點：廬山會議的實情在他日廣為流傳後的確打擊了毛澤東的威

79 Kenneth Lieberthal, "The Great Leap Forward and the Split in the Yenan Leadership," in *The Cambridge History of China*, ed. Roderick MacFarquhar and John K. Fairbank, Vol. 14 (Cambridge: Cambridge University Press, 1987), p. 321.

望，但在這之前情況並不透明，反而更增強他的個人威信。[80]毛澤東的至高無上地位在大躍進之後基本上保持不變。研究文革的學者馬若德 (Roderick MacFarquhar) 指出，一個主要的理由是，「那些能夠藉着大躍進失敗而取得政治資本的人，如周恩來、陳雲和李富春，從來沒有表示過任何挑戰毛澤東個人地位或權威的企圖。」[81]

那麼，1961年革命博物館的展覽反映了當時變幻不定的政局嗎？蘇聯的影響自然是被淡化了。彭德懷的照片也從1961年的展覽中被移走。[82]反而林彪的功績，尤其是1937年他在平型關打敗日本軍隊一事，備受讚揚。毛的紅線是否正如周揚批評那樣在展覽時被過分宣揚？本書作者因為得不到先前預展的資料 (譬如存貨清單和目錄)，所以無法確實知道。但從1961年展覽的展品來看，毛澤東的紅線是經過博物館有系統和顯著的呈現出來。雖然其他領導人如劉少奇 (領導安源礦工罷工) 和周恩來 (領導南昌起義) 也得到適當的介紹，但毛澤東毫無疑問是整個展覽的核心，並在現代中國的政治舞台上，獲得了更顯赫的地位。這種較為寬廣的歷史評價，正是周揚所提議的。

前面提及鄧肯和華拉士討論「全面的博物館」的特色，特別是巴黎的羅浮宮和紐約的大都會藝術博物館 (Metropolitan Museum of Art)。他們認為這些公共博物館的建築形式，加上陳列室的設計，藏品先後次序的安排，會令參觀者產生一種「類似傳統宗教信仰的體驗」。觀眾在漫步瀏覽博物館之時，就像依着一套「事先編排好的節目去欣賞，從而領悟到這種公民社會的內在價值」，繼而肯定現代民主國家的意義。[83]雖然中國革命博物館成功地設計了這樣的一種體驗程式，但它的建立是為了一

80　本書作者在北京訪問博物館工作人員甲 (2005年1月22日)、乙 (2005年1月21)、丙 (2005年1月10日)、丁 (2005年1月13日) 的記錄。

81　Roderick MacFarquhar, *The Origins of the Cultural Revolution,* Vol. 2: *The Great Leap Forward, 1958–1960* (New York: Columbia University Press, 1983), p. 336.

82　本書作者於2005年1月10日在北京訪問博物館工作人員丙的記錄。

83　Duncan and Wallach, "The Universal Survey Museum," pp. 450–451.

個截然不同的目的。一個接一個時期的近代中國歷史、毛澤東神聖的語錄、精挑細選的戰爭場面，加在一起編織成一套前後連貫、圖像鮮明的節目，用以灌輸給參觀博物館的人士。而黨按着它不容異己和壟斷的本質，把演繹歷史的方法都控制了。博物館的空間從沒留作呈現歷史的多元、複雜和矛盾性質，它反而是經過精心安排去配合中國的政治現實，來作單一的詮釋。

第 6 章

油畫與歷史

　　「我一輩子沒有畫出我最想畫的畫。」據說著名畫家董希文在臨終前說過如此遺憾的話。[1] 董希文也許沒有創作出他認為最理想的作品，但卻在1953年畫了一幅油畫《開國大典》（圖26）。這幅名畫後來引起了不少爭議，清楚顯示藝術與政治之間在人民共和國中的緊張關係。董希文在畫中描繪了1949年10月1日毛澤東在天安門廣場的情景，跟隨左右的有高層領導如劉少奇、朱德、周恩來、高崗、林伯渠（1886–1960）等人。他們的四周懸掛着中國人認為代表繁榮昌盛的大紅燈籠，還有一片紅色旗海，公告新國家的誕生。1953年畫作面世時，被譽為本國畫家中最傑出的油畫創作之一。[2] 短短三個月內，這幅畫的印刷品便售出了五十多萬張。[3] 但這幅作品很快便遇到波折，董希文終其一生被要求修改這幅油畫三次之多。1954年，他接到指示要把高崗從畫面中清除，高崗當時被黨中央整肅，指他意圖奪權，在東北建立「獨立王國」。1960年代文化大革命期間，劉少奇被批判為「資產階級反動派」而遭清算。1967年董希文再次受命修改油畫，將劉少奇從建國典禮中清除。後來在

1　劉驍純編：《羅工柳藝術對話錄》（太原：山西教育出版社，1999），頁119。

2　薄松年編：《中國藝術史圖集》（上海：上海文藝出版社，2004），頁253。

3　江豐著、江豐美術論集編輯組編：《江豐美術論集》（北京：人民美術出版社，1983），第1卷，頁92。

文革期間的1972年，激進派的「四人幫」命令第三次修改畫作。這一次是將林伯渠從油畫中抹去，因為據稱他在延安時期反對毛澤東與江青(1914–1991)的結合。那時候董希文已是癌症末期，無法動筆，任務落到了他的學生靳尚誼(1934年生)和另一位畫家趙域(1926–1980)的身上。這兩位藝術家為免加深破壞原作，不得不重新複製一幅油畫，並把病重的董希文帶離醫院，對這幅命途多舛的畫作從旁指導。次年董希文去世，[4]但這幅《開國大典》仍未脱離厄運。1979年隨着「四人幫」倒台及共產黨為劉少奇平反，官方把劉少奇、高崗和林伯渠的人像放回這張複製品中。當時靳尚誼出國外訪，就由中央美術學院油畫系畢業生閻振鐸(1940年生)協助把這三位領導人畫回作品中(圖27)。

　　中國的藝術家並不是最早被當權者要求修改自己的作品，從而更改歷史以順應政治現實，因為這情形在蘇聯早有前科。謝爾蓋·格拉西莫夫(Sergei Gerasimov)在1949年重繪他的1943年著名油畫《游擊隊員的母親》(Mother of a Partisan)，令畫中的女子表現得更加英勇，以符合當時蘇聯流行的社會主義現實主義理論。[5]但很少俄國的油畫經歷過董希文作品的遭遇。若與蘇聯共產黨改寫國家的近代史相比，中共更加刻意修改中國近代史，尤其是利用繪畫作為主要的説服工具。

　　油畫用作政治工具在不同的藝術史時期都十分常見。西班牙畫家迭戈·委拉斯奎茲(Diego Velázquez)的菲利浦四世(Philip IV)畫像，法國畫家大衛的拿破崙(Napoleon)畫像，特別是大衛描繪拿破崙的加冕典禮都是眾所周知的例子，把畫像變成展示君王的威嚴及擁有最高權力的工具。在美國，約翰·特朗布爾(John Trumbull)的四幅以美國革命為題的壁畫，點綴了首都華盛頓國會大樓的圓形大廳，是公告一個新國家的成立。在人民共和國，共產黨利用藝術品作政治用途，所涉及的程度遠超

4　靳尚誼口述、曹文漢撰文：《我的油畫之路：靳尚誼回憶錄》(長春：吉林美術出版社，2000)，頁62–64。本書作者於2004年8月4日及2006年1月7日在北京訪問靳尚誼的記錄。

5　Bown, *Art under Stalin*, pp. 140, 214.

圖26　董希文：《開國大典》(1967年修改)，油畫，中國國家博物館(前身為中
　　　國革命博物館)。

圖27　靳尚誼、趙域、閻振鐸重繪董希文的《開國大典》(1979)，油畫，中國國
　　　家博物館。

於政治與藝術之間的對立，還包括來自蘇聯的影響，以及把油畫這門源自西方的藝術形式民族化了。本書作者通過研究中共所稱的「革命歷史畫」，[6] 來分析黨如何製作一些官方版本的視覺敘事方式，來重寫中國歷史，以收宣傳之效；並會集中分析1950年代至1960年代初那些接受中國革命博物館委派完成的畫作。安雅蘭（Julia Andrews）與鄧騰克（Kirk Denton）都分別討論過這些作品，[7] 但很少人研究這些作品所涉及的歷史背景和所屬的機構，也沒有深入探討外在因素，尤其是蘇聯社會主義現實主義對1950年代中國油畫的巨大影響。正如中國革命博物館展覽中有「紅線」那樣富有爭議的事件，油畫的各種歷史題材的選擇，也是出自領導人之間的爭辯與內訌，為的是確立一套有共識的官方版本，去敘述中國共產黨的歷史。

蘇聯的影響

中共在建國後立刻大力控制藝術領域，其中一項計劃是選用一系列的歷史繪畫，特別是油畫，去呈現中國共產黨的成就和1949年的最終勝利。為了紀念中共建黨30週年而辦的1951年「七一」展覽，在王冶秋的提議下，加入了敘述黨史的歷史畫和雕塑品。[8]

王冶秋的建議可能是受到他在蘇聯的見聞所啟發。他在1950年底帶領中國藝術代表團往蘇聯展出中國藝術品，對莫斯科那些博物館中的藝術精品印象甚深。例如，在蘇聯國立革命博物館，王冶秋對館方使用油畫和圖表來凸顯列寧的政治生涯甚為欣賞。他認為該批油畫有力地記

6　「革命歷史畫」一詞，參閱全山石：〈從挫折中見光明〉，《美術》，第1期（1962年2月6日），頁50。

7　Andrews, *Painters and Politics*, pp. 75–86, 228–246. Kirk A. Denton, "Visual Memory and the Construction of a Revolutionary Past: Paintings from the Museum of the Chinese Revolution," *Modern Chinese Literature and Culture*, Vol. 12, No. 2 (Fall 2000), pp. 203–235.

8　《中國革命博物館50年》，頁136–137。

錄了這位布爾什維克領袖經歷過的鬥爭與勝利。王冶秋在報告中很欽佩地指出，這些展品在視覺上極為吸引，可以成為教育民眾的有效工具。[9]這樣的體驗令他建議將藝術，特別是油畫，納入中國革命博物館的展品中。

1951年3月王冶秋的提議獲得了初步的許可。文化部的藝術局為了實現這個計劃，成立了「革命歷史畫創作領導小組」（簡稱「創作領導小組」）。該小組由資深共產黨藝術家組成，包括漫畫家蔡若虹（1910–2002）、美術評論家江豐（1910–1982）、雕刻家王朝聞（1909–2004），及木刻家彥涵（1916–2011）。他們奉命召集一批有才能的藝術家，為將來建成後的博物館創作一系列油畫作展覽。[10]創作領導小組邀請了資深的延安版畫家、時任中央美術學院教師的羅工柳，他多年後回憶說：「1951年革命博物館第一次組織歷史畫創作，列出了創作提綱，負責組織創作的彥涵指定我畫《整風報告》，而且要畫油畫。」[11]

為甚麼共產黨如此重視油畫？創作領導小組決定組織畫家創作油畫，似乎出人意表，因為政府從早年開始就決心創造大眾喜聞樂見的藝術形式，尤其是年畫和連環畫，來向人民灌輸社會主義思想（見第7、8章）。[12]與年畫相比，油畫這種西方形式對滿足政府的要求來說，並非主流。但細察之下，我們不難發現這種藝術自有其特殊的價值。再者，1950年代初的藝術與政治氣氛都比較接受油畫創作，大眾對油畫的寫實手法都樂於接受。就學術而言，留學法國的著名油畫家、中央美術學院院長徐悲鴻極力提倡這種西方藝術。這位中國藝術界最具影響力之一的徐悲鴻，以生動的奔馬圖和歷史油畫如《田橫五百士》（1928–1930）聞名。油畫這門藝術亦於1953年得到官方的認可，因為當時黨要調整藝

9　王冶秋：〈蘇聯國立革命博物館〉。

10　《中國革命博物館50年》，頁137。本書作者於2004年1月15日及2006年1月3日在北京訪問彥涵的記錄。

11　《羅工柳藝術對話錄》，頁32。

12　《人民日報》，1949年11月27日，第4版。

術政策從普及轉向精專，目標是使年輕的藝術家通過有系統和嚴格的學院訓練，提高專業水平。同年中央美術學院成立油畫系，藝術教育的重組自此得以鄭重其事的展開。官方的認可使油畫這種藝術形式得到應有的承認和地位的提升。

油畫的地位漸被提升的另一原因是基於1950年代初，中國政府奉行立場鮮明的親蘇政策，並公開擁護蘇聯的社會主義現實主義。這種主義的影響力不斷上升，導致了油畫廣受歡迎。社會主義現實主義自1930年代初由斯大林開始提倡，規定藝術不能與群眾的生活脫節，所有主題必須描繪社會主義的光輝未來。社會主義現實主義本質上是樂觀主義，但美學上卻是保守主義，加上要為被壓迫的階級發聲及推崇集體主義，構成了這個蘇聯美學模式的主要特徵。[13]油畫正是適合突出這些特徵的一種視覺形式。

蘇聯的影響絕不限於社會主義現實主義。在1950年代初，歐美的藝術書刊被認為是政治腐敗的產物而被禁止流入中國，進口的蘇聯雜誌成為藝術系的學生接觸西方藝術的唯一途徑。[14]中國藝術界極力推崇的俄國油畫家有伊里亞·列賓 (Ilya Repin) 和瓦西里·蘇里柯夫 (Vasily Surikov)，他們是19世紀俄羅斯巡迴展覽畫派 (Peredvizhniki) 的台柱，被徐悲鴻譽為「世界最大畫家中之二人」。[15]列賓與蘇里柯夫不僅因他們巨大的歷史畫卷聞名，更因他們對當時專橫的藝術法規加以批判和對社會紀實有貢獻而著稱，如列賓的油畫《伏爾加河上的縴夫》(*Barge Haulers on the Volga*) (1870–1873) 可見一斑。他們的風格與聖彼得堡皇家美術學院 (Imperial Academy) 的風格形成鮮明對比，那所學院創作專以聖經和神話為題材的新古典主義作品。斯大林對列賓的厚愛眾所周知。有了斯大林的推動，巡迴展覽畫派得以復興，他們為社會主義現實

13　Matthew Cullerne Bown, *Socialist Realist Painting* (New Haven: Yale University Press, 1998), pp. 131–204.

14　本書作者於2005年8月6日在北京訪問薄松年的記錄。

15　徐悲鴻：〈在蘇聯捷克參觀美術的簡略報告〉，王震、徐伯陽編：《徐悲鴻藝術文集》(銀川：寧夏人民出版社，2001)，頁546。

主義提供歷史憑據，並主張藝術是提升階級意識的一種工具。[16]在中國，列賓被譽為「人民藝術家」，[17]蘇里柯夫也被尊稱為「天才」的現實主義歷史畫家。[18]但並非只有俄國藝術家才被視為學習對象，法國新古典主義畫家大衛也因對法國大革命的真實描繪而受到讚揚。[19]不過，俄國藝術家還是被捧上核心位置。

　　1954年10月，中國藝術家得到了一個千載難逢的機會，因為莫斯科在新建成的蘇聯展覽館(現址為北京展覽館)舉辦了大型的經濟與文化成果展覽。這個在北京的盛事也陳列了蘇聯的重要藝術作品，包括鮑里斯‧約甘松(Boris Ioganson)的《在老烏拉爾工廠裏》(*In the Old Urals Factory*)(1937)和費多爾‧舒爾平(Fedor Shurpin)的《我們祖國的早晨》(*The Morning of Our Motherland*)(1948)等油畫作品。[20]對年輕的中國畫家來説，這個藝術展覽極有啟發力和令人難忘。靳尚誼回憶説：「這是我第一次看到歐洲的油畫原作。」[21]

　　一件更有特殊意義的事是，蘇聯油畫家康斯但丁‧馬克西莫夫(Konstantin Maksimov)在1955年2月到北京中央美術學院授課。全國約有20名學生經過精心選拔來上蘇聯老師的課。這是第一次由俄國知名畫家親身給予中國學生專業指導。[22]馬克西莫夫被認為是蘇聯社會主義

16　Bown, *Socialist Realist Painting*, pp. 184–187.

17　〈人民藝術家伊里亞‧列賓〉，《人民美術》，第1卷，第4期(1950年8月1日)，頁13–14。

18　常那丹：〈現實主義的歷史畫家蘇里柯夫〉，《人民美術》，第1卷，第5期(1950年10月1日)，頁38–40。

19　《人民美術》，第1卷，第5期(1950年10月1日)，頁47–49。

20　《人民日報》，1954年9月30日，第3版；靳尚誼口述、曹文漢撰文：《我的油畫之路》，頁23。

21　靳尚誼口述、曹文漢撰文：《我的油畫之路》，頁23。

22　本書作者於2004年8月2日在北京訪問佟景韓的記錄。佟景韓(1933年生)是馬克西莫夫的中文翻譯；並參閱記者：〈歡迎蘇聯油畫家康‧麥‧馬克西莫夫〉，《美術》，第3期(1955年3月15日)，頁39。

現實主義藝術的資深畫家，其油畫《小拖拉機手薩沙》(*Sashka the Tractor Driver*) (1954) 便描繪了農場生活的感人畫面。他的學生靳尚誼回憶道：「他教我們基本的素描技巧和油畫結構概念。」[23] 中國藝術界稱他任教的班為「馬訓班」，開辦了兩年，培養出一批有天分的年輕畫家，如靳尚誼、侯一民 (1930年生) 和詹建俊 (1931年生) 等人。當中許多人後來在藝術界佔一重要席位。1950年代中期，中國政府還選派了一批年輕藝術家前往列寧格勒著名的列賓美術學院 (Repin Institute of Art) 學習繪畫和蝕刻等多種藝術技巧。這批學員中有羅工柳和中央美術學院講師伍必端 (1926年生)。[24]

歸根結底，油畫的興起主要是由於它在各種藝術形式中有獨特的魅力。油畫用色靈活，明暗對比豐富，又能融合各種色調，與傳統的中國水墨畫有明顯的不同，給有志於藝術的人一種耳目一新的探討途徑。在接受訪問時，靳尚誼解釋他為何年輕時會選擇油畫：「油畫的最大特點是寫實……體積、空間、顏色、光，全是真實的。這個是吸引人的，吸引老百姓的。」[25] 蔡若虹也説，油畫能刻劃精妙的細節，融合不同色調，「在表現歷史題材和刻劃英雄人物方面具有良好的功能」。[26]

政府委派畫家去創作的階段

在蘇聯，主要油畫作品是由官方機構，如紅軍及重工業部人民委員會 (People's Commissariat of Heavy Industry) 委派畫家去完成的。[27]1938年權威著作《蘇聯共產黨(布)歷史簡明教程》(*A Short Course on the History of the All-Union Communist Party (Bolsheviks)*) (以下稱《聯共

23　本書作者於2004年8月4日及2006年1月7日在北京訪問靳尚誼的記錄。

24　本書作者於2004年7月30日在北京訪問伍必端的記錄。

25　本書作者於2004年8月4日及2006年1月7日在北京訪問靳尚誼的記錄。

26　蔡若虹：〈為創造最新最美的藝術而奮鬥〉，《美術》，第8–9期(1960)，頁3。

27　Bown, *Socialist Realist Painting*, p. 136.

(布)簡史》)出版後，對俄國革命中布爾什維克傑出成就的頌揚，令官方機構委派藝術創作的做法從此變得更加盛行。在中國，1951年文化部為了將來的中國革命博物館而成立的革命歷史畫創作領導小組，負責安排油畫創作的做法，與蘇聯十分相似。

要明白創作領導小組的重要性，必須要理解其背後的共產黨組織和管轄機構的控制。在機構層面來說，創作領導小組是博物館安排藝術創作的最低層部門。該領導小組之上有文化部，直接負責博物館展覽事項。而中宣部的角色更為重要，它監管整個博物館興建過程中涉及的政策和陳列。正如第5章提及，中共中央書記處為確保博物館的興建順利完成，於1959年9月設立了更高級別的機構來監管這項工作，就是「中國革命博物館籌建領導小組」。1950年代前半期委派創作的藝術品數量有限，因為待建的博物館多年來仍停留在設計階段。當政府一旦決定要興建十大建築之一的博物館後，為趕上1959年10月的開幕典禮，博物館規劃的負責人要爭分奪秒地安排藝術品創作。但彥涵這位自1951年起已擔任統籌創作工作的首席負責人，在1959年反右運動中被打成右派而遭革除，因此羅工柳迅速從列寧格勒被召回北京，負責新博物館招募藝術家的工作。[28]

黨領導認為展開工作之前必須考慮三個問題：油畫應該表現哪些歷史題材？應該交由哪些畫家來完成？油畫該怎樣凸顯毛澤東在黨史上的角色，而其他領導高層的角色應否包括在內？前面提及，隨着1951年胡喬木《中國共產黨的三十年》一書的出版，中共的官方史觀得以形成。這本權威著作與蘇聯的《聯共(布)簡史》相似，為中國革命博物館油畫創作定下了基調。

當有了中共歷史基本準則作依據，創作領導小組即發起了好幾次行動讓藝術家按照批准了的歷史主題去創作。第一個問題是要尋找政治上可靠的畫家。1950年代初，第一批獲委派的藝術家包括1949年12月入黨的董希文、羅工柳和1942年入黨的資深黨員王式廓(1911–1973)，及

28　《羅工柳藝術對話錄》，頁92–94。

支持共產黨的徐悲鴻。第二個問題是要考慮這些藝術家是否在技術上能勝任。董希文是位甚有成就的畫家，又是中央美術學院的教授，明顯是優秀的人選。此外，創作的重點是歷史主題，因此參與過這些歷史事件的畫家會有優勢。羅工柳參加過1942年的延安整風運動，令他成為描繪中共這重要一節黨史的理想人選。於是前面提及他的《整風報告》便因而面世。

根據畫家侯一民和詹建俊所說，這些工作被廣泛視為「國家的任務」，獲委派的都感到是「一個榮譽」。[29] 接受此任務後也使他們變成全國知名人物。本書作者訪問好幾位參與過這項任務的藝術家，雖然過了近半個世紀，他們仍對接受了這重要任務感到榮幸和激動。[30] 官方為促進這個項目，提供各種支援，其中包括實地視察、展開歷史研究、翻查舊照片、閱讀回憶錄、尋找檔案資料和訪問目擊者，務求將選定的主題如實展現出來。[31]1961年，政府還為藝術家提供食物和住宿，在北京的東方飯店安排房間供他們安心創作。詹建俊說：「大躍進以後，困難時期了，大家糧食都困難，因此畫家要工作呢，得有個地方能夠吃飽，東方飯店大家可以集中起來。」[32]這些藝術家的投入感極強，視這次為難得的機會，利用自己的藝術專長來協助新國家的成長。這批藝術家的確熱切地加入了建設新社會主義祖國的大合唱。他們不僅附和毛澤東的歷史觀，還積極地把它記錄在油畫中。

第三個問題，即毛澤東在黨史中的正確評價這個棘手的問題。事實上，原定建國十週年國慶日開幕的中國革命博物館，最終沒有成事，就是因為高層領導對毛澤東應否成為黨史展覽的重心而爭論不休。這些爭論被稱為「紅線」問題，在第5章有討論。康生堅持單獨凸顯毛澤東的主

29　侯一民：〈我和我的革命歷史畫〉，《美術博覽》，第17期（2005年6月25日），頁33。本書作者於2005年8月2日在北京訪問詹建俊的記錄。

30　本書作者在北京訪問以下油畫家的記錄：侯一民（2004年8月1日及2006年1月9日）、詹建俊（2005年8月2日）及靳尚誼（2004年8月4日及2006年1月7日）。

31　本書作者於2005年8月2日在北京訪問詹建俊的記錄。

32　同上。

導地位；跟他意見相左的是周揚，他建議較全面地看待黨史，還應適當地介紹其他高層領導的功績。中國革命博物館最終在1961年7月正式開放，展覽採用了接近周揚觀點的處理手法，但對毛澤東的展示仍遠遠超過其他領導人。

「紅線」並非困擾藝術家的唯一問題，更迫切的問題是這些油畫的主題。受到蘇聯社會主義現實主義的巨大影響，1950年代中國藝術家的作品必須突出歷史「主題」。據伊戈爾‧格隆斯托克的解釋，蘇聯美學理論中，主題是藝術家需用讚美的筆調來表現「領導者及其同僚、革命事件、工作與戰爭中的英雄行為。」[33]藝術家的作品應將這些主題「典型化」；[34]也就是說，他們必須刻劃重大歷史事件的本質和特點。蔡若虹解釋這條官方路線時寫道，歷史主題應顯示兩大特徵：必須「反映了工農兵群眾的革命運動和革命戰爭〔反對帝國主義和資本主義〕；表現了革命英雄人物和他們堅貞不拔的品質。」[35]但要將這些觀念展現在畫布上，卻一點也不容易。

1958年至1961年間，黨高層舉行多次內部討論，以達成一套大家都能接受的黨史版本。儘管我們沒有展品的清單（有關的博物館檔案至今仍未對外開放），所以我們不知道實際上創作了多少幅畫，但我們卻知道有許多作品被視為有問題而遭摒棄不用。[36]這些遭否決的作品，如同最終獲通過的畫作，都能告訴我們有關黨的選題觀點。

靳尚誼的《送別》（圖28）是被否決的作品之一。他是馬克西莫夫甚具才華的學生之一。為了創作一幅關於富有傳奇色彩的長征的油畫，他在1959年與其他人一樣，被派往江西實地考察。[37]當地流行的《十送紅

33　Igor Golomstock, "Problems in the Study of Stalinist Culture," in *The Culture of the Stalin Period*, ed. Hans Günther (New York: St. Martin's, 1990), p. 114.

34　朱狄：〈談歷史題材的美術創作〉，《美術》，第3期（1961年6月6日），頁41。

35　蔡若虹：〈為創造最新最美的藝術而奮鬥〉，頁5。

36　雖然我們沒有當日油畫展覽的詳細目錄，但有些雜誌刊出了展覽圖片。參見《文物》，第7期（1961年7月）。

37　靳尚誼口述、曹文漢撰文：《我的油畫之路》，頁23。本書作者於2004年8月4日及2006年1月7日在北京訪問靳尚誼的記錄。

軍》唱出1934年底長征開始時，戰士與家人及鄉親離別的痛苦情景。靳尚誼受歌曲所啟發，滿懷激情地畫下了紅軍離別的場面。畫中的戰士黎明時分離開，天色灰暗；妻子淚眼目送丈夫；父母牽腸話別兒子，整個畫面瀰漫着離愁別緒。[38]《送別》是用來表達「離別之情」，靳尚誼在訪問時說。[39]他想用這幅畫「既表現我們這次戰略轉移的正確思想，又不能情調過於低沉，整個作品基調還是比較健康的。」[40]但這與一些黨領導在畫中所見到的不一樣。康生在一次巡視展覽內容時，批評靳尚誼的《送別》太灰暗，是「黑畫」，認為這幅畫表現「毛澤東思想一條紅線不夠突出」。[41]也就是說，靳尚誼的作品中的消沉情緒，違背了革命樂觀主義，那正正是社會主義現實主義的必要條件。

　　身為主管的羅工柳也碰到了麻煩。1959年他完成了油畫《前仆後繼》（圖29），描繪的是1927年國民黨「清共」期間革命者的犧牲。地上烈士的遺體蓋上一塊白布，悲痛地守在他身旁的家人是兩個女子和一個年輕男子，都身穿白色孝服。年輕男子挺立着，凝視遠方，表露出不屈和堅毅。漆黑的背景表達了喪親之痛。羅工柳受倫勃朗（Rembrandt）的影響，在作品中處理光暗的手法是同輩中最純熟獨到的。[42]他運用白色的孝服與沉鬱的背景形成強烈的對比，活人與亡者構成倒置的「T」形，使畫中展示了如一位藝術評論家所稱為「玉碑」的難忘景象，喻作共產黨人無私的犧牲。[43]這幅油畫最初取名《火種》，同樣是表達對未來的希望。[44]可是羅工柳這幅畫與靳尚誼的《送別》一樣，被批評為嚴重背離正確的美學觀，即描繪了「太悲慘」的場面，因而被否決。[45]

38　靳尚誼口述、曹文漢撰文：《我的油畫之路》，頁49–50。

39　本書作者於2004年8月4日及2006年1月7日在北京訪問靳尚誼的記錄。

40　靳尚誼口述、曹文漢撰文：《我的油畫之路》，頁49。

41　同上。

42　羅工柳承認自己的繪畫受到了倫勃朗的影響。參閱《羅工柳藝術對話錄》，頁54。本書作者於2004年1月16日在北京訪問羅工柳的記錄。

43　劉驍純：〈羅工柳〉，《巨匠美術週刊：中國系列》，第111期（1996年10月12日），頁8。又參閱《羅工柳藝術對話錄》，頁130–133。

44　《羅工柳藝術對話錄》，頁125。

45　同上，頁126。

圖28　靳尚誼：《送別》（1959），油畫，中國國家博物館。

圖29　羅工柳：《前仆後繼》（1959），油畫，中國國家博物館。

通過了的作品

中國革命博物館獲官方批准於1961年7月1日正式開放，所有獲得通過的油畫，像其他革命文物一樣，終於可以展出。但革命博物館並非唯一在1950年代委派油畫創作的機構，其他單位如軍事博物館也這樣做。此外，除了油畫，共產黨還採用其他藝術形式來記載自己的歷史。其中最著名的有王式廓的《血衣》(1959)，這幅黑白炭筆畫描述的是土地改革時農民控訴地主殘暴的場面。還有石魯 (1919–1982) 的《轉戰陝北》(1959)，這幅傳統的水墨畫描繪了1947年國民黨軍隊攻打延安時毛澤東的軍事轉移策略。古元 (1919–1996) 的《劉志丹和赤衛隊員》(1957) 是有關早期陝西的一位共產黨領導人的版畫。但幾乎沒有一種形式像油畫一樣能喚起觀眾的情感。我們細看這些畫作，便不難發現有多種主題，最突出的是烈士、戰爭、領袖、工人和新國家的建立。

烈 士

中國共產黨油畫中的神聖標誌就是戰友犧牲的畫面。以此為題的其中一幅著名的作品是全山石 (1930年生) 的《英勇不屈》(1961) (圖30)，它亦是蘇聯社會主義現實主義的一個範本。油畫家全山石曾在列寧格勒的列賓美術學院學習，自稱受到毛澤東1945年發表的著名文章〈論聯合政府〉所啟發。毛澤東在文章中談到1927年4月國民黨為消滅共產黨而發動「白色恐怖」。毛澤東寫道：「但是，中國共產黨和中國人民並沒有被嚇倒，被征服，被殺絕。他們從地下爬起來，揩乾淨身上的血跡，掩埋好同伴的屍首，他們又繼續戰鬥了。」[46]

全山石的油畫描繪的是一具躺在青蔥地上的烈士遺體，上面覆蓋着紅布顯示他的革命精神。遺體四周站着一群滿面怒容並堅決要血戰到底的農民，他們之中很多人已在戰鬥中負了傷。這群人緊握長矛、鐵叉和

46　毛澤東：〈論聯合政府〉，《毛澤東選集》，第3卷，頁1036。全山石亦引用毛的說話，見全山石：〈從挫折中見光明〉，頁48。

圖30　全山石：《英勇不屈》(1961)，油畫，中國國家博物館。

槍支，準備再次為保衞家園而戰鬥。畫中紅旗飄揚象徵這群人的政治背景。人群中間站着他們的首領，他雙手叉腰，堅毅的目光表示輝煌的未來只能靠這些犧牲的烈士來換取。其他人靜靜地哀悼，前面站着一個男孩，緊握雙拳，背着大刀，站在倒下的烈士前低頭默哀。這群人看上去異常克制，擺出的卻是要堅持戰鬥、不怕犧牲的姿態。畫中的人物反映了新現實主義的藝術觀，與傳統中國畫大相徑庭。傳統中國畫強調人物的內心世界，畫家通過周圍環境和各種細節來襯托，而不是通過他們的表面形象來傳達。

　　安德列·辛雅夫斯基（Andrei Sinyavsky）在著名文章〈論社會主義現實主義〉中認為，社會主義現實主義的一種基本性質是表現自我犧牲的形象，藝術家用來提高社會主義的英雄形象，令其「在政治道德的階梯上，地位越來越高。」[47] 全山石很明顯是要透過紀念烈士的手法來弘揚這

47　Abram Tertz, *On Socialist Realism*, intro. Czeslaw Milosz (New York: Pantheon, 1960), p. 48.

種高尚情操，他解釋説：「為了表達人們的悲憤、仇恨和充滿信心堅持戰鬥的情緒和力量，我想採取紀念碑式的手法，借助一些象徵性的形象來表達主題思想。」[48] 全山石承認展現烈士的遺體：「是構成畫面的重要因素，去了它，就很難辦。」[49] 前面站着的男孩是象徵未來，按畫家的説法，是加強了「〔為革命要〕前仆後繼的思想」。[50] 背景中日出的第一道金光宣告新時代的來臨。

諷刺的是，這幅油畫的構思很像羅工柳被否決了的作品《前仆後繼》。全山石的油畫獲得通過而羅工柳的作品遭到否決的原因是，對審查者來説，兩幅油畫反映了極為不同的精神：後者流露出悲觀，前者描繪的是共產革命一定會成功的信念。

戰　爭

社會主義藝術另一中心主題是描繪中共黨史上經歷的大戰。這樣的主題，反映在油畫中就是歌頌紅軍的軍事傳統，及證明對敵人不斷發動武裝鬥爭是絕對正確的。這些畫作涉及兩類戰爭題材：一是抗日戰爭，以詹建俊的《狼牙山五壯士》(1959) 為代表；二是國共內戰，以鮑加 (1933年生) 和張法根 (1930年生) 的《淮海大捷》(1961) 為例。

詹建俊的《狼牙山五壯士》(圖31) 是認真考證與傑出技巧兼備的作品。這幅畫依據真實故事，描繪了五位共產黨戰士於1941年9月在河北省易縣狼牙山對抗日軍的戰鬥場面。他們彈藥耗盡後，拒絕投降，便從山崖上跳下去，顯示了誓死不屈的意志，後來有兩人獲救。詹建俊與其他接受委派任務的藝術家一樣，對要描畫的事件仔細研究，親臨事發地點，訪問兩位生還者，獲取真實的歷史感受，有助他體會死亡所帶來的慘痛。

48　全山石：〈從挫折中見光明〉，頁49。

49　同上，頁50。

50　同上。

圖31　詹建俊:《狼牙山五壯士》(1959),油畫,中國國家博物館。

　　這位藝術家對場景的描繪發揮了想像力。與其描繪常規戰鬥,詹建俊倒是畫了手握武器的五位戰士,站在崖頂,準備一躍而下。詹建俊完成該作品後不久,在文章中寫道,他是希望在畫作中,「通過英雄跳崖前的一刹那,從悲壯的氣氛中突出表現寧死不屈、氣壯山河的英雄氣概。」[51]詹建俊的畫作突出了與戰友同生死、共患難的精神,但五人的表情各異,顯示了不同個性。五位戰士的身軀構成金字塔形,反映了畫家長久以來對幾何構圖的興趣。這一點在詹建俊的許多作品中也特別矚目。背景右上角的山峰也是金字塔形,觀眾站在畫的下方往上看時,會有一種莊嚴肅穆的感覺。金字塔形的構思,如畫家所說,是為了使其

51　詹建俊:〈走彎路有感〉,《美術》,第6期(1961年12月6日),頁31。

「達到紀念碑性的效果」。[52] 詹建俊的設計無疑是有效的，就如一位藝術評論家所説的，這些戰士「好像不是站在山峰上，而是從地上生長起來的屹立山峰的一部分。」[53]

鮑加與張法根創作的《淮海大捷》（圖32）展現了另一種武裝衝突，是國共內戰期間解放軍在華中地區大勝國民黨的全景式描繪。《淮海大捷》用了歷史油畫中慣用的橫向構圖形式，呈現了1948年底至1949年初共產黨在山東南部和江蘇北部的淮海戰役中取得的勝利情景。但見紅旗飄揚，坦克縱橫，無數士兵或騎馬或徒步，以大軍壓境之勢，越過戰場。油畫的右上角是老百姓，推着木頭車，載着行李，跟在軍隊後面，展現一片軍民同心的場面。被降至油畫左下角的是國民黨傷兵和汽車殘骸。畫面形成了一條清晰的對角線，把勝利者與戰敗者截然分開。作品用色鮮明，對比強烈。油畫的上邊正是旭日東昇，晨光清爽，解放軍昂首前進，象徵光輝的未來。而國民黨軍隊一敗塗地的情景，畫家以藍黑代表屈辱與挫敗。鮑加解釋説，畫中的「色彩明暗、冷暖的對比」，皆用於表現「人民的革命武裝力量蓬勃發展、氣勢浩大的大場面構圖。」[54]

蘇聯的軍事油畫常展現戰爭中的兩大主題：與敵方衝突和壯烈犧牲的情景，就如亞歷山大‧傑伊涅卡（Aleksandr Deineka）的《保衛塞瓦斯托波爾》（*Defense of Sebastopol*）（1942）。但中國的革命歷史油畫卻不同。《淮海大捷》沒有戰爭實況中的傷亡與殺戮，反而是傳遞一個強烈的政治訊息：這場戰爭的結局是肯定的，社會主義前途是光明的。鮑加説昂首前進的大軍，是用來「體現將革命進行到底的思想。」[55]

52　同上。

53　朱狄：〈光明在前〉，《美術》，第4期（1961年8月6日），頁26。

54　鮑加：〈從戰爭大場面中表現時代精神〉，《美術》，第6期（1961年12月6日），頁30。

55　同上。

圖32 鮑加、張法根:《淮海大捷》(1959),油畫,中國國家博物館。

領 袖

社會主義現實主義最核心的主題是偉大領袖。這種形象在1930至1940年代的蘇聯清楚易見,當時斯大林的畫像在官方的圖片宣傳中盡佔中心位置。中國也可說是一樣,毛澤東的權威無人能及。靳尚誼的油畫《毛主席在十二月會議上》(1961)(圖33)清楚說明這點。

靳尚誼的油畫讚揚了毛澤東的領導。這幅畫描繪了中共中央委員會於1947年12月在陝西米脂召開的一次重要會議上,毛澤東發表的演說。這次會議制定了中共在國共內戰中的鬥爭新道路。毛澤東在〈目前形勢和我們的任務〉的報告中,指出這條新道路就是要摧毀蔣介石,並使國民黨「走向覆滅的道路」及「成立民主聯合政府」。他最後說:「曙光就在前面,我們應當努力。」[56]

靳尚誼接到指令要在油畫中記錄這次歷史性會議時,十分清楚自己該展示甚麼。他的任務,就是要在中共歷史的關鍵時刻表現毛澤東的「英明、智慧、果斷、堅定、目光遠大、預見了即將到來的全國革命的勝利。」蘇聯御用畫家亞歷山大・格拉西莫夫是在斯大林親身會見他

---

56 毛澤東:〈目前形勢和我們的任務〉,《毛澤東選集》,第4卷,頁1243、1255及1260。

圖 33　靳尚誼：《毛主席在十二月會議上》（草圖，1961）。靳尚誼：〈創作《毛主
　　　席在十二月會議上》的體會〉，《革命歷史畫創作經驗談》（北京：人民美術
　　　出版社，1963），頁 41。

後，才畫出一批這位蘇聯領導人的畫像，包括著名的《斯大林與伏羅希
洛夫在克里姆林宮》（*Stalin and Voroshilov in the Kremlin*）（1938）。[57] 與
格拉西莫夫不同的是，靳尚誼從未與毛澤東會過面，只能依賴「主席當
時的照片和有關的紀錄影片……〔及〕訪問見過主席的一些同志」來描
繪。[58] 靳尚誼心裏明白，對於毛澤東這樣重要的人物，他不僅要畫得貌
似，令人接受，更要畫出一個偶像人物來。他先從毛澤東的手下筆，相

57　亞歷山大‧格拉西莫夫於 1954 年訪問中國，受到熱烈歡迎。參閱《人民日
　　報》，1954 年 10 月 24 日，第 5 版。

58　靳尚誼：〈創作《毛主席在十二月會議上》的體會〉，《美術》，第 6 期（1961
　　年 12 月 6 日），頁 10–11。

圖34　靳尚誼：《毛主席在十二月會議上》(1961)，油畫，中國國家博物館。

信領袖的手跟他的面部表情同樣有說服力。靳尚誼說：「看來，不用有力的手勢，很難表現出〔毛主席〕對形勢作英明判斷的那種宏偉的革命氣魄。」最終的作品展現出一個雄偉的身軀支配整個畫面，滿懷自信的領袖有力地伸出右手來闡述自己的論點。毛澤東的表情堅定果斷，表明他運籌帷幄。毛澤東在這次會議是對黨高層的講話，但這些人卻不在圖中；略去了聽眾，靳尚誼在毛澤東和其他領導人之間製造了一種張力，令觀眾禁不住對這些與會者的表情感到好奇，但那只得靠想像了（圖34）。

　　此畫讓人從下往上看，使毛澤東的形象更顯得高大和雄偉。他的姿勢表明了所象徵的權威，強調他能駕馭大局。本來背景是一道白牆，靳尚誼卻抹上了暗紅色，不僅與毛澤東的灰色上裝在視覺上形成鮮明的對比，而且正如畫家在訪問時所說的，紅色是用來表達革命，因為「革命

是火紅的嘛」。[59]畫中使毛澤東成為焦點是説明他在黨內的地位無與倫比，同時也表達了一種樂觀的看法，就是他將帶領中國走向光輝的未來。靳尚誼的作品明顯受到了蘇聯藝術的影響，他跟其名師馬克西莫夫一樣是傑出的肖像畫家，能憑着高度的敏鋭力，突出領袖的雄偉英姿。他對手勢的概念或許受到了蘇聯同業的影響。蘇聯藝術作品中的列寧和斯大林常常高舉手臂，像是指向未來。如第5章引述的弗拉基米爾‧謝洛夫的《列寧宣佈蘇維埃政權成立》(1947)[60]和維克托‧齊普拉科夫(Viktor Tsyplakov)的《列寧》(*V. I. Lenin*)(1947)等畫作也是一樣。

工 人

靳尚誼的《毛主席在十二月會議上》以毛澤東為焦點；馬克西莫夫另一學生侯一民的油畫《劉少奇同志和安源礦工》(1961)(圖35)，則以共產黨另一位領導人的鬥爭為故事，描繪劉少奇在1922年9月江西安源煤礦工人反對剝削制度的罷工裏所起的作用。

根據馬克思主義的理論，工人在社會主義革命中起着十分關鍵的作用。他們被視為大旗手，幫助布爾什維克取得政權。蘇聯畫家一直以來奉行將無產階級神聖化的原則，如之前提及的約甘松的名畫《在老烏拉爾工廠裏》，描繪了惡劣的工作環境和無產階級的階級意識醒覺。約甘松的油畫是1950年代對中國年輕畫家影響最大的作品之一。[61]然而，這位蘇聯畫家的作品只涉及兩個對立階級之間的衝突正在醞釀中，而侯一民的《劉少奇同志和安源礦工》描寫的卻是進行得如火如荼的工人罷工。

侯一民為了確保畫作更加真實，去了安源煤礦場三次以收集罷工細

59　本書作者於2004年8月4日及2006年1月7日在北京訪問靳尚誼的記錄。

60　蘇聯將一幅謝洛夫的《列寧宣佈蘇維埃政權成立》油畫複製品作為禮物送給中國，並於1961年在中國革命博物館展出。《文物》，第7期(1961年7月)，圖片。

61　靳尚誼口述、曹文漢撰文：《我的油畫之路》，頁131。本書作者於2004年8月1日及2006年1月9日在北京訪問侯一民的記錄。

圖35 侯一民：《劉少奇同志和安源礦工》(1961)，油畫，中國國家博物館。

節。他希望如實繪畫中共黨史中這件大事。[62] 在侯一民的畫中，劉少奇
是位年輕的勞工領袖，帶領反抗階級剝削的罷工。這次行動是1950年
代被官方奉為共產黨在國內最早開展工運的典範。畫中如何突出表現劉
少奇的領袖形象？侯一民承認劉少奇既是「群眾之中的一個」，卻「又是
工人中最堅定、最有遠見的核心」，這是很難在畫中表現的。[63] 但作品完
成後，卻看不到這種矛盾。劉少奇的領袖形象一目了然，他帶領一大群
工人走上推翻不合理制度的道路。劉少奇處於畫面中三角構圖的頂部，
顯露出不可阻擋的力量。但是正如一位藝術評論家所說的，這場罷工並
非個別工人的孤軍作戰，而是大批工人揮拳抗議，扛起手鎬的鬥爭；他
說：這不是守勢，「而是攻勢」。[64]

　　為了貼近現實，侯一民給礦工畫了不少裝備，除了手鎬，還有礦燈
和拖筥。這些礦工並不是站在一個非凡領袖之後的陪襯，也不是面目模
糊的人群。這幅畫的另一特點是畫家筆下的人物極富鮮明的個性。侯一
民指出畫中人物很多都是依據真實人物創作的。劉少奇左邊負傷的工人

62　本書作者於2004年8月1日及2006年1月9日在北京訪問侯一民的記錄。

63　侯一民（侯逸民）：〈《劉少奇同志和安源礦工》的構思〉，《美術》，第4期
　　（1961年8月6日），頁21。

64　何溶：〈革命風暴中的英雄形象〉，《美術》，第4期（1961年8月6日），頁6。

是按照周懷德烈士設計的，他在隨後的一次罷工中犧牲了。圖右的那位白鬍老人，彎腰駝背是因為一生活在迫人的煤礦勞役中。但到了此刻，他緊握手鎬，敢於反擊。還有油畫前面的那個童工，既象徵了童工制度的殘酷，卻也代表了革命後繼有人。孩子只有破布遮身，脖子上卻套着一條紅線圈，這是當地祈求長壽而掛的象徵物，也為畫面增添了一些安源地方的色彩。[65] 侯一民令平凡的礦工因團結和目標一致而變得不平凡，面上流露出集體行動的力量，更重要的是，如侯一民所說的，表現了「工人的自覺」。[66]

新國家的建立

董希文在革命博物館中的《開國大典》，是以油畫方式在視覺上描繪了共產黨最終的光輝勝利成果。[67] 董希文的作品如實記錄了當代中國的一件歷史大事。它具有民間年畫的風格，為油畫添上了本土色彩。畫中用了傳統的強烈色彩對比技巧，如鮮紅的圓柱和大紅燈籠與藍天白雲相映成趣；也用上了菊花象徵長壽，騰飛的白鴿表示這片久經戰亂的國土終於恢復了和平。天安門廣場中央升起了新的國旗。萬千群眾在旗海飄揚下，列隊向主席致敬，並全神貫注地聽他讀出了建國宣言。

儘管董希文受過西方油畫訓練，但他的作品無疑受到了1950年代政府極力推行的年畫這種民間流行藝術所影響。董在1953年寫道：「中國人是喜歡鮮明而熱烈的色彩的，這也是符合《開國大典》這幅畫的主題思想的。所以我在色彩運用上，便不顧忌到一班西洋畫法的色素複雜變化和油色厚堆的規則，大膽地採取我們中國畫色彩的使用習慣。」他繼續寫道：「假如說，這幅畫富有民族氣派，那末，與這種色彩的用法

65 侯一民（侯逸民）：〈《劉少奇同志和安源礦工》的構思〉，頁24。

66 本書作者於2004年8月1日及2006年1月9日在北京訪問侯一民的記錄。

67 《文物》，第7期（1961年7月），頁27–37。

是很有關係。」[68]1953年政府出版機構大力推銷董希文這幅名畫，大受民眾歡迎。[69]

董希文勇於創新又極富想像力。在《開國大典》中，毛澤東是站在地毯上的。地毯表面因顏料中添加了鋸末而更為傳神。[70]1950年代初，天安門城樓上視野並不廣闊，四周都被古城門和舊城牆包圍。董希文要靠更多的想像力來處理畫面。他把毛澤東前面的幾條柱子除掉，開闊前方的空間，使主席與廣場上敬仰他的人群打成一片。同時，毛澤東直接面對正陽門；那昔日進入故宮內城的南大門，是處在傳統的神聖南北中軸線上，象徵着毛澤東的正統權威。

同心環是董希文作品中常見的構圖，毛澤東在這個構圖的中心地位是清楚不過的。圖中毛澤東不再是內戰時期的軍事人物，而是莊嚴宣告開國的元首，舉止更有氣勢。與史實不符的是，毛澤東發表歷史性宣言時，本來是四周站滿他的親密戰友，包括朱德和周恩來，但在畫中毛澤東卻是獨自挺立，幾乎是在畫的中心位置，不靠近任何人。毛的親密戰友站在他的左方，形成最內層的圓環。接着的一環是巨大廣場上列隊聚集的群眾，環繞四周的是1950年代中即將被拆除的舊城牆，用來擴寬廣場。城牆之外是北京這座古老城市。最外環是藍天白雲下的祖國，萬物生輝，前程似錦。毫無疑問，毛澤東是這個象徵世界的核心，他的目光已超越首都，遍延至他的新世界。如前所述，國慶和五一巡遊傳遞了同樣的訊息，就是毛澤東是這個新國家至高無上的領袖。

1953年《開國大典》首次展出時受到了熱烈歡迎。但它也有批評者，徐悲鴻便表示了不滿。按他的看法，儘管這幅畫因正確描繪了中國歷史上的一件大事而完成了政治使命，但藝術上而言，它卻不太像油畫，因為過分使用了中國典型的濃艷色彩，欠缺西方油畫中冷暖色調的

68　董希文：〈油畫《開國大典》的創作經驗〉，《新觀察》，第21期（1953年11月1日），頁24–25。

69　江豐：《江豐美術論集》，頁92。

70　本書作者於2004年8月4日及2006年1月7日在北京訪問靳尚誼的記錄。

豐富層次。[71] 但是，黨領導高層對這幅畫卻是滿意的，視之為這個新興國家逐步建立管治形象和不斷增強自信的證明。1953 年 4 月，這幅畫在中南海展出時，據記載毛澤東如此說過：這幅畫表現的「是大國，是中國。我們的畫拿到國際間去，別人是比不過我們的，因為我們有獨特的民族形式。」[72] 儘管說法誇張，但毛澤東的講話道盡為何中國革命博物館最先安排歷史畫製作的原因：歷史畫是展現民族自豪的有效工具。這種情況在 1950 年代末至 1960 年代初更明顯，當時中蘇分裂，導致了中國藝術界在創作上採納更多的民族色彩。

中蘇油畫的差異

中國歷史油畫往往被視為與蘇聯歷史油畫十分類似，但鮮有學者分析過兩者之間的差異。用油畫創作一系列的政治形象當然不是甚麼新鮮事物，所有 20 世紀的專制政權，包括中國和蘇聯，都將藝術作為直接表達政治理念的工具。[73] 不過，中國油畫與其他國家作品的區別，在於創造時所隸屬的管轄機構及受到黨嚴密監控的情況。此外中國油畫中越來越濃的民族主義色彩也是有別於蘇聯油畫。

整個 1920 年代，蘇聯政府並未對無產階級專政下所要求的藝術形式給予任何明確的指示。直到 1932 年，蘇聯共產黨中央委員會才解散所有藝術團體，將一切文化活動歸黨控制。[74] 與之相反，中國共產黨從中國革命博物館建造的最初階段就實施了嚴密的監控。油畫委派工作經歷了好幾個步驟；而整個過程的每一階段都受到政府官員的小心監察，再加上中宣部不停地對所有活動實施監管。

71　薄松年編：《中國藝術史圖集》，頁 253。

72　同上。

73　Golomstock, *Totalitarian Art in the Soviet Union*, pp. 121–130, 216–265.

74　Boris Groys, *The Total Art of Stalinism: Avant-Garde, Aesthetic Dictatorship, and Beyond*, trans. Charles Rougle (Princeton: Princeton University Press, 1992), p. 33.

　　蘇聯油畫中出現負面題材是普遍不過的事，而且通常被視為描述歷史辯證鬥爭中，社會主義陣營最終獲勝的一種藝術方式。以最著名的兩幅作品為例：一是格利高里‧謝蓋爾（Grigori Shegal）的《克倫斯基1917年逃離加特契納》（*The Flight of Kerenski from Gatchina in 1917*）（1937–1938），描繪了布爾什維克黨人驅逐臨時政府總理的情景；二是庫克雷尼克塞（Kukryniksy）（實為三位著名畫家所取的群組名稱，他們分別是米哈伊爾‧庫普里亞諾夫〔Mikhail Kupriyanov〕、波菲里‧克雷洛夫〔Porfiri Krylov〕和尼古拉‧索科洛夫〔Nikolai Sokolov〕）的《末日》（*The End*）（1948），描繪了希特勒服毒自盡的情景。中國革命歷史油畫卻極少將敵人作為主題展示。鮑加和張法根的《淮海大捷》中出現了國民黨軍隊慘敗的場面，實屬罕見。即使在這幅畫裏，敵人都不過是紅軍勝利的陪襯。革命油畫往往傳遞正面的訊息，用最光輝的畫面展現歷史大事。如王朝聞所説，這些作品是為了頌揚「革命樂觀主義精神」。他補充道，如果作品用「恐怖的、慘酷的」畫面展示，就會歪曲了「革命理想」。[75]在刻劃領袖人物時，靳尚誼的看法也相同，他説：「應盡量避免不美的形體。」[76]王朝聞和靳尚誼的觀點明顯是跟隨社會主義現實主義的訓示。但中國油畫一直強調正面形象的詮釋，比蘇聯油畫的社會主義現實主義更加教條和更多限制。

　　斯大林時期的油畫，除了歌頌政治領袖和革命歷史事件外，還包括讚揚祖國的風景畫以及靜物畫，雖然兩者在革命的社會主義藝術中僅屬於次要地位。其中，瓦西里‧巴克舍耶夫（Vasily Baksheev）的油畫《藍色的春天》（*Blue Spring*）（1930），便是以白樺樹來象徵俄國。而中國畫家最主要是集中描繪領袖人物和革命題材，認為風景畫和靜物畫在革命藝術中無關重要。因此以描繪國家歷史的油畫來説，中國的畫比蘇聯的畫範圍更窄。此外，蘇聯的領袖畫像深受俄國東正教和宗教聖像畫的影響，正如維多利亞‧邦內爾（Victoria Bonnell）所指，蘇聯領袖的身邊常

75　王朝聞：〈表現人民群眾的英雄時代〉，《美術》，第8–9期（1960），頁35。
76　靳尚誼：〈創作《毛主席在十二月會議上》的體會〉，頁11。

常畫着一位工人和一位農民，類似耶穌身旁站立的門徒一樣。阿納托利‧索科洛夫（Anatoly Sokolov）1922年的宣傳海報《讓統治階級在共產主義革命面前顫抖吧》（*Let the Ruling Classes Shudder before the Communist Revolution*）便是一例。[77]中國的革命歷史油畫當然就不會有宗教色彩。

兩國之間最重要的區別也許是中國藝術家有意地嘗試把地方色彩融入作品中。他們這樣做，是要創造一種民族油畫風格，統稱為油畫「民族化」。董希文對這種嘗試解釋得最有說服力。他在1957年提出西方油畫必須要經過民族化才可以在中國落地生根。他警告說，油畫必須融入才可以「變成自己的血液」，否則將永遠是「一種外來的東西」。[78]但在1950年代，民族化只是個模糊不清的概念，在藝術、技巧和政治層面都可以有多方面的解釋。藝術上，民族化意味着透過融合本土和西方技巧而創造出一種中國風格的畫作。董希文自己就採用了年畫傳統的艷麗色彩和裝飾圖案創作《開國大典》。[79]他對這幅作品十分滿意。他說在這幅畫裏，「對於畫面上光源和明暗的處理，我也給它單純化了」，使作品添上了傳統中國畫特有的「裝飾風的效果」。[80]其他畫家為了使自己的作品更顯中國特色，提議要強調「高度概括和集中的手法」這種傳統水墨畫一直恪守的理念。[81]

在技巧方面，周恩來認為「民族化就是大眾化」，即藝術要受到廣大的觀眾所歡迎，尤其是「工農兵」能夠接受。[82]這論據當然是緊隨毛澤東「延安講話」的思想指導，那就是號召以藝術作為服務人民的政治工具。

77　Bonnell, *Iconography of Power*, p. 147.

78　董希文：〈從中國繪畫的表現方法談到油畫中國風〉，《美術》，第1期（1957年1月15日），頁6。

79　董希文：〈油畫《開國大典》的創作經驗〉，頁25。

80　同上。

81　吳作人：〈油畫的新貌〉，《美術》，第8–9期（1960年9月），頁42。

82　周恩來：〈在音樂舞蹈座談會上的講話〉，文化部文學藝術研究院編：《周恩來論文藝》（北京：人民文學出版社，1979），頁181。

更重要的是在政治方面，民族化反映了官方政策，就是要尋求一條有異於蘇聯的獨立藝術道路。1950年代後期，中蘇關係轉趨對抗，毛澤東的自力更生政策成為中國疏遠莫斯科的指導思想，藝術的民族化變得更加迫切。最終，既不是藝術，也不是技巧，而是政治成為了油畫民族化的核心思想。中國尋求有自己特色的藝術，清楚反映它對國家獨立的訴求。

從柏拉圖（Plato）的《共和國》（*Republic*）時代開始，當權者就意識到藝術可以是危險的東西，因此必須嚴格控制。斯大林1930年代對蘇聯前衛藝術的抨擊和希特勒對「墮落藝術」（degenerate art）的譴責，是出於對藝術自由的恐懼。但縱觀歷史，藝術其實一直在為統治者的利益服務。在中國，由中國革命博物館委派創作的革命歷史油畫，是共產黨試圖透過油畫這個從西方引入的方式，講述自己的勝利歷史及申明自己的主權，不受制於他人。這個博物館是個極受操控的政治場所，而油畫在黨的控制下，用來表達國家的集體記憶。

中國畫家在不同階段被指派去創作題目已定的作品，他們當中很多人運用自己的專才，全情投入工作。那麼，這些藝術家享有多大的自主權呢？儘管受到國家的限制，但無可否認畫家在創作時，對色彩和畫法方面保留了少許自由。如詹建俊在色彩和用光的處理方面，就深受歐洲印象派的影響。羅工柳也對莫內（Monet）、梵高（van Gogh）和馬蒂斯（Matisse）的藝術成就，甚為讚賞。[83]但不管他們怎樣擁有個人的品味與風格，他們的作品最終不得不服從意識形態的主宰，不然會遭到否決，就如靳尚誼的《送別》所經歷的一樣。因為受嚴格的教條所束縛，社會主義藝術只能說一套由黨高層制定的官方論調。

在中國，革命歷史畫被修改以符合國家領導人的政治目標，藝術卻因此遭到扼殺。雖然我們對一般中國人實際上如何看待中國革命博物館的畫作所知不多，但中共要求完全按照自己的方式記載歷史卻是無可置疑的。但領導人想讓大眾看到的主題卻不斷在變更，反映了高層之間持

83　《羅工柳藝術對話錄》，頁49。

續不斷的權力鬥爭，結果是博物館中的畫作朝不保夕，不停被修改。董希文的《開國大典》並非黨內鬥爭的唯一犧牲品。侯一民的《劉少奇同志與安源礦工》遭受了同樣命運。侯的作品1961年首次展出時好評如潮，只因當時劉少奇的地位穩固。1960年代文化大革命期間，劉少奇被激進分子攻擊為「走資派」，並革除職務。侯一民同樣遭到批判，他的油畫也從革命博物館展品中被剔除。取而代之的是另一幅油畫《毛主席去安源》(1967)，由紅衛兵劉春華(1944年生)創作。畫中是毛澤東，而非劉少奇受到尊崇，並描繪成罷工中無可取代的領袖。雖然革命歷史畫是編撰的視覺故事，用來記錄中共的成就，但這些故事總沒有定稿，它們隨着變幻無常的政治潮流而遭到不停的重新解讀。

第四部分

圖 像

第7章

畫中的妖魔

1949年7月2日，中華全國文學藝術工作者代表大會在北京召開，令人想起1934年的蘇聯作家第一次大會。中國共產黨用此次會議來強調文學藝術在建設社會主義中國的重要作用。但對中共而言，這次大會有更迫切的目的：為即將在10月1日成立的中華人民共和國號召文藝界支持，及為建設新的社會主義國家制定文化策略。這次會議有753位知名的作家和藝術家出席，可謂盛況空前。

木刻家兼藝術評論家江豐熱烈支持官方藝術政策。他在一份重要報告中評價了中共以往的藝術成就，並建議它將來的發展大計。江豐指出中共取得政權之前，解放區的藝術政策，在「明確的接受了毛主席所號召的為工農兵服務的文藝思想之後，有了根本的變化。」江豐認為，結果是藝術形式自此開始徹底大眾化，以滿足廣大群眾的需要，「使美術成為人民大眾所有」。江豐強調大眾藝術的多種形式，如海報、漫畫、版畫、連環畫和年畫都有用途，可向群眾傳遞社會主義訊息和推動黨的政治理念。江豐指出這些藝術形式清晰易明，形式簡單，製作容易，「在群眾中的影響大」。[1]

江豐的講話並非對藝術隨意說說。它實際上顯示了中國共產黨在掌

1　《中華全國文學藝術工作者代表大會紀念文集》，頁227。

權後，急切尋求訂定有效的藝術政策，好能管治這個廣闊的國家，並向
多數是目不識丁的農民傳播社會主義思想。為了盡快解決問題，中共利
用廣受歡迎的圖像形式來宣傳。黨意識到要穩握政權，就必須先要贏取
中國人民全心全意的支持。要做到這一點，就必須先要創造或重塑有感
染力的政治形象。喜聞樂見的藝術形式，如江豐在講話中提到的漫畫、
連環畫和年畫，是接觸最廣泛的群眾和爭取他們支持新政府的理想工
具。當然，共產黨要向民眾傳播官方有計劃推出的訊息和形象，是不會
只靠這三種藝術形式。但藝術家和黨領導都明白，它們是取得理想效果
的最佳工具。法蘭西斯‧哈斯克爾（Francis Haskell）在他研究歐洲藝術
的書中指出，圖像是受歷史所影響的，不能脫離創造它們的社會因素。
他說，圖像可以視為「社會的指標」。[2] 在中國，圖像不僅受歷史所影響，
也受政治所局限。圖像記錄並反映了塑造它們的政治實況。此外，1950
年代中國共產黨的圖像語言具有強烈的民族主義色彩，原因是黨決意擺
脫外國模式，油畫家如董希文等的畫作，都有這種傾向。

圖像工具

　　中國共產黨使用漫畫，特別是政治漫畫，已有很長的歷史。[3] 延安
時期，年輕漫畫家如華君武（1915–2010）和張諤（1910–1995）等人創作
抨擊國民黨的諷刺作品經常刊登在《解放日報》等黨報上，並成為共產
黨視覺宣傳藝術的一種特色。[4] 採用這種藝術形式有幾個明顯的優點。
漫畫家創作的圖像通常是直接、淺白、易懂，使這種藝術形式成為傳達
重要觀念的理想工具。藝術上，漫畫家以變形誇張的技巧，加上他們善
於把錯綜複雜的事物化為簡單卻一針見血的意境，能令觀眾產生一種強

2　Francis Haskell, *History and Its Images: Art and the Interpretation of the Past* (New Haven: Yale University Press, 1995), pp. 217–235.

3　Hung, *War and Popular Culture*, pp. 221–269.

4　參見《解放日報》（延安），1944 年 11 月 3 日，第 1 版。

烈、甚至震撼的印象。最重要的是，如英國漫畫家大衛‧洛 (David Low) 所指的，政治漫畫有即時和緊跟時局的基本要素。[5]中國政治漫畫在 1950 年代稱為「時事漫畫」，的確能製造一種即時的感覺，並能用作響應政府政策的理想工具。[6]漫畫於是成為北京的《人民日報》、上海的《解放日報》等官方報刊上常見的專欄。[7]新聞漫畫因應時事而即時創作，主要用來傳達官方觀點。《人民日報》的方成 (1918–2018) 在 2002 年接受訪問時回憶道：「新華社的新聞稿一到，我們跟着新聞稿就畫了。」[8]

中國漫畫與油畫一樣，也受到了蘇聯藝術的影響。這個影響在延安時期已經很明顯，因為《解放日報》等主要報章經常轉載蘇聯的藝術作品。[9]在 1950 年代初期，俄羅斯藝術風格已被視為官方樣板，讓中國藝術家有步驟地去模仿。中方刊物中越來越多轉載俄國漫畫，說明了藝術是跟蘇聯社會主義現實主義走。[10]中國的報章也經常刊登鮑里斯‧艾菲莫夫 (Boris Efimov) 和上一章提及的庫克雷尼克塞藝術三人組 (the Kukryniksy) 的作品。[11]

中國畫家認為，如果單幅形式的政治漫畫擅長評論時局並具備即時感，那麼連環畫則善於以接二連三的畫面給讀者道出一個有連貫性的故事。共產黨藝術家確是十分重視連環畫，主要由於它是一門歷史悠久的中國藝術，可以上溯至漢代或更早，故此在中國文化傳統中是根深葉茂。[12]民國時期，連環畫在中國城市，尤其是上海和天津等大埠，仍然

5　David Low, *Low Visibility: A Cartoon History, 1945–1953* (London: Collins, 1953), p. 5.

6　王朝聞：〈關於時事漫畫〉，《人民日報》，1950 年 11 月 12 日，第 7 版。

7　《人民日報》，1949 年 12 月 29 日，第 4 版；《解放日報》(上海)，1949 年 10 月 21 日，第 1 版。

8　本書作者於 2002 年 10 月 26 日在北京訪問方成的記錄。

9　《解放日報》(延安)，1941 年 8 月 21 日，第 1 版。

10　《人民日報》，1950 年 5 月 17 日，第 4 版。

11　《人民日報》，1949 年 8 月 6 日，第 2 版；1949 年 12 月 31 日，第 4 版。

12　姜維樸、王素：《連環畫藝術欣賞》(太原：山西教育出版社，1997)，頁 39。

甚受歡迎。[13]茅盾於1932年說過:「上海的街頭巷尾像步哨似的密佈着無數的小書攤。」[14]事實上,共產黨藝術家早在1949年之前就已察覺到連環畫廣受歡迎,例如彥涵的《狼牙山五壯士》(1944)就是以連環畫方式,講述1941年幾位共產黨戰士英勇抵抗日本侵略的故事。正如上一章提及的,畫家詹建俊於1959年用油畫再展現這段歷史。[15]

但有系統地使用這種大眾藝術形式去灌輸政治思想,是要到1949年以後才展開。一位上海官員報告說,該市有三千多家小書攤,每天租出的連環畫擁有20萬讀者,是個「驚人」的現象。而租看連環畫的人,有一半是小孩,兩成是婦女,兩成是工人,餘下一成是其他人士。[16]有評論家補充道,連環畫這樣普及,能成為「教育群眾的有力工具,特別是對於文化程度較低的勞動人民,更是他們不可缺少的精神食糧。」[17]1949年12月人民共和國成立後不久,便設立了隸屬文化部的大眾圖書出版社,負責監察帶有社會主義內容的新連環畫製作。[18]全國發行的半月刊《連環畫報》於1951年創刊,用以協助國家的政治教化。年輕藝術家接受了培訓,連環畫展也陸續推出。[19]連環畫與漫畫一樣經常在中國各大報章登載。[20]1952年出版了逾670種新連環畫,印刷總數達2,170萬冊。1954年新連環畫增加到900種,印刷總數有3,580萬冊之多。[21]

13　《人民日報》,1951年4月22日,第6版。

14　茅盾:〈連環圖畫小說〉,《茅盾全集》(北京:人民文學出版社,1991),第19卷,頁340。

15　本書作者於2004年1月15日及2006年1月3日在北京訪問彥涵的記錄。

16　上海市文化局:〈上海連環圖畫概況〉,上海市檔案館,B172-1-23。

17　《進步日報》,1950年5月15日,第1版。

18　《人民日報》,1949年12月30日,第3版。

19　《人民日報》,1950年2月13日,第3版。本書作者於2004年1月13在北京訪問馮真的記錄。

20　例如,《人民日報》,1949年4月2日,第4版;《工人日報》,1949年7月16–28日;《解放日報》(上海),1949年10月31日,第8版。

21　《人民日報》,1956年4月9日,第3版。

　　表面上看，中國連環畫與美國連環畫很相似，均以連續的敘述為主要的特色，人物也在接二連三的畫面出現。但不同的是，中國連環畫以往並未被視為「娛樂方式」。如裘蒂斯·奧沙利文（Judith O'Sullivan）指出，那卻是美國連環畫的主要作用。[22]連環畫在社會主義中國主要是為政治服務。就這點而言，它與蘇聯的「羅斯塔之窗」（Rosta Windows）更為接近。羅斯塔之窗是俄羅斯電訊社（Russian Telegraph Agency，簡稱Rosta）1920年代刊登的，用4至12格漫畫來陳述一件近期發生的政治事件。[23]但兩者之間也有幾點不同。雖然羅斯塔之窗大部分為4到12格漫畫，但連環畫卻是長短不一，單一故事可包含連續數百幅圖畫，而且以小冊子形式出現。羅斯塔之窗講述的是時事，而連環畫的主題卻超出新聞範圍。以受歡迎的程度來看，羅斯塔之窗在蘇聯內戰結束後就不再流行，而連環畫卻在1949年以後日益盛行。

　　除了漫畫和連環畫之外，還有年畫、版畫和海報這三種大眾藝術形式，在中國共產黨的宣傳品中也屬重要工具。年畫和版畫在1950年代通常用於歌頌新政權的成就，很少是用來醜化敵人；而海報卻有上述兩種用途。本章集中討論漫畫和連環畫，這兩種共產黨常用來攻擊敵人的大眾藝術形式。第三種藝術形式是帶有慶賀性質的年畫，則在下一章討論。

美帝國主義及其盟友

　　1948年12月，中國共產黨佔領北平前夕，頒佈了〈關於入城後的工作方針〉的秘密指令，要求共產黨人在奪取北平後接管大眾傳媒，尤其是報章和電台。該文件明確聲明：「宣傳解釋我黨、我軍一般的及對北平特殊的主張、政策、辦法。」並進一步指示：「徹底揭露反動派在政治

22　Judith O'Sullivan, *The Great American Comic Strip: One Hundred Years of Cartoon Art* (Boston: Little, Brown, 1990), p. 10.

23　Bonnell, *Iconography of Power*, p. 199.

上、經濟上、思想上、社會上的罪惡。」[24]

　　中國藝術家在攻擊敵人時所使用的技巧與蘇聯的政治表達方式相似，[25]就是清楚劃分「自己人」和「外人」、朋友和敵人、英雄與妖魔。這種鮮明的對比主要來自馬克思主義的階級鬥爭觀念，它將世界分成兩大敵對陣營：被壓迫者與壓迫者、社會主義與資本主義，及無產階級與資產階級。但就中國而言，將世界看成是兩極對壘的傾向，也受特定時間和環境所左右。正如毛澤東在1949年的〈論人民民主專政〉一文中明確指出的那樣，在共和國建立初期，新政權必須在社會主義的擁護者和反對者之間劃一條清楚的界線。毛澤東認為，中國共產黨與其敵人已經陷入一場你死我活的鬥爭。

　　那麼「反動派」，亦即後來稱為「反革命分子」或統稱為「敵人」的人到底是誰？他們到底犯下了甚麼樣的「政治上、經濟上、思想上、社會上的罪惡」？應該怎樣向大眾「徹底揭露」這些敵人的「罪惡」？在共產黨宣傳畫中被描繪為敵人的名單很長，可以大略分為來自內部和外部的威脅。外部敵人有美帝國主義，以杜魯門和艾森豪（Dwight Eisenhower）總統、麥克阿瑟和馬歇爾（George Marshall）將軍等政治家和軍事家為代表；美國的歐洲盟友，包括英國首相邱吉爾（Winston Churchill）、德國總理阿登納（Konrad Adenauer）；還有美國在亞洲的盟友，主要是日本首相吉田茂和南韓總統李承晚。內部敵人有各門各派，大致可分為兩類：一類為政治敵人，如蔣介石及同黨、外國間諜和國內搗亂分子；另一類為經濟、社會和宗教敵人，如資本家、地主、反動會道門如一貫道、神職人員和資產階級知識分子如胡風（1902–1985）等。遭受譴責的敵人有兩種罪行：一為反共立場，一為社會與經濟惡行，包括剝削與貪腐。雖然官方曾試圖將內部和外部敵人加以區別，但事實上這兩類人經常被描繪為狼狽為奸，蛇鼠一窩，串連一起搞破壞。中共認為製造內亂的滋事分子均得到外部邪惡勢力的支持。

24　〈關於入城後的工作方針〉，北京市檔案館，1-12-19。

25　Bonnell, *Iconography of Power*, pp. 187–194.

官方視美國為新中國的死對頭。共產黨傳媒將美國描繪成貪婪的掠奪者，是資本主義和帝國主義雙面惡魔的典型代表。毛澤東在1949年8月發表的著名文章〈別了，司徒雷登〉，譴責美國在近代中國歷史中所扮演的角色，即在摧毀國家的內戰中，美國及其駐華大使司徒雷登 (John Leighton Stuart) 支持了貪腐的國民黨政權。毛澤東寫道：「美國出錢出槍，蔣介石出人，替美國打仗殺中國人，藉以變中國為美國殖民地的戰爭，組成了美國帝國主義在第二次世界大戰以後的世界侵略政策的一個重大的部分。」[26]中國的宣傳藝術家響應了這反美的官方路線。他們最常用的技巧是諷喻手法，是宣傳藝術中的主要方式，原因有好幾個：這等形象將善與惡清楚區分；長於借題發揮；把敵人貶為「非人也」並加以羞辱，尤其是以禽獸的形態加諸他們身上；假若畫的是為人熟悉的傳統象徵，就馬上令大眾清楚明白。

西方通常以蛇和狼象徵麻木不仁與殘酷無道，[27]也成了中國藝術家攻擊美國人的兩個最常用的諷喻形象。按民俗學家艾伯華 (Wolfram Eberhard) 的說法，蛇在中國民俗觀念中是「狡猾邪惡」的東西；「陰險惡毒」的人就被罵為懷有「蛇蠍心腸」。[28]早在延安時期，蛇就用來象徵內戰中摧毀中國社會的勢力，[29]並在建國初期成為了共產黨宣傳藝術中最常用於唾罵美國的形象之一。江帆 (1924年生) 刊登在《人民日報》上的《響尾蛇》(圖36)，就將美國畫成一條毒蛇，打着「經濟合作」的幌子來實現控制亞洲的目的。在這幅漫畫裏，美國邪惡的計劃不僅針對中國，還囊括整個亞洲。江帆將美國描繪成用高壓手段去擴張勢力的大國。漫畫中的響尾蛇戴着美國帽子是惡毒的象徵，牠噬人的大顎、分叉的舌頭、慘

26　毛澤東：〈別了，司徒雷登〉，《毛澤東選集》，第4卷，頁1495。

27　Ralph E. Shikes, *The Indignant Eye: The Artist as Social Critic in Prints and Drawings from the Fifteenth Century to Picasso* (Boston: Beacon, 1969), pp. 53–54.

28　Wolfram Eberhard, *A Dictionary of Chinese Symbols: Hidden Symbols in Chinese Life and Thought* (London: Routledge, 1986), p. 268.

29　參看張諤的漫畫，《解放日報》(延安)，1945年10月10日，第4版；1945年11月26日，第4版。

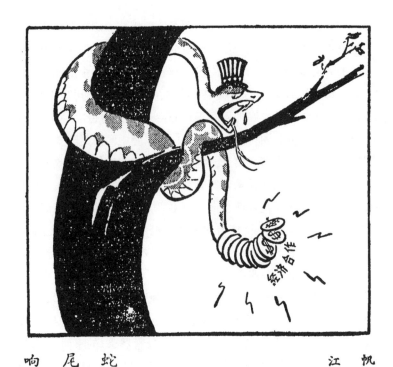

响　尾　蛇　　　　　　　　　　　　　　江　帆

圖36　江帆:《響尾蛇》。《人民日報》,1956年7月13日,第6版。

白的毒牙,及不停搖動美元尾巴,這些都是牠的特徵。

　　中國藝術家也常用狼來嘲諷美國政府。威廉斯(C. A. S. Williams)指出在中國民間傳說中,狼是「貪婪與掠奪的象徵」。[30]1950年代華君武採用這種觀念來攻擊美國。他在《狼的喬裝》漫畫中,將華盛頓政府畫成一隻戴着紳士禮帽的狼,用瞞騙手法去推行控制全球的計劃。[31]方成畫的《狼的演唱》(圖37)也與此相似,同樣是揭露這個帝國主義的陰

30　C. A. S. Williams, *Chinese Symbolism and Art Motifs: An Alphabetical Compendium of Antique Legends and Beliefs, as Reflected in the Manners and Customs of the Chinese*, intro. Terence Barrow (Rutland, VT: C.E. Tuttle, 1988), p. 440.

31　華君武:《狼的喬裝》,《新觀察》,第1期(1953年1月1日),頁28。

圖37 方成:《狼的演唱》。《人民日報》,1954年10月22日,第4版。

謀。他在漫畫中把美國畫作一隻裝扮成雞的狼,以求侵吞被蒙騙的受害者。方成指責美國一手操控泰國、巴基斯坦和菲律賓,還繼續推銷它的1954年《東南亞集體防務條約》的主張。這隻狼的行為很明顯地不是為了共同利益,而是像漫畫家告訴我們的那樣,狼眼睛盯着的,是整個東南亞地區的豐富天然資源:大米、橡膠、石油、錫和鐵礦。

蛇與狼只是中國藝術家譴責美國政策而採用的眾多諷喻形象中的兩種。其他形象還有狗、老鼠、黃鼠狼、八爪魚和飛蛾。[32] 在一幅漫畫中,

32 參閱方成:《我的漫畫生活:方成》(北京:五洲傳播出版社,2004),頁59;華君武:《華君武政治諷刺畫選集》(北京:人民美術出版社,1954),頁12;《人民日報》,1952年3月26日,第4版;1957年5月16日,第5版。

美國政府被畫成一隻巨大的八爪魚，觸手上戴着繪有納粹符號、骷髏頭和美元標誌的臂章，每隻觸手握着槍、刀或原子彈，恐嚇着太平洋地區，表明了美帝國主義擴張的野心。[33]

　　宣傳者經常將政治對手畫成次等人類或非人類的東西，如動物和蛇蟲鼠蟻，是要將敵人妖魔化，讓宣傳者侮辱敵方時不會內疚，並以此引伸至消滅敵人就能使人類社會更加安全。誇大敵人的惡行也是證明人民信任政府有能力消滅共同威脅是合理的。布爾什維克的藝術家善於運用這門藝術去抨擊資本主義和帝國主義，例如維克托·德尼（Viktor Deni）以蘇聯內戰為題的著名漫畫《協約國》（*Antanta*），描繪了三頭惡犬形象的白軍將領，被三個外國官員用狗帶牽着，他們分別是美國、英國和法國的政府首腦，象徵白軍像走狗般勾結外國的邪惡勢力。

　　諷喻法絕非中國宣傳者譴責死敵的唯一方法，另一手段是運用諷刺，結果同樣辛辣。在藝術家筆下1950年6月韓戰爆發的漫畫裏，這一點表現得十分明顯。在中國抗美援朝戰爭的大肆宣傳中，美軍總司令麥克阿瑟將軍自然成了中國人發洩憤怒的主要對象。在中國漫畫裏，麥克阿瑟常有的綽號是「麥魔」和「麥瘋子」，是個不理亞洲人民生死，只顧美國在亞洲利益的瘋狂將軍。在著名漫畫家葉淺予（1907–1995）的《麥克阿瑟在朝鮮的「戰績」》（圖38）作品裏，麥克阿瑟是個將台灣作為基地對朝鮮半島發動侵略的惡魔。然而，侵略者遇到了英勇的朝鮮人民頑強抵抗，把他的手指砸爛，鮮血淋淋，輸得很丟臉。畫中的蔣介石躲在將軍身後，清楚表明了他是個膽小鬼。南韓總統李承晚看上去亦驚惶失措，死命地抓着美國將軍的領帶不放。漫畫家的觀點很明顯：美國終會一敗塗地。

　　雖然麥克阿瑟是美帝國主義侵略亞洲的象徵，他卻不是唯一遭到攻擊的美國領袖。在另一幅漫畫中，美國總統杜魯門被畫成自由女神像，不過，他手中舉着的不是火炬，而是正要投向無辜民眾的原子彈。[34] 兩

33　《新觀察》，第2卷，第1期（1951年1月10日），封面。

34　《人民日報》，1950年8月9日，第4版。

圖38 葉淺予:《麥克阿瑟在朝鮮的「戰績」》。《人民日報》,1950年7月19日,
　　　第1版。

位國務卿:杜魯門總統的艾奇遜 (Dean Acheson) 和艾森豪總統的杜勒斯
(John Foster Dulles) 也被畫成惡棍,積極推動和執行美國的冷戰政策:
操縱聯合國;簽署《中美共同防禦條約》,將台灣變成美國的傀儡及在亞
洲的軍事基地,同時讓日本重整軍備,方便美國在亞洲立足。這一切使
人看到一個帝國主義國家的侵略行徑,必須受到強烈譴責和即時制
止。[35] 美國的歐洲和亞洲盟友遭到了同樣的攻擊,例如英國的邱吉爾在
中國漫畫中被斥責為另一個戰爭販子,執行來自華盛頓的命令。[36] 日本
的吉田茂的遭遇也好不了多少。他被指責為美國在亞洲的走狗,並出賣
自己的國家。[37]

---

35 《人民日報》,1950年1月30日,第1版;1950年8月12日,第1版;1954年
　　5月5日,第1版。

36 《新觀察》,第2期(1952年1月16日),頁5。

37 《人民日報》,1951年3月7日,第4版;1954年7月11日,第4版。

死亡題材是中國漫畫家用的另一種諷刺形式，攻擊美國的對外政策。美國政府常被繪成死亡的化身。這一形象反映了1950年代初冷戰的思維。當時中共將社會主義與資本主義的衝突視作光明與黑暗的鬥爭。對抗美國因此成了正義之戰，它針對的是一個造成其他國家人民無盡痛苦的邪惡政權。方成和鍾靈（1921–2007）的漫畫《「旅行」的人們回來了！》（圖39）描繪一位從朝鮮半島歸來的美國海軍傷兵。他已成了骷髏，拖回來的軍艦滿載被擊落的飛機和破敗的國旗，象徵美國在韓戰中遭受顏面掃地的慘敗。海軍士兵敗走與畫中美國政府騙人入伍的廣告，顯出強烈的諷刺意味。廣告為吸引年輕人參軍，竟把送去戰火連天的朝鮮半島執行作戰任務，説成是度假之旅。

在中共的宣傳畫中，美國還被譏諷成一個不斷受階級鬥爭所困擾的國家，由華爾街資本家和標準石油公司等大企業所操控。畫中的資本家是肚滿腸肥的男人，身子像鼓氣的青蛙，且帶着陰險的笑容。他們都是冷酷無情的大老闆，壟斷了國家財富，造成了殘酷的階級分化和社會衝突。這類形象無疑受到了中共對西方看法的影響，而後來引進的蘇聯宣傳藝術，更加強了這類描繪手法。以維克托·德尼著名的漫畫《資本》（*Kapital*）為例，畫中一個肥胖自大的資本家被一片汪洋似的金幣所包圍。中國藝術家指出，正是這些銀行家和富商實際上控制了美國。丁聰（1916–2009）的《侵略戰爭的操縱者》（圖40），描述的就是這個現實：一位華爾街大老闆右手握着染血的劍，寫着「侵略戰爭」，左手拿着鞭子，坐在一位痛苦不堪的工人身上，以鞭驅趕他向前爬行。

中國宣傳工作者經常用藐視的口吻提及美國所吹噓的軍事實力。毛澤東在1946年發表的著名文章〈和美國記者安娜·路易斯·斯特朗的談話〉中展現了這種態度，將美國比喻成一隻紙老虎。毛澤東告訴美國記者：「原子彈是美國反動派用來嚇人的一隻紙老虎。」他還補充道：「一切反動派都是紙老虎。」[38]毛澤東把美國看成是「紙老虎」，是幾種奇特的

38　毛澤東：〈和美國記者安娜·路易斯·斯特朗的談話〉，《毛澤東選集》，
　　第4卷，頁1192–1193。

「旅行」的人們回來了！　　　方成　鍾靈作

木牌上是美國的杜魯門政府在國內到處張貼的徵兵「廣告」，他們用「旅行」來欺騙人民去充當砲灰。隨着美國侵略者在朝鮮戰場上所謂「海空軍優勢」的破產，大批「旅行」的人們回來了。

圖39　方成、鍾靈：《「旅行」的人們回來了！》。《人民日報》，1952年9月5日，第4版。

作聰　丁　　　者縱操的爭戰略侵

圖40　丁聰：《侵略戰爭的操縱者》。《新觀察》，第1卷，第11期（1950年11月25日），頁8。

心理狀態交織着：對美國軍事實力的輕視；對社會主義中國的命運既自大又幼稚的自信；以及大膽的虛張聲勢。這種把敵人看得過分簡單的觀念，會在現實世界為人民共和國帶來災難重重的後果。但這說法卻激發了宣傳工作者很強的想像力。張仃 (1917–2010) 的漫畫《紙老虎》(圖41) 如實地轉述了毛澤東這一觀點。該畫譴責杜魯門對朝鮮半島擺出一副好勇鬥狠的姿態，實在是毫無作用的虛張聲勢。漫畫指出，美國軍隊如果越過「三八線」，必將遭到共軍徹底擊敗，顏面無存。畫家認為杜魯門決定軍事介入韓戰來打擊共產黨，聲勢決不像虎嘯震天，反像蟾蜍低咕。

　　中國視覺藝術用於嘲諷美帝國主義，明顯是受到了蘇聯的影響。在人民共和國初期，除了之前提到的庫克雷尼克塞藝術三人組和艾菲莫夫等人的漫畫外，還有德米特里·摩爾 (Dmitry Moor) 和維克托·德尼的政治畫作也受到廣泛介紹。[39] 蘇聯漫畫和海報不僅在北京的《人民日報》和天津的《進步日報》等主要官方報紙刊登，[40] 還在濟南的《大眾日報》[41] 之類的地方報紙上定期出現。方成在訪問中回憶道：「我來北京之後，看到蘇聯的漫畫，那是在蘇聯漫畫雜誌《鱷魚》(Krokodil) 上發表的。我很喜歡庫克雷尼克塞的畫法，使我作畫的畫風有所改變。」[42] 實際上，蘇聯繪畫美術所引起的即時感覺是來自對時事的關注，尤其是有關冷戰的事物。這種對時事的關注，加上反美情緒，對中國藝術產生了強烈影響。如前所述，這種影響導致中國藝術家在1950年代中對蘇聯油畫產生莫大興趣。

　　若說中國藝術家是從蘇聯導師那裏積極地引用了很多技巧，卻並非說他們缺乏創造力和想像力。從一開始，華君武便公開斥責盲目模仿蘇聯等外國藝術形式。這位資深漫畫家呼籲同行將民間口語，包括傳統諺

39　方成：〈向蘇聯漫畫家致賀〉，《美術》，第11期 (1957年11月15日)，頁10。

40　《進步日報》，1952年11月27日，第4版。

41　《大眾日報》(山東濟南)，1950年1月19日，第5版。

42　本書作者於2002年10月26日在北京訪問方成的記錄。方成：《我的漫畫生活：方成》，頁24。

圖41　張仃：《紙老虎》。《人民日報》，1950年7月20日，第1版。

語，融入自己的作品中。[43] 中國藝術家作畫時經常運用民間諺語、通俗故事和民族繪畫形式，如用宣紙毛筆作畫，這些都令作品有一種獨特的本土風格，並顯示了藝術家盡力建立自己的特色，沒有盲從外國模式。[44]

蔣介石與國民黨

中共宣傳藝術把美國視為外國妖魔的化身，而把蔣介石看作是本國的大魔頭，要為中國過去與現在的困局負責。1949年以前，蔣介石就已成為中共宣傳工作者最愛攻擊的對象。華君武1947年的一幅著名漫畫

43　華君武：《漫畫漫話》（北京：中國工人出版社，1999），頁142–144。

44　方成：《我的漫畫生活：方成》，頁24。

《磨好刀再殺》(圖42)中，把這位國民黨領導人譏諷為嗜血的暴君，說蔣介石與中共的和平談判只是發動內戰的煙幕彈，為的是消滅對手，取得更多利益。[45] 華君武是嘲諷蔣介石的高手，其筆下的蔣介石經常是消瘦衰弱的老病號（象徵意志軟弱與無能），太陽穴上貼着一塊頭痛膏藥。蔣介石貼着頭痛膏藥的標記成了華君武最令人難忘的藝術創作之一。[46]

　　1949年後蔣介石的形象轉差。那時候多位漫畫家，除了使用慣常的諷刺手法外，也漸多運用諷喻手法來嘲笑和攻擊對象。因此報章書刊將蔣介石描繪成做盡壞事的禽獸，是個注定要遭到人民譴責的貪腐壓迫者。時任《人民日報》主要漫畫家的華君武，又一次帶頭去譏諷蔣介石。在《各司其職》(圖43)中，華君武嘲笑蔣介石是一隻善於討好美國主子並服從指令的「走狗」。漫畫中的兩座狗屋，寫上「台灣蔣記總統府」和「第三種力量」，都是美帝國主義在中國利益的代理人。「第三種力量」狗屋中有三犬，組成制衡蔣介石的第三勢力，分別是將軍李宗仁(1891–1969)、學者胡適(1891–1962)和歷史學家蔣廷黻(1895–1965)。另一座狗屋中的蔣介石，畫成一隻狗，掛上「復位」的狗牌，表明了他的心願及意圖恢復以前做中國最高獨裁者時所享有的無比風光。站在狗屋後面的主人，滿意地笑着。這位外國人衣袖上寫着「美帝」二字，房間外掛上「華盛頓」的牌子。這位美國人洋洋得意，有信心自己養的四隻狗會忠心耿耿地為他辦事。

　　將敵人描繪成犬隻是政治漫畫的常見主題。例如前面提到的維克托‧丹尼著名的漫畫《協約國》。在人民共和國初期，狗的形象又再出現，明顯想以此羞辱蔣介石是個沒有骨氣的領袖。但出人意表的並不是借禽獸作諷喻，而是眾多中國藝術家合力對付蔣介石，攻勢是一波接一波，火力強勁，有計劃有步驟地詆毀他。就如雅克‧以祿指出的，宣傳工作者最常用的方法之一是不斷重複某主題。[47] 蔣介石的走狗形象和美

45　華君武：《華君武政治諷刺畫選集》，頁4。

46　華君武：《我怎樣想和怎樣畫漫畫》(石家莊：河北教育出版社，1999)，頁4。

47　Ellul, *Propaganda*, pp. 17–18.

圖42 華君武:《磨好刀再殺》。華君武:《華君武政治諷刺畫選集》(北京:人民
美術出版社,1954),頁4。

圖43 華君武:《各司其職》。《人民日報》,1950年3月9日,第6版。

帝國的豺狼形象互相配搭。這兩種禽獸的形象為政治畫家提供了方便快捷及大家都熟悉的象徵，用作攻擊，而且也把暴力行為視為合情合理，因為消滅禽獸是該做的事。

當然犬隻絕不是中共藝術家用來詆毀蔣介石的唯一諷喻象徵。他也像美國政府一樣被畫作老鼠。華君武在《耗子搬家》裏，把蔣介石畫成一隻大耗子，與同黨帶着掠奪人民得來的一袋袋財物愴惶出走南美洲，以逃避紅軍的追捕。[48]「走狗」和「大耗子」這兩種形象都讓人想起禍國殃民的可惡動物。

漫畫家也用德國納粹標誌來抨擊蔣介石，將他與希特勒的邪惡聯想在一起。1949年前的共產黨歌曲已稱蔣介石為「中國的希特勒」和「今日的秦始皇」。[49]在圖像中他常被配上納粹標誌，以表示他與納粹黨蛇鼠一窩，都是要消滅國內外的共產主義思想。[50]

到了1950年代，蔣介石與希特勒的反共政策又再被扯上關係。漫畫把蔣介石與納粹元首畫成「同流人物」。[51]這時期的納粹標誌出現得更加駭人、更加頻密。例如張仃的《向死亡進軍》(圖44)，描繪的是蔣介石與其他西方國家領導人，拉着一輛畫着納粹標誌的雙輪戰車正衝出崖邊，驅車的是一個拿着原子彈的美國大兵。結果自不待言，就如漫畫標題所説的，這群同黨正自我毀滅。1949年之後的中國宣傳畫重複出現法西斯符號，目的是攻擊西方的反共政策。有一點要指出的是，納粹黨人的種族優越感和反猶太主義的意識不曾在這些圖像中出現。

---

48 華君武：《華君武政治諷刺畫選集》，頁16。

49 中國人民解放軍13兵團政治部宣傳隊編：《解放之歌》(缺出版資料)，頁61–62。

50 《解放日報》(延安)，1943年8月25日，第4版。

51 《人民日報》，1949年9月21日，第6版。

圖44　張仃：《向死亡進軍》。《人民日報》，1950年8月11日，第4版。

國內的反革命分子：特務、破壞分子及教派

蘇聯在1921至1954年之間發起的全國打擊反革命運動，導致超過64萬人死亡。[52]中國共產黨也一樣，1950年代初在全國各地發動了鎮壓反革命運動，但哪些人是反革命分子呢？根據1949年9月的《中國人民政治協商會議共同綱領》第一章第七條的反革命定義是：「一切勾結帝國主義、背叛祖國、反對人民民主事業的國民黨反革命戰爭罪犯和其他怙惡不悛的反革命首要分子。」[53]雖然有此條文，但這個用詞卻從未有明確的法律定義。政府通常將所有反共活動視為反革命行為。1950年3月，中共頒佈一項指示，聲明鎮壓反革命活動一定要：「各地必須給以嚴厲

52　Jeffrey Brooks, *Thank You, Comrade Stalin! Soviet Public Culture from Revolution to Cold War* (Princeton: Princeton University Press, 2000), p. 145.

53　*The Common Program and Other Documents*, p. 4.

的及時的鎮壓，決不能過分寬容，讓其猖獗。」[54]到了1953年底，共有71.2萬涉嫌反革命分子被處決，129萬人被囚禁。[55]這是共產黨為了鞏固權力而施行的嚴厲和殘酷的行動。

一如所料，鎮壓反革命運動在1950年代初的官方媒體上成了重點，政府刊物大量報導隱藏身份的國民黨特務及破壞分子，如何被有警覺性的市民揭露，或者被大義滅親的家屬向當局告發。[56]在蘇聯的政治圖像宣傳中，蘇共對特務和破壞分子的鬥爭是一個重要主題；[57]中共的宣傳藝術也一樣，詳細地記錄鎮壓反革命運動的進展，並忠實地反映了政府的立場。在《不要放鬆對反革命的警惕》之類題目的漫畫中，反革命分子變身為毒蛇。[58]這類漫畫亦經常出現在報刊雜誌上。

除了漫畫之外，連環畫也是挖苦國內敵人的另一手法。連環畫的敘事形式像說故事一樣，被認定為傳播官方觀點的最佳方式。上海是全國出版連環畫最重要的中心，這種宣傳藝術越來越受歡迎。上海《解放日報》稱連環畫為鎮壓反革命的「有力武器」。[59]華君武認為，連環畫比漫畫更有宣傳效果，因為漫畫只限於一幅圖畫，而連環畫可用一連串圖畫來交代更全面的圖像故事，極受大眾喜愛。[60]

劉繼卣（1918–1983）的《小英雄捉特務》（圖45），很貼切地示範了這種敘事形式的好處。這連環畫有六幅圖畫，講述蘇州兩個加入了少先隊的小學生，在解放軍的幫助下，擒獲國民黨特務的經過。這個國民黨

54 中共中央文獻研究室編：《建國以來重要文獻選編》（北京：中央文獻出版社，1992），第1卷，頁141–143。

55 Yang Kuisong, "Reconsidering the Campaign," p. 120.

56 《人民日報》，1951年5月13日，第3版。

57 Bonnell, *Iconography of Power*, p. 219.

58 《新觀察》，第2卷，第11期（1951年6月10日），頁6。

59 唐豫萍：〈連環畫：開展鎮壓反革命宣傳的有力武器〉，《解放日報》（上海），1951年5月26日，第4版。

60 華君武：〈漫談內部諷刺的漫畫〉，《美術》，第5期（1957年5月15日），頁14。

(5) 怡巧遇到幾個解放軍同志遠遠走來，陳永康把手中東西放下，把特務抱住，拼命大喊：「『解放軍同志捉特務啊！』」

(6) 特務被捉。但是英勇的陳永康卻在捉住特務的時候被特務打傷了。老師和同學們都來慰問他。

圖45　劉繼卣：《小英雄捉特務》。兩個少先隊員與特務扭打。最後，躺在床上療傷的小英雄受到了老師和同學的表揚和慰問。《新觀察》，第2卷，第11期（1951年6月10日），頁35。

特務給兩個學生一大筆錢，指使他們在學校製造混亂，破壞共產黨執政初期的教育。兩個孩子拒絕了，並與他扭打起來，其中一個小孩受了傷，特務最後還是被制服了。學生的英勇行為受到老師和同學的表揚。這兩個少先隊員正正是在解放軍的幫助下揭露了特務的陰謀，再次肯定了共產黨在危急關頭提供正確領導的關鍵作用。劉繼卣是資深連環畫家，以傳統線描法和細緻筆觸畫出經典畫像，使人物非常生動，因而聞名。這個使年輕學生與特務搏鬥、使新與舊對抗的主題，是中國藝術家常用的手法，用以展示新時代兒童長大後成為社會主義新人，對未來充滿信心。

　　李漢章的《七個小英雄智擒特務》描繪了同樣的主題。畫中七個天津小學生憑着機智和勇氣，捉了兩個企圖在附近村莊縱火和製造混亂的反革命分子。[61] 兩幅連環畫的重點均是展現朝氣蓬勃的少年。學生的勇敢和令人嘉許的行為，不是如浪漫主義者所想的出自孩子的純潔心靈，而是來自新社會制度下所激發的政治覺悟。

　　不僅年輕人在新的共產主義制度下成了盡責的良好公民，連普通

61　李漢章：《七個小英雄智擒特務》，《人民日報》，1951年6月4–8日。

圖46　苗地、趙志方：《姚大娘捉特務》。小腳姚大娘追着特務並捉住了他。她機智勇敢的行為受到了村民和朋友的敬佩。《人民日報》，1951年4月17日，第3版。

人，尤其是婦女，也起了同樣有建設性的作用。苗地（1926–2017）和趙志方（1928年生）的連環畫《姚大娘捉特務》（圖46）便是一例。畫中一個住天津附近農村的小腳婦女，機智地以社會主義的名義捉着一個企圖擺脫懲罰而逃走的特務。故事又一次與國民黨扯上關係，因這個特務在1949年前隸屬兇殘的警隊，後來隱姓埋名，在新中國繼續從事破壞活動。不過他的身份最後被揭穿了，被關押起來。

　　宣傳畫告訴群眾國民黨特務無處不在。在另一幅連環畫《石景山發電廠工人捉特務》裏，特務是一個昔日的流氓，潛入北京西郊工業重鎮石景山的發電站。他破壞機器，中斷發電。最後，被電站保安員當場捕獲，並發現他帶着手槍。這一次又是馬克思主義所指的，肩負神聖任務的無產階級，在鎮壓反革命中發揮了英勇的作用。[62]

　　共產黨的宣傳圖像所描繪的特務，並非單指國民黨的手下，還包括外國間諜。苗地與趙志方的連環畫《粉碎美帝國主義的間諜活動》（圖47），以圖畫描述了第4章提及的，外國特務據稱在國慶日企圖殺害在天安門城樓上觀禮的毛澤東的陰謀。[63]其策劃者是美國人包瑞德上校（Colonel David Barrett）。包瑞德曾任美國駐北平大使館軍事參贊，在北平解放前夕設計過一個消滅中國共產黨高層領導的周密計劃。包瑞德已於1950年離開中國，卻繼續與北京的幾個同謀保持聯繫，其中包括意大利富商李安東和日本書店老闆山口隆一。這計劃如畫中所描繪的那

62　《人民日報》，1951年3月28–31日。

63　《人民日報》，1951年8月18日，第1、3–4版。

圖47　苗地、趙志方：《粉碎美帝國主義的間諜活動》。在華的美國間諜，計劃在國慶遊行時，向天安門城樓發射迫擊炮彈殺害共產黨高層領導。《人民日報》，1951年9月4日，第3版。

樣，是要在1950年10月1日國慶遊行時，向天安門城樓發射迫擊炮彈，炸死毛澤東和其他高級領導人。後來陰謀暴露了，好幾個人被捕並很快定罪。李安東和山口隆一後來被處決。連環畫作者說：「這些美國特務間諜分子，在已經站起來了的中國人民面前倒下去了。」[64]間諜故事涉及的範圍之廣，清楚表明國內外敵人並非單獨行事。實際上，他們緊密互相勾結，設下陰謀企圖徹底摧毀新政府。

　　除了國民黨特務和美國間諜之外，其他反革命分子還包括非法教派的成員和神職人士。未來教派在民間盛行，早就引起了共產黨的懷疑。官方認為這些教派不僅倡導迷信，還阻礙了政府對農民的動員教育。對非法教派的打擊主要集中在華北流傳廣泛且影響巨大的一貫道。1951年北京市委頒佈的一份報告宣稱，北京附近有一成五農村人口是該派成員，指一貫道甚為「猖獗」。[65]這個教派與國民黨合謀對付共產黨是早有前科，自然成為新政府的打擊對象。1949年，毛澤東憤怒地提醒民眾注意一貫道與國民黨之間的聯繫，下令消滅一切「反動勢力」。[66]官方在1950年代初發起了聲勢浩大的剷除一貫道和先天道等教派的運動。在北京和天津地區，更透過圖像作批判。漫畫家田作良十分投入，創作了不少有關這個主題的作品，因而得名。他的《仙班》連環畫共有11幅圖，

64　苗地、趙志方：《粉碎美帝國主義的間諜活動》，《人民日報》，1951年9月5日，第3版。

65　〈京郊取締一貫道工作總結〉，北京市檔案館，1-14-165。

66　毛澤東：〈關於工會工作的方針〉，《毛澤東文集》，第5卷，頁326–327。

圖 48　方成：《點傳師》。《人民日報》，1955 年 8 月 4 日，第 2 版。

據說是基於真實故事，說的是一貫道頭目張法倫的秘密生活。張法倫是個單身地主，據稱對女信徒加以性侵犯，騙人錢財，打死過貧苦農民。該連環畫描繪當共產黨得勝的消息傳到村子裏，張法倫頓時驚惶失措，立刻計劃逃跑，卻被民兵捕獲，並接受審判。審判揭露他曾派發反共傳單，最後被「人民政府依法懲辦」。[67]

　　方成的《點傳師》（圖 48）把一貫道和其他的教派串連在一個更大的陰謀中。這幅漫畫描繪的是聚集在一起的不同教派中，有一貫道、先天道和聖賢道等的信徒，都跪在蔣介石這位點傳師腳下，牆上的神像戴着太陽鏡和美國帽子。這幅漫畫的意思十分清楚：這些組織毫無疑問是跟外國帝國主義串通的。

　　西方教堂自然也屬反宗教運動的攻擊對象。神職人員亦被視為美國控制中國策略的棋子。有一幅漫畫中描繪一位教士正偷偷向教堂外的美

67　田作良：《仙班》，《人民日報》，1951 年 5 月 12 日，第 3 版。

國間諜傳遞情報。[68]基督教徒被説成是國民黨的親密盟友及美國利益在中國的代理人。[69]

階級敵人：資本家與地主

資本家在中國共產黨的妖魔錄中佔有獨特位置。中共的圖像與布爾什維克宣傳藝術一樣，將資本家界定為最可恥的敵人，這是真實反映了正統的馬克思列寧主義路線。用圖像，尤其是使用漫畫來攻擊資本家是早有先例，在人民共和國成立之前便已開始。[70]不過，相對美帝國主義和蔣介石所受到的攻擊而言，這些攻勢是較為溫和。

到了1949年，貪婪的商人和狡猾的投機者的負面形象已深入民心。資本家被視為西方墮落的象徵。1951年秋官方展開的了三反運動，旨在清除貪污、浪費和官僚主義。隨即在1952年1月展開五反運動，用來清理資產階級的五大惡行：行賄、偷税漏税、盜騙國家財產、偷工減料和盜竊國家經濟情報。中國的政治藝術又一次反映了這場針對商人和銀行家的鬥爭。

布爾什維克的視覺宣傳偶爾會把資本家以女魔形象出現，如亞歷山大・艾普希特(Aleksandr Apsit)的宣傳畫《國際主義》(*International*)。然而，中國政治藝術似乎總是將資本家畫成自私自利、穿着長袍的大胖子。1952年的連環畫《行賄五步曲》，講述一個商人通過飲宴款待來賄賂政府官員的故事。最後，這位官員感激地問道：「同志，有甚麼困難？」[71]張文元的《行賄圖》畫的是同樣主題，説的是一個商人向政府官員大灑金錢和貴價香煙的故事。[72]在《誰在暗害最可愛的人？》(圖49)中

68　《人民日報》，1955年12月11日，第3版。

69　《人民日報》，1951年6月4日，第3版。

70　參閱《解放日報》(延安)，1942年10月29日，第3版。

71　《進步日報》，1952年1月10日，第4版。

72　張文元：《行賄圖》，《進步日報》，1952年1月12日，第4版。

（四）他們喪盡天良，把發綠的臭牛肉先用刀把一層髒臭
的綠色刮去，放在硫酸水裡浸過，擱在冷藏庫裡冰過以後，
就夾在好肉中送去。

（八）人民是決不容許這種傷天害理的野獸在人類社會裡
橫行的。反盜竊運動展開後，在職工們的檢舉下，上海人民
政府已將張、徐兩犯逮捕起來了，全國人民都一致要求嚴屬
懲辦這兩個祖國的叛徒。

圖49 中央美術學院：《誰在暗害最可愛的人？》。發戰爭財的商人把發臭的牛
肉處理過後，夾在好肉中，送給韓戰中的人民志願軍，最後被中國公安
人員逮捕。《新觀察》，第5期（1952年3月16日），頁18。

的資本家，為了大發戰爭財，竟將腐爛發臭的食物處理過後送往前線。故事控訴這些人在毒害我們「最可愛的人」，即韓戰中在前線作戰的中國人民志願軍。

另一類頭號壞人是地主。早在蘇維埃統治初期，布爾什維克的妖魔錄中，蘇聯富農是三大可恨的形象之一（另外兩個是沙皇和教士）。[73]中國的情況也一樣，地主在1950年代初也受到了圖像攻擊。中共很清楚農村的穩定對政權是極其重要的，因而在1950年實施了全面的《中華人民共和國土地改革法》，以鞏固農民對共產黨的擁護。新的改革法推行大規模的土地再分配，並號召貧農控訴地主的惡行。中國的政治藝術反映了這個共產黨發起的激烈行動。許多畫面都呈現佃農召開公訴大會，控告地主以往犯下的種種罪孽。[74]

宣傳者常用的手法就是牽連犯罪。例如將地主與其他階級背景相同的惡棍聯在一起。華君武的《貪污世家》（圖50）表示今天的貪污犯乃出自欺詐的世家：畫中貪污分子的父親是買辦，祖父是官僚，太公是地主。其訊息很明顯：邪惡是隨着腐敗的家族世代相傳，這樣的家族必須連根拔起。

資產階級知識分子

知識分子以往並非高層官員最擔心的目標，直至1953至1954年的思想改造運動，共產黨原意是爭取知識分子支持1953年初政府推行的第一個五年計劃，卻發覺要贏得知識分子的支持並非易事。1953年，共產黨為了確保知識分子效忠和投身參與工業化和現代化項目，於是容許他們少許自由空間，但這政策卻產生了反效果。胡風是中國作家協會理事，也是魯迅（1881–1936）生前的朋友。1954年他批評了共產黨的種種政策，指責中共的強制性政治思想改造，並要求給予知識分子更大的言

73　Bonnell, *Iconography of Power*, p. 188.

74　《新觀察》，第2卷，第8期（1951年4月25日），頁14。

歷代宗親像

官 僚

貪污分子

貪污世家　　華君武作

圖50　華君武:《貪污世家》。《新觀
　　　察》,第2期(1952年1月16
　　　日),頁24。

論及出版自由。共產黨視胡風的批評為對政府的嚴重挑戰,因此反應迅速及嚴厲:發起了全國批判胡風的運動,並很快轉化為全面批判所謂資產階級思想,及意圖鎮壓反對意見並迫使知識分子就範。胡風被宣佈為反革命分子,並於1955年5月被捕入獄。很多人被中共指控為胡風集團一伙,也遭到囚禁。23年後的1978年,共產黨為胡風平反,並承認自己犯了錯。

　　1955年全國各地組織有序的反胡風運動並不限於口頭批判,還以漫畫和連環畫攻擊,這也是意料中事。北京市委在該市的勞動人民文化宮和北海公園舉辦了反胡風漫畫展。[75]胡風的罪狀多不勝數而且非常惡毒,成了中國知識界最聲名狼藉的妖魔之一,情況就像1950年代中期官方對他展開毫不留情的藝術征討,指他是個資產階級自由派,懷有極其惡劣的反黨意圖,並且是台灣國民黨政權的代理人。他不單是作為個人,更是作為組織嚴密的「反革命集團」的頭目而遭到譴責。[76]華君武的《扒手》及葉淺予的《假投降》,兩幅漫畫都把胡風說成是掩蓋自

75　《人民日報》,1955年8月10日,第3版。
76　《美術》,第8期(1955年8月15日),頁57。

反革命的別動隊　　　　　　　英　韜　作

圖 51　英韜：《反革命的別動隊》。《人民日報》，1955年6月8日，第3版。

己的自由主義不光彩經歷，而實際上卻一直充當國民黨的特務。[77]

　　英韜(1925–2012)《反革命的別動隊》(圖51)揭露胡風暗藏反政府的大規模卑劣計劃。漫畫把胡風描繪為地下反革命組織的首領。牆上掛着的蔣介石畫像，寫上「反攻大陸，五年成功」的字。正當胡風研究顛覆大計時，他的同謀遞給他一疊偷來的中共內部文件，另一同謀則在哄騙別人加入他們的行列。方成、鍾靈的《隔海遙祭》表現了在台灣的蔣介石聽到胡風集團被揭發及胡風最終入獄的消息，不禁悲從中來。[78]這種聲稱胡風與國民黨互相勾結的中共宣傳藝術主題，是用來摧毀知識分子聲譽的手段。

　　反革命分子胡風還與西方另一邪惡觀念扯上關係，就是自由主義。

77　《人民日報》，1955年6月6日，第3版；1955年6月7日，第3版。

78　方成、鍾靈：《隔海遙祭》，《人民日報》，1955年6月5日，第3版。

圖 52　華君武：《化裝跳舞》。《人民日報》，1955 年 6 月 26 日，第 3 版。

華君武的《化裝跳舞》(圖 52) 描繪了一隻戴着面具的老虎，身上的皮大衣寫着「胡風反革命集團」，正與帽子上標着「自由主義」的人摟在一起共舞。[79]共產黨人認為自由主義導致西方墮落，也是一種反動的政治思想。毛澤東 1937 年的文章〈反對自由主義〉中說，自由主義是「在於小資產階級的自私自利性，以個人利益放在第一位，革命利益放在第二位。」[80]宣傳工作者將胡風與這種可惡的西方價值觀串連在一起，是向仍抱着西方觀念、尤其是自由主義思想的作家和學者發出嚴厲的警告。

79　華君武：《化裝跳舞》，《人民日報》，1955 年 6 月 26 日，第 3 版。

80　毛澤東：〈反對自由主義〉，《毛澤東選集》，第 2 卷，頁 349。

民族色彩

在政治宣傳中，蘇聯藝術的確對中國影響極大，例如庫克雷尼克塞藝術三人組可以把方成視為他們忠實的追隨者。就主題而言，中國地主的貪婪形象與布爾什維克圖像中的富農十分相似。同樣，腹大便便的中國資本家與蘇聯繪畫中的「走資派」（burzhui）（俄語中資產階級burzhuaziia一詞的貶義）也頗為雷同。但是把中國藝術說成是極受蘇聯影響，並不是指中國藝術就缺乏自己的明顯風格。我們能看到兩個國家在視覺宣傳方面既有明顯也有隱約的差異。例如宗教方面，兩國都有在藝術中攻擊宗教。在蘇聯政治藝術中，教士是布爾什維克妖魔錄裏頭號壞蛋之一，[81]中國視覺圖像也將一貫道和基督教等組織視為危害社會的邪惡勢力。不過，兩國之間有一個重要區別：在蘇聯，俄國東正教和宗教聖像畫（icons）仍對藝術有很大的影響力，這點可從蘇聯藝術家大量使用紅色看得出來，因為在傳統聖像畫中這是種受人尊崇的神聖顏色。與之相反，中國宣傳藝術中通常缺乏任何宗教含義。

兩個國家在創造藝術作品時，都從傳統形式中汲取豐富的材料。蘇聯海報藝術家，阿列克謝‧拉達科夫（Aleksei Radakov）等人，建議用俄國傳統民間版畫（lubok）的簡單說故事風格，來傳播官方推動的社會主義訊息，尤其宣傳對象是農民。[82]但並不是所有人都贊同這一提議，1930年代俄國民間版畫的風格便遭到了批評。蘇聯著名畫家德米特里‧摩爾認為這類版畫阻礙了無產階級政治藝術風格的發展，他號召藝術家摒棄這種版畫。[83]與此相反，儘管中國藝術家早在延安時期就號召清除民間藝術形式中的宗教成分，[84]但他們仍熱烈擁護民間藝術，將它們視為民間智慧的體現和民族自豪的表現。

主要藝術家之中，華君武認為不能盲目接受外國模式。他與很多人

81　Bonnell, *Iconography of Power*, p. 188.

82　Stephen White, *The Bolshevik Poster* (New Haven: Yale University Press, 1988), p. 3.

83　Bonnell, *Iconography of Power*, p. 107.

84　《解放日報》（延安），1945年4月12日，第4版。

一樣,從中國民族傳統,尤其是民間藝術中尋找創作靈感,力倡藝術要民族化和大眾化。[85] 華君武成為這種藝術風格的代表人物,其畫作的題目經常是生動和尖銳的,尤其是他善用諺語和歇後語。這類寓意表達方式能令讀者心領神會箇中底蘊。多年後他回憶說:「1945年日本投降……我畫了大量漫畫,就運用了這些成語,例如『黃鼠狼給雞拜年──不安好心』等等,果然群眾一看就懂,而且有點民族味道。」[86] 另一位來自廣東的同行廖冰兄(1915–2006),不僅支持華君武使用民間俗語的倡議,還別出心裁地將廣東方言融入自己的作品中。[87]

中國漫畫家還利用民間故事來喚起大家都熟悉的形象。劉繼卣1951年的連環畫《東郭先生》便是明顯的例子。中國藝術家愛用民族藝術形式也可從他們的繪畫技巧上看到。中國畫家對外國漫畫常用來表示交談的「對話框」(balloons),從不認為適合他們。他們寧願使用圖片說明來表達自己的意思,這也是更為中國人熟悉的傳統方法。雖然鋼筆畫是從西方和蘇聯傳入,但方成承認,自己及其他同行已回復使用毛筆在宣紙上作畫的習慣。[88] 實際上,劉繼卣並不接受鋼筆畫,他之所以成名,是善用傳統形式的線描法去作畫。[89]

漫畫和連環畫等宣傳藝術,對敵人的描繪和醜化,清楚說明政治圖像是探討歷史事實的一種重要線索,其重要性是與文字和口述資料並駕齊驅。中國藝術用來宣傳,有三方面是極為重要的:一、利用藝術作為工具的宣傳運動是記錄了1950年代的中共黨史,因為它反映了黨的政策和意識形態的變化;二、藝術家使用本土的民間形式來表現獨有的中國特色,不盲從外國模式;三、與很多中共的政策相似,這些宣傳運動都是政治任務,為黨的利益服務,並且由上層控制的。

---

85 華君武:《漫畫漫話》,頁142–144。

86 同上,頁143。

87 廖冰兄的漫畫,參看《越華報》,1950年4月20日,第4版。

88 本書作者於2002年10月26日在北京訪問方成的記錄。

89 姜維樸:《連環畫藝術論》(瀋陽:遼寧美術出版社,1986),頁125。

中國的宣傳藝術表達了國家的聲音。彼得‧柏克(Peter Burke)認為，民族意識透過民間的藝術圖像，會更容易表達出來，就如20世紀初德國和瑞士畫家的「家鄉風格」(Heimatstil)所顯示的那樣。[90]中國的情況與之相似，雖然建國後蘇聯藝術被視為中國藝術家效仿的對象，但中國人卻從未毫無保留地全盤接受。以華君武為例，他就號召按毛澤東思想把西方藝術中國化。[91]甚至中宣部部長陸定一也說：「學習蘇聯是很重要的，但是決不能一概照搬過來。」[92]中國藝術家在追尋一種反映自己特色的風格時，要借助自己本土的民間傳統。這一方法正好符合毛澤東思想的「群眾路線」。這路線號召宣傳工作者說平常人的用語，使其作品更易為觀眾所理解。但更為重要的是，這種做法根本就是藝術家確定自己身份的民族宣言。

就如之前提到的，1950年代初連環畫受到廣泛歡迎，但還有一個未解決的問題：這些藝術形式能否幫助民眾對當代事件多一點了解？這是藝術與文化史研究中一個極富挑戰的問題，雖然已有很多理論講述藝術是如何為人接受和流傳開去，皮耶‧布迪厄的理論便是其中之一，[93]但我們對讀者到底是怎樣接受和理解這些圖像，所知仍不多。當然，不同背景的人對圖像常有不同的理解。例如麥克阿瑟將軍的漫畫，肯定不是給農村讀者看的。華君武也承認，許多政治漫畫「農民是看不懂的」；時事漫畫的對象大部分是城市讀者，多於農村讀者。[94]漫畫家方成在訪問時指出，時事漫畫成為1950年代政治運動的常見現象。他回憶道：抗

90　Peter Burke, *Eyewitnessing: The Uses of Images as Historical Evidence* (Ithaca: Cornell University Press, 2001), p. 64.

91　華君武：〈從下鄉上山談到漫畫的大眾化和民族化〉，《美術》，第2期(1958年2月15日)，頁13–14。

92　陳清泉、宋廣渭：《陸定一傳》，頁384。

93　Pierre Bourdieu, *The Field of Cultural Production: Essays on Art and Literature*, ed. and intro. Randal Johnson (New York: Columbia University Press, 1993), pp. 215–266.

94　華君武：〈從下鄉上山談到漫畫的大眾化和民族化〉，頁13。

美援朝時期，官方做法是「把我們的漫畫放大了，到處貼呀。」[95]如果時事漫畫是為城市讀者而創作的，那麼像《姚大娘捉特務》之類的連環畫，其中更以農村婦女為主角，便是為了接觸更廣泛的讀者群而畫的，使農民和城市居民都能接受。1950年代連環畫迎來了出版熱潮。如前所述，1954年出版了九百多種連環畫，印刷總數達3,580萬冊。1958年，種類已接近三千，印刷總數上升到1.22億冊，[96]這個成果肯定令官方宣傳人員大為高興。1960年代初，政府還為最佳連環畫設立了全國圖書獎，從而提高了這種藝術形式的地位。[97]

中國宣傳藝術中對敵人妖魔化，最終必須放在共產黨對藝術全盤控制的背景去看。鮑里斯・葛羅伊斯認為：「對極權國家而言，整個社會代表的是單獨一個龐大、集中、一體的巨大操作領域。」[98]葛羅伊斯的論點是對蘇聯而言，但對中國也適用。與蘇聯一樣，中國藝術與文學創作被要求迎合官方的觀點。正如《人民日報》所說的那樣，藝術必須「緊密地配合了當前的肅清一切反革命分子的鬥爭。」[99]1950年代初，中共重要的宣傳左右手，即中宣部和文化部，負責監管和指導官方的文藝路線，以確保官方的政策得到遵從。藝術家要循規蹈矩。葉淺予在回憶錄中提到，當1950年代官方政策界定歷史上的壞人，如「宋徽宗是〔封建〕皇帝，董其昌是大地主」時，誰也不敢偏離這些框框，否則後果將不堪設想。[100]在不久前的訪問中，方成坦率地談到了自己充當的角色：「我們是政府僱用的寫手；當時我在《人民日報》工作，我的任務就是為那份

95　本書作者於2002年10月26日在北京訪問方成的記錄。

96　《人民日報》，1960年11月16日，第7版。

97　《人民日報》，1963年12月28日，第2版。

98　Boris Groys, "The Art of Totality," in *The Landscape of Stalinism: The Art and Ideology of Soviet Space*, ed. Evgeny Dobrenko and Eric Naiman (Seattle: University of Washington Press, 2003), p. 99.

99　《人民日報》，1955年9月7日，第2版。

100　葉淺予：《細敘滄桑記流年》(北京：群言出版社，1992)，頁280及282。

報紙服務。」[101]最終，政治理念凌駕其他事情，包括藝術。

中共對藝術的嚴格控制窒礙了藝術創造力，因為藝術家必須在規定的框架內工作。此外，只限於獲批准的題材意味着老調要重彈，像「美國是邪惡勢力」、「蔣介石是『走狗』」等題目，要一次又一次地重新包裝，重複運用。結果就如一位藝術評論家所説的那樣：「往往是很單調的、公式的。表現勞動模範，只單調地描繪他廢寢忘食的鑽研……公式化概念化的作品所以不能給人以感動，不能使人信服。」[102]

將敵人妖魔化會對受害人產生極大的傷害。1978年，遭到批鬥的作家胡風獲得平反，共產黨最終承認胡風受到了錯誤的指控。但那些曾對胡風瘋狂攻擊的人又有何反應呢？華君武承認自己在1955年反胡風運動中指責他是「錯誤的」。[103]方成也承認自己畫了「誣衊好人的壞作品。」[104]鍾靈於1930年代曾與胡風交往，他也在一次訪問中十分懊悔，承認1955年自己對胡風的批判，是一種想要擺脱與他有任何關係的做法。鍾靈説：「當時很危險吶。〔如果〕打成『胡風分子』就完了，我們一家都完了。」[105]胡風一案不僅揭示了中共使用大量妖魔化形象來攻擊敵人，更重要的，它顯示了當一個政權不顧後果，只為提高自身利益而操縱藝術作宣傳時，會導致可怕的結果。

101　本書作者於2002年10月26日在北京訪問方成的記錄。

102　劉迅：〈連環畫創作中的幾個問題〉，《美術》，第7期（1954年7月15日），頁7。

103　華君武：《漫畫漫話》，頁149。

104　方成：《我的漫畫生活：方成》，頁47。

105　本書作者於2002年10月26日在北京訪問鍾靈的記錄。

第8章
新年畫與農民抵制

　　中華人民共和國成立不到兩個月，文化部在1949年11月26日向藝術家和作家頒發指引，說明新時代年畫的重要作用和各種利用的方式。年畫是一種簡單便宜的中國民間藝術品，在過年時用來裝飾家居，祈求平安。該指引如下：

　　年畫是中國民間藝術中最流行的形式之一。在封建統治下，年畫曾經是封建思想的傳播工具，自1942年毛主席在延安文藝座談會講話號召文藝工作者利用舊文藝形式從事文藝普及運動以後，各老解放區的美術工作者，改造舊年畫用以傳播人民民主思想的工作已獲得相當成績，新年畫已被證明是人民所喜愛的富於教育意義的一種藝術形式。

　　現在春節快到，這是中華人民共和國成立後的第一個春節，各地文教機關團體，應將開展新年畫工作作為今年春節文教宣傳工作中重要任務之一。今年的新年畫應當宣傳中國人民解放戰爭和人民大革命的偉大勝利，宣傳中華人民共和國的成立，宣傳共同綱領，宣傳把革命戰爭進行到底，宣傳工農業生產的恢復與發展……

　　為廣泛開展新年畫工作，各地政府文教部門和文藝團體應當發動和組織新美藝工作者從事新年畫製作，告訴他們這是一項重要的

和有廣泛效果的藝術工作。[1]

這個指引有幾方面的重要意義。它是有關新政府文化政策最早發佈的文件之一，表明了指引十分重要和迫切。這份文件以文化部的名義發出，並以清晰無誤的語氣，指示各地方部門通過年畫這深受大眾歡迎的形式，傳播特定的官方訊息。究竟這場年畫運動有多大成功？本章會探討中共如何利用這第三種流行的圖像宣傳形式，來動員群眾參加建設民族和社會主義事業。

學者研究1949年以後的年畫會碰到兩個更大的問題：國家如何製作和傳播這種文化藝術形式，以及大眾是否真的能夠接受。精英分子往往認為中國民眾是被動地去接受事物的一群，他們只會遵從國家的政治教導。本章會提出相反的看法：社會大多數人透過主動購買年畫，去精挑細選官方提供的產品，而且還經常大力抵制官方想改變他們的意圖，令政府的政策受挫。

獨特的文化藝術品

共產黨將年畫視為一種理想的宣傳工具，這點並不奇怪，因年畫包含了重要的文化和政治元素，在建國的關鍵時期提供所需。年畫使用木刻製作，是古老的民間藝術。通常設計簡單，色彩俗艷，價格便宜（幾分錢一張），深受大眾歡迎，因而提供了一種正確的意識形態工具；毛澤東指導幹部和作家去研究及利用年畫這種形式，以拉近知識分子和人民的距離。或許更重要的是，年畫是其中一種最能喚起群眾強烈民族意識的工具。

年畫在中國源遠流長。雖然我們無法確定它的起源，但早在公元2世紀的東漢時期，已有人於除夕時在家門上張貼神像。[2]明清時期全國

---

1 《人民日報》，1949年11月27日，第4版；同時參閱《光明日報》，1949年11月27日，第4版。

2 有關年畫的簡史，參閱薄松年：《中國年畫史》（瀋陽：遼寧美術出版社，1986），尤其是參看頁1–74。

出現了好幾處年畫製作中心，如河北天津的楊柳青、山東的楊家埠、江蘇蘇州的桃花塢，以及四川成都的綿竹，都是舉國知名，且各有獨特的地方色彩。[3]

許多年畫是由目不識丁的農民畫家設計，在自己的農舍印刷 (尤其是在楊家埠)。[4] 年畫受到了各階層人士的歡迎，而農村比城市更甚。年畫廣為流行，除了由於它們大膽、誇張的設計和鮮艷的色彩 (代表對生活的樂觀) 之外，還由於它們能反映平民人家的生活。雖然年畫真正的含義並不一定十分明顯，但那不斷出現的主題，如天官賜福、五穀豐收和胖娃娃，都呈現了農耕人口縱然生活困苦，仍循着世代相傳的習俗去耕作、嫁娶、生育，並寄望將來生活會有所改善。年畫的主題大致可分為以下幾類：保佑家宅平安和帶來好運的神明 (門神和灶君)；農家日常生活 (楊家埠的《男十忙》)；與農耕有關的神靈 (《牛王》)；吉祥象徵 (楊柳青的《蓮生貴子》)；民間歷史人物 (《三國演義》中的英雄豪傑)；花鳥以及時事等。每年銷售量不計其數。例如僅是楊家埠就有四百多種不同的年畫，在1950年代初每年銷售了一千多萬張。[5]

事實上，中共在建立政權之前，宣傳人員已留意到年畫極受歡迎。早在延安時期，共產黨藝術家就善於使用年畫來宣揚民族主義和社會主義思想。共產黨覺得這種民間藝術，是非常理想的宣傳工具，因為按毛澤東1942年「延安講話」的精神，藝術應該為大眾服務，也要表揚工人、農民的英雄事蹟。他指示幹部和知識分子必須向人民學習，因為群眾才是正確政策的源頭。故此，新年畫是最好的媒介，使藝術家和人民走在一起，共同建設社會主義新政權。當然年畫作為一種藝術形式，並不保證會有效地為共產黨傳播思想意識。宣傳人員需要細心地將民族主義色彩注入年畫裏，把共產黨刻劃成中國主權的唯一守護者，以及抵抗

3　例如，楊柳青以精巧細緻的線描著稱，而楊家埠則以活潑的鄉土色彩聞名。

4　山東省濰坊市寒亭區楊家埠村志編纂委員會編：《楊家埠村志》(濟南：齊魯書社，1993)，頁381–394。

5　葉又新：〈濰縣民間木版年畫的傳統特徵〉，《美術》，第12期 (1954年12月15日)，頁18。

外國侵略(尤其是日本入侵)的英勇抗敵者。他們還描繪了在共產黨統治下的歡欣生活和民族團結，與國民黨統治下民不聊生和社會動盪的情況形成強烈對照。[6]簡言之，中共被捧成統一國家，抵抗外敵，重拾昔日光輝的唯一希望。與馬克思不同，毛澤東最根本的政治目的，是提倡民族主義。他明白到要培植民族主義精神，就必先要喚起民族自尊，並訴諸民眾反帝國主義侵略的情緒，新年畫是促成這個目標的現成工具。通過提倡年畫這種獨特的中國藝術，共產黨不僅保存了民族文化遺產，對民間藝術表示了應有的尊重，還利用它們來宣傳中共的思想理念。

製作與傳播

　　文化部在1949年11月發起的新年畫運動可以說是延安政策的延續，但兩者亦有好幾方面的差異。技術方面，新年畫與傳統農民木刻年畫不同，是先由畫家作畫，再經平版印刷機印製，製作更靈活，設計和用色方面更隨意。從政府的角度看，此時的年畫活動，是有系統地展開，並受到政府監管，擴大到全國範圍。更重要的是，這個運動已受到官方的認可。

　　年畫改革是中共為了創造一個有共同意識形態的社會而推行的大規模藝術運動之一。這是一場由上而下的改革，並同時從幾個方向着手：官方刊物的廣泛宣傳；著名藝術家公開表態支持；舉辦展覽和會議；尋找和改造傳統民間藝人；獎勵公開競賽中最佳新年畫的設計者。從一開始黨辦的《人民日報》就大篇幅報導新年畫，刊登最新作品，並提醒讀者年畫的巨大價值。臨近農曆新年，報章上刊登年畫的篇幅就越來越

6　有關中國共產黨延安時期如何利用年畫的情況，參考Chang-tai Hung, "Two Images of Socialism: Woodcuts in Chinese Communist Politics," *Comparative Studies in Society and History,* Vol. 39, No. 1 (January 1997), pp. 34–60.

多。[7]重要的藝術期刊也刊載年畫，甚至出版年畫專輯。[8]各界人士都熱烈支持，尤以藝術界為甚。京劇名伶程硯秋 (1904–1958) 在1950年專程到楊家埠支持年畫運動。[9]為了配合黨的「為人民服務」方針，年畫改造工作組努力尋找民間藝人，表揚他們來自基層，然後試圖把他們改造成新社會的擁護者。例如，一位楊家埠民間年畫藝人楊萬東，就因對政府政策積極支持而受到了表揚。[10]多場介紹這種新藝術的展覽會，也在首都和其他省市舉行。[11]1950年4月，文化部舉辦的第一屆全國年畫比賽可算是最令人矚目的盛舉。25位最佳新年畫作者受到文化部的嘉獎。他們的名字和作品都隆重地刊登在全國各大報章上。[12]此後幾年都舉行了這樣的比賽。[13]年畫運動的高峰是周恩來總理在1960年農曆新年時，到楊柳青做了一次廣為報導的視察，這個運動因而沾光不少。[14]

　　年畫的改造代表了在新政府下，藝術與政治結合的一次極具挑戰的實驗。雖然改造者發現傳統年畫有許多優點，但對這種農村藝術形式並不完全釋懷。他們這種矛盾思想或許不難理解。中國共產黨作為列寧主義的先鋒黨，雖然在毛澤東一再呼籲為人民服務的情況下，但仍然對低下階層擺脫不了自身的優越感。中共跟布爾什維克黨一樣，[15]對民眾的自發行為感到十分不安，認為草根階層的活動都要受到黨的監視，不然會

7　例如，參閱中國農曆新年前出版的新年畫特刊，《人民日報》，1950年2月11日，第5版。

8　例如，參閱《人民美術》，第1卷，第2期 (1950年4月1日)。

9　程硯秋、杜穎陶：〈寒亭的年畫〉，《民間文藝季刊》，第2期 (1951年5月15日)，頁29–33。

10　有關民間藝人的改造，參閱謝昌一：〈向民間年畫學習〉，《美術》，第2期 (1960年2月15日)，頁36–38。關於楊萬東的簡介，參閱《楊家埠村志》，頁388–389。

11　《人民日報》，1950年2月21日，第3版。

12　《人民日報》，1950年4月16日，第4版。

13　《人民日報》，1952年9月5日，第3版。

14　《美術》，第2期 (1978年3月25日)，頁7。

15　von Geldern, *Bolshevik Festivals*.

失控。不受控制的藝術可以對政權構成威脅。[16]最終，中國知識分子和藝術家都有一種舊有的看法，認為農民又無知又迷信，他們的世界充滿了奇怪荒誕的想法。當藝術改造者看到許多傳統年畫事實上是神靈的畫像時，更強化了他們對年畫的負面印象。當然，共產黨作為忠誠的馬克思主義者，很早之前就已經抨擊各種形式的宗教活動。[17]這一次，官方看到年畫中充斥着他們認為是「迷信內容」時，感到震驚。其中有門神（圖53）；灶君（圖54）；捉鬼的鍾馗（圖55）；紙禡，即印着牛王之類的神像，在儀式結束時焚燒（圖56）。藝術評論家王朝聞指斥這些有迷信色彩的年畫，是反映了群眾的「封建思想」。[18]另一位評論家也說舊年畫「都是為老封建地主階級服務的，是對群眾有害的。」他建議必須創造新年畫來取代舊年畫。[19]年畫改造因而不僅是藝術活動，更是一場社會主義運動，用來清除共產黨認為是農民的有害觀念。因此，運動針對的是農民的行為及習俗。

　　其實早在延安時期，年畫中的「封建內容」令共產黨人響起了警號，但那時對此問題並未採取一致行動。[20]如今同樣的問題又再浮現，而且情況更加緊迫。文化部和出版總署在1951年10月共同發表聲明，指示「對於內容反動和有害的年畫，應禁止出版」，尤其是宗教迷信的年畫。但聲明同時告誡說，執行這項任務時必須慎重，以免引起民眾不滿或公開反對。[21]在各省級文化局發佈的文件中，也一再強調要有這樣謹慎的應對。[22]1950年代初，改革運動迅速在各年畫製作中心展開，此起彼

16　Hung, *War and Popular Culture*, pp. 221–269.

17　〈京郊取締一貫道工作總結〉。

18　王朝聞：〈關於學習舊年畫形式〉，《人民日報》，1950年3月19日，第5版。

19　《人民日報》，1949年4月26日，第4版。

20　《解放日報》（延安），1945年4月12日，第4版。

21　《人民日報》，1951年10月26日，第3版。同時參閱註釋22。

22　參閱山東省人民政府文化事業管理局：〈關於如何對待「灶馬」的意見〉（油印文件）（山東濟南：1953年11月12日）。

圖 53 《尉遲恭和秦瓊》，河北省武強縣。圖中「永增店」為印製店名稱；「武強」
為印製地的縣名。Wang Shucun（王樹村），*Paper Joss: Deity Worship through Folk Prints* (Beijing: New World Press, 1992), Photo 134.

圖 54 《灶君》，陝西省鳳翔縣。畫的上部是1987年年曆（按舊年畫複製）。對聯
為：「人間司命主，天上耳目臣。」作者收藏。

圖55 《鍾馗》(清代)， 河北省武強縣。 畫的右上角為吉祥象徵(「蝠」與「福」諧音)。旁邊的方形為道教驅邪符號。Bo Songnian (薄松年)，*Chinese New Year Pictures* (Beijing: Cultural Relics Publishing House, 1995), Photo 104.

圖56 《牛王》，北京。牛王帶着公牛頭飾，表情兇惡。印製日期不詳。王樹村：《中國古代民俗版畫》，頁21。

落。[23] 例如華東文化部和山東省文化局派遣一隊有十幾位畫家和美術學生的改革工作隊，前往楊家埠作實地訪問，舉辦研討會，並提出改造意見。[24] 改革工作隊將山東傳統年畫分為四類：「可以保留的」、「需要修改的」、「反動的、有害的」，以及「封建迷信的」。[25] 宗教年畫被歸為最後一類（尤其是灶君和門神），最先受到批評。

　　傳統上，灶君是中國民間信仰中最廣受供奉的神靈之一，自然成為年畫裏的主角。灶君雖然在仙界中地位較低，卻因與凡人的日常生活關係密切而備受尊崇。灶君與夫人（或兩位夫人左右相伴）的版畫，就貼在灶頭上。年畫上端印有農曆，是農民賴以掌握時令和耕種節氣的資訊，人們相信灶君有神力保佑全家，為家人帶來好運，因而被稱為「一家之主」。按照習俗，舊曆十二月廿三日的晚上，家中要燒掉灶君畫，好讓他返回天宮向玉帝報告這一年裏他監護的這戶人家的情況。七天後的除夕，他返回人間。這戶人家再貼上一張新的灶君畫，以示新的一年又開始。[26] 為了讓灶君在玉帝面前多說好話（最好避免說壞話），就將加了糖的瓜條和其他甜食供奉灶君，讓他變得嘴甜甜的。這樣灶君有雙重身份：既是家中的保護神，又是玉帝信賴的使者，是仙界和人間的重要橋樑。19 世紀末在中國的基督教傳教士阿瑟・史密斯（Arthur Smith）指出，每年讓灶君上天述職，是「新年祭祀」最重要的儀式之一。[27]

　　政府視灶君年畫為問題，正正就是因為它廣受歡迎並有深遠影響。灶君畫逐漸被禁止發行。取而代之的是兩幅新年畫：《烈士紀念塔》和新

23　邱怡：〈鳳翔木版年畫見聞記〉，《美術研究》，第 2 期（1985 年 5 月 15 日），頁 72–75。

24　張殿英：《楊家埠木版年畫》（北京：人民美術出版社，1990），頁 29–31。本書作者於 1997 年 6 月 8 日及 6 月 9 日在山東濟南訪問謝昌一的記錄。

25　鄭金蘭編：《濰坊年畫研究》（上海：學林出版社，1991），頁 25。

26　薄松年：《中國灶君神褟》（台北：渤海堂文化事業有限公司，1993），頁 13–31。

27　Arthur H. Smith, *Village Life in China: A Study in Sociology* (New York: Fleming H. Revell, 1899), p. 199.

的《農曆圖》。[28] 兩幅設計都抹掉了宗教色彩，此時只用來描繪政府悉心編撰的社會主義故事。新的農曆圖《勤儉持家》(圖57) 便是明顯的例子。[29] 這幅1950年代出版的年畫，描述一家人歡度新年的場面。在這個豐收年，糧食滿倉、物資充裕；屋裏聚着愉快的家人，圍在一起吃豐富的團年飯。圖下方是小孩嬉戲的熱鬧情景：孩子們象徵農、林、牧、漁等不同行業的興旺與豐收。這幅畫的內容和氣氛雖然十分常見：古老但實用的農曆配上色彩繽紛、生活富足的歡樂場面，但它卻另有獨特意義。守衛着這家人的是兩旁支援和保護他們的人：忠誠的幹部、無私的戰士以及其他善心的人。這一場面當然不是紀念過去，而是讚頌目前。灶君爺不見了，改為老百姓安排自己的未來。這幅畫要告訴大家，歡樂場面不僅靠民眾辛勤的工作和不懈的努力取得，更重要的是新政府創造了優良的生活環境。

年畫的另一主題門神的遭遇也與灶君相似。在幾個年畫產地(如河南朱仙鎮)的銷量，都以門神畫居冠。[30] 在大閘和內門貼上門神畫，讓人相信可以驅邪逐妖。早在公元2世紀就有記載最早的門神是神荼和鬱壘。[31] 後來，唐代兩位同負盛名的將軍秦瓊和尉遲恭(見圖53)加入了門神行列。他們身披戰甲、手持兵器，是威武之師。畫像是多色彩印刷，兩人總是配搭在一起，左右對稱，擺着互相對望的姿勢(以添和睦的氣氛)。大將畫像尺寸雖然不同，但有時卻畫成真人般大小。他們雄偉懍然地鎮守大門，肩負着令家宅平安，免受鬼魅侵擾的重任。門神畫除了有家喻戶曉的法力外，它的盛行還受惠於戲劇般的畫面：鮮艷的色彩，

---

28 《濰坊年畫研究》，頁143。山東省人民政府文化事業管理局：〈關於如何對待「灶馬」的意見〉。

29 山東省濰坊市博物館與楊家埠木版年畫研究所編：《楊家埠年畫》(北京：文物出版社，1990)，圖134。此年畫最早印於1950年代，後於1985年重印。見「圖版說明」，頁14及51。

30 《美術研究》，第2期(1984年5月15日)，頁23。同時參閱張仃：〈桃花塢年畫〉，《美術》，第8期(1954年8月15日)，頁44–45。

31 薄松年：《中國年畫史》，頁2。

圖57 《勤儉持家》，山東省楊家埠。1985年年曆，按1950年代的式樣複製。山
　　東省濰坊市博物館與楊家埠木板年畫研究所編：《楊家埠年畫》(北京：文
　　物出版社，1990)，圖134。

突出的輪廓，誇張的造型，豐富的典故，就如秦瓊和尉遲恭兩大將軍的畫像所呈現的那樣，描述兩位唐代武士守衛宮廷大門，保護太宗皇帝免受惡魔侵襲。其他類型的門神畫，也有雙將鎮守，也有一夫當關。秦瓊和尉遲恭在守護大門，其他的門神，如成雙的文官和單獨的鍾馗，則貼在其他內門上。[32] 捉鬼天師鍾馗能抓住鬼怪一口吞下，深受民眾喜愛，認為他能帶來幸福與好運。

　　門神畫與灶君畫一樣，在1950年代被改革者徹底改造。一連串社會主義新造型和新主題開始出現，以符合政府規定的思想指導準則。洛丞1955年的作品《保衞祖國！捍衞和平！》(圖58) 便是使用傳統形式傳遞新的政治訊息。畫中兩位身穿整齊軍服的解放軍戰士 (一海軍，一陸軍) 挺立在畫中央，眼望前方，每人手中抱着一個快樂的孩子。人物周圍是玩具戰艦和軍機，以此表達國家具有打敗侵略者的軍事實力和高度警覺。而圖中另一個孩子卻手捧着展翅欲飛的鴿子，表現另一番含意：中國也是一個熱愛和平的國家。每位戰士周圍的五個孩子，象徵五大民族：漢、滿、蒙、回、藏。小孩現今生活在這片物產豐盛、民族和睦的大地上。與舊門神相似，戰士也是成雙出現，高大力壯，展現無比自信和威嚴；但兩人不像傳統畫中那樣互相對望，而是直視觀眾，更添幾分堅毅；孩子手握的不再是傳統象徵大富大貴和連生貴子的牡丹與蓮花，而是代表軍事實力 (戰艦) 及代表和平 (鴿子與綿羊) 的象徵；戰士周圍不僅有男孩，還加入了女孩，反映了政府的男女平等新政策，就如1950年新的婚姻法所宣佈的那樣；最後，畫中出現的不再只是漢族孩子，而是五個不同民族的兒童，代表國家民族大團結。新年畫的現實主義描繪無疑是想令觀眾產生更真實的共鳴。但諷刺的是，舊年畫中的歡樂情景和豐富的想像不再出現，反令新年畫顯得生硬，難以感人。

　　除了戰士，還有以普通民眾取代被打倒的神靈。工人和農民是無產階級的兩大台柱。在1950年代印製並大量湧現的新年畫中，他們開始

32　王樹村：《門與門神》(北京：學苑出版社，1994)，頁180–202。

圖 58　洛丞：《保衛祖國！捍衛和平！》(1955)，缺出產地資料。人民美術出版
　　　社編：《年畫選編：1949–1959》(北京：人民美術出版社，1961)，圖 34。

成為主角，接過了門神的職責。[33] 1960 年代後期于行的年畫《學大慶！
學大寨！》(圖 59)，便是很好的例子。兩位面向前方、昂首挺立的工人
與農民，聯手歌頌共產政權取得的成就。兩人的背景，分別是全速生產
的煉油設施和一望無際的碧綠梯田。這幅畫描述的是真人真事：工人以
王進喜 (1923–1970) 為模型，他是黑龍江大慶油田的隊長；農民以陳永
貴 (1915–1986) 為模型，他是山西省大寨大隊的支部書記。兩人均是共
產黨所稱的普通百姓的榜樣，在幾乎沒有得到任何政府幫助的情況下，
靠的是努力與決心，克服了嚴峻的生產條件和貧瘠的土地，取得豐盛的

33　例如參閱人民美術出版社編：《年畫選編：1949–1959》(北京：人民美術出
　　版社，1961)，圖 2、4 及 9。

成績。[34]這是毛澤東提倡的自力更生、發揮地方積極性、為集體事業奉獻的光輝例子。

當然並非所有新的門畫都是戰士和工人。另一種新年畫沒有明顯的官方訊息，卻正因它的非政治性質而更利於傳播社會主義思想。1954年，山東年畫改革工作隊成員葉振興創作了一對室內張貼的年畫《媽媽教我學繡花、我教媽媽學文化》(圖60)，即時引起了廣泛注意。[35]這對新年畫使用傳統鮮艷顏色(尤其是紅色)，描繪了一個簡單的故事：在左圖中，母親在教導少先隊員的女兒學習傳統的繡花技巧；在右圖中，女兒則教媽媽讀書識字。表面上，母親與女兒的關係正常不過，但對他們的感情關係的描寫卻別有心思。這對母女不再受傳統的上下尊卑的關係所支配，而是建立在互相關懷和幫助的新觀念上，以不同的方式互相裨益。在新社會裏，不識字的母親成了女兒的學生，母親過去沒有機會上學，現在有機會學習，有美好前景，更令她欣然接受新機遇。同時，她也將繡花技巧傳給女兒，象徵着傳統技藝的延續。女孩學繡花的形象雖稱不上是男女平等的表現，[36]但卻是作者意圖說明父母之愛與家庭關懷的重要意義。兩幅圖都賦予新意義：既要學習傳統文化，也要學習新的知識。這對新年畫的魅力不在其說教的內容，而是其溫馨場面。畫中的快樂家庭因個人情感的投入而變得溫暖無比。它傳遞一種政治語言，卻沒有勉強造作。畫面暗示的是，沒有中國共產黨的英明領導，這樣美好的情景就不會出現。

宗教題材中並非只有灶君和門神被迫改造；受到取締的名單上還包括財神、鍾馗、牛王之類的紙禡以及其他神靈畫，它們就如一位共產黨

---

34 後來發現大寨的很多生產數據都是誇大和虛報的。

35 該畫最初由靠近楊家埠的濰坊市年畫改革工作隊於1950年代中創作，後來多次獲得讚揚。參閱《美術》，第1期(1956年1月15日)，頁12；又見《美術》，第3期(1956年3月15日)，插圖。

36 此圖代表1950年代官方有關性別平等的看法。參閱 Harriet Evans, *Women and Sexuality in China: Female Sexuality and Gender Since 1949* (New York: Continuum, 1997), p. 6.

圖59 于行:《學大慶!學大寨!》(1967)。作者收藏的小型樣張。

圖60 葉振興:《媽媽教我學繡花、我教媽媽學文化》(1956),山東。《年畫選編:1949–1959》,圖41。這對1956年的年畫是1954年原畫的複製品。

支持者所指斥的是些「荒誕無稽」的東西。[37]簡言之，對宗教年畫的批評就是要打擊民間迷信和農村思想落後。許多改革者堅稱，只有清除農村這些有害的觀念和習慣，才能完成偉大的社會主義改革。

共產黨對宗教年畫的批判，跟早年的蘇聯政策十分相似，但也有幾方面的差異。蘇聯也一樣決心清除農村的愚昧和落後情況（高爾基〔Gorky〕就曾把俄國農民說成是「半野蠻、愚蠢、呆板乏味的傢伙」）。早在布爾什維克革命初期就已展開對農民信仰的批判，到1930年代斯大林強迫推行集體主義化政策時達到高峰。同樣在那時期，蘇聯共青團（Komsomol）積極分子和共黨改革派大舉逮捕教士、關閉教堂、沒收神像（還不時大量燒毀），並壓制異見的農村精英。[38]他們還清除傳統民間版畫和宗教傳說，目的清楚不過，就是要在農村注入新的無神論和社會主義的革命文化。[39]同時，蘇聯與中國相似，並沒有完全廢除舊日的藝術形式。俄方同樣意識到，傳統藝術和民間方言有助促進革命的巨大潛力。一些藝術家確實利用了聖像畫的廣泛影響來為國家服務。例如德米特里‧摩爾就依據聖像畫而描繪的圖畫在1920年代的反宗教雜誌如《無神》（Bezbozhnik）等發表，來大肆諷刺宗教。[40]雖然兩國政治目標相似，但中國年畫改造卻比蘇聯的改造範圍更廣，推行得更有系統，受到的官方控制也更嚴厲。蘇聯政府並沒有在全國範圍內推行持久的藝術改革運動。它對宗教畫的攻擊，大部分在斯大林清算富農階級的大方針下進行。

37　《美術》，第6期（1958年6月15日），頁32。

38　Sheila Fitzpatrick, *Stalin's Peasants: Resistance and Survival in the Russian Village after Collectivization* (New York: Oxford University Press, 1994), pp. 45, 59–62; Lynne Viola, *Peasant Rebels under Stalin: Collectivization and the Culture of Peasant Resistance* (New York: Oxford University Press, 1996), pp. 38–44.

39　Richard Stites, *Russian Popular Culture: Entertainment and Society since 1900* (Cambridge: Cambridge University Press, 1992), pp. 53–54.

40　Stephen White, *The Bolshevik Poster*, pp. 6–7.

　　中國年畫改革確實不僅打擊民間迷信，還試圖按社會主義目標去改造民眾思想。共產黨通過新年畫，有系統地廣泛傳播和強化集體主義目標。這些新年畫表達了三種清晰的主題：勞動生產的光榮；年輕一代對社會主義事業的奉獻；無私的領導人關懷民眾及帶領國家走向更加光輝的未來。

　　勞動在毛澤東理想社會的願景中佔核心地位，也是改造後的年畫所強調的價值觀，這點從另一種也經改造的通俗年畫類型可看出來。傳統中有一種年畫叫《搖錢樹》（圖61），畫的是一棵掛滿錢幣和金塊的樹，深受農民喜愛。這種畫表達的是富貴繁華可以是種出來的夢想。楊家埠有一首「搖錢樹」，歌詞如下：

> 家有一棵搖錢樹，
> 強其百萬富。
> 一天搖一搖，
> 落下無其數。
> 老少齊打掃，
> 盛錢的囤子高其屋。[41]

　　這樣的思想並不為共產黨所接受，如一位批評者很快指出，它代表了「不勞而獲」的有害及錯誤觀念。[42]施邦華是楊家埠年畫改革工作隊的年輕藝術家，他在1952年創作了一幅題為《這是真正的搖錢樹》（圖62）的年畫，來代替舊畫。新的搖錢樹上長滿的不再是錢幣而是蘋果，背景是集體農場的蘋果園，但畫中真正要說的是集體勞動所得到的團隊精神。卡車上的標語總結了這幅畫的主旨：「互助合作力量大，勞動果實收穫多。」這幅畫告訴大家，只有通過努力工作和互相幫助，才能確保收穫。

41　謝昌一：〈搖錢樹的發展和演變〉，《故宮文物月刊》，第11卷，第11期（1994年2月），頁124。

42　《濰坊年畫研究》，頁35。

圖61 《搖錢樹》(清代)，山東楊家埠。
畫中的樹繪成龍形，樹下擺放
着的一隻大盆積聚錢幣和其他
財寶。薄松年：《中國新年畫》，
圖165。

圖62 施邦華：《這是真正的搖錢樹》
(1952)，山東楊家埠。陳煙橋、
陳秋草、朱石基編：《華東民間
年畫》(上海：上海人民美術出
版社，1955)，頁58。

　　常見的胖娃娃畫也需重繪。以往小胖子的畫代表了多子多孫的祝願。這類畫中常常出現兩種象徵物：蓮蓬與石榴，兩者都是多籽，因而寓意多育（「籽」與「子」諧音）。楊柳青一幅清代流傳至今的年畫《蓮生貴子》（圖63），便是很好的例子。圖中男孩正在吹一種叫笙的樂器（「笙」與「生」諧音）。孩子身邊有很多蓮蓬（「蓮」與「連」諧音），兒子連連出生，變成一個子孫滿堂的大家庭。1950年代初，張仃熱心參與年畫改革，創作了兒童的新形象。這幅名為《新中國的兒童》（圖64）的作品，在1950年的新年畫比賽中獲得第二名。圖中的孩子成了英勇的戰士，打擊美國侵略者。代表侵略者的是個美國大兵和「奴才」蔣介石，都被打得落花流水，狼狽而逃。[43]孩子過往可愛的笑臉變成了表情兇猛的軍人，他們手握武器保衛祖國，擊退敵人。舊年畫和新年畫之間的極大對比明顯不過：本來天真快樂的兒童現在成了手握武器、保衛家園的愛國者。

　　蘇聯政治活躍分子將聖尼古拉斯（Saint Nicholas）的畫像換成馬克思、列寧的海報貼在農村牆上，[44]而中國的改革者則用毛澤東、周恩來的畫像取代民間神像。毛澤東和政治高層的英明領導及為人民謀幸福的貢獻受到讚頌。古元的《毛主席和農民談話》（1951）表達了毛澤東對老百姓生活的深切關懷。[45]林崗（1925年生）的《群英會上的趙桂蘭》（圖65）可算是繪出了領導人與民眾關係密切的最有名年畫。林崗的畫取得了

43　《人民日報》，1950年4月16日，第4版。本書作者於2005年8月12日在北京訪問張仃的記錄。

44　Beatrice Farnsworth, "Village Women Experience the Revolution," in *Bolshevik Culture: Experiment and Order in the Russian Revolution*, ed. Abbott Gleason, Peter Kenez, and Richard Stites (Bloomington: Indiana University Press, 1985), p. 239.

45　參看《年畫選編：1949–1959》，圖4。該畫獲1951–1952年度全國年畫競賽第二名。參閱《人民日報》，1952年9月5日，第3版。除了毛澤東，其他中國共產黨領導人如朱德、劉少奇、周恩來和鄧小平都在新年畫中佔了顯著的地位。

圖63 《蓮生貴子》(清代)，河北天津楊柳青。薄松年：《中國新年畫》，圖45。

圖64 張仃：《新中國的兒童》(1950)。《年畫選編：1949–1959》，圖1。

圖65 林崗:《群英會上的趙桂蘭》(1951),北京。《年畫選編:1949–1959》,圖7。

1951至1952年全國年畫比賽的冠軍,是根據女工趙桂蘭多次冒着生命危險保護國營化工廠的事蹟而創作的。[46]她獲得毛澤東的接見,被稱讚為新中國的「勞動模範」。畫中的趙桂蘭右手托着受傷的左手(戴了白手套),正與主席親切交談。周恩來總理站在一旁,面露讚賞的微笑。這幅畫色彩優雅,人物表情生動,是一幅感人的宣傳作品。儘管畫中人物眾多,而且彼此看來在大廳裏熱烈交談,這都不會把觀眾的注意力分散,忽略了中心人物趙桂蘭和站在她左右的領導人。這位女工身材不高,卻處在畫的中心位置。其他人物經過精心安排形成一圈環繞着她。這幅畫歌頌了工人階級的英雄事蹟,但最重要的是表現了領導人對他們

46 《人民日報》,1952年9月5日,第3版。該年畫廣受歡迎。參閱何溶:〈群英會上的趙桂蘭〉,《美術》,第2期(1960年2月15日),頁18。

的關愛。林崗的《群英會上的趙桂蘭》和古元的《毛主席和農民談話》，都是藝術家為吹捧黨而精心塑造的兩幅精彩畫像。

民眾的反應

1950年代初，中國印製了無數的社會主義新年畫，掀起了出版熱潮。根據1950年《人民日報》刊載文化部的一份報告，談到新年畫政策自1949年11月開始到1950年4月這段期間，在26個地方一共印製了412種新年畫，發行量超過700萬張。文化部指出：「這些作品都描繪了新中國的面貌，傳達了中國人民的感情，獲得了人民的普遍喜愛。」[47]官方的評價得到了熱心參與年畫改革的人連聲附和。但這些官方資料很難加以證實，因為缺乏其他獨立資料佐證。我們是否真正了解觀眾的反應？是否明白農民的普遍心態 (mentalités)，即指農民共有的價值觀，態度怎樣改變及精神面貌怎樣形成。據雅克·勒高夫 (Jacques Le Goff) 的說法，考察這些普遍心態可以讓我們理解「民眾思想的共同觀」。[48]這種理解方式十分重要，因為它對歷史的考察是從基層開始，而非從上層着手。

由於無法獲得詳細的民間文獻 (如訪問資料)，而且對民眾心態的問題是極難處理的，我們可否另闢解決的途徑？也許可以。個別省份的文化局和年畫改革工作隊發表的幾份報告，或許能幫助我們了解農民那難以捉摸的普遍心態。[49]另外偶爾刊登在期刊上，有關年畫改革的調查報告以及記載的農民評價，都可視為農民反應的另一種線索。[50]當然農民的評論很可能因應精英分子本身需要而被修改，但農民說話不會轉彎抹

---

47 《人民日報》，1950年4月16日，第4版。

48 引自 Roger Chartier, *Cultural History: Between Practices and Representations*, trans. Lydia G. Cochrane (Cambridge: Polity Press, 1988), p. 27.

49 張殿英：《楊家埠木版年畫》， 頁183–186。 同時參閱《楊家埠村志》，頁401–417。

50 例如《美術》，第6期 (1958年6月15日)，頁31。

角，反而讓人相信他們說的是真心話。本書作者提議解決這個問題，可以參考精英分子、尤其是年畫改革者的調查記錄。作者或許犯了他想竭力避免的錯誤，可是某些精英分子的記錄，確實可以用來探討遭人遺忘的農民心態。若詳細審閱改革者的報告，會發現更多訊息，而非盲目重複政府的看法。在前線參與年畫改革的人，常常為了執行官方政策而爭論應選用年畫中哪些技巧和構圖。他們當然會重申黨的路線，但也表達了接觸農民時所感到的困惑。正正就是這些改革者的困惑，最能反映真相，因為在他們的調查中，偶然會記錄農民的意見和不滿，有時還會直接引述農民的話以表達改革者自己的失望情緒。換言之，改革者對年畫運動的記錄是將黨政策和民眾反應拼湊在一起，為我們探討農民複雜的內心世界提供了另一途徑。這個世界並不如政府宣傳的那樣和諧及平靜，農民常直言對新年畫的反感。有些農民認為許多改造後的年畫無法接受而拒絕購買，令官方的年畫政策遭受挫敗，起不了甚麼作用。這種負面反應從新年畫的銷情冷淡可以看出來，這種情況也成為探討農民普遍心態的另一方法。

怎樣才算是好年畫？據藝術評論家王樹村的看法，一幅好年畫必須具備三項基本要素：「一、畫中要有戲，百看才不膩；二、出口要吉利，才能合人意；三、人品要俊秀，能得人歡喜。」[51]江蘇北部的一條民諺提供了更廣泛的定義：好的年畫要有「五頭」，即「有看頭，有想頭，有講頭，有勁頭，有奔頭。」[52]從以上的準則來衡量，年畫改革是失敗的。

農民從一開始就批評新年畫。他們很難接受用平版印刷機印製出來的新式年畫，跟傳統木版印刷差別很大。問題其實主要不在於農民對新技術不認識，而是在於對新年畫的色彩難以接受。對很多農民來說，機器印製的年畫毫無美感，看上去很礙眼。色彩當然是畫作的核心，對年畫來說更加如此。年畫專家馮真（1931年生）在河北農村調查新年畫銷

51　王樹村：《中國民間年畫史論集》（天津：天津楊柳青畫社，1991），頁243。

52　葉文西：〈試談年畫的作用和特點〉，《美術》，第2期（1978年3月25日），頁42。

售情況時觀察到，農民「經常第一眼就注意色彩，然後才注意內容。」[53]
這一觀察與社會學家研究大眾藝術品味的結論是一致的。赫伯特・甘斯
（Herbert Gans）和皮耶・布迪厄就提出，藝術鑒賞力並非與生俱來，而
是經後天培養。個人可以通過教育去認識藝術，而教育卻因應社會階層
不同而有差異。[54]布迪厄的社會區分理論，讓我們注意到不同社會階層
的人表現的品味不同。他認為來自社會低下階層的人會喜歡藝術有較鮮
艷的色彩，更直接的內容，同時要求有即時的滿足感，並着重功能多於
形式。另一方面，來自上流社會的人，通常更喜歡通過思考和判斷去欣
賞藝術。[55]馮真指出，中國農民對自己喜好的年畫最常見的反應是：
「『這張色氣喜慶』，『這張紅火』。」[56]事實上，傳統民間畫的兩個主要術
語是「尖」、「陽」，亦即畫家于非闇所説：「『尖』是説突出，即是『紅的
更紅，綠的更綠』的意思。『陽』是説強烈，即是近看有色，遠看也有
色，像太陽一樣的照在那裏。」[57]年畫中的鮮艷色彩，尤其是紅色，不單
起到了裝飾與實用的功能，把農民家徒四壁的幽暗房間增添明亮，還代
表幸福與財富。于非闇認為，傳統年畫中廣泛使用幾種容易找得到又便
宜的紅、綠、黃等顏料，是出於經濟考慮。他指出民間畫家由於財力有
限，別無選擇地只能用廉價和方便的顏料作畫。[58]可是，對受過學院訓
練的藝術改革者來説，舊年畫的俗艷顏色很礙眼。有些評論者指出，對

53　馮真：〈年畫調查記〉，《美術研究》，第4期（1980年11月15日），頁58。本
　　書作者於2004年1月13日在北京訪問馮真的記錄。

54　Herbert J. Gans, *Popular Culture and High Culture: An Analysis and
　　Evaluation of Taste* (New York: Basic Books, 1974), pp. 67–69, 127–129; and
　　Pierre Bourdieu, *Distinction: A Social Critique of the Judgement of Taste*,
　　trans. Richard Nice (Cambridge: Harvard University Press, 1984), pp. 177–200.

55　Bourdieu, *Distinction*, pp. 34–41.

56　馮真：〈年畫調查記〉，頁58。

57　于非闇：《中國畫顏色的研究》（北京：中華美術出版社，1955），頁36。

58　同上。

很多人來說，大紅與鮮綠不僅「刺目」，[59]而且「俗氣」。[60]改革者也不甘於只用幾種他們認為單調乏味的鮮艷顏色。他們寧可採用柔和的色調，加上灰暗面，來呈現畫的立體感，給畫面一種更調和的感覺。[61]結果，新作品色彩不再耀眼，格調也趨平淡。農民的批評不留餘地，有些農民直截了當地說，「不火爆」、[62]「不新鮮」。[63]年畫上的暗淡色彩和灰暗面逃不過尖銳的批評。有農村婦女指着畫中衣著破舊的女子說：「女的穿的應當新鮮些，雖說下地幹活不能穿好的，可是放在畫上就可以穿的新鮮些。」[64]明亮的色彩不單是一種視覺表達方式，還激發農民對眼前的苦日子加以美化，讓他們忘卻艱苦嚴苛、禍福難料的生活。

　　對很多農民來說，新年畫未能提供引人入勝的故事。政府很明顯是想清除傳統年畫中無法接受的部分，注入新內容。不過，這樣一來，年畫中令人喜愛、代代相傳的特質，即那些大眾喜聞樂見的故事情節遭到刪除。正如前面說過的那樣，優秀的年畫一定有一個讓人津津樂道的故事。此外農民也似乎有個根深蒂固的觀念，認為一幅畫的魅力就在於它能否講述故事。因此，傳統畫中家喻戶曉的人物並不僅是藝術表現形式，更提供了娛樂，就如前面談到秦瓊與尉遲恭畫像背後的有趣故事。傳統年畫之所以吸引農民，因故事情節眾所周知，陳述的是耳熟能詳的典故。年畫的內容傳遞的是一些前後連貫的故事，而新社會主義年畫則用了當今社會的英雄和革命題材，取代了那些農民熟悉的傳說。廣為人知的傳奇人物如秦瓊與尉遲恭將軍，被面孔陌生的趙桂蘭所取代，這個由官方塑造出來的新時代模範女工，與農民的集體記憶沒有丁點關係，

59　葉又新：〈濰縣民間木版年畫的傳統特徵〉，頁20。

60　《美術》，第12期（1956年12月15日），頁52。

61　林辰：〈年畫的色彩〉，《美術》，第12期（1956年12月15日），頁51–52。

62　同上，頁51。

63　引自力群：〈論年畫的形式問題〉，《美術》，第3期（1956年3月15日），頁14。

64　引自林辰：〈年畫的色彩〉，頁51。

正如有農民反映：「現在的畫沒甚麼說頭，看不懂。」[65]

新年畫中的現實主義形象與民間藝人早期作品裏的誇張變形的描繪，肯定是大為不同。傳統畫中的大頭、巨目、威猛的門神、胖娃娃、古代美女，都是美化了的表現形式。而與這些傳統年畫截然不同的是，改革者跟隨當時流行的社會主義現實主義主張，創作了直接的現實風格的新年畫，《保衛祖國！捍衛和平！》便是其中之一。畫中的解放軍戰士看來過於真實，過於直截了當，難以引發想像力。傳統形式（如鍾馗）常有的鮮明和誇張的特色消失了，故此連它的戲劇性和娛樂效果也不能保存。看在那年代的農民眼裏，這些忠於現實的人物，太沒趣味。有農民不滿地說：「太像真的。」[66]也有人直言：「沒看頭。」[67]

新年畫與舊年畫作品在用語方面也有差別。前者使用了大量農民不熟悉的語句、字眼和新詞。「灶君」、「財神」和「蓮生貴子」之類熟悉的標題不見了。取代它們的是陌生的口號，如「向蘇聯老大哥學習！」（中國向社會主義兄弟致敬），「中朝兩國偉大友誼萬歲！」（向韓戰的共產黨軍隊的高聲支持）。改革者不斷使用難懂和過分堆砌的長句子也加深了問題，有評論家指出，與其用清楚直接的語言，藝術家用了艱深的句子和複雜的聲韻在作品中，尤其是用在「四扇屏」這種以四幅畫串在一起說明一個主題的年畫中。他認為：「出現了許多文意難懂，詞不達意，語法不通以及陳詞濫調的缺點。」[68]

1952年楊家埠年畫改革工作隊成員葉又新，清楚指出了這種精英分子高高在上的心態。在1954年發表的一篇文章中，葉又新批評改革者對舊年畫有一種城市人的優越感，將舊年畫貶為「落後」，認為不值得看。[69]由於大多數改革者（尤其是藝術系學生）來自城市，對民間藝術的

65　《美術》，第6期（1958年6月15日），頁31。

66　引自郁風：〈向民間年畫學習〉，《美術》，第3期（1956年3月15日），頁10。

67　《美術》，第1期（1956年1月15日），頁11。

68　《美術》，第12期（1956年12月15日），頁51。

69　葉又新：《濰縣民間木版年畫的傳統特徵》，頁20。

鄉土本質視而不見，對農民的情感毫不在意。從 1950 年代初開始，城市情景，尤其是首都北京的景象在新年畫上逐漸佔據了重要的地位。而這個主題是農民所不熟悉的。新年畫中主要人物很多時看上去更像城裏人，不像鄉下人。這些形象既陌生又與他們無關。有鄉民對年畫中的城市情景表示：「這些畫好都好，可惜不合我們的道道。」[70]

　　一位藝術家坦言，這種着重城市的偏見反映了一個根本問題，即精英分子普遍都暗地裏看不起這種傳統藝術形式。他注意到，這些精英分子對年畫「很輕視。他們認為年畫和一般繪畫比較起來已經是一種『次等貨』了」，所以很多人承認創作年畫是「不得已而為之的事情」。[71]這樣的批評比較敏感。人民共和國成立初期，許多著名藝術家如葉淺予、李可染 (1907–1989) 和張樂平 (1910–1992) 等，對新社會主義政權許下的前景雀躍不已，他們響應黨的號召支持年畫改革運動，使這運動增添了聲譽及知名度。這些資深藝術家熱切嘗試創作新年畫。葉淺予關於各民族團結的作品 (1952) 和李可染描繪的勞動英雄 (1952) 在當年全國年畫比賽中獲獎，贏得讚譽。但隨着知名的藝術家注意力陸續轉移，這種熱情也隨即減退。這一轉移，很大程度上是反映了 1953 年政府政策的改變。隨着第一個五年計劃開始及韓戰結束，政府公佈了發展工業和技術的新計劃，各藝術團體也把注意力從大眾化轉移到又精又專的訓練。這個情況如之前提過的令秧歌陷入困境，並令蘇聯油畫和中國傳統國畫受到重視，這兩種畫作都需要較精湛的造詣和專門的學院訓練。[72]葉淺予和李可染很快就放棄了年畫，重投他們醉心的傳統繪畫中，兩位更於 1954 年到中央美術學院剛復辦的國畫系任職。他們對年畫運動的短暫參與，反映了他們只是暫時脫離專業，也反映了藝術界更普遍的現象：他們不願將時間和精力花在被暗中視為不重要的年畫上，因為此等作品，既無社會地位，也無藝術價值。在 1953 年，年畫是三種主要以群眾為

70　同上。

71　《美術》，第 1 期 (1956 年 1 月 15 日)，頁 11。

72　Andrews, *Painters and Politics*, pp. 110–175.

對象的藝術形式之一（其他是連環畫和幻燈片），卻都是藝術家不想沾手的。三種形式都被藝術家嘲諷為「三不畫」，都想避免參與。[73]藝術評論家薄松年及王樹村批評說，這種精英主義傾向，表明藝術家仍然輕視普及化這個至關重要的任務，因此也令年畫運動陷入困局。[74]

然而，改革者的精英主義偏見只是年畫運動要應付的問題之一，但不是最嚴重的問題。該運動基本上是一場政治改革，因此也應從這個角度分析。政府試圖用政治手段來控制人民的生活，這一點從它的反宗教措施可看得清楚。但是，把農民的宗教信仰與「迷信」混為一談，像政府官員和改革者那樣，是過分簡化農民異常複雜的思想與內心世界。政府攻擊宗教年畫實質是攻擊農民的傳統，同時也是打擊農民的喜好和藝術想像力。研究中國的社會學家和人類學家早已認為，宗教（尤其是民間宗教）在人民生活中有極為重要的作用。自楊慶堃開始，很多研究者都認為，民間宗教糅合各種信仰，並不如佛教等主流宗教那麼着重區分各種教義；它發揮了融合社會階層的作用。[75]民間宗教與人一生的儀式（如出生、婚禮、葬禮）和一年四季的節慶（新年、時令節日、神誕）關係密切。它與人的日常生活息息相關，讓人培養出對鄉土的依歸及彼此和睦共處的感情。中國農民是篤信能回應他們訴求及提供心理與精神慰藉的神靈。他們對自己信任的神靈祈求的都是實用的賜福。例如，人們鼓勵（甚至收買）灶君在天上為他們講好話，並為家宅帶來財富。這種做法反映了農村人口的心願與渴求，雖然生活艱辛，物質困乏，但他們對未來仍抱有夢想。

中共把《灶君》換成《烈士紀念塔》，因而即時引發群眾的不滿情緒。新年畫沒有了天官賜福，連庇護和好運的祝願都被抹掉了，因而惹怒了

---

73 薄松年、王樹村：〈十年來我國新年畫的發展和成就〉，《美術研究》，第2期（1959年5月15日），頁12–17，特別參閱頁14。

74 同上。

75 C. K. Yang, *Religion in Chinese Society: A Study of Contemporary Social Functions of Religion and Some of Their Historical Factors* (Berkeley: University of California Press, 1961).

農民。更甚的是，灶君象徵一年復始，萬象更新，充滿希望；而烈士塔代表了死亡與哀悼。它與舊年畫形成強烈對比，農民視之為不吉利！[76] 農民以吉利這件大事為由，不斷地指責新年畫缺乏傳統畫所必定要有的內容。

　　烈士紀念塔年畫有那麼多負面的批評，正好說明改革者的尷尬處境，因為有明顯宣傳意味的新年畫常令顧客不快。中共策劃的行動是將年畫納入官方管制的範圍，這就引起了問題。它把政治與意識形態凌駕文化產品，並要求人民同聲附和。政治從此對新年畫的干預是無孔不入。新年畫提升了地位，掛上了官銜，卻意味着藝術家只能循規蹈矩，跟着規條辦事，去創作已獲批准的題目：如無私的工人、英明的領導，及農民合作社等。這當然跟舊年畫截然不同，舊年畫可隨意汲取靈感，它的題材廣泛，從日常生活到古代英雄人物都有，讓民間畫家的創作享有更大的自由。而新形式的年畫，題材貧乏，愛用政治術語，令作品沉悶乏味。有評論家寫道：人物和故事情節變得「公式化、概念化」。[77] 將《搖錢樹》改編為《這是真正的搖錢樹》，是將民間藝術迅速政治化和規律化的另一例證。有農民不無譏諷地問：「一棵蘋果樹能值幾個錢？」[78]

　　儘管官方大力宣傳，改革的結果還是令人失望，有些作品當然甚受歡迎，如《媽媽教我學繡花、我教媽媽學文化》，但總的來説，農民對新年畫還是反應冷淡，拒絕購買。根據1952年華東軍政委文化部發表的統計數字，披露了新年畫只佔該年楊家埠年畫總銷量780萬的1%。他們不得不承認「封建迷信的舊年畫在群眾中還佔有很大的地位和影響。」[79] 根據其後的報告，1955年在上海和天津印製了86萬張以工農兵為題的新年畫，佔總產量38%，古裝戲和胖娃娃佔12.4%。翌年工農兵的年畫產量突然大跌至8.8%，但古裝戲和胖娃娃則升至56.6%。新年畫

76　《美術》，第1期（1978年1月25日），頁43。

77　葉文西：〈試談年畫的作用和特點〉，頁42。

78　《濰坊年畫研究》，頁143；《美術》，第1期（1978年1月25日），頁44。

79　張殿英：《楊家埠木版年畫》，頁183。

的產量在1958年繼續下跌至2.6%，而傳統年畫的產量高升至72.4%。
雖然報導這些統計數字的記者，將社會主義英雄年畫的銷售不濟歸咎於
發行工作做得差和推廣不力，但真正的問題無疑是出於枯燥乏味的宣傳
畫本身。[80]1980年代初有報導展示情況沒有絲毫改善：

> 這是年畫工作中的一個老問題了：傳統的娃娃、古裝、美女和吉慶
> 題材的畫好銷，印數大，動輒幾百萬份；而反映現實生活，較富有
> 新的思想和教育意義的新年畫，銷得少、印數小，少到幾千份，甚
> 至難以開印。[81]

　　更壞的情況是，令官員和改革者大為驚訝和擔憂的，是以前很多受
過禁制的宗教年畫又再流行起來。一篇1980年代初的報導，講述了這
個令人不安的消息：「農村又開始偷偷印〔年畫〕迷信品了。」[82]1990年代
初，情況完全逆轉，門神重新公開亮相，在1991年聲譽極隆的上海人
民美術出版社將一度遭到禁制的神像畫，如秦瓊和尉遲恭列入印刷品目
錄中，派發出去並公開招攬訂購。[83]公眾持續對門神畫的需求，不單說
明了傳統的根深蒂固，更顯示了農民有效地抵制那些強壓下來的政治宣
傳品。

　　簡言之，年畫改革已證實失敗，政府希望民眾接受新年畫的目標完
全落空。另外還有一個失敗的原因，是來自上海的月份牌；它總是選用
美女作封面，對新年畫是個極大的挑戰。[84]但最重要的是農民反對官方

80　徐靈：〈年畫工作中存在的主要問題〉，《美術》，第4期(1958年4月15日)，
　　頁6–9。

81　武棟：〈新年畫應力求博得農民歡心〉，《美術》，第9期(1982年9月20日)，
　　頁19。

82　王樹村：〈閒話門神〉，《美術史論叢刊》，第2期(1983年8月)，頁220。

83　《上海藝術圖片：1997》(上海：上海人民美術出版社美術圖片部，1997)，
　　頁35–36。

84　有關月份牌歷史的簡介，參閱 *Chinese Women and Modernity: Calendar
　　Posters of the 1910s–1930s*, compiled by Ng Chun Bong et al. (Hong Kong:
　　Joint Publishing, 1996).

推出的設計圖像，拒絕購買。農民抵制政府的壓力，靠的是他們的消費，或應該說是不去消費，代替他們發聲。

抵 制

現代的獨裁統治，確實如漢娜‧阿倫特所指的，可以用權力和其他途徑去侵犯個人的私人生活。[85] 不過，如本章所説的，獨裁統治永遠不能完全支配個人，他們面對的群眾絕不會被動。同樣的是，葛蘭西模式（Gramscian）的文化霸權也高估了精英分子影響低下階層的能力。而事實上，大眾對抗文化壓制是不會忍氣吞聲的。[86] 農民抵制新年畫是回應政府通過民間藝術，企圖把社會主義思想灌輸給大眾而發動前所未有、遍及全國的藝術改革。民眾對官方加諸他們頭上的思想強制，非但沒有逆來順受，還固執地堅持他們舊有的消費習慣，並且拒絕購買社會主義年畫。這樣一來，他們不僅對公認的官方控制有不同的看法，還會挑戰官員是否有絕對能力，把文化霸權強加諸民眾的這一觀點。

近幾十年來，有關農民抵制的研究已取得豐富的成果，以巴林頓‧摩爾（Barrington Moore Jr.）、埃瑞克‧沃爾夫（Eric Wolf）和詹姆斯‧斯科特（James Scott）等人的研究尤著。[87] 雖然學者對何謂「抵制」（resistance）仍有爭論，但都認為農民既非遲鈍被動，亦非倒楣的受害者。大量事實證明，農民掌握自己的生活，並創造自己的社會空間來保護自己，免受外來（尤其是官方）的壓迫。這是研究「從下而上的歷史」（history from

---

85　Arendt, *Origins of Totalitarianism*.

86　Antonio Gramsci, *Selections from the Prison Notebooks*, ed. and trans. Quintin Hoare and Geoffrey Nowell Smith (London: Lawrence and Wishart, 1971).

87　Barrington Moore, Jr., *Social Origins of Dictatorship and Democracy: Lord and Peasant in the Making of the Modern World* (Boston: Beacon Press, 1966); Eric Wolf, *Peasant Wars of the Twentieth Century* (New York: Harper and Row, 1969); and James C. Scott, *Weapons of the Weak: Everyday Forms of Peasant Resistance* (New Haven: Yale University Press, 1985).

below）——借用愛德華‧帕爾默‧湯普森（E. P. Thompson）的名句——
所得出的結論。[88]這結論亦認為，理解農民的發言權是我們了解農村抗
爭的主要途徑。

　　中國農民抵制新年畫，從他們決意不買的行為可以表露無遺。我們
強調選擇性消費在抵制行為中所起的作用，是讓我們把關注的焦點，從
政府文化產物轉移到公眾接納的程度，從生產者轉移到消費者，從官員
轉移到平民。當然，消費過程在正統馬克思主義理論中無足輕重，但在
分析中國農民行為時卻大派用場。有關把消費主義看成是一種積極行為
的理論，讓人想起米歇爾‧德‧塞杜（Michel de Certeau）甚具影響的著
作《日常生活的實踐》（*The Practice of Everyday Life*），他的書講述了一
種很少人關注的大眾抵制行為。德‧塞杜研究的對象不是產品製造者
（如作家、地主），而是消費者（如讀者、租戶）；他認為積極的消費者能
夠掌握自己的生活。[89]他提出消費其實是生產形式的一種，在資本主義
社會裏，消費者會透過消費過程，巧妙地利用大規模生產的物品來滿足
自己的需求，就如觀眾會隨意選擇自己喜歡的電視節目一樣。德‧塞杜
着重文化消費，而非文化生產，不僅將消費者置於日常行為的中心，還
對有權的人隨意將一己的意願強加於人而不受抵制的觀念，表示懷疑。
依照他的看法，消費者清楚知道怎樣去抵制自上而下的壓力。他們通過
小把戲和偽裝，就能抵抗權力，並且干擾、甚至逆轉支配的關係。

　　理查‧斯迪茨（Richard Stites）等人的研究已經證實了大眾喜好的東
西令共產政權大感頭痛。斯迪茨在他有關俄羅斯大眾文化的書中，談及
蘇聯統治下非常蓬勃的消費文化。他認為即使在斯大林嚴厲管治和壓迫
下，消費者仍有極大的選擇能力；大眾對娛樂而非政治的強烈要求，持

88　E. P. Thompson, "History from Below," *Times Literary Supplement*, April 7, 1966, pp. 279–281.

89　Michel de Certeau, *The Practice of Everyday Life*, trans. Steven Rendall (Berkeley: University of California Press, 1984), pp. xi, 29–42.

續不息。[90]這種喜好，經常令官方想利用大眾文化來灌輸政治思想的行動受到挫折。

　　同樣在中國農村，農民面對政府強加的行動，有自己的選擇和扮演了主動的角色。這一點在年畫改革中得到了證明。總的來說，農民對年畫運動抱有懷疑並有反對聲音，認為大部分新年畫不符合他們傳統年畫的標準。新年畫視覺效果不佳，不吉利，太逼真，而且沒有引人入勝的故事。此外，這些新年畫是由一批來自城市的改革者所設計，他們對農民生活所知不多，而且極少考慮到農民的想法。更嚴重的是，這個行動是由新的共產政權所發起的意識形態運動，不僅是向農民灌輸思想，還試圖改變他們的習慣和日常行為。政治年畫確實令人窒息，剝奪農民的藝術想像空間，否定他們的日常及心理需要，甚至否定他們的傳統習俗，並從根本上否定他們的價值觀。塞繆爾·波普金（Samuel Popkin）指出，農民是精明的人，會按自身的利益掌握自己的命運。他們大多是從個人和家庭的角度來考慮集體利益。波普金認為農民是很「理性的」，因為「他們是從追求自身最大利益的觀點去選擇」。[91]

　　所有共產政權對民眾的控制不限於政治與經濟生活層面，在文化層面的控制也許更為重要。然而，文化產品（這裏指新年畫）的製作，是一個官方創作及民眾能否接受的複雜過程，對此官方並沒有十拿九穩的控制權。這是一場國家與社會、製作者與消費者之間的意識形態的角力。在年畫改革一役，官方確實是無法把新的政治宣傳強加於看來溫順的民眾身上。

　　消費主義在今日的中國，尤其是鄧小平自1970年代末推行市場改革後，更迅速傳播。事實上，政治年畫到今天仍然存在。[92]但最近的研

90　Stites, *Russian Popular Culture*.

91　Samuel L. Popkin, *The Rational Peasant: The Political Economy of Rural Society in Vietnam* (Berkeley: University of California Press, 1979), p. 31.

92　《上海藝術圖片：1997》，頁2。

圖66 劉熹奇：《祖國啊，母親！》(1984)，缺出版地。薄松年：《中國年畫史》
　　　（瀋陽：遼寧美術出版社，1986），圖27。

究發現，農民仍繼續偏愛傳統的年畫藝術形式和熟悉的吉祥象徵。[93]不
過，許多年畫也以新面目出現。1984年劉熹奇（1948年生）創作的《祖國
啊，母親！》（圖66）即哄動一時。這幅畫描繪了一位年輕的中國姑娘從
海外回到北京，緬懷舊地。這幅年畫以常用的鮮艷色彩和大眾熟悉的鴿
子，襯托這位在天安門廣場漫步的姑娘。為何這幅畫會廣受歡迎？是否
首都（畫中背景有宏偉的人民大會堂）引起了遊子對祖國的眷戀，正如

93　Ellen Johnston Laing, "The Persistence of Propriety in the 1980s," in *Unofficial China: Popular Culture and Thought in the People's Republic*, ed. Perry Link, Richard Madsen, and Paul G. Pickowicz (Boulder, CO: Westview Press, 1989), pp. 156–171.

題目要我們相信的那樣？或者是美麗姑娘的甜蜜笑容？我們當然不一定知道答案。但正因為中國受到消費文化的衝擊，而月曆雜誌等充斥着漂亮動人的電影明星和模特兒，成了出版業的暢銷產品；所以消費者喜歡這幅畫，為的也許正是圖中漂亮的女郎，多於響應祖國的呼喚。

第五部分

紀　念

第 9 章

紅色烈士崇拜

張思德 (1915–1944) 是農民出身的紅軍戰士，參加過長征並擔任過毛澤東的警衛，死於 1944 年 9 月 5 日陝西北部一次炭窰崩塌事故中。毛澤東不久發表了著名的悼詞〈為人民服務〉，沉重哀悼這位士兵：

> 人總是要死的，但死的意義有不同。中國古時候有個文學家叫做司馬遷的説過：「人固有一死，或重於泰山，或輕於鴻毛。」……今後我們的隊伍裏，不管死了誰，不管是炊事員，是戰士，只要他是做過一些有益的工作的，我們都要給他送葬，開追悼會。這要成為一個制度。這個方法也要介紹到老百姓那裏去。村上的人死了，開個追悼會。用這樣的方法，寄託我們的哀思，使整個人民團結起來。[1]

毛澤東的悼詞在次年正式提升到官方文件的級別，並且變成政治象徵。1945 年，中國的抗日戰爭正迅速走向勝利局面。那年的 4 至 6 月，中國共產黨在延安舉行第七次全國代表大會。大會代表於 6 月 17 日舉行追悼儀式，以紀念那些過往在戰爭中犧牲的人，並宣讀了悼文，尊稱他們為「烈士」：

> 為中國人民革命而死難的先烈們！你們是中華民族優秀的子孫，你

1　毛澤東：〈為人民服務〉，《毛澤東選集》，第 3 卷，頁 1003–1004。

們痛恨中國的衰弱，痛恨中國的黑暗，痛恨中國的落後，你們挺身起來，站在全體人民的前列，和侵略者戰鬥，和暴君戰鬥，和吃人的制度戰鬥，用了你們的心，盡了你們的力，流了你們的血……你們的苦難是集中地表現了中國人民的苦難……正是我們中國有無數像你們這樣的人作了中國人民的前驅……你們的犧牲流血已有結果……你們的英雄主義是在激勵着我們。[2]

這個公開宣言，加上毛澤東早前致張思德的悼詞，可以視作本書作者所稱的「紅色烈士崇拜」在中共黨史上的開始。這種崇拜顯然與在中國持續了20世紀上半葉的革命事業和戰爭密切相連。中共為建立一個獨立的國家，不受外國帝國主義和國內封建勢力所欺壓而戰鬥，肯定會導致共產黨革命者不時面臨死亡的威脅和無數的犧牲。即使如此，毛澤東滿懷信心地預告勝利的大局，並在後來發表的〈七律·到韶山〉(1959)一詩中寫道：「為有犧牲多壯志，敢教日月換新天。」延安時期中共要面對部隊中的死亡人數不斷上升的迫切問題。這些人或在戰鬥中犧牲，或被敵人折磨而死。共產黨應該怎樣妥善處理為革命事業犧牲的人呢？

近年來，研究中國的學者對戰爭死亡的問題多了點注意，[3]但極少人深入探討烈士在中共歷史上的政治含義。當然，以身殉國的人被視為英雄的觀念自古已有。兩個流傳已久、為人熟悉的例子是古代屈原和岳飛。屈原是戰國時代位處南方的楚國的愛國詩人，受到奸官的誣陷被流放，最後因見奸臣左右朝政引致國家大敗而投江自盡。岳飛是南宋的護

---

2 〈中共「七大」代表暨延安人民代表對中國革命死難烈士的祭文〉，中央檔案館編：《中共中央文件選集》(北京：中共中央黨校出版社，1991)，第15冊，頁138–139。

3 James L. Watson and Evelyn S. Rawski, eds., *Death Ritual in Late Imperial and Modern China* (Berkeley: University of California Press, 1988); Arthur Waldron, "China's New Remembering of World War II: The Case of Zhang Zizhong," *Modern Asian Studies*, Vol. 30, No. 4 (October 1996), pp. 945–978; Henrietta Harrison, "Martyrs and Militarism in Early Republican China," *Twentieth-Century China*, Vol. 23, No. 2 (April 1998), pp. 41–70.

國大將軍，雖然對抗了金人的入侵，卻受到朝廷中投降派所誣告，為皇帝猜忌而被殺。屈原和岳飛被視為正直不阿、精忠報國的典範，直到現在還是受人敬仰。[4]

　　在20世紀西方的影響下，中國的烈士概念得到了新的含義：除了對烈士的崇高品行表示敬仰外，還把更新更強的重點放在革命烈士對後世樹立榜樣的層面上。[5]這個轉變有幾個例子，如國民黨政府對黃花崗七十二烈士的紀念活動。1911年春這些革命黨人在廣州推翻滿清政府失敗而壯烈犧牲；還有國民黨政府追悼張自忠將軍（1891–1940）的活動。1940年5月張自忠在湖北抗日戰爭中陣亡。[6]據近期的研究指出，民國時期的革命烈士悼念活動，通常由喪親者發起，帶有濃厚的地方政治色彩。而此種地區的悼念活動，往往削弱中央的權力，反映了當時的政治鴻溝。[7]那麼，1949年以後中共對死者的紀念又跟前人有何分別呢？最基本的分別是人民共和國成立後在最初十年推動了紅色烈士崇拜，以及中央試圖有系統地壟斷這種崇拜，這些都是本章討論的重點。中共從上而下、以前所未有的規模推行它的政治理念，整個行動的目標無疑是要提高民眾對共產黨的忠誠，鞏固它在中國的統治。紅色烈士崇拜的培植通常由政府以大量宣傳來推行，這些宣傳為1950年代共產黨精密操控的紀念政治提供了一項有力證據。雖然官方的紅色烈士崇拜是中共政治文化中不可或缺的部分，但中共很快就知悉到從上而下控制紀念行動是絕不容易的。革命烈士紀念是一種公開的官方活動，但對烈士的親屬來說，親人生命被殘暴奪去，也是一件十分個人的痛苦經歷，傷痛只能由

4　Laurence A. Schneider, *A Madman of Ch'u: The Chinese Myth of Loyalty and Dissent* (Berkeley: University of California Press, 1980); Hellmut Wilhelm, "From Myth to Myth: The Case of Yüeh Fei's Biography," in *Confucian Personalities*, ed. Arthur F. Wright and Denis Twitchett (Stanford: Stanford University Press, 1962), pp. 146–161.

5　Harrison, "Martyrs and Militarism," pp. 41–42.

6　Waldron, "China's New Remembering."

7　Harrison, "Martyrs and Militarism," pp. 43, 56–58.

至親承擔，因此烈士崇拜成了黨無法一手操控的難題。

誰是烈士？

凱瑟琳·梅里戴爾 (Catherine Merridale) 認為，布爾什維克黨多少受到無神論對死亡的觀點所影響，在執政初期已廢除宗教儀式及反對悼念活動。1924年布爾什維克老黨員奧爾明斯基 (M. S. Ol'minskii) 提出了甚為矚目的意願，在死後將遺體化成工業油脂和肥料使用。列寧也反對任何形式的悼念活動，但這種立場很快有了改變。蘇聯官方意識到偉人的逝世和追思活動是很有政治價值的，處理得好會有利政權去確認其合法地位和鞏固統治。[8] 中共與蘇共不同，早在延安時期就已將悼念活動視為一種越來越重要的政治儀式。

1949年內戰結束，人民共和國成立，中共卻面臨一個極為頭痛的現實：抗日戰爭中死傷的紅軍超過60萬；[9] 隨後與國民黨的內戰中，共軍傷亡人數高達131萬。[10] 中國的領導人認為，必須找出方法去解釋這個無法想像的傷亡代價，以及撫平喪親者和生還者的傷痛。死者必須受到敬仰，不能讓人覺得犧牲毫無價值。對黨領導人來說，現在正是最好時機，若把死亡與民族主義結合，就是將戰爭犧牲轉化成富有政治意義之舉，他們以提倡紅色烈士崇拜為解決問題的辦法。這個崇拜有幾個目的：轉移人們對戰爭禍害的關注；把武裝鬥爭說成是打擊敵人的正當途徑；撫慰喪親者的傷痛；安撫集體的情緒；最後，教育下一代，就如周恩來所說的，用來「紀念死者，鼓舞生者。」[11] 紅色烈士崇拜是1950年代

---

8 Catherine Merridale, *Night of Stone: Death and Memory in Twentieth-Century Russia* (New York: Penguin Books, 2000), p. 142.

9 胡繩編：《中國共產黨的七十年》(北京：中共黨史出版社，1991)，頁201。

10 131萬死傷者之中，死亡人數是263,800，受傷人數是1,048,900。而國民黨軍隊的傷亡是171萬。軍事科學院軍事歷史研究部編：《中國人民解放軍戰史》(北京：軍事科學出版社，1987)，第3卷，附錄8。

11 《人民日報》，1949年10月1日，第1版。

共產黨政治文化的核心內容，本章以兩個相關的官方行動清楚展示：舉行各種悼念烈士的活動及在北京西郊建造國家墓園「八寶山革命公墓」，作為全國瞻仰之地。

　　然而誰是烈士？1950年內務部（後改稱「民政部」）頒佈文件，把烈士定義為下列七種軍事衝突中英勇殉職的人：1911年反清的辛亥革命；1924至1927年的北伐戰爭；1927至1937年的國內革命戰爭；1930年代對日本侵略的抵抗；1937至1945年的抗日戰爭中陣亡的八路軍和新四軍；與國民黨的內戰；最後是所有在這些時期被帝國主義和反動派監禁致死的人。[12]

　　這個分類是依照毛澤東1940年發表的〈新民主主義論〉中對中國近代史的主要論述。這篇文章把革命起源追溯至1911年辛亥革命，而非1921年中國共產黨成立，是清楚強調民族獨立鬥爭作為界定殉難人士的主要準則。此外，中共把1911年辛亥革命包括在內的用意，是把自己視為孫中山領導的革命的正統繼承人。1950年夏韓戰爆發後，烈士名單擴展至韓戰中的陣亡者，以羅盛教（1931–1952）為例，他在1952年1月為救遇溺的朝鮮兒童而失去生命。在中國官方刊物上，羅盛教被譽為「國際主義」的最佳模範。[13]

　　中共採取了幾個步驟，有系統地建立烈士形象。在內務部的全盤監督和屬下的優撫科的協調下，政府給烈屬提供了各種形式的幫助，以緩和他們的經濟困境，幫助他們重回生活正軌。優撫科為烈屬提供工作機會，減免烈士子女的學費，幫助烈屬完成日常生產勞動，其中包括大小農務。[14]但更為重要的是，黨開始推動措施並採取政治壟斷手法來指令該如何解釋烈士崇拜。其中最主要的措施包括訂立烈士紀念節，並在全國建造紀念館和軍人墓園，出版烈士傳記以及公審殺害革命者的人。但這種由上而下的處理手法卻不是一錘定音的，因為政府不時要與烈屬

12　〈關於革命烈士的解釋〉，《人民日報》，1950年10月15日，第1版。

13　《人民日報》，1952年4月6日，第2版。

14　〈民政局1953年上半年工作報告〉，北京市檔案館，196-2-25。

及生還者妥協，而這些人卻基於自己的非政治因素的考慮而抗拒國家的決定。

推廣崇拜之風

烈士紀念節

　　革命經常涉及翻天覆地的變化，並以象徵新政權的事物取代前朝舊物。同時，新政權為了宣佈改朝換代的開始，適時推出新的慶典，就如莫娜・奧祖夫在她有關法國革命的書中所言。[15]布爾什維克的革命也一樣。正如理查德・斯迪茨認為，列寧和蘇共領導利用革命慶典如歌曲、象徵物品、遊行等來鼓吹社會主義社會的價值觀。[16]政治人物借助新慶典宣佈重建社會，從而取得合法地位，例子之一是中共將清明節(4月5日)這個傳統的掃墓日子改為「烈士紀念節」。

　　事實上，早在1949年10月人民共和國成立之前，更換名稱的行動就已開始。1949年3月7日，中共華北人民政府就已把清明節改稱為烈士紀念節。它指示當時共產黨控制的地區「應鄭重紀念(烈士)，以提高人民群眾的政治覺悟，學習烈士的革命精神。」[17]4月5日，河北省保定市舉行大規模悼念活動，以紀念陣亡人士，參加者超過6,000人。[18]

　　人民共和國成立後不久就在傳統的清明節悼念先烈，成為了官方儀式。以1950年4月初為例，內務部要求全國各地官員，將清明節作為烈士紀念節來懷念陣亡的英雄。[19]在共和國成立後的首個清明節，北京市政府舉行了紀念李大釗的儀式。李大釗是中國共產黨創黨人之一，如第

15　Ozouf, *Festivals and the French Revolution*, pp. 126–196.

16　Stites, *Revolutionary Dreams*, pp. 79–100.

17　《人民日報》，1949年3月18日，第1版。

18　《人民日報》，1949年4月11日，第2版。

19　《人民日報》，1950年4月3日，第1版。

5章所述，1927年被軍閥張作霖處以絞刑。北京市副市長及歷史學家吳晗 (1909–1969) 主持儀式，市政府官員都有出席。儀式在北京西郊萬安公墓的李大釗墓前舉行。吳晗帶領全體人員默哀片刻，然後在墓前奠酒及獻上花圈。[20]紀念烈士儀式在上海、蘭州和南昌多個地方都有舉行。[21]

把清明節改為烈士紀念節是中共常用的「舊瓶新酒」手法，延安時期共產黨人就用這種方法取得了甚佳的效果。但這種做法不應視為僅僅是一種花巧手段。把清明節訂立為烈士紀念節，共產黨人實質上對這個傳統節日注入一種情感上的訴求，將先烈與中國人的先祖等同起來。烈士如先祖一樣，都是「立國者」，值得人民永懷感激。先祖與後人血脈相連，烈士則以他們的政治承擔和效忠於黨而與國家人民有不可分割的關係。他們的犧牲將鼓勵後人跟隨。

在共產國家，公眾的記憶仍然主要受官方操縱。莫里斯·哈布瓦赫在他有關記憶的社會架構的書中指出，記憶是由社會構成的，意思是社會群體而非個人去決定記憶的內容。[22]歷史是試圖了解過去各種複雜的事物，而集體記憶卻把這些複雜事物簡單化，而且是從早已定下的框架去看事物。皮耶·諾哈還提醒我們，記憶是可以塑造的，很容易被各種不同的對立力量所操縱。[23]專制統治者為了自身利益，常對傳統事物強加自己的專橫詮釋，並修改集體記憶，令歷史為他所用。在中國，有關烈士的群體記憶並不是自發的，而是由強大的國家機器所組織和營造。國家機器不單控制記憶的方式，還定下如何去記憶歷史的規條，將清明節更改為烈士紀念節只是眾多例子之一。

當然並非只有中國才會為紀念陣亡將士而宣佈一個特定的節日，其他國家也普遍這樣做。美國的陣亡將士紀念日和希特勒的第三帝國的英

20　《人民日報》，1950年4月6日，第4版。

21　《人民日報》，1950年4月8日，第3版。

22　Halbwachs, *The Collective Memory*, p. 48.

23　Nora, "General Introduction: Between Memory and History," p. 3.

烈紀念日,也屬同一性質。[24]但中國的烈士紀念節是獨特地結合以下兩點:政府刻意地挪用一個由來已久的傳統節日去迎合本身意識形態的需要,及徹底強制群眾怎樣去正確記憶歷史。在1950年代中共透過中宣部的緊密監控和內務部的工作,明顯地將公眾記憶任意調整,清明節因而被高度政治化了。內務部發出的一份通告中,政府鼓勵市民前往瞻仰烈士陵園,以提升他們的「政治覺悟」。[25]

戰爭紀念建築物

然而民眾對先烈的紀念,不單是期望訂立烈士紀念節,還要求透過在具體的地方豎立建築物,讓人親身參與。能看得到和觸碰得到紀念建築物,是與逝者接觸的一種方式,同時也可減輕哀悼者喪親之痛的一種行為。戰爭紀念建築,如軍人公墓、紀念碑、忠烈祠,以至如皮耶·諾哈所說的「記憶之地」,[26]都能讓哀悼者在追憶逝者時真正感受到、見到並觸碰到的有形物體。也許更重要的是,由於大眾都能親臨其地,這些場所成了理想的政治教化重地。因此,戰爭紀念建築在共產黨的紀念政治文化中,有極為重要的意義。

很多國家都有為戰爭死難者而立的紀念建築。傑伊·溫特(Jay Winter)指出,從雅典衞城(Acropolis)到巴黎的凱旋門(Arc de Triomphe),戰爭紀念物在歐洲建築史上佔據了核心地位。[27]戰爭紀念物也並非中國共產黨所獨有。民國時的1923年,國民黨為了悼念在北伐戰爭及與日本軍事衝突中殉難的軍人,在南京紫金山中山陵的毗鄰,建造了一座

---

24 Jay W. Baird, *To Die for Germany: Heroes in the Nazi Pantheon* (Bloomington: Indiana University Press, 1990), p. 225.

25 《人民日報》,1952年4月3日,第2版。

26 Nora, "General Introduction: Between Memory and History," p. 1.

27 Jay Winter, *Sites of Memory, Sites of Mourning: The Great War in European Cultural History* (Cambridge: Cambridge University Press, 1995), p. 79.

「國民革命軍陣亡將士公墓」的國殤大墓園。[28]但中共的紀念活動與別不同的是：人民共和國成立後興建大量紀念物、頻密的悼念活動和官方利用多種途徑去控制紀念活動。

中共首座官方紀念建築是紅軍烈士紀念塔。這座塔高十多米，於1934年2月在江西瑞金建成，用以紀念陣亡的將士，後被國民黨軍隊拆除。[29]共和國成立後，建造戰爭紀念物的活動開始頻密。在新首都天安門廣場豎立的人民英雄紀念碑，無疑是第一座大型紀念建築物。這座碑建在中國最神聖的中心位置和傳統南北中軸線上，在首都盡顯它的重要地位。它的象徵意義將在下一章另行分析。

除了在首都的紀念建築外，還有大批戰爭墓園、紀念館、紀念碑、紀念堂和紀念亭，在1950年代遍佈全國以紀念陣亡英雄，由當時的內務部管理。到了1990年代，烈士紀念建築超過了5,000座。[30]其中最重要的兩座是位於河北邯鄲的晉冀魯豫烈士陵園和南京的雨花台烈士陵園。晉冀魯豫烈士陵園於內戰時期的1946年奠基，到1950年才告落成，[31]安葬了在華北抗日戰爭和內戰中犧牲的二百六十多位共產黨將領和士兵。陵園佔地21.3公頃，建有紀念塔、紀念堂、陳列館和烈士閣等。毛澤東將這些建築視為對捐軀烈士的重要致敬，並於1952年11月罕有地親臨瞻仰陵園。[32]

更重要的紀念建築是南京雨花台烈士陵園；它富有政治象徵意義的原因，不單是佔地極廣，有113公頃，而且它處於南京南郊的雨花台。國民黨在此地處決了許多共產黨人，包括勞工領袖鄧中夏（1894–1933）。陵園於1950年7月1日中共成立29週年之際動土，直至1989年整個陵區才陸續完成。陵園包括多種建築：紀念館、雕塑群、紀念亭、鐫刻着

28　中國國民黨中央執行委員會建築陣亡將士公墓籌備委員會：《國民革命軍陣亡將士公墓落成典禮紀念刊》（南京：缺出版社，1935）。

29　孫峻亭編：《中國革命烈士園林》（北京：北京出版社，1993），頁168。

30　《人民日報》，1991年4月3日，第4版。

31　孫峻亭編：《中國革命烈士園林》，頁14。

32　同上，頁14–16。

列寧和毛澤東語錄的碑廊及最重要的是，陵園的最高處矗立着代表烈士崇高精神的紀念碑。紀念碑為42.3米高，寓意1949年4月23日人民解放軍取得了這座昔日的國民政府京城。[33]

烈士傳記

紅色烈士崇拜也經政府發行的刊物和大眾傳媒的宣傳，加以推廣。在眾多刊物中，以華應申的《中國共產黨烈士傳》或許最為有名；人民共和國成立後兩個月，即1949年12月推出初版。這書記載了23位烈士的傳記，包括李大釗、蔡和森(1895–1931)和瞿秋白等著名人物。[34]這本書是按時間順序編排的，因此這些名字展示了近代中共黨史的發展。第一組烈士為中國共產黨的先驅，包括李大釗、蔡和森與瞿秋白。就如《人民日報》一篇推崇備致的書評所言，這些先驅明白到孫中山所倡導的民主革命的缺陷，於是改為追隨無產階級革命，「走俄國人的路」來拯救中國。[35]彭湃(1896–1929)位居第二組烈士的首位，因為他開創了農民革命的先河；評論指出農民運動的興起是「中國革命勝利的重要關鍵」。最後一組包括劉志丹(1903–1936)、方志敏(1899–1935)、左權(1905–1942)和其他烈士。這些人如該篇書評所說，是「傑出的軍事家和勇敢而英明的戰士」，表現了對革命事業無私奉獻的精神。該書評最後以告誡的話結束：

> 中國革命今天的勝利，是烈士們的汗和血培植出來的。我們讀這本書時，應該緬懷先烈的光榮，記取革命勝利的不易，用更大的努力為完成烈士的遺志而奮鬥！[36]

33　同上，頁96–97。

34　華應申編：《中國共產黨烈士傳》(香港：新民主出版社，1949)。

35　周乃寂：〈介紹《中國共產黨烈士傳》〉，《人民日報》，1951年6月17日，第6版。

36　同上。

　　另一本關於一位烈士的書也是同樣重要。這本書名為《可愛的中國》，是方志敏寫的自傳式文集。方志敏是中國工農紅軍的領導，並且是1930年代江西農民運動有影響力的組織者。1935年8月他在江西南昌被國民黨殺害。在這部英雄式的傳記裏，方志敏據稱在就義前無懼死亡，大聲譴責國民黨為「一夥兇惡的強盜！一夥無恥的賣國漢奸！一夥屠殺工農的劊子手！」[37]

　　方志敏的文章在獄中完成，被處決之前偷運出手稿。這些文章在1951年影印出版。隨後經大力宣傳，於次年據影印本排印成普及本。[38]內務部長謝覺哉（1884–1971）為了表達黨對烈士和他的家人深切致意，於1951年8月特意探訪了住在南昌的方志敏母親。這是謝覺哉帶領中央政府代表團訪問南方老根據地的行程之一。根據《人民日報》報導，方志敏的母親雖然目不識丁，「可是她非常關心國家大事」，特別是對「美帝國主義發動朝鮮戰爭」十分關注。她堅決地說：「（這一次）可不能再讓帝國主義來侵略我們。」報導結束時提到，烈士母親將很快應邀到北京，「去見見自己熱愛的領袖——毛主席。」[39]

　　共產黨列出的烈士名單，是為了在中共偉人祠中制定及確認一份英烈系譜。然而當我們細心閱讀這些傳記時，不難發現它們很少提及烈士的生活，英烈們都是以刻板的方式呈現：他們都忠於黨，關愛同志，作戰無比英勇，極端痛恨帝國主義。在官方傳記中，一些激烈和不斷重複的言詞，如「責任」、「忠誠」和「犧牲」在中共宣傳術語中並不罕見。對現今的讀者來說，這些言詞都十分空洞，但在1950年代，它們之所以重複出現都是經過刻意的安排，以便在經歷了多年的混亂和社會分裂後，對時局尚不穩定的人民共和國初期，能給民眾帶來一種共同的價值觀。官方認為頌揚烈士為國捐軀及肯定他們走對了路，是等同於融入了新的社會主義大家庭。

37　華應申編：《中國共產黨烈士傳》，頁99。

38　《人民日報》，1952年6月4日，第3版。

39　《人民日報》，1951年8月26日，第3版。

公　審

在1950年代初「鎮壓反革命運動」期間，紅色烈士崇拜加入了大量的「反革命」公審場面。受到公審的反革命派就是那些令到共產黨員死亡的人，他們的罪行甚至可追溯至1949年之前。一個重要的例子是趙繼賢，他被控在1923年2月7日鎮壓了共產黨領導的京漢鐵路工人大罷工，造成了多名共產黨人死亡，包括工人領袖林祥謙 (1892–1923)。全國報紙大量報導和宣揚這次審判。1951年的《人民日報》在頭版以「公審『二七』慘案主要兇犯」為題，詳細報導了這次審判。[40]

1951年7月16日早上，趙繼賢在漢口火車站附近的空地受審，這裏也是28年前大罷工發生的地方。這次審判有5,000人參加，由武漢市人民法院院長主持，副檢察長宣讀對被告的控訴書。烈士家人和許多據稱以前受到趙繼賢傷害的工人也在場旁聽。

據《人民日報》報導，有幾十位證人出席支持政府起訴趙繼賢。其中一位鄭姓的老工人指證趙繼賢將鐵路工會成立的消息告訴了軍閥吳佩孚 (1874–1939)，吳佩孚立刻派軍隊殘酷鎮壓了工人運動。鄭指責軍隊進行「血腥鎮壓。全路被打死、打傷的工人有數百人。」鄭稱趙繼賢為「陰險奸詐」，然後指着被告說：「今天你活到頭了，我們要求人民政府槍斃你這個殺人不眨眼的罪魁，替『二七』死難烈士報仇！」從福建福州趕來的林祥謙遺孀激動地說：「我丈夫的血沒有白流，在毛主席和共產黨的領導下，祖國已經獲得解放，我們已經翻了身。現在，我要親眼看着這個殺害我丈夫的劊子手在人民面前伏法。」趙繼賢被憤怒的人群包圍着，眾口一詞的高喊：「槍斃趙繼賢，為死難烈士報仇！」趙繼賢被全國報紙指責為「雙手沾滿人民鮮血的劊子手」，最後被判死刑。他雙手被綁，立刻被帶到當年林祥謙遇害的地方，就地伏法。當天下午，代表們參加了為二七烈士舉辦的公祭。[41]

40　《人民日報》，1951年7月18日，第1版。

41　同上。

　　對趙繼賢這樣的公審在1950年代十分盛行。這無疑是經過精心策劃，與1930年代中期蘇聯發起的公審一樣。受控訴的蘇聯官員都被指殘酷壓榨農民，漠視他們的疾苦。[42]1950年代中國的公審也確實經過了周密的安排。法庭官員在大批群眾面前，總是大聲宣讀被告一連串被控的罪行。受害人通常有機會對被告指罵洩憤，旁聽人士一般都是集體組織參與譴責被告的罪行，使審判在群情洶湧的環境下進行。

　　對趙繼賢的審判明顯是基於這樣的觀念，認為通過大眾譴責和公開羞辱來尋回公道。公開法庭變成民眾法庭，伸張群體的公義。這種集體裁決充滿戲劇色彩，表現大快人心的報仇雪恨，目的是為了觸動億萬民眾的心靈。報紙全面的報導，清楚表明中共官方有意將公審作為樣板，暗中鼓勵各地方政府在自己的區域組織類似的審判。處決趙繼賢這樣一個昔日的罪犯，是極之配合政府鎮壓反革命的政策，尤其是在1950年代初政府處於鞏固政權的關鍵時刻。

隱瞞了的內情

　　官方控制的報章公式化報導趙繼賢之類的公審，只是紅色烈士崇拜的集體記憶的一部分，而當中喪親者的說話，若有記載的話，也都是微弱或老套的陳述。我們對烈屬的個人經歷卻一無所知，對他們悲痛的心情無法了解。

　　官方推行紅色烈士崇拜是利用死亡去獲取最大的政治權力和重申社會主義價值觀。中共透過烈士對抗帝國主義和國內資產階級鬥爭而犧牲的事件，繼而去創造並鞏固一個上下同心的國家，一個懷有共同目標和集體經歷的大家庭。共產黨強調團結而非差異，強調看法一致而非思想分歧。但不管黨有多少種控制宣傳的途徑，包括頒佈烈士紀念節和興建戰爭紀念碑，可是它的控制仍然是有局限的，理由之前也提過，即官方紀念儀式的公開性質不能抵銷哀悼者的個人感受，因此這些儀式永不能

42　Elizabeth A. Wood, *Performing Injustice: Agitation Trials in Early Soviet Russia* (Ithaca: Cornell University Press, 2005), pp. 193–220.

被國家完全操控。

正如傑伊・溫特在他那本有關第一次世界大戰的書中，言之成理地指出，紀念儀式對喪親者來說是一種痛苦的經驗。[43]遺孀和孤兒對逝者出自內心的感受總比浮誇的政治語言來得真實，這裏就存在着政府與民眾之間的對立關係。無論官方報導是經過如何慎密的審查，我們也不難從中察覺到問題。人民共和國早期的悼念活動，並非如官方想讓民眾相信的進行得那麼順利。例如，烈士的身份總是未能及時得到合適的確認，因而引起烈屬的不滿。1951年，河南省汝南縣一位年輕人不滿身為共產黨員的父親，在國共內戰中犧牲而得不到官方的表揚，不管家屬已多次向當地政府申請授予死者烈士稱號。這位兒子憤怒地説：「汝南縣人民政府為啥對革命烈士家屬這樣不關心呢？」[44]另外有些家庭的訴求也是徒勞無功，因而感到憤怒。他們的請求受到官方層層掣肘，而無法把烈士遺骸從被害的地點移葬到家鄉來。[45]烈屬還受到不少社會歧視，據檔案資料顯示，他們在找工作時會遇到阻礙，因為家有厄運，往往被社會視為忌諱。[46]他們毫無心理準備去面對這種世態炎涼，因而感到心灰意冷，更令他們難以承受喪親之痛。

烈士的生平也並非總是像官方對公眾呈現的那樣光輝，也令到傳記作品不得不流於誇張捏造和失信的模式。傳記作者後來承認，有意把半真半假的事件寫入書中；也有時編造烈士的家境，讓他看起來更加清貧。[47]這樣編造出來的低下階層出身，明顯是為了使陣亡英雄與受壓迫者形成更加緊密的關係，以符合馬克思主義的意識形態。

官方推行紅色烈士崇拜的過程中，時常犯了粗心大意的錯誤，如沒

---

43 Winter, *Sites of Memory*, esp. pp. 78–116.

44 《人民日報》，1951年4月27日，第2版。

45 《人民日報》，1949年4月5日，第3版。

46 〈民政局1953年上半年工作報告〉。

47 宋霖：〈由羅炳輝研究想到烈士研究的幾個問題〉，龍華烈士紀念館編：《烈士與紀念館研究》(上海：上海社會科學院出版社，1996)，第1卷，頁81–83。

有向烈士的遺孀或父母通報死訊。韓戰時期的1952年9月，人民志願軍的總部收到一名士兵王進才妻子的信。她言詞急切的寫道：

> 進才：
>
> 你此次赴朝任務是光榮的。工作一定繁忙。最遺憾的是，你走後迄今已有一年有餘，未見你的隻字。你走時，我母子三人就無隔夜之糧。到現在，你也未有寄來分文，我們就東家吃西家借的混過來……你見信後，迅速設法解決我母子等生活困難問題，否則我母子就走了凍餓而亡之途徑。希望你急速來信。
>
> 　祝你
>
> 工作順利
>
> 淑貞上　　1952.8.20[48]

官方發覺這封家書不可能送抵王進才手上，因為他已於年多前身故。王進才是河北省唐山的工廠工人，在1951年加入中國人民志願軍。他6月隨軍到達朝鮮後不久，便被美國飛機炸死。12月軍隊發出「革命軍人犧牲證明書」，承諾會依照規條發放撫恤金給他的親屬。但不知如何，死亡證卻沒有送到王進才的遺孀手中。因此她在1952年寫信給丈夫時，並不曉得丈夫已不在人世。

軍隊中的一名軍官獲悉傳訊上的嚴重失誤，下令對事件立刻調查清楚。他命令把未有發出的證件送往王的遺孀，不容耽擱，並指示：「除對烈士的家屬經常慰問外，並列為長期救濟戶。」[49]

48　北京市民政局優撫科：〈關於申請烈士犧牲撫恤與有關單位來往的文書〉，北京市檔案館，196-2-101。

49　同上。

圖67 八寶山革命公墓，北京。2006年7月21日，作者攝。

八寶山革命公墓

國家公墓的建立：遷移太監墳墓

　　人民共和國成立初期，在北京西郊建立八寶山革命公墓 (圖67) 是推行紅色烈士崇拜的另一重要方法。在新首都成立一座國家公墓是周恩來最先建議的。據說建國後，周恩來指示北京市政府官員吳晗去「尋找一處環境優美、交通方便」的地點，建造一座「革命先烈的安息之所」，以便「進行革命傳統教育」。[50]但這並非全新的主意。前面提過，早在1946年中共就下令在河北省邯鄲市修建晉冀魯豫烈士陵園。但八寶山革命公墓至少有兩個特點：一、它將建在新首都，從而在全國民眾心靈上

50　北京八寶山革命公墓辦公室編：《北京八寶山革命公墓》(油印文件) (北京：缺編寫及出版年份)。

佔一獨特地位；二、它容納的對象更廣泛，安葬的除了烈士外，還包括高級領導人、擁護共產主義事業的民主派領袖及支持社會主義理想的傑出外國友人。[51]

　　政府考察了好幾處選址後，最後決定八寶山的褒忠護國寺是理想的公墓選址。護國寺很快就改名為八寶山革命公墓。不過，建造這個國家公墓是件漫長複雜的事件，它涉及遷移護國寺內原有墓穴內的太監遺骸，為公墓取一個恰當的名字，購買更多的用地以應付安葬的數量不斷上升，以及最複雜的任務，那就是確定誰有資格安葬在這座神聖的公墓中。

　　褒忠護國寺建於明初，是紀念宦官出身的剛炳將軍。他死於燕王(後為明成祖永樂)北伐蒙古大軍的征途上，後歸葬於八寶山。[52]護國寺後來改為太監終老的地方，並為死後身葬的墓地。1949年時寺中還有幾十名太監在生，包括年已八旬的信修明，代表這群前朝遺臣。[53]護國寺改建為國家公墓時，在生的太監都被送往城內的其他寺廟。但有待解決的複雜問題是寺中還葬有156具太監遺骸，[54]而老死的閹人與革命烈士同葬一處，實在是極不協調的，對很多人來說，是絕對不能接受的。大量投訴來自共產黨人，例如：「為甚麼還讓這些封建皇宮內的人物也埋入了革命公墓，和我們革命同志墳墓在一起，是甚麼意義呢？」[55]政府與信修明的談判拖延着，信修明受不住再三的壓力，於1956年立場軟化。他在給政府的信中，宣稱自己「是信心追着社會主義走的人」，[56]並簽了同意書，把餘下的太監遺骨移至海澱區的公眾太監墓地。

51　同上。

52　同上。有關剛炳墓，參閱劉侗、于奕正：《帝京景物略》(北京：北京古籍出版社，1982，依1635年版本重印)，頁279。

53　北京市民政局：〈關於遷走革命公墓內太監墳墓的請示〉，北京市檔案館，196-2-135。

54　同上。

55　同上。

56　同上。

安葬規則

另外一個複雜的問題是決定誰有資格安葬在這座尊貴的聖祠中。1951年12月，官方發出〈革命公墓安葬暫行規則〉提供指引。該指引説明，革命公墓是「為妥善安葬對革命有特殊功績及犧牲或積勞病故的革命軍人和革命工作人員，以資瞻仰。」[57]公墓分為三個區域，安葬官銜15級以上的高級幹部及傑出的學者和藝術家等人士。[58]墓地規格取決於官銜或軍階。第一區位於八寶山最高地段，最有名氣，用來安葬「對革命有特殊功績的」，主要指共產黨的高級領導與卓越的學者和藝術家；第二區安葬省級領導；第三區安葬縣級領導。[59]墓地面積有別，第一區的墓地沒有大小限制；第二區省級領導的墓地分為長寬各6米，或長寬各8米兩種；第三區縣級領導的墓地長4米，寬2或4米兩種。[60]1950年代初，八寶山革命公墓已有640座墓穴，其中20座為省級領導墓穴，620座為縣級領導墓穴。[61]

死者在安葬國家公墓之前，必須經過身份核實；首先死者的工作單位必須做證實工作，然後由北京市政府的民政科加以核對。[62]官方最初的構想是不單允許烈士可在此下葬，還允許那些「對革命有特殊功績」的人。另外那些中共稱為「國際友人」的人也獲得安葬資格，包括艾格尼絲·史沫特萊（Agnes Smedley）及安娜·路易斯·斯特朗（Anna Louise Strong）。[63]因此，原來的名稱「革命烈士公墓」便顯得太過局限。1951年，政府刪去「烈士」一詞，把墓園簡單稱為「革命公墓」，以便更靈活

---

57 〈革命公墓安葬暫行規則〉，北京市檔案館，2-3-58。

58 〈北京市革命公墓管理情況〉，北京市檔案館，196-2-179。

59 〈革命公墓安葬暫行規則〉。又見北京八寶山革命公墓辦公室編：《北京八寶山革命公墓》。

60 〈革命公墓安葬暫行規則〉。

61 〈關於革命公墓檢查情況及今後埋葬意見的報告〉，北京市檔案館，2-3-58。

62 〈修正革命公墓（擬改名八寶山公墓）安葬暫行規則（草案）〉，北京市檔案館，2-7-57。

63 〈北京市革命公墓管理情況〉。

地容許不同身份的死者在此安葬。[64]1970年周恩來指示將名稱再次改為
「八寶山革命公墓」。[65]

這座國家公墓引起了全國的關注，並立刻被公認為最尊榮的長眠之
地。寧靜清幽的環境和肅穆的碑石，好像也為喪親者營造寧靜感覺，甚
至令他們稍能舒緩失去至親的悲痛。結果，要求在此安葬的申請越來越
多，原來的墓地很快便用盡。北京市政府的對策是多購山地，限制每座
墓穴的大小，並提倡火化。1954年11月，為增加墓穴數量，市政府額
外購下附近74,000平方米土地。[66]1955年，為安置更多的土葬，政府規
定一具遺體只能佔一座墓穴，且墓地限制長4米，寬2米。遺體一經下
葬就不允許再度遷移。[67]雖然新標準表現了劃一與平等，但高級領導就
不為規例所限。最後政府到了1950年代中，提倡黨高層領導死後也須
火化。內務部的報告指出：「為避免浪費土地，節省國家資金，並有利
於衛生，今後應推廣實行火葬。」[68]因而從捷克斯洛伐克和英國購置了四
座火葬爐。[69]1958年，舊日的護國寺大殿改建成骨灰堂。[70]

八寶山革命公墓是座園林式公墓，古木參天永伴烈士長眠之地，青
松與灌木構成優雅的風景，事實上這些景致並非只有這個公墓才有。19
世紀的歐洲和美國就已出現類似的構想。[71]但是，如一份官方刊物所稱

64 〈關於革命烈士公墓安葬暫行規則希照本府行政會議決定處理〉，北京市檔案館，2-3-58。

65 北京八寶山革命公墓辦公室編：《北京八寶山革命公墓》。

66 〈為擴大革命公墓用地面積擬購買山地一段請核示〉，北京市檔案館，2-6-194。

67 〈關於革命烈士公墓安葬暫行規則希照本府行政會議決定處理〉。又見〈北京市人民委員會關於修正革命公墓安葬暫行規則的通知〉，北京市檔案館，2-9-60。

68 〈擬定革命公墓管理暫行規則〉，北京市檔案館，2-7-57。

69 同上。

70 〈北京市革命公墓管理情況〉。

71 Richard A. Etlin, *The Architecture of Death: The Transformation of the Cemetery in Eighteenth-Century Paris* (Cambridge: MIT Press, 1984), pp. 163–228.

的「我國聲名最著、規格建制最高的園林式公墓」，[72]這座中國公墓在佈局上有幾個獨特之處。這裏的墓穴通常大小一致，並井然有序地按行列和號數編排。例如在第二區，每排通常有20座墓穴。此外，八寶山革命公墓沒有任何宗教成分的設施，而西方的軍人公墓常點綴着基督教十字架、躺在基督懷中的士兵雕塑，如意大利雷迪普利亞（Redipuglia）戰爭公墓的壁畫《亡者之典範》（*The Apotheosis of the Fallen*）展示的那樣，將戰場上的死亡比喻為基督的犧牲與復活。八寶山革命公墓中，代替宗教象徵的是任弼時、瞿秋白等墓上的紅星和第二區墓碑上的鐮刀斧頭，傳遞着非宗教的民族主義和社會主義形象。

安葬與移葬

八寶山革命公墓的葬禮通常有兩種形式：安葬，尤其是國葬，以及移葬。法國和布爾什維克革命中的國葬，常由單一的政權控制，用來公佈其核心信仰並以精心安排的盛事來爭取廣泛的支持。在法國革命者馬拉的葬禮上，黨人用他的裸露遺體來強烈控訴陰謀者，以此重申革命的理想。法國畫家大衛把馬拉遇害的那一幕畫成了一幅膾炙人口的油畫。[73]同樣，列寧在1924年的葬禮和其後在蘇聯首都中心紅場的安葬，均經過布爾什維克黨的精心安排，以鞏固黨的路線。[74]

第一位安葬在八寶山革命公墓的共產黨領導是任弼時（1904–1950），安葬前在首都舉行了廣為報導的國家葬禮。任弼時是中國共產黨最具影響力的人物之一，於1950年10月底在北京的家中去世，死於嚴重的腦出血，時年46歲。第二天，在《人民日報》和《光明日報》等主

72　北京八寶山革命公墓辦公室編：《北京八寶山革命公墓》。

73　Avner Ben-Amos, *Funeral, Politics, and Memory in Modern France, 1789–1996* (Oxford: Oxford University Press, 2000), pp. 39–43.

74　Merridale, *Night of Stone*, pp. 145–153.

要官方報章，都以頭版鑲上黑邊的訃告，發佈了他的死訊。[75]中共中央隨即成立以毛澤東為首的「任弼時同志治喪委員會」，其他成員幾乎都是黨和政府的最高領導層。[76]

任弼時的靈柩第二天移往勞動人民文化宮，這裏從前是太廟。在人民共和國歷史上，這是首次將新命名的勞動人民文化宮用於舉行國葬。原太廟的正殿佈置成靈堂，任弼時的遺體安放在這裏供人憑弔。舊日的太廟是十分莊嚴肅穆的場所，只供皇帝祭祀祖先之用，以此象徵這位逝去的中國共產黨領導，作為新國家的開國元老之一，被安置在中共的偉人祠中。

國葬儀式莊嚴肅穆，場面感人。靈堂上掛着一幅巨大的中華人民共和國國旗，旗下面是任弼時的遺像。靈柩伴以無數花圈，兩側由四個儀仗兵和四個新民主主義青年團員守護，任弼時曾任青年團的名譽主席。[77]隨後兩天，成千上萬悼念人士列隊通過靈堂，向任弼時的遺體告別。10月30日，彭真主持的追悼大會在原太廟的正殿前舉行。政府宣佈下半旗致哀，並取消一天的娛樂活動。劉少奇致悼詞，號召大家「要好好地學習任弼時同志，要努力完成中國人民最後解放的事業。」[78]

任弼時最後下葬在八寶山革命公墓。他的墓地位於第一區山頂的東北角，屬最高等級。從這裏能俯瞰整個墓園，視野廣闊。該墓地由建築家梁思成設計，分前後兩段結構。前段有任弼時的遺像，後段嵌着五角星的墓碑上刻有毛澤東親筆題字：「任弼時同志之墓」(圖68)。[79]任弼時的墓地兩旁後來安葬了兩位同樣有名的人物之墓。左邊是瞿秋白之墓。瞿秋白是中共早期領導人，1935年被國民黨殺害，遺骸於1955年移葬此地。右邊是張瀾(1872–1955)之墓。張瀾是中國民主同盟的領導人，

75　《人民日報》，1950年10月28日，第1版；《光明日報》，1950年10月28日，第1版。

76　《人民日報》，1950年10月29日，第1版。

77　同上。

78　任遠遠編：《紀念任弼時》(北京：文物出版社，1986)，第301–302幅照片。

79　張承平編：《八寶山革命公墓碑文錄》(北京：改革出版社，1990)，頁1。

圖68　任弼時墓。墓碑上刻上「任弼時同志之墓」，由毛澤東親筆題寫。2006年
　　　7月21日，作者攝。

也是新成立的中央人民政府副主席。任弼時在國家公墓的國葬，促成了
中共建立黨的偉人祠。官方明顯地對整個葬禮加以全面控制。國葬的最
終目的是將黨的傑出兒子長存於國人的記憶中。與此同時，國家也將任
弼時的墓地變成了教育場所，用於向年輕人灌輸他為國犧牲的事。

　　任弼時的葬禮與凱瑟琳‧梅里戴爾所稱的蘇聯「紅色葬禮」很相似。
1917年以後，這些國葬是先以報章上刊出鑲黑框的訃告，宣佈重要革命
人物的逝世為序幕；隨後的是葬禮上擺滿巨大花圈和儀仗隊在靈柩兩側
守護。[80]就如任弼時葬禮所要顯示的，國葬絕非簡單的悼念儀式。艾夫
納‧本阿莫斯 (Avner Ben-Amos) 認為國葬表現了這個「儀式的雙重特
徵，既是政治活動，也是死者人生旅程的終結儀式」，[81]然而活動的政治
性質往往是重點所在。以1924年列寧的葬禮安排為例，事件最後演變

80　Merridale, *Night of Stone*, pp. 83–84.

81　Ben-Amos, *Funeral, Politics, and Memory*, p. 9.

成蘇聯領導人之間對權位繼承的劇烈政治鬥爭。[82]任弼時的國葬還傳達了一個政治訊息，就是號召追隨者高舉他的旗幟前進。官方媒體對葬禮廣泛的報導，目標是促進國家團結，鞏固黨的路線，粉碎任何對建國初期新政權的潛在威脅。任弼時去世引發群眾公開流露對逝者的緬懷之情，無疑也是展示了黨和人民緊密團結的形象。

八寶山革命公墓的移葬跟安葬同樣重要，但它的政治象徵意義，尤其是在人民共和國初期，也許比安葬來得更大。然而，移葬也非新興事物。一個廣泛報導的例子是左權將軍的移葬。他曾任八路軍副參謀長，1942年死於山西的抗日戰爭中，年僅37歲。左權葬於河北西部的一個舊墓地，1950年邯鄲的晉冀魯豫烈士紀念陵園建成後，便移葬至該處。[83]

八寶山革命公墓的首次移葬在1949年12月舉行。王荷波（1882–1927）和另外17人的遺骸移葬至八寶山。王荷波是一位共產黨工人領袖，他與伙伴在1927年11月被軍閥殺害。[84]不過，最聞名的移葬是1955年瞿秋白的遺骸從福建長汀遷往八寶山革命公墓。1935年6月他在長汀被國民黨處死。

瞿秋白的遺骸在1955年6月18日由官方移葬至八寶山公墓，那天是他被害的20週年，中共為這位黨的早期領導舉行了盛大的移葬禮。儀式莊嚴肅穆，深具政治意義。中共中央書記處書記周恩來主持，出席的有黨的高層領導董必武、康生、彭真、陸定一及瞿秋白的遺孀楊之華（1901–1973）。新墳有象徵長青的松柏環繞，位於任弼時墓的左邊，屬整個公墓的最尊貴的地段。瞿秋白墓前擺滿了鮮花。儀式中陸定一簡短介紹了瞿秋白的生平後，在場人士紛紛獻上鮮花。下葬後周恩來在墓前獻上白牡丹的花圈，象徵逝者的品格高尚和受人敬重。之後樂隊奏起

82　Nina Tumarkin, *Lenin Lives! The Lenin Cult in Soviet Russia*, enlarged ed. (Cambridge: Harvard University Press, 1997), pp. 165–206.

83　《人民日報》，1950年10月20日，第1版。

84　《人民日報》，1949年12月12日，第1版。

《國際歌》，向瞿秋白這位中國無產階級革命領導人致敬。據《人民日報》的報導，悼念者聚集在瞿秋白的墓地四周，緬懷這位「中國工人階級的偉大戰士」。[85]毛澤東之前為任弼時親筆寫了碑文，周恩來這次為瞿秋白的墓碑以雅致的書法寫上「瞿秋白同志之墓」。[86]

瞿秋白的移葬很明顯地是由政府主導，去發動最大的宣傳和產生最深遠的教育意義。但移葬也有個人的原因，傷心的父母與親屬常會向政府提出極為感人的呼籲，要求將親人下葬在八寶山革命公墓。儘管這類移葬是私人事宜，儀式也不那麼矚目，但並不因此減少意義。因為悼念者對逝者的記憶，總是與官方的政治老調不同。兩個有名的移葬是親屬向地方政府請願的結果。他們是范鴻劼(1897–1927)和方伯務(1896–1927)，兩人曾在中共成立初期追隨李大釗參與革命。范鴻劼為北京大學學生，積極參與早期共產黨革命活動；方伯務則主力組織人力車夫工運。兩人及李大釗於1927年4月被軍閥殺害。范鴻劼的遺體埋在北京宣武門外，方伯務的遺骸則下葬在城外湖南人的義塚中。[87]人民共和國成立後，范鴻劼的哥哥向政府請求將弟弟移葬在八寶山革命公墓。方伯務的弟弟也向北京市政府提出了類似的申請。方伯務的弟弟在申請書中表達了自己的擔憂，說由於城市的快速發展，義塚可能很快就被搬遷。信中他熱切希望「為先兄遷葬革命烈士公墓。可是，我總籌不着這筆遷葬費，只得仰望黨和政府的掌史機構，體念先烈的忠公事蹟，設法遷葬，以昭忠烈。」[88]

我們從歷史文獻中得知，方伯務死後遺下住在湖南老家的母親、妻子及在廣西工作的兒子；這些資料有助證明方伯務的確是烈士的身份。官方的結論是方伯務的確是「為革命工作犧牲」，而且「並未洩露黨內機

85 《人民日報》，1955年6月19日，第1版。

86 張承平編：《八寶山革命公墓碑文錄》，頁3。

87 北京市民政局優撫科：〈關於移葬烈士范鴻劼於革命公墓的文書材料〉，北京市檔案館，196-2-88；〈關於移葬革命烈士墳墓修建立碑及了解犧牲經過的文書材料〉，北京市檔案館，196-2-102。

88 〈關於移葬革命烈士墳墓修建立碑及了解犧牲經過的文書材料〉。

密，應追認為烈士。」[89]兩份申請很快便獲得批准，尤其是范鴻劫的個案，甚至得到了黨元老董必武的支持。董必武證明范鴻劫「為黨殉難」，絕對有資格移葬到八寶山。[90]兩位烈士的遺骸隨後移葬至公墓的第二區。對共產黨而言，把兩位烈士安葬在八寶山，只不過是另一次對革命烈士的恰當認可。但對死者家屬而言，這個行動在他們漫長而又痛苦的追思過程中是十分重要的。

各種爭議

八寶山的下葬事宜並非毫無爭議。雖然要經過兩重確認手續才可正式安葬，但錯誤仍有發生，而且有時還很嚴重。在1952年的一份內部文件中，北京市政府承認，在那時為止已經入葬八寶山的126人中，有人錯誤地下葬在高過他們職銜允許的墓地，甚至還有人錯佔了兩塊墓穴。[91]更糟的是，一名叫陳友仁的空軍軍官，其安葬記錄竟然沒有死亡原因。後來發現他是「與一位女同志夜晚通姦，被人發現，用槍打死的。」[92]這個事後的發現令人為難，如果洩露出去，後果更會是不堪設想。市政府立刻展開調查，找出事故原因。預料後來會把陳友仁的遺體迅速移走。不過，市政府決定不去尋找該負責這個嚴重錯誤的人，明顯是擔心會造成失控的局面。

北京市民政局雖然規定了依照官銜軍階級別去決定各種墓地的大小，但並不是人人都按規矩辦事。政府文件顯示，有些民主黨派人士，恃着人民共和國成立初期政府急於爭取他們的支持，便提出了很過分的要求，例如要求更大的墓地以安葬親人。民政局官員不得不承認，對這類問題「感到難以應付」。[93]

89　同上。

90　北京市民政局優撫科：〈關於移葬烈士范鴻劫於革命公墓的文書材料〉。

91　〈關於革命公墓檢查情況及今後埋葬意見的報告〉。

92　同上。

93　中共北京市委：〈中央〉，北京市檔案館，2-7-57。

　　有政府官員指責「有些墓的修建形式存在着濃厚的封建迷信色彩」。[94]官方雖然沒有透露甚麼樣的「封建迷信」色彩，但它也不是與此全無關係。有些官員將任弼時和瞿秋白的墓地稱為「陵墓」，這個用語在過去只能用來稱呼帝皇墓地。這種做法確實是違背了反宗教的共產黨領導人對特權和不平等行為的批判立場。[95]

　　1986年10月，國務院公佈全國第一批烈士紀念建築的重點單位。該批32座建築物中，北京的李大釗烈士陵園佔首位，其後是晉冀魯豫烈士陵園和華北軍區烈士陵園，兩者都在河北。[96]三年後，又公佈了第二批合共36座烈士紀念建築，其中有福建閩侯的林祥謙烈士墓。[97]這些場地是官方向中國民眾灌輸社會主義思想的「愛國主義教育基地」的一部分；果然，北京市政府於1997年將八寶山革命公墓命名為「愛國主義教育基地」。[98]這種種舉動是官方利用烈士崇拜去鞏固權力的一貫手法。結果自然是全國的景區都散佈了紀念建築物。到了1990年代初，民政部監管下的烈士陵園和戰爭紀念建築達到了5,327座的驚人數目。[99]

　　官方不斷推動紅色烈士崇拜，並用上殉難英雄如李大釗等去支持共產黨事業。這種紅色烈士崇拜在很多方面與喬治‧莫斯（George Mosse）所稱的「陣亡軍人崇拜」（Cult of the Fallen Soldier）相似，即在歐洲近代戰爭中把陣亡將士轉化為烈士，使他們成為民族崇拜的對象，並將戰場上的流血犧牲變成了難得的教育機會，以謀求民族團結。[100]中共也同樣利用紅色烈士崇拜作為政治工具，去推行黨的社會理念，而這絕不是社會自發的紀念行為。

94　同上。

95　〈北京市革命公墓管理情況〉。

96　《人民日報》，1986年11月15日，第4版。

97　《人民日報》，1989年9月10日，第2版。

98　北京市政府於1997年在公墓入口處掛上了「北京市愛國主義教育基地」的牌子。

99　《人民日報》，1991年4月3日，第4版。

100　Mosse, *Fallen Soldiers*, pp. 70–106.

這裏需要澄清一個主要的分歧：雖然西方普遍把烈士描繪為國家英雄，用以掩蓋或轉移對戰爭殘酷的關注，但與中國相反的是，它仍容納一大批著名的反戰紀念建築。例如柏林的威廉皇帝紀念教堂 (Kaiser-Wilhelm-Gedächtniskirche)，就是用來證明戰爭的恐怖，而非戰爭的榮耀；法國蒂耶普瓦爾 (Thiepval) 地區的索姆河戰役失蹤軍人紀念碑 (Monument to the Missing of the Battle of the Somme)，由埃德溫・魯琴斯 (Edwin Lutyens) 設計，表達的概念正正是戰爭不可能有勝利。這些紀念建築清楚顯示出失去生命、喪失親人的痛苦體驗，而決非勝利所能帶來的歡騰。中國的戰爭紀念建築卻經常欠缺表達喪親所帶來的痛苦，只展示政治樂觀的一面。

共產黨的紅色烈士崇拜甚少提及喪親之痛。與其如實地交代戰爭的人性一面和它對傷兵、孤兒寡婦帶來的殘酷打擊，紅色烈士崇拜卻是把戰爭的榮耀和戰場上的犧牲歸功於社會主義的崇高政治理想。近年來確實是有幾座建築以戰爭帶來的傷亡和痛苦作為主題，例如1985年建於南京的侵華日軍南京大屠殺遇難同胞紀念館，就是用來紀念1937年12月日本軍隊在國民政府首都殘殺超過25萬中國人。但許多紀念館都愛套用民族主義的論調，並變成了教育年輕人愛國主義的場所。在中國，只有官方才可舉辦公眾的悼念活動，而且鮮有喪親者會公開表露他們的苦況。

詹姆斯・楊格 (James Young) 指出現代西方國家與紀念活動之間的關係，絕不是一面倒的。政府機關的確是有能力去影響大眾的記憶，但記憶一旦形成，就會「具有自己的生命，經常頑強抵抗政府原有的用意。」[101] 這種關係在中國就大為不同。在中宣部的影響下，民政部實施廣泛的操縱和直接控制，只批准建造某些規定了的紀念建築，並由黨決定如何將這些建築展示給民眾。

雖然中共的控制嚴厲，但問題仍有產生。1963年內務部呈交周恩

---

101 James E. Young, *The Texture of Memory: Holocaust Memorials and Meaning* (New Haven: Yale University Press, 1993), p. 3.

來的機密報告提到了幾個問題，包括「鋪張浪費的現象比較嚴重。主要表現在：有些地區已經修建了許多烈士紀念建築物，但仍然不斷要求興建或擴建。」一個仍未解決的問題是，除了烈士，逝世的老共產黨員和高級幹部是否可以葬在烈士陵園？為某些烈士專門修建的墓園是否可以埋葬其他烈士？紀念場所經常管理不善，部分紀念建築很快出現損毀。報告還提到，「有些烈士紀念館，沒有陳列烈士鬥爭史料，被作了工廠、倉庫、辦公室或者娛樂場所。有的在烈士陵園內養豬、養羊。」[102]

我們不清楚周恩來或其他官員有否採取措施解決這些問題。但自1980年代以來，中國已經轉向開放型市場經濟，大眾也越來越傾向物質主義價值觀，熱切追求個人利益，而非社會主義的集體目標，紅色烈士崇拜似乎失去了動力。有報告提到烈士紀念建築越來越被人忽視。例如，1980年3月，《人民日報》一篇報導提到，某地的一座烈士紀念塔「周圍雜草叢生，垃圾遍地。」[103]更糟的是，1994年南京雨花台烈士陵園出租場地辦狗展。[104]上海市黨委宣傳部主辦的《黨史信息報》稱這種情況為「不倫不類」，並呼籲讀者「救救革命紀念館」。[105]紅色烈士崇拜將來如何發展？看來市場力量將會繼續支配中國人的生活，削弱政府控制人民的能力，包括敬仰與紀念中共烈士的方式。

---

102 〈內務部關於烈士紀念建築物修建和管理工作的報告〉，北京市檔案館，196-2-179。

103 《人民日報》，1980年3月14日，第4版。

104 〈救救革命紀念館〉，《黨史信息報》，1994年9月1日，第1版。

105 同上。

第10章

人民英雄紀念碑

天安門廣場的人民英雄紀念碑（圖69）是中華人民共和國成立初期最重要的新政治象徵之一。這座巨大的花崗岩紀念碑，矗立在北京最神聖的南北中軸線上，以居高臨下的姿態，俯瞰天安門廣場，這個中國首都的莊嚴儀式中心。[1]表面上，興建紀念碑是用來紀念為建立新共產國家而捐軀的人，就像菲利浦‧艾黎斯（Philippe Ariès）所說：「如果沒有紀念碑去紀念犧牲者，就無法慶祝勝利。」[2]但對中國共產黨而言，在首都最神聖的地方建造這座雄偉的紀念碑，目的不單是為了紀念，也是為了迎合政治需要而設立這座文化產物，好讓政府去控制國民的集體記憶。

本書之前討論過，集體記憶與紀念建築物有密切關聯。莫里斯‧哈布瓦赫寫道：「空間是持續永久的，我們要透過保存下來的環境及具體事物，才能明白歷史。」[3]皮耶‧諾哈的觀點也相似，不過他的「記憶之地」還包括法國的種種集體記憶，如三色旗、羅浮宮、馬賽曲等。他還

1　Wu Hung, *Remaking Beijing*, pp. 24–36.

2　Philippe Ariès, *Western Attitudes toward Death: From the Middle Ages to the Present*, trans. Patricia M. Ranum (Baltimore: Johns Hopkins University Press, 1974), p. 75.

3　Halbwachs, *The Collective Memory*, p.140.

圖 69 人民英雄紀念碑，天安門廣場。
2004 年 7 月 31 日，作者攝。

特別提到法國的紀念碑，認為在那裏「法國的心臟跳得最響」。[4] 也許公
眾紀念建築滿載集體記憶，最能激動人心。公共紀念碑還有一個含義，
就是用來體現決策者的信念與願景。人民英雄紀念碑是中共豎立的重要
公共藝術品，實際上也是中國共產黨刻在石柱上的政治宣言。本章指
出，人民英雄紀念碑是中國共產黨培育紅色烈士崇拜的核心場地，其重
要性遠超其他紀念建築物及八寶山革命公墓等烈士陵園。該建築獨特之
處，不僅在於所處的位置，即首都的儀式中心 (亦即是全國人民的心靈
中心)，同時也由於它包含重要的政治訊息，展現了建築、歷史、藝術
和政治之間的複雜關係。

4　Pierre Nora, "Introduction," in *Realms of Memory: The Construction of the
　　French Past, Vol. 3, *Symbols*, ed. Pierre Nora, trans. Arthur Goldhammer (New
　　York: Columbia University Press, 1998), p. ix.

建　築

中國共產黨在首都興建一座戰爭紀念碑，並非毫無爭議的，任何紀念活動都不免引起記憶性質的問題：究竟應該記錄哪些歷史事件？紀念碑應該是慶祝戰爭的勝利，還是譴責戰爭的殘酷及帶來的人命傷亡？用哪種建築形式，才能表達中國久經外國侵略和內戰蹂躪後重獲新生的喜悅？

1949年9月30日，中國人民政治協商會議在北京十天會議的最後一天，正式通過豎立人民英雄紀念碑，以緬懷為建立新共和國而犧牲的人。這個日子非常重要，因為這一天正是中華人民共和國成立的前夕，可見在名義上，決定建造紀念碑的並非中國共產黨，而是代表23個政治組織的人民政治協商會議。毛澤東召集這個會議的目的，是要顯示新政權擁有廣泛的群眾基礎，更重要的，是得到各黨派的支持，以確立中共的合法地位。

事實上，在召集政治協商會議之前，已有建造紀念碑的構思。中國共產黨決定建造紀念碑的準確日期仍未有定論，按清華大學建築系教授吳良鏞的說法：「為了籌備開國大典，黨中央早就組織技術力量，對紀念碑的設計進行醞釀。」[5] 這樣的決議，無疑是顯示了共產黨急需維護自己政權的合法地位。盧梭所問的：「甚麼能令政權合法？」就正正指出重點。新政權在神聖的地方豎立一座氣勢恢宏的建築物，是宣示其政治合法地位最矚目的方式之一。

在10月1日之前，政府官員早已就整個工程最關鍵的紀念碑選址問題，多番爭論。他們提出不同地點，如東單、八寶山、圓明園等，但最多人支持的是天安門廣場。不少共產黨員認為中國的真正革命是從這裏開始的。這個看法符合中共對近代中國歷史的一貫詮釋。共產黨人指出1919年的五四學生運動是在天安門廣場開始的；這場學運激發了全國反

5　吳良鏞：〈人民英雄紀念碑的創作成就〉，《建築學報》，第2期（1978年6月），頁4。

抗列強侵略的民憤及喚起了救國的熱忱。毛澤東就公開表示過，他是五四精神的承傳者。對他而言，五四是「一個有重大意義的運動」，因為它「表現中國反帝反封建的資產階級民主革命已經發展到了一個新階段」。[6]天安門廣場的古建築群及在歷史上的重要地位，使其成為建造紀念碑的最佳選址。[7]另外，如第1章所説，中共領導人本已打算把天安門廣場改建成「人民廣場」，使之成為首都新建的政治空間。官方聲稱成立中華人民共和國是要為人民服務的。毛澤東想把紀念碑建在人民慶祝國家大事的地方，碑的建造正好符合這幅更為宏大的政治藍圖。[8]

　　雖然在1949年已經選定了紀念碑的地點，但由於工程規模龐大及沒有經驗可借鑒，中國官員不得不謹慎而行。1952年政府開始尋求蘇聯專家的幫助，北京市長彭真當時去信文化部，認為中國「急迫需要蘇聯的先進藝術家來指導我們」。[9]不過，該工程最終並沒有聘請任何蘇聯專家。可能中央領導人和參與的專家都認為人民英雄紀念碑是中國最重要的政治象徵，不必找外人幫忙。現有的資料也看不到任何蘇聯人參加紀念碑工程的記載，只有蘇聯城市規劃家穆欣曾就地震對紀念碑可能造成的影響提供了意見。[10]1952年，彭真組成了「首都人民英雄紀念碑興建委員會」，成員有著名建築師、歷史學家和雕塑家，負責監管整個工程的設計與建造。彭真是該委員會主任，鄭振鐸和梁思成是副主任。他們之下是幾個執行具體任務的小組：梁思成負責建築設計；鄭振鐸主持美術工作；歷史學家范文瀾（1893–1969）負責歷史議題，確保工程與歷史事實相符。[11]這一新成立的首都委員會要負責推動這項新的政治任務，來表明中國社會已經煥然一新。

6　毛澤東：〈青年運動的方向〉，《毛澤東選集》，第2卷，頁553；毛澤東：〈五四運動〉，《毛澤東選集》，第2卷，頁545。

7　吳良鏞：〈人民英雄紀念碑的創作成就〉。

8　趙洛、史樹青：《天安門》（北京：北京出版社，1957），頁37。

9　〈聘請蘇聯專家來華指導工作案〉，北京市檔案館，23-1-77。

10　〈關於人民英雄紀念碑設計問題的一些問題的報告〉，北京市檔案館，1-5-90。

11　梁思成：〈人民英雄紀念碑設計的經過〉，《建築學報》，第6期（1991），頁28。

　　紀念碑要到1952年8月1日才正式動工興建。選擇這個日子是為了紀念中國人民解放軍建軍25週年。共產黨軍隊在1927年8月1日南昌起義時成立。[12]最初是計劃在1955年10月1日之前完成整個工程，向人民共和國成立六週年獻禮。為了隆重其事，落成儀式由毛澤東主持。[13]然而，該工程要到1958年方能完成，原因是參與的官員、歷史學家、建築師和雕塑家為紀念碑的形狀、碑上鐫刻的歷史事件和反映這些歷史事件的大型浮雕爭論不休。最後，按總建築師梁思成的說法，所有重要事項都是經「中央審查」來決定的。[14]工程一開始就被賦予了政治意義。但一座建築物怎樣用來紀念死者，同時又令人認同新政權的合法地位？新成立的社會主義政權，應透過甚麼藝術和空間佈局，去表達對人民的承諾呢？這些問題令梁思成終日思索。

　　梁思成很愛國，對國家得以劫後重生及安享太平的前景，雀躍不已。他的妻子林徽因是個有才華的藝術家，幫助丈夫全心全意投入這項任務。梁思成想要建一座有傳統特色的紀念碑。他的民族建築形式的意念無疑出自這官方項目本身的要求。1950年代，這種形式深受蘇聯社會主義現實主義和斯大林指示建築必須具備「民族形式、社會主義內容」所影響，但這個指示極具爭議。[15]梁思成的學生張鎛認為，梁的想法深受毛澤東的影響。張鎛指出，毛澤東在〈新民主主義論〉一文中認為人民共和國初期，中國的新民主主義文化必須是「民族的、科學的、大眾的」。[16]這觀點令梁思成心悅誠服。毛澤東的觀點當然是遵循社會主義現實主義理論。但本書作者認為，梁思成在設計紀念碑的過程中，並不着重社會主義內容，他更重視民族形式。[17]他構思中的民族形式的紀念碑，

12　《人民日報》，1954年8月13日，第2版。

13　〈第一次會議記錄〉，北京市檔案館，23-1-6。

14　梁思成：〈人民英雄紀念碑設計的經過〉，頁28。

15　關於蘇聯社會主義現實主義對中國文學藝術的影響，參閱Laing, *Winking Owl*, pp. 20–23.

16　張鎛：《我的建築創作道路》，頁67。

17　見《梁思成文集》，第4卷，頁32–34。

來自他對中西建築傳統之不同有深刻的領悟。梁思成身為學者，對中國建築極為推崇。他深信要興建的紀念碑，必須呈現首都建築的宏偉壯麗，才能配得上中國第一紀念碑的地位。

梁思成在提到民族形式的紀念碑時，究竟有甚麼想法？他認為中國傳統建築有幾項基本的建造規則，即他所稱的建築「文法」，有別於西方傳統。中國傳統建築物一般有三層式結構，即台基、主建築和屋頂；講求左右對稱；建築物置於南北軸線上坐北向南，盡量爭取日照；建有斗拱及採用琉璃瓦。[18] 他強調設計紀念碑時，必須認真考慮這些「文法」。設計過程中，梁思成等設計師從著名的唐代石碑（如河南嵩陽書院碑、陝西西安孝經碑等），取得靈感。[19] 梁思成寫道：「以鎸刻文字為主題的碑，在我國有悠久傳統。所以採用我國傳統的碑的形式較為恰當。」[20] 他對傳統石碑評價甚高，卻對其規模和造型並不欣賞。在他看來，「中國古碑都矮小鬱沉，缺乏英雄氣概。」[21] 所有這些都需要改變。

梁思成除了建議紀念碑必須具備獨特的中國風格外，還應該是高聳雄偉及穩重和諧。他明白高度最能表達紀念碑的宏偉。他認為巍峨雄偉的建築，居高臨下，才能顯示新政權的遠大抱負，將新政府的理想透過看得見的政治象徵表達出來。[22] 計劃中的紀念碑預計高40.5米，而廣場的寬度預計為200至250米，因此碑的高度和廣場的寬度是相稱的。[23] 但後來如第1章所言，廣場在1959年完工後是800米長，500米寬，比原來的計劃擴大了很多。與這龐大的廣場相比，紀念碑不禁顯得矮小。

梁思成亦堅持紀念碑應該配合中國人所講求的空間與建築物之間的和諧均衡。1951年他給彭真的一封信中，極力主張完整保留天安門廣場傳統建築格局。他認為紀念碑必須融入原有的空間，盡量避免破壞既有

---

18 梁思成：〈中國建築的特徵〉，《梁思成文集》，第4卷，頁96–103。

19 吳良鏞：〈人民英雄紀念碑的創作成就〉；同時參閱《人民日報》，1954年8月13日，第2版。

20 梁思成：〈人民英雄紀念碑設計的經過〉，頁27。

21 同上，頁28。

22 同上。

23 同上。

的格局。紀念碑不是廣場的延伸,而是整體的一部分。梁思成指出廣場上最重要的建築物是天安門城樓,這是一座寬大的、橫放的宏偉木構建築。因此,籌建的紀念碑必須在風格和結構上有別於天安門城樓。紀念碑應該是垂直高聳的石構建築。這種融合就如首都中軸線北端的鼓樓和鐘樓。梁思成認為鼓樓是橫放的木建築,而鐘樓是垂直的磚建築,兩者相互對稱。[24]

大型建築物的體積和高度,當然是相互關聯的。梁思成和他的組員認為紀念碑只有用最堅固的自然材料花崗石來建造,才可使紀念碑長久屹立不倒,雄踞一方。於是他們從山東青島著名的浮山石礦場開採並運來了大批巨型的花崗石塊。[25]這項工程最終用了一萬七千多塊花崗石,其中一塊高14.7米,重達60噸的巨石用作碑心石。[26]碑的台基鑲嵌八塊巨大的浮雕,描繪了中國近代史上的重大事件。為了突出紀念碑的重要地位,整座碑身由兩層富有中國特色的須彌座承托。須彌座上點綴了松柏、菊花、牡丹等象徵長壽與卓越的傳統圖案。最初提議建一層須彌座,但梁思成等人認為兩層可使台基看起來更穩重有力。堅穩寬大的台基把石碑從地面高高托起,使其更具威嚴及震撼力。[27]

然而工程進展並非一帆風順。設計工作觸發了以梁思成為首的建築師和劉開渠(1904–1993)為首的雕刻家之間的激烈爭論。建築師主張採用刻有碑文的傳統石碑,而雕刻家卻認為,紀念碑中央應刻上一個巨型的人像來表揚中國人民的英勇事蹟,並指出紀念碑畢竟是用來紀念戰爭中的死難者。[28]雙方還在碑頂的設計上意見不合。雕刻家又建議在頂部刻上一排人像,卻遭到了建築師的反對。建築師認為,這種做法不正統,也極不符合中國的傳統風格。他們更指出,紀念碑如此高聳,地面

24 梁思成給彭真市長的信,見《梁思成文集》,第4卷,頁42–45。

25 《人民日報》,1953年7月29日,第3版。

26 《人民日報》,1954年8月13日,第2版;1958年4月23日,第1版;《美術》,1958年5月15日;同時參閱吳良鏞:〈人民英雄紀念碑的創作成就〉。

27 參閱吳良鏞:〈人民英雄紀念碑的創作成就〉,頁6。

28 滑田友:〈讓雕塑藝術到人民群眾中去〉,《人民日報》,1957年12月26日,第7版。

的觀眾根本無法看清頂部的人像。更嚴重的問題是，雕像會把群眾的焦點從石碑中央的題詞這一傳統重心，移向碑頂，破壞了設計的原意。雙方激烈的爭論，引起了周恩來總理等中央領導的關注。[29]最後，建築師的意見獲得落實，紀念碑應是中式石碑，頂部是平坦而四邊斜面的盝頂（梁思成稱之為「建築頂」）。[30]該決定不僅因為傳統石碑風格可以弘揚民族特色，更重要的是這種設計能提供足夠的空間，讓毛澤東所題的「人民英雄永垂不朽」八個大字，恰到好處地刻在石碑中央。

　　紀念碑建造期間，設計者與政府官員又碰上了碑的坐向問題。紀念碑是否應該遵循中國建築傳統，坐北向南？按儒家《周禮》的規定，主建築（特別是宮殿）必須沿着南北走向的軸線而建。[31]紀念碑可否朝向他方？這一問題最終不是通過學術討論，而是經過政治考慮來決定的。按吳良鏞的說法，周恩來認為，天安門廣場擴建後，民眾通常會從天安門前的東西長安街進入廣場。這樣，民眾不會集中在廣場南部，而是集中在北部。如果紀念碑朝向北面，大家正好可以看到紀念碑中央的毛澤東題詞。最後，毛澤東批准紀念碑的正面朝向北方。[32]表面上看，這個決定只不過是出於方便實用的考慮，因為它顧及到大型慶祝活動時民眾聚集的場地。但本書作者認為這實際是中共的一次刻意安排，以表現紀念碑的革新和反傳統的特色。紀念碑高37.94米，比天安門城樓高出4.24米。它代表着人民的意願，其高度與象徵意義，都超過代表昔日皇權的天安門與紫禁城。紫禁城代表中國悲慘的過去，紀念碑則象徵滿載希望的未來。

　　政府為了鄭重其事，把全國各地最優秀的工匠都調來北京，如河北

29　參閱張鎛：《我的建築創作道路》，頁187。

30　梁思成：〈人民英雄紀念碑設計的經過〉，頁28；吳良鏞：〈人民英雄紀念碑的創作成就〉，頁6頁；趙洛、史樹青：《天安門》，頁40。

31　關於南北中軸線和建築（特別是宮殿）坐北向南的討論，參閱侯仁之：〈試論北京城市規劃建設中的三個里程碑〉，《城市規劃》，第6期（1994年11月9日），頁4–9。

32　吳良鏞：〈人民英雄紀念碑的創作成就〉，頁7。

曲陽縣的石匠，以石雕技藝聞名。[33]政府同時在各大報章和雜誌，特別是官方的《人民日報》上無間斷地報導工程的進展。[34]政府希望人民相信，這座位於人民廣場中心的紀念碑，不僅歌頌人民的英雄，更是由人民親手建造的。這時期，「集體主義」一詞不斷出現。[35]《人民日報》訪問了參與工程的工人，報導說一名63歲的龐姓石匠，不知勞累地投身於工程建設。[36]官方更公佈，全國人民熱烈來信，踴躍支援這項前所未有的工程。[37]

　　整個紀念碑工程於1958年5月1日勞動節完成並舉行落成典禮，趕及慶祝同年10月人民共和國成立九週年的國慶。紀念碑的三層式結構盡顯民族特徵。依據傳統碑銘設計，毛澤東手寫的「人民英雄永垂不朽」八個鎏金大字，刻在朝北的紀念碑正面。紀念碑的背面向南，刻着一篇悼詞。悼詞由毛澤東起草，以中國人民政治協商會議的名義發表，再由周恩來用優美的書法書寫：

> 　　三年以來，在人民解放戰爭和人民革命中犧牲的人民英雄們永垂不朽！
>
> 　　三十年以來，在人民解放戰爭和人民革命中犧牲的人民英雄們永垂不朽！
>
> 　　由此上溯到一千八百四十年，從那時起，為了反對內外敵人，爭取民族獨立和人民自由幸福，在歷次鬥爭中犧牲的人民英雄們永垂不朽！[38]

33　本書作者於2004年1月15日及2006年1月3日在北京訪問彥涵的記錄；同時參閱白炎：〈人民英雄紀念碑浮雕及其他概述〉，《北京晚報》，2000年9月2日，第22版；白炎：《我和彥涵》(香港：天馬圖書有限公司，2002)，頁31–32。白炎是藝術家彥涵的妻子。

34　《人民日報》，1949年10月1日，第2版；1953年9月7日，第3版；1955年11月18日，第1版。同時參閱《美術》，第5期(1958年5月15日)；《文物》，第5期(1958年5月27日)。

35　《人民日報》，1952年10月25日，第6版。

36　《人民日報》，1954年8月13日，第2版。

37　同上。

38　毛澤東：〈人民英雄永垂不朽〉，《毛澤東選集》，第5卷，頁11。

　　人民英雄紀念碑高37.94米，是廣場上最高的建築物之一，張鎛說：「起了統帥周圍建築的作用」，因為它位於廣場中央，與北面天安門城樓和南面正陽門剛好同等距離。[39]紀念碑的中心位置及高聳的雄姿，足以顯示它在一眾建築物中所佔的支配地位與權威。中共官員明白到要建立一個新政權，就要開闢新的政治空間。這個空間是需要小心闡釋、改造，甚至重新創造出來。

歷　史

　　國家紀念碑的工程當然不單是在首都的中心地區豎立一座巨型的碑石，它還涉及無形的但卻更有影響力的事物，包括對歷史的理解、正確評估過去的方法，以及歸根究底中國共產黨在改朝換代中所佔的位置。紀念碑興建委員會決定用八幅浮雕來裝飾石碑，每幅代表一個不同的歷史主題。

　　這項必須準確反映中國歷史進程的工作由范文瀾來負責。范文瀾是著名的馬克思主義歷史學家，自然是擔當這一任務的理想人選。他是1926年入黨的資深黨員，對中國近代歷史的闡釋，在左翼學者中極具權威。范文瀾早年就讀北京大學，像很多同輩一樣，痛恨自19世紀以來帝國主義對中國的侵略。他早就對馬克思主義產生興趣。為了追尋社會主義理想，於1940年來到延安。[40]在延安他熱烈追隨馬克思主義，力主用馬克思主義觀點來詮釋中國歷史，因此引起了毛澤東的注意。他遠勝別人，能以長遠及宏觀的角度去分析中國歷史，其論說收錄在他甚具影響力的、分成多卷的《中國通史簡編》中。[41]毛澤東對范文瀾的中國近代史，尤其是有關太平天國的著作，都甚為欣賞。1943年出版了不乏爭議的小冊子《漢奸劊子手曾國藩的一生》中，范文瀾強烈批評曾國藩這位

39　張鎛：《我的建築創作道路》，頁87–88及177。

40　范文瀾：《范文瀾歷史論文選集》（北京：中國社會科學出版社，1979），頁360。

41　同上。

清朝漢臣「血腥」鎮壓太平天國運動。許多共產黨歷史學家認為，太平天國是一次正義之舉，也是20世紀中國共產黨領導農民運動的先驅。[42]

范文瀾贊同毛澤東在「延安講話」中，關於文藝創作不能脫離正確的階級立場的觀點，他更強調學術與政治的關係密切。他指出：「保持學術脫離政治的想法是錯誤的。學術一定要為政治服務。」[43]他不認為所有歷史階段都同樣重要。要正確理解歷史，首先就要「研究無產階級領導革命的中國史，其次是資產階級領導舊民主革命的中國史。」[44]因此，研究歷史就必須「厚今薄古」。[45]

范文瀾是歷史學家，他的說法忠實地重申了共產黨的官方論調。前面說過，毛澤東的〈新民主主義論〉將中國近代史分為前後兩個階段：舊民主主義革命和新民主主義革命。范文瀾緊跟這個共產黨員都鼓吹的歷史框架。但由於紀念碑面積有限，以致出現了一個問題：應該展示這兩個階段的哪些事件？

1952年7月18日，在范文瀾主持的「雕畫史料編審委員會」第一次會議上，首先決定所選的主題必須「描寫近代中國民族解放鬥爭的歷史」。會上選出了九個重大歷史事件：(1)鴉片戰爭，重點放在1841年廣州三元里抗英事件和欽差大臣林則徐虎門銷煙；(2)太平天國金田起義；(3)1900年義和團起義，被界定為「反帝國主義的農民運動」；(4)1911年辛亥革命，以武昌起義為主題；(5)五四運動，突出學生在天安門廣場發表愛國講話，以表現「知識分子在革命運動中的橋樑作用」；(6)第一次國內革命戰爭，強調五卅運動工人的反帝鬥爭；(7)第二次國內革命戰爭，重點是中國共產黨早期農村根據地井岡山和紅軍長征；(8)抗日戰爭，描繪1937年平型關抵抗日本侵略者的戰鬥；(9)國共內

42　范文瀾：《漢奸劊子手曾國藩的一生》(西安：西北新華書店，1949)，頁1。

43　范文瀾：《范文瀾歷史論文選集》，頁225。

44　同上，頁226。

45　同上，頁222–228。

戰，橫渡長江攻佔國民黨首都南京。[46]

　　一週後的第二次會議中，委員會經過長時間的討論後，再增加一個事件：1923年2月7日京漢鐵路工人大罷工。這事件放在五四運動之後，更顯示了無產階級在中國共產黨初創時所起的作用。這事件的描述重心是罷工領袖林祥謙被軍閥殺害的場面。[47]這一建議後來又經修改，要突出全體工人的反抗，而不是着眼於林祥謙的被殺。這樣安排是強調集體行動，而非個人犧牲，與其他九個事件步伐一致。[48]隨後幾週，與會者展開了激烈爭論，對哪些事件要保留哪些事要刪除都無法達成共識。由於紀念碑空間有限，范文瀾提出將五四運動和二七大罷工合為一幅浮雕。[49]這次爭論仍然是中央領導下最終決定。委員會始終都要聽從中央領導的意見，並接受其最終批示。[50]1953年1月19日，毛澤東發出下列指示：以1894年的甲午戰爭代替義和團起義；以南昌起義代替井岡山鬥爭；以延安時期代替平型關戰役。毛澤東同時建議找一個更好的主題來代替三元里抗英事件。[51]爭論持續了近兩年，直至1954年11月6日，彭真得到中共中央的批准後，敲定了八大歷史事件：鴉片戰爭、太平天國、辛亥革命、五四運動、1925年反殖的五卅運動、南昌起義、抗日戰爭中由共產黨領導的游擊戰，以及國共內戰時解放軍橫渡長江。[52]

　　為何選了這八個主題呢？以南昌起義代替井岡山，是為了突出中共首次建立軍事力量，比紮根於首個農村根據地更為重要；用抗日戰爭代替延安，是想強調全國合力抵抗外敵的意義；強調人民團結，對剛上台執政，正在建立權威的中共來說，是至為重要的。平型關戰役和長征之類的主題被取消，是因為它們只是單一事件，而抗日戰爭涉及更全面的

46　〈第一次會議記錄〉。

47　〈第二次會議記錄〉，北京市檔案館，23-1-6。

48　周揚給人民英雄紀念碑興建委員會的信，北京市檔案館，23-1-6。

49　范文瀾給梁思成的信，北京市檔案館，23-1-6。

50　〈第二次會議記錄〉。

51　梁思成：〈人民英雄紀念碑設計的經過〉，頁28。

52　同上。

範圍。毛澤東1953年1月的指示，毫無疑問是認為具有普遍意義的主題，比單一事件更重要。更簡單直接的理由，是紀念碑空間有限，因此不得不把義和團事件也捨棄了。

　　紀念碑上的八大事件，都是共產黨認為中國近代史上幾個重大的轉振點。[53]他們認為這些事件都是先後連接的，朝向一個不可逆轉的方向發展，並走向1949年中國共產黨的最終勝利。八幅畫面説的都是耳熟能詳的故事，即中國人民堅定不屈地與邪惡勢力鬥爭。這些畫展示強烈的對比，要傳遞清晰的訊息：善良的中國人對奸險的帝國主義勢力（鴉片戰爭）；農民對抗腐朽政權（太平天國）；革命分子對抗反動的清政府（辛亥革命）；愛國學生對抗國際社會的不公義（五四運動）；工人對抗外國資本家（五卅運動）；捍衛祖國的人民對抗日本侵略者（抗日戰爭）；以及無產階級力量對抗壓迫人民的蔣介石國民黨政府（渡江）。這些簡單的對比很容易引起觀眾即時的共鳴，這正正是官方和設計者所希望達到的目的。

　　選定的八大主題均有強烈的軍事性質，這是很自然的，因為紀念碑原來的目的，就是要悼念在戰爭中殉難的國民。除了五四運動和五卅運動，其他主題的武裝鬥爭，均有明確的敵人：鴉片戰爭對抗英帝國主義；太平天國與辛亥革命反抗滿清政府；抗日戰爭迎擊日本侵略者；渡江是攻打國民黨政府。雖然五四運動和五卅運動並非武裝衝突，卻富於戰鬥精神。兩者都奮力抵抗帝國主義，在國內影響深遠。這種強調武裝鬥爭的主題，很大程度上反映了毛澤東的戰爭思想。他將武裝鬥爭視為人類歷史的關鍵時刻，並用政治眼光來看待這些鬥爭。他認為戰爭是歷史進步的動力，把不同階級受壓迫的人民動員起來，反抗統治階級。毛澤東反覆強調，中國近代史是通過不同階段的軍事抗爭向前邁進。[54]

　　很明顯，紀念碑強調的是目前，不是過去。鴉片戰爭、太平天國和辛亥革命等三個事件發生在1919年之前；五四運動、五卅運動、南昌

53　毛澤東：〈中國革命和中國共產黨〉，《毛澤東選集》，第2卷，頁626。

54　毛澤東：〈論持久戰〉，《毛澤東選集》，第2卷，頁468–469。

起義、抗日戰爭和解放軍橫渡長江等五件大事，則發生在新民主主義革命時期，也就是中國共產黨認為取得決定性領導的時期。建碑者最終決定目前的事件比較重要，應比過去的事件佔更多的空間，這也許可以解釋為何捨棄甲午中日戰爭和義和團起義等主題。將現在的主題凌駕過去，是明顯及刻意的安排。這種做法與范文瀾提出的「厚今薄古」史觀同出一轍。但更重要的是，他與毛澤東的中國近代史觀一脈相承。重視眼前事件，當然是用來凸顯共產黨的重要功勞，肯定它正確領導中國革命走向勝利大局。

當然，這也是勝利與失敗的對比。毛澤東認為辛亥革命之前，中國的反帝反封建的鬥爭「都失敗了」，「自從中國人學會了馬克思列寧主義以後，中國人在精神上就由被動轉入主動。」[55] 簡言之，假如過去的鬥爭結果令人失望，那麼在中共領導下的現代鬥爭，都取得了勝利。

在有關近代歷史的五大主題中，重中之重是最後(也是最近期)的一項，即是解放軍橫渡長江、佔領南京。這幅畫雕刻在紀念碑的正面，向着天安門城樓。毛澤東在紀念碑上寫了感人的題詞，都是首先悼念在最近的解放戰爭中犧牲的人，然後才上溯到在鴉片戰爭中陣亡的人，表明了近代事件較重的份量。

以往國家、教會或政黨任意竄改歷史的例子俯拾即是。統治者往往篩選、簡化、重寫或強調某些時段或事件，以配合他們當時的政治需要。所着重的不是實際上發生了甚麼事，而是應該發生甚麼事，以迎合既定的意識形態和目標。在政治家手裏，歷史永遠是可供任意改寫的文本，以解決他們當前的急切需要。

雕　塑

公共藝術必須與觀眾的生活經驗緊扣，才能引起他們的興趣和關注。如果要藝術品引起觀眾的共鳴，表達方式就不能過於抽象或理性。

55　毛澤東：〈唯心歷史觀的破產〉，《毛澤東選集》，第4卷，頁1519。

紀念碑也一樣，不能僅僅作為描述、研究或討論的物件，而應讓人觀賞、感受，並最終受它感動。國家紀念建築物必須與人物面貌有關聯，才能喚起觀眾的情感。負責為紀念碑刻上栩栩如生的人物面貌的藝術家和雕塑家，是來自紀念碑興建委員會美術工作組的成員。該委員會名義上由鄭振鐸負責，實際上是由兩位副主任從事藝術指導工作。一位是延安時期的資深木刻家彥涵，另一位是留學法國的雕塑家劉開渠。雕塑任務包括在紀念碑須彌座上，按照黨決定的八大歷史主題，雕刻八幅巨大的浮雕。

美術工作分兩個步驟進行。畫家先為八大歷史主題繪圖，然後雕塑家才開始按圖雕刻。彥涵找來一批著名的畫家幫忙，其中包括艾中信（1915–2003）、董希文和馮法祀（1914–2009）。艾中信負責「鴉片戰爭」的草圖，董希文負責「辛亥革命」，馮法祀負責「五四運動」，而紀念碑上最重要的一幅「渡江」，由彥涵負責。[56]完成後，草圖要經市長辦公室遞交中共中央審批。彥涵指出，只能在毛澤東最終的批准後，雕塑家才接手將圖畫刻成栩栩如生的人物，有細緻的表情和強而有力的姿勢，極具現實主義特色。[57]

雕塑小組由出色的雕塑家劉開渠率領。但雕塑藝術在1949年前的中國不受重視。[58]劉開渠早年在北京接受藝術訓練，專注於油畫和雕塑。1928年赴歐洲藝術之都巴黎，就讀於高等美術學院，師從法國著名雕塑家尚‧樸舍（Jean Boucher）。[59]在樸舍的指導下，劉開渠仔細觀摩了法國

56　本書作者於2004年1月15日及2006年1月3日在北京訪問彥涵的記錄；同時參閱白炎：〈人民英雄紀念碑浮雕及其他概述〉。彥涵後來在1957年反右運動中被打成右派，他參與紀念碑工程獲得的報酬被沒收，在官方媒體上也從未提及他對該工程的貢獻。參閱北京市檔案館，47-1-52。

57　本書作者於2004年1月15日及2006年1月3日在北京訪問彥涵的記錄；白炎：〈人民英雄紀念碑浮雕及其他概述〉。

58　Michael Sullivan, *Art and Artists of Twentieth-Century China* (Berkeley: University of California Press, 1996), pp. 159–169.

59　劉開渠：〈雕塑藝術生活漫憶〉，《中華文史資料文庫》（北京：中國文史出版社，1996），第15卷，頁336。

最傑出的雕塑作品，尤其是奧古斯特·羅丹(Auguste Rodin)和阿里斯蒂德·麥約(Aristide Maillol)的名作。西方藝術家中，羅丹成了他最崇拜的大師。1931年秋中國爆發了九一八事變，令劉開渠關注中國局勢。1933年6月劉開渠決定回國，他自己說是由於「祖國在召喚」。[60]回國後，他在中國極負盛名的杭州藝術專科學校教授雕塑。劉開渠對日本的侵略非常憤怒，其作品流露了強烈的民族主義色彩。1935年他創作了《淞滬抗日陣亡將士紀念碑》，被廣泛譽為中國藝術家設計的第一座重要的現代紀念碑。[61]中華人民共和國成立後，劉開渠與梁思成和范文瀾一樣，滿腔熱情地投入了紀念碑建造工程。他負責美術組工作，帶領着一班有才幹的雕塑家，包括滑田友(1901–1986)、曾竹韶(1908–2012)、王炳召(1913–1986)、傅天仇(1920–1990)、王臨乙(1908–1997)、蕭傳玖(1914–1968)和張松鶴(1912–2005)。雕塑組八人中，四位留學法國(劉開渠、滑田友、曾竹韶和王臨乙)，說明了法國學派的雕塑藝術在中國雕塑界有舉足輕重的地位。

巨大的浮雕設計與雕刻工作耗時四年。完成後，八塊大浮雕和兩塊小浮雕均用河北房山的漢白玉雕刻而成。曾竹韶雕刻的《鴉片戰爭》與王炳召雕刻的《太平天國》放在紀念碑東面，朝向中國歷史博物館與中國革命博物館；傅天仇的《辛亥革命》、滑田友的《五四運動》和王臨乙的《五卅運動》放在南面，朝向正陽門(圖70)；蕭傳玖的《南昌起義》與張松鶴的《抗日戰爭》放在西面，朝向人民大會堂；主要的浮雕為劉開渠的《渡江》，放在北面，朝向天安門城樓。

八塊浮雕設計十分宏偉，每塊高2米，總長度達40.68米。設計者並沒打算讓人一幅幅分開來看，而是希望把這些浮雕串連起來，顯示事件一幕幕發展，邁向一個必然的歷史結局。從發展順序看，八幅浮雕從東面開始，順時針至北面到達勝利終局。傅天仇說，這些浮雕是「把各個時代聯成一體」。他又指出，由於不同的藝術家和雕塑家負責設計和

60　同上，頁338。

61　《美術研究》，第3期，1991年8月15日，頁24。

圖70　紀念碑背面朝南，面向正陽門，共有三幅浮雕：《辛亥革命》(右)；《五四運動》(中)；《五卅運動》(左)。2002年10月13日，作者攝。

雕刻工作，故每幅浮雕都有創作者個人的特色。[62]劉開渠特別看重藝術的獨特個性。他深受樸舍的影響，認為「雕塑如不被看成是一種有創造性的藝術科學，那是得不到發展的。」[63]但這些浮雕是否如傅天仇和劉開渠所說的，展示出獨特的個性呢？事實上，作品完成後，顯露出循規蹈矩的手法凌駕獨立風格，政治凌駕藝術。這是由於蘇聯社會主義現實主義的影響日漸加深，限制了藝術創作的獨立空間。

　　第6章提到1950年代中國的油畫深受蘇聯社會主義現實主義理論的影響。同樣，雕塑藝術也完全遵從蘇聯的教條。薇拉‧穆希娜等著名蘇聯雕塑家的作品在中國廣受歡迎。極具影響力的文化部副部長周揚，在文章中清楚指示中國藝術家的創作，必須模仿這些蘇聯大師的作品。[64]

62　傅天仇：《移情的藝術：中國雕塑初探》(上海：上海人民美術出版社，1986)，頁203。

63　劉開渠：《雕塑藝術生活漫憶》，頁339。

64　周揚：《周揚文集》，第2卷，頁182–191。

從此，劉開渠的學習對象不再是羅丹與麥約，而是穆希娜和尼古拉‧托姆斯基 (Nikolai Tomski)，尤其是穆希娜。她那著名的大型雕塑《工人與集體農莊女莊員》，最初安放在1937年巴黎世界博覽會蘇聯館的頂部，對中國雕塑藝術家影響巨大。穆希娜塑造了揮動錘子的工人和手握鐮刀的婦女，兩人昂首向前，幹勁十足。這作品代表了理想的社會主義的雕塑：歌頌共產主義的偉大成就。此外，社會主義現實主義藝術還有其他特色，中國藝術家必須認真學習和忠實模仿，如集體主義的理想、勞動的喜悅、英明的領袖 (通常威風凜凜、巍然直立，用手指向光輝的未來)、紅軍的堅毅忘我、勤勞結實的身軀以及堅信美好明天的樂觀主義精神。1954年秋，北京舉辦了一次大型展覽，廣泛宣傳蘇聯經濟與文化的成就，會中展出了穆希娜《工人與集體農莊女莊員》的小型複製品和托姆斯基的高爾基塑像。這個盛會讓中方藝術家更直接觀摩蘇聯的藝術風格。[65] 劉開渠參觀了這次展覽，對穆希娜的傑作留下了深刻的印象。他盛讚：「蘇聯雕塑⋯⋯表明了蘇聯社會制度的優越和蘇聯人民的勤勞、勇敢。」他最後大力提倡：「向蘇聯雕塑藝術學習。」[66]

八幅浮雕極之寫實簡潔，既符合政府的要求，又清楚反映社會主義現實主義的深刻影響。讓人看得明白的藝術，才對政治宣傳最為有利；沒有含糊不清的意境，觀眾就能輕易地看到圖像裏面的訊息。八幅浮雕呈現的都是政府認為至關重要的主題：中國人民抵抗外敵的決心，大眾的集體主義精神，解放軍不屈不撓的意志，上下一心的民族主義感情。這些浮雕最終傳達了一個十分清晰的訊息，那就是中國共產黨帶領全國經過漫長艱苦的追尋，爭取民族獨立和國家的主權。

曾竹韶的《鴉片戰爭》(圖71)，描述了1839年欽差大臣林則徐，從外國商人手中沒收並銷毀鴉片的著名事件。這事件導致了惡名昭彰的鴉片戰爭，徹底改變了近代中國的命運。這幅作品充滿憤慨激昂的情景：

65　《人民日報》，1954年9月30日，第3及5版；1954年10月15日，第3版。

66　劉開渠：〈向蘇聯雕塑藝術學習〉，《人民日報》，1954年10月15日，第3版。

圖71　曾竹韶：《鴉片戰爭》。2009年8月1日，洪明梅、洪明陽攝。

數十名中國工人忙着打開一箱箱生鴉片，傾入巨大的銷煙池銷毀；也有工人捲起衣袖，赤着胸膛，用斧頭破開另一箱鴉片；還有工人呼喚其他人搬來更多鴉片予以銷毀；石灰池中一股股濃煙冒起。這些用寫實手法描繪的人物，有結實的身軀和滿腔的怒火，體現了社會主義現實主義的風格。工人的面孔和雙手，勾劃細緻，可看到他們的工作是多麼激烈。他們堅定的表情喚起觀眾心中的怒火，對外國的剝削和邪惡行為激起了反抗心。

　　滑田友的《五四運動》(圖72)描繪的是另一種情景。在天安門城樓前，一群學生聚在一起，譴責帝國主義的侵略。穿着長袍的男學生站在凳子上演講，慷慨激昂，令周圍的人聽得入神。還有人在散發傳單，呼籲民眾支持。在這次歷史性的學生運動中，女性同樣積極投入鬥爭。雖然身穿百褶裙，卻與男同學一樣將愛國資訊傳遞開去，表現了無比的幹勁和信念。她們這樣做，象徵了她們脫離傳統女性屈服順從的形象，標誌着中國婦女解放的來臨。滑田友對人體特徵的精緻描繪和對服飾的刻劃入微，使這幅作品出類拔萃。

　　劉開渠的《渡江》(圖73)是八幅浮雕中最後也是最重要的一幅。它將整套圖像故事，推向令人振奮的結局：1949年4月人民解放軍成功橫渡長江，奪取南中國。解放軍吹着軍號、揮動紅旗，乘着臨時湊合起來

圖72　滑田友：《五四運動》。2009年8月1日，洪明梅、洪明陽攝。

的舢舨，在漁民的協助下，勇敢橫渡長江，佔領了國民黨首都南京。軍人的臉上流露着戰鬥精神與堅定意志，緊握武器，勇往直前地攻向敵營。他們不僅要消滅敵人，更重要的是在中國建立新的政權。在這場光榮的戰役裏，士兵並非孤軍作戰，而是得到人民熱情支持。《渡江》兩旁各有一幅小浮雕，就是《支援前線》與《慶祝解放》，都是描寫了軍民一心，確保了中國共產黨的最終勝利。

　　這些極為寫實的浮雕，加入象徵主義的潤色手法（例如在《武昌起義》中，石獅代表的是清政府的衙門），都在八大歷史事件的圖像中發揮作用。每幅浮雕都顯示了社會主義現實主義的強烈情感的表現手法，例如人物昂首挺胸，雙拳緊握，目光堅定，擺出戰鬥的姿勢。整套浮雕把自鴉片戰爭到中共1949年獲勝的近代中國史，用圖像及濃厚的感情，一幕幕陳述出來。但這組浮雕究竟要表達甚麼呢？米歇爾指出：「世界上大部分公共藝術，包括紀念館、紀念碑、凱旋門、方尖碑、紀念柱和塑像，都與戰爭或侵略等暴力形式有相當直接的關聯。」[67] 不過這八幅浮

67　Mitchell, *Picture Theory*, p. 378.

圖73 劉開渠:《渡江》。2009年8月1日,洪明梅、洪明陽攝。

雕卻有些不同。浮雕的描繪沒有糾纏於戰爭的殘酷(看不到死者、孤兒、傷殘人士、痛失至親的人),也沒有呈現奧托‧迪克斯(Otto Dix)所描繪的戰爭是「魔鬼的傑作」。在浮雕上,我們找不到戰爭帶來的恐怖和殘暴的絲毫痕跡。事實上,戰爭的慘烈場面,明顯地沒有出現過,也沒有敵人的身影(只是暗示),連蔣介石和兇殘的日軍也不見。戰爭場面不是用來刻劃戰爭的殘酷,而是用來表彰中國人民的英勇、光榮及為公義而戰的決心。浮雕不是哀悼死亡,而是暗示、甚至歌頌為國捐軀的犧牲。主題要強調的是死的光榮與中國獲得了新生。有些陣亡紀念碑(如美國首都華盛頓的越戰軍人紀念碑)讓憑弔的人表達哀傷,人民英雄紀念碑卻是讓人歌頌犧牲的偉大。

雖然八幅浮雕都雕刻了眾多人物形象,卻非叱吒風雲的歷史人物。在出現的一百七十多個人物中,既沒有鴉片戰爭虎門銷煙的中國民族英雄林則徐,也找不到南昌起義的中國共產黨領導人賀龍(1896–1969)和葉挺(1896–1946)。傅天仇在評論自己的作品《辛亥革命》時寫道:「這幅浮雕畫面上沒有出現領袖人物,而是強調每個革命者的自覺性。」[68]這些藝術家的意圖很明顯,浮雕中的英雄不是傳統所認為創造歷史的帝王將相,而是為國犧牲的戰士與普羅大眾。范文瀾問:「誰是歷史的主

---

68 傅天仇:《移情的藝術》,頁219。

人？」並肯定的回答：「勞動人民就是歷史的主人！」[69]浮雕中，農民、工人和戰士佔據了中心位置。《渡江》兩旁小浮雕《支援前線》及《慶祝解放》，清楚説明沒有群眾全心全意的支援，共產黨軍隊是不可能取得最終勝利。這一訊息印證了毛澤東的主張：「武器是戰爭的重要因素，但不是決定的因素，決定的因素是人不是物。」[70]

但諷刺的是，浮雕上的人物及場面以寫實手法處理，卻被非寫實的描繪削弱了效果。兵戎相見的場面變得過於一面倒和不自然，很難引起觀眾的共鳴。由於把重點放在戰爭的正面意義上，雕塑家因而掩蓋了戰爭中最觸及人性、最可怕的面貌：大屠殺、家破人亡及巨大的心靈痛楚。結果，雕塑家和中共官員把戰爭弄得如畫像一樣，無悲無痛，平淡失真，看不見敵人和死傷者，只有光榮和理想。紀念碑的圖像只能作為教育群眾之用，卻不能令觀眾產生共鳴，也不能讓他們體驗戰爭帶來的苦楚。

從藝術的角度看，八塊浮雕都極為相似和單調。例如王臨乙《五卅運動》中的群眾，表情和姿勢都一樣，看不出有任何感情。有一位中國藝術評論家認為所有浮雕看起來都差不多，根本就分不清哪一幅是誰人的作品。[71]滿面怒容但秩序井然的群眾、步伐整齊的部隊，還有精心安排的場景，令浮雕看來格外生硬造作。中共對圖像的嚴格政治要求，把藝術家局限在一個框框內，令個人風格被埋沒，創造力被窒礙。雖然劉開渠等人早年深受羅丹的啟發（劉盛讚羅丹「創造了他氣勢磅礴的作風」），[72]非常佩服他處理人體和動作的細膩手法，但在穆希娜和托姆斯基的不斷影響下，他們這批人的作品都變成喪失自我的政治點綴。羅丹擅長的人體誇張表現手法（如《沉思者》〔The Thinker〕及《巴爾扎克》〔Balzac〕），及對生命受到死亡與痛楚煎熬的省察（如《地獄之門》〔The

---

69　范文瀾：〈誰是歷史的主人？〉，《進步日報》，1949年5月29日，第4版。

70　《毛澤東選集》，第2卷，頁459。

71　轉引自 Liang, *The Winking Owl*, p. 24.

72　劉開渠：《劉開渠美術論文集》（濟南：山東美術出版社，1984），頁62。

Gates of Hell〕），在中國雕塑家的作品中已不易見到。他們追隨黨的指引，千篇一律地描繪英雄事蹟，結果卻削弱了作品的藝術性。

　　中共執政後，在全國各地興建大量的紀念碑，人民英雄紀念碑是最先完成的，[73] 到現在仍是中共所建的最重要的國家紀念建築物。它的重要性可見於所處的位置，是天安門廣場的中央，亦即是在全國的中心，雄踞一處特別為英烈而建造的神聖空間。單單一座戰爭紀念碑，就讓人想起中國的先烈為擺脫民族屈辱而犧牲。紀念碑雖然讓人悼念逝去的英雄，但它沒有直接顯示死亡，只是讓人意會。八幅浮雕展現的不是中國近代史上國破家亡的悲哀與痛苦，而是民族鬥爭的榮耀與勝利。其目的是讓人追憶，讓人振奮，而不是讓人恐懼；紀念碑是用來表達死亡的崇高，也用來確立恰當的悼念方式。

　　人民英雄紀念碑作為政府建造的國家紀念建築，可以說是社會學家所稱的「結合宣傳」的工具，目的是協助新政權建立合法地位及傳播社會主義理念。[74] 但這個想法行得通嗎？就如本書作者在第 2 章中指出的，從一開始中共就意識到建築物是其中一個最佳手段，讓人知道黨的權威，因而修建了人民大會堂。但人民英雄紀念碑本身是一件藝術品，卻遭到中共的浮誇、僵化思想所窒礙，因此，除了《五四運動》等少數例子外，其他的雕像都是出自同樣千篇一律的雕刻技巧。那些巨型的、被理想化了的畫中人物，缺乏深刻的感情，只可以讓人遠觀，不能讓人投入感情，難以扣人心弦。戰爭的恐怖不見了，展示的盡是戰士的勇敢、犧牲、責任和榮耀，與黨的口徑一致。其基本主題是歌頌愛國主義、武裝鬥爭、壯烈犧牲，因而只能看作是宣傳和吹捧的做法。最終，政治藝術掩蓋了戰爭的殘酷及人性的一面，令這些歷史事件流於抽象、乏力。劉開渠確實承認自己受到羅丹的啟發，也嚮往藝術自由，但結果他還是

73　有關中國紀念碑的調查，可參看劉國福、衛景福編：《國魂典》（長春：吉林人民出版社，1993）。孫峻亭編：《中國革命烈士園林》。

74　Ellul, *Propaganda*, pp. 70–79.

緊跟黨的教條，[75]情況就如彥涵在一次訪問中承認：「我們的創作就是政治任務。」[76]

雖然浮雕沒有描繪個別的英雄人物，而且紀念碑名義上是官方稱的勞動人民的「集體主義」成就，但實質上它是精英團隊的作品，由彥涵等美術家構思，梁思成等建築師設計，劉開渠等名家雕刻。那些在天安門廣場工地上默默辛勞的工匠，例如來自河北曲陽的石雕工人組長劉潤芳和副組長王二生，他們的名字沒有在官方報章中出現過，有的只是埋在檔案堆中，早已沒人提起。[77]

人民英雄紀念碑是座包含不少矛盾與對立面的政治產物。中共政權把這座紀念碑命名為人民英雄紀念碑，把它豎立在天安門廣場上，卻沒料到同時在首都開闢了一處危險的紀念空間和廣寬的集會場地。最諷刺的是，政府為了自身利益，把自己塑造成人民的代表，卻剝奪了人民的發言權；建碑是向為國捐軀的亡者致敬，但卻否定生者的自主權。然而「人民廣場」的本質是屬於公眾的，公共空間不應被獨裁政權支配，應由民眾合力爭取。廣場反映了黨的意圖與人民期待之間的巨大矛盾。中共領袖假借人民之名，企圖通過紀念碑來控制集體記憶，及在廣場上通過精心安排的群眾活動來取得政治利益。例如1960年代中期的無產階級文化大革命，黨內激進派安排紅衛兵在天安門廣場，高聲支持毛澤東的鬥爭路線。然而，記憶畢竟是難以捉摸的，普羅大眾有自己的想法，不一定跟隨黨的意願行事。1976年4月的清明節，無數市民湧到人民英雄紀念碑前，向備受群眾愛戴的已故總理周恩來獻花，以詩文悼念他，並抗議「四人幫」的禍害。當時，人民英雄紀念碑是天安門廣場上唯一從遠處都看得見的建築物，便成了群眾聚集的地標及抗議中共官員的象徵。同樣，1989年4月，遭到罷免但仍受群眾愛戴的黨總書記胡耀邦

75　劉開渠：〈首都人民英雄紀念碑的歷史浮雕〉，《人民日報》，1957年1月1日，第8版。

76　本書作者於2004年1月15日及2006年1月3日在北京訪問彥涵的記錄。

77　白炎：《我和彥涵》，頁31–32。

(1915–1989)逝世，無數學生湧到廣場上，在紀念碑前獻上花圈悼念他，同時抗議黨內的貪污腐敗，並要求推行經濟及民主改革。隨後，6月4日政府對民主運動的暴力鎮壓，反映了中共與民眾之間，仍不斷爭奪對天安門廣場及紀念碑的話語權。

　　人民英雄紀念碑是座代表國家記憶的建築物，其象徵意義卻從未固定下來，而是隨着變化莫測的政治氣候而改變。中共也明白到，一座如此複雜的公共藝術，個中包含不少矛盾及對立面：例如官方控制的建築物相對於為紀念人民而設的建築物；共產黨的歷史相對於國民黨的歷史；現在的歷史相對於過去的歷史；戰爭的光榮相對於戰事的殘酷；建築師相對於雕塑家；充滿民族特色的石碑相對於仿效蘇聯社會主義現實主義的浮雕。官方亦完全理解到，把紀念碑放置於一處動盪的政治廣場上，必須不斷加以監管。中共為了鞏固統治的合法地位，不能任由挑戰政府的異見存在，所以必須實施絕對的控制。然而，只要紀念碑的建立是為了紀念人民的犧牲及表述人民的福祉，無論政府的意願如何，人民都有重奪它的權利。結果，天安門廣場及廣場上的人民英雄紀念碑，將永遠是一個政治及文化的戰場，交戰的一方是人民本身，而對方則是聲稱代表人民的政權。

結 論

　　中華人民共和國的最初十年，中國共產黨鞏固政權的過程是個甚為複雜的故事。作者在本書裏探討了經中共創造和改造過的種種政治文化形式，研究官方怎樣有意利用這些形式，去塑造中國新生的共同價值觀和集體願景。作者強調政治與文化有密切的關係，認為毛澤東和黨領導所創造的新政治文化，富有民族主義精神，有助他們緊握政權。

　　把這些政治文化形式串連起來的是三個互相關聯的主題：蘇聯影響、民族主義訴求和中共的專制統治。1950年代初期一批批蘇聯顧問來華，對中共的建國大計極其重要。這些外國專家積極參與城市規劃、擴建天安門廣場、興建博物館和傳入新藝術形式。他們還帶來了先入為主的想法，來指導這個學生該怎樣仿效蘇聯模式去建設中國。可是，毛澤東和黨領導對這些外國專家日益加深的影響力，感到不安，他們要找一條不同的發展道路，那就是以中國獨立自主的民族主義訴求來建立共產政權的合法地位。這樣的立場始於延安時期，毛澤東要求把馬克思主義中國化，強調最重要的是讓外國的理論為中國當時的實際需要服務。[1]因此中國領導人並沒有盲目跟從，很多時不是拒絕蘇聯模式，便是把它

1　毛澤東：〈中國共產黨在民族戰爭中的地位〉，《毛澤東選集》，第2卷，
　　頁507–524。

們改造到合乎自己的需要。之前說過，北京市長彭真把這個立場說得很清楚。1956年他討論首都的未來城市規劃時，提出了他的名句：不能「甚麼都跟在人家後邊走」。中共為了表現獨立自主，建造了巨大的天安門廣場，跟莫斯科紅場大為不同，並繼續強調有本土特色的文化與藝術形式。可是，提倡民族主義只是一種手段去鞏固中共的政權，並為這一明確政治目標找出最佳的實現方法。為了這個目標，官方透過種種精心策劃的工作將中國變成宣傳國家。這些工作包括建造十大建築、編寫官方版本的中國革命史、在天安門廣場的中心豎立紀念碑，及每年舉行國家盛大遊行等。然而，中共領導層並非意見一致的單一政體，故所推行的政策不像當時官方傳媒所說的進展得那麼順利。如本書所述，不同的委員會在計劃和推行這些政府主導的工作時，涉及黨高層領導、幹部、知識分子及藝術家之間對文化政策的激烈爭論。最高領導經常介入各種決策，說明了這些工作在黨中央的心目中是十分重要的。

新政治文化

中國共產黨使用的革命詞彙中，以毛澤東1949年9月在中國人民政治協商會議上發表的名言：「中國人民站起來了！」最為有力。他的宣言代表了戰禍、社會動亂和外敵欺凌的漫長歷史終於結束。這個令人難忘的口號和貼切的比喻，在1949年10月1日毛澤東在天安門城樓宣佈中華人民共和國成立時，變成事實。很多學者認為，布爾什維克黨人在1917年10月於聖彼得堡奪取政權後，最初並不覺得革命的成功就是建立新的俄羅斯國家。身為馬克思國際主義者的列寧和蘇共領導以階級鬥爭的角度思考，認為應該盡快將無產階級革命傳遍歐洲。[2]但在中國，毛澤東的口號所表達的觀點卻不同：中國共產黨的革命，雖然仍被視為全世界社會主義革命的一部分，但主要還是為了建立一個獨立的新國家。

2　　Sheila Fitzpatrick, *Tear Off the Masks! Identity and Imposture in Twentieth-Century Russia* (Princeton: Princeton University Press, 2005), p. 29.

在新首都的核心區擴建天安門廣場這個巨大的政治空間，是1950年代用來鞏固中共政權的最初幾項工作之一。毛澤東和黨高層領導進駐故宮的中南海後，近鄰的神聖廣場也因共產黨的最終勝利而迅即昇華。天安門廣場除了被擴展至極其寬闊的空間之外，中共亦沒有跟隨蘇聯專家的意見，而是堅持沿用傳統的長方形設計，使這個中共稱為「人民廣場」的巨大空間，最終在規模與氣勢上都超越了莫斯科紅場。同樣重要的還有1950年代末建造的十大建築，正好說明了中共以宏偉建築來表現它的雄圖壯志。廣場與四周居高臨下的建築物，規模之廣闊，效果之驚人，是慶祝中共光輝成就的典範，也引起人民對自己國家的認同。

新政治文化亦以戲劇般的節慶形式展示出來，那就是每年勞動節和國慶日的大遊行，1950年代在天安門廣場和其他大城市都有舉行。無可否認共產黨是想展現它最好的一面，因此每年的遊行都是人山人海的表演，特意讓觀眾在受控的環境下觀看，並以五光十色的彩車和大紅橫額來令他們讚歎。但這些遊行是在緊密的監控下，按指示有序地進行，與西方常見的自由奔放、嘉年華會般氣氛的巡遊明顯有別。中國的國家慶典從來不是自由自在的人民活動，而是黨利用它來重新包裝自己的重要工具。

撰寫歷史是另一強而有力的形式，提供重塑鞏固政權故事的機會，講述中國共產黨如何在1949年取得最終的勝利。除了國家出版社發行官方版本、講述共產黨成功故事的歷史書刊外，中共還通過在中國革命博物館，嚴謹挑選的文物和委派創作的油畫，再次講述同一的革命故事。用國家機構的文物把記憶保留，成了制度的一部分，能確立中共領導人、特別是毛澤東，在實現中國社會主義夢想的過程中，登上至高無上的地位。

圖像是1950年代共產黨新政治文化中，將政權與象徵聯繫起來的另一形式。中共在發展初期，特別是在延安時期，就明白到圖像是與群眾，尤其是農村大量未受過教育的農民溝通的最佳工具。因此，許多藝術形式都被政治化了。那個時期的漫畫和連環畫等大眾藝術形式，都在中共反國民黨和反帝國主義運動中佔據重要地位。這兩種藝術形式把敵人妖魔化以配合官方的政策，這點可見於對美國軍事介入韓戰的譴責和

抗美援朝的聲援中。另一方面，年畫是一種歷史悠久的民間藝術形式，供喜慶節日使用，所以被共產黨用作展示新社會歡樂的一面。

最後，悼念的政治意義與國慶活動一樣，都是爭取民眾支持的重要方式。對共產黨來說，悼念與慶典都是殊途同歸的事，透過群體參與去重現大家共有的歷史，以免歷史事蹟隨時間湮滅。頌揚先烈，在北京西郊建八寶山革命公墓，在天安門廣場豎立人民英雄紀念碑，都被視作對群眾灌輸政治教育的重要部分。這些行動利用國家英雄主義、無私奉獻和英勇不屈等言詞，再次確定生者對烈士精神、公民對國家、基層成員對黨領導的遵從地位。

組織與群眾動員

本書作者認為，建國初期假如沒有黨組織的宣傳系統及強大的武裝支援，就不可能出現新的政治文化運動。列寧對馬克思主義的主要貢獻，是他1902年所提的，革命絕對需要一個組織嚴密的政黨，有忠誠的積極分子參與。要革命活動成功，就必須由中央控制及等級分明的組織來推動。[3]與此相似，中國共產黨在1950年代的政治文化活動，是由黨嚴謹控制的一系列組織來發動的。

中共作為列寧式的政黨，與其他共產政黨似乎並無分別，都是利用嚴格組織的活動及精心計算過的策略來鞏固它們的政權。但許多學者指出，中共勝人一籌的地方，就是它的靈活政策及極具心思的行動，並通過多種途徑去教導人民政治思想，包括小組學習及公開檢討。共產黨利用這樣制度化了的控制達致最佳效果，遠勝對手蘇聯。[4]抗日戰爭期間，中共都能應對當時的危機情況，如第二次國共合作，利用創意和靈活的

3　V. I. Lenin, *What Is to Be Done?* trans. Joe Fineberg and George Hanna (London: Penguin Books, 1989), Section 4, esp. p. 197.

4　Andrew G. Walder, *Communist Neo-Traditionalism: Work and Authority in Chinese Industry* (Berkeley: University of California Press, 1986), p. 121.

組織來動員群眾,在不同地區建立政治基地,例如它能化解地區的軍事衝突,並與農村長老結成聯盟。[5]這種手法在國共內戰時,在東北與國民黨的軍事對抗中,也十分有效,這也是中共1949年取得大勝的重要因素。[6]黨的地下組織工作同樣有效,還會顧及最細微的事情。例如在1949年初,共軍整裝待發,準備正式進入剛佔領的北平時,北平軍事管制委員會對士兵發出指令:「我們的工作行動是一貫秘密,不準〔原文〕暴露面目 …… 入城前,最好把碗、筷、鍋、壺等用具備好,注意向老百姓借,人家既不勝其煩,我們也易引起老百姓的反感。」[7]

本書討論的新政治文化運動中,有兩個機構最為重要:中共中央宣傳部和國務院的文化部。中宣部負責守護官方的意識形態,由陸定一任部長,主要制定思想政策和頒佈總體指令,例如在中國革命博物館建造過程中,中宣部制定了成立博物館的整體思想架構,指定正確的陳列品。管制的工作亦相當精確,例如中宣部提示北京市委在組織遊行工作時,遊行的標語要由中央主導。文化部擔當的只是輔助角色,由著名文學家沈雁冰擔任部長,負責發佈具體指令和監督日常運作,例如在1949年底統籌年畫工作,以及透過官方刊物使用漫畫攻擊西方帝國主義。中宣部和文化部實施極為嚴密的監督,以確保是由黨高層做決定,以免偏離目標。中共透過靈活利用一連串的政治文化形式,推動群眾參與,並聲稱代表群眾管治國家,從而創造黨的合法地位。這個過程在1950年代是受到了革命知識分子的熱烈支持,他們正正是那些想說服別人跟隨黨路線走的宣傳人員。

這些宣傳人員,無論是主將陸定一或其他官員,負起導師和監督者

5　Yung-fa Chen, *Making Revolution: The Communist Movement in Eastern and Central China* (Berkeley: University of California Press, 1986); Odoric Y. K. Wou, *Mobilizing the Masses: Building Revolution in Henan* (Stanford: Stanford University Press, 1994).

6　Levine, *Anvil of Victory*.

7　北平市軍事管制委員會:〈有關任免、入城紀律、機關工作等方面的通知、通告等〉,北京市檔案館,1-6-280。

的作用，教育群眾積極投身建設新的社會主義制度。但究竟誰是「群眾」？漢娜・阿倫特研究20世紀的極權主義制度時指出：「極權主義運動是針對並且能做到組織群眾，而不是針對階級」，以獲取政治利益。阿倫特把群眾說成是「對政治漠不關心」、「單元化」、處於「孤立」和缺乏「正常社會關係」的人；他們與傳統習俗的精神支柱脫離，很容易受到群眾領袖如斯大林和希特勒的吸引。[8]但中國的動員運動表現卻較為正面，是特意去塑造一種不同的群體，那就是積極投身政治的民眾，把他們的動力化作革命力量來建設國家。此外，民眾獲准參加大規模集會，會產生投入感和覺得自身的重要。國慶遊行是讓中國共產革命重演、讓過去輝煌經歷再現。國慶日50萬遊行人士聚集天安門廣場，肯定是萬分壯觀的場面，也產生極為重要的政治意義。阿倫特指出：「極權主義運動靠的絕對是人多勢眾，以致某些極權政府，就算其他條件齊備，若只是小國寡民，也不可能成事。」[9]

人群的參與卻不意味擴大老百姓的代表權，也不表示人民在決策過程中有真正的參與。法國心理學家古斯塔夫・勒龐 (Gustave Le Bon) 有關列寧的理論可能在此用得上。在19世紀末勒龐提出的人群行為理論 (theory of crowd) 影響希特勒和墨索里尼甚深。勒龐基於對大眾政治的憂慮而批評人群。他指出人群與「原始人」相似，「時常易怒和任性」。人群傾向「即時走向極端」和根據「圖像」來考慮問題。[10]勒龐說，人群就是「奴隸根性重的烏合之眾，沒有主人指令就做不出事來。」[11]故此治國之術是視乎「掌有至高無上權力」的領袖能否了解和利用人群的心理狀態。[12]領袖可用的辦法之一便是運用圖像和口號作為影響和支配人群的途徑。勒龐的人群受情緒所驅使，他教導政治領袖要用戲劇性的方法去指揮和控制人群。

8　Arendt, *The Origins of Totalitarianism*, pp. 311–317.

9　Ibid., p. 308.

10　Gustave Le Bon, *The Crowd*, with an introduction by Robert A. Nye (New Brunswick: Transaction, 1995), pp. 56, 58–59, 61, 70.

11　Ibid., p. 140.

12　Ibid., p. 142.

勒龐的觀點，與列寧相似，但這位蘇聯領袖看人群的行為卻以完全不同的角度去觀察，即是從階級鬥爭出發。列寧對民眾搞革命是沒有多少信心的。他的社會主義革命思想在他的小冊子《怎麼辦？》（*What Is to be Done?*）清楚表明，是以大批專業的革命精英為中心。對他來說，工人階級永遠超越不過工會主義（trade unionism），並很容易墮入資產階級的陷阱，除非有受過訓練的革命先鋒隊領導他們，才能走向真正的無產階級革命。因此，列寧的先鋒隊理論是認為群眾是不能自發搞革命的。[13]

中國共產黨雖有毛澤東誇張的口號「為人民服務」作為指導思想，但骨子裏卻如列寧一樣不信任普通民眾。正如本書作者所指出的，中共無意讓國家大遊行成為群眾自發的節慶活動，而是立意將它變成政府精心編導的政治戲劇。在遊行中的群眾，就如在其他政治文化形式中一樣，變得完全政治化。共同的目標（以黨為代表）與民眾的結合等同於否定個人的自主權，把所有人都納入更高的集體行動中。毛澤東作為黨代表，在天安門城樓登上最高位置，接受萬千遊行人士的歡呼；其實是在天安門這個儀式舞台上指揮群眾的一舉一動。

民族主義的宣傳國家

彼得·凱內茲視蘇聯為「宣傳國家」。[14]他的說法也適用於人民共和國，所不同的是中國有強烈的民族主義情緒，是蘇聯當時沒有的。1950年代的中國是個民族主義的宣傳國家，受着建立國家身份認同的迫切訴求所驅使。這種訴求在1950年代後期中蘇關係越趨緊張時，更為明顯。國際政治，不論是建國初期朝鮮半島的戰爭，或是1950年代中期蘇聯「去斯大林化」（de-Stalinization）運動，都必定影響中國新政治文化形式的發展，抗美援朝運動便是恰當的例子。毛澤東等領導人也是忠於國際社會主義的。他們別無選擇，唯有爭取蘇聯的重要支持，才可保障

13　Lenin, *What Is to Be Done?*

14　Kenez, *The Birth of the Propaganda State.*

國家的安危，而且他們也急於學習蘇聯的計劃經濟和工業發展的先進經驗。但本書作者認為，民族主義既是各種政治文化形式的精髓，也是結合它們的力量。

在這個民族主義運動中可以發現幾個主題。第一，共產黨持續地使用延安時期的藝術形式來作宣傳。左翼人士在這個時期運用陝西的農村傳統文化去接觸群眾，其想法當然是受到毛澤東的啟發。毛澤東的「延安講話」要求文藝要為政治服務，作家和藝術家必須用自己創作的藝術品來為人民和社會主義事業服務。藝術家和宣傳人員遵循毛澤東的指示，運用特定的文化形式，如秧歌和年畫來描述堅強的戰士、英勇的工人及生活富足的農民。1949年後，宣傳人員再次鼓起幹勁，繼續使用這些藝術技巧。

第二，民族主義的訴求常常與通俗或傳統的象徵事物連在一起。這些中共稱之為「喜聞樂見」的事物是土生土長、富有傳統特色，普通百姓也能輕易理解的，被用來贏取民眾的支持。宣傳人員也經常把許多源遠流長的象徵標誌，巧妙地挪用過來。例如，人民英雄紀念碑就以唐朝古碑為本，輔以象徵長壽的青松翠柏的雕刻，以顯現中國特色。同樣，大規模遊行中傳統的荷花舞，以及董希文的《開國大典》中象徵喜慶與富貴的紅燈籠與菊花，都是地方民眾熟悉和廣受歡迎的象徵。

第三，這些政治文化運動包含着中國要走自己發展道路的決心。即使在1950年代初制定了親蘇政策，中國領導人對外來的、包括莫斯科的監督，一直存有戒心。他們對過去遭到外國侵略的屈辱歷史，記憶猶新。早在延安時期，毛澤東就對盲目跟隨外國模式提出了警告。他說：「許多同志……只會片面地引用馬克思、恩格斯、列寧、斯大林的個別詞句，而不會運用他們的立場、觀點和方法，來具體地研究中國的現狀。」[15]中國人民受過去屈辱歷史所困擾，難以釋懷，似乎仍不相信新政權已帶來翻天覆地的轉變，毛澤東懂得並利用這段屈辱的經歷來提醒國人，決定不把天安門廣場改造成第二個紅場，是反映了這種民族顧慮。

15　毛澤東：〈改造我們的學習〉，《毛澤東選集》，第3卷，頁797。

對黨高層領導而言，為表現民族自主與民族自豪而設計一個把紅場比下去的廣場，是自然不過的事。

第四，與此論據一致的是，中共長期以來就把自己看作愛國主義的主要提倡者，並在這片飽受連年戰禍、社會動盪和經濟崩潰的土地上，努力建立一個最能代表中國人民利益的政黨。毛澤東和黨領導十分清楚，他們要把自己說成是國家主權的主要守護者，才能獲取政權的合法地位。他們這個觀點與國民黨的形象成了鮮明對照，國民黨常被嘲諷為腐敗的、卑躬屈膝地勾結貪婪的外國人，及不停地剝削國民和破壞民族自主。中華人民共和國的成立宣佈了新時代的來臨，從此人民可以歡天喜地過幸福生活。民族自尊成為一切政治文化形式中最恆久的主題，而這些形式又成了展示中國美好前景的工具。國家遊行的性質，就如毛澤東所說的，必須「以我為主」，[16]遊行中的「民族大團結舞」可以說明這點。[17]

最後，毛澤東堅信，令人振奮的群眾運動是教育大眾的最佳時機，把愛國主義和社會主義理想灌輸給他們。無數遊行人士一齊高唱《歌唱祖國》，是集體歌頌中國的偉大。[18]要弘揚共同目標，最好是在群眾動員或集體活動的形勢下展開。在大規模集會（如遊行）和規定參加的活動（如學生參觀國家博物館）中，參與者不被視作個人，而是團體的成員。而這些群眾活動中毛澤東是核心，是新國家的化身。國慶遊行時，毛澤東的蒞臨是以奏響《東方紅》來宣告的，以歌頌他在中共黨史上的崇高地位。《東方紅》是依據延安所在的陝北一首民歌改編而成。[19]毛主席發表的每次講話，對群眾來說，就像來自天上的聖言，驅使群眾集體追隨。毛澤東的巨幅畫像，懸掛在天安門城樓正面，俯瞰着寬大的廣場，形成了領袖與崇拜他的人群之間緊密的關係，表示了中國人民大團結。

---

16 《莊嚴的慶典》，頁47。

17 〈1959年國慶節群眾遊行隊伍隊容簡況〉，北京市檔案館，99-1-208。

18 《莊嚴的慶典》，頁392。

19 同上，頁43–44。

影 響

歷史學家最棘手的問題之一是如何評估宣傳的成效。人民對這類政治文化運動所試圖表達的民族自豪感和社會主義訊息的信任程度有多大？哪些形式被證明最有影響力？評估宣傳的成效不是那麼容易，原因之一是政府宣傳的對象多元化。有些宣傳要迎合群眾，如遊行；有些是針對個別讀者，如官方報章上的漫畫；更有些則明顯是對準少數民族，如在民族文化宮展開的宣傳活動。宣傳目的也需要調整，以應付背景不同、觀點各異的各類觀眾。評估困難的另一原因是，在不同時期、觀眾不同的接受程度，宣傳效果也大為不同。縱使我們有信心找到足夠的資料，去重現中共宣傳系統與它的操作，但卻很難取得獨立的證據去判斷這些宣傳運動成功與否。即使有資料，也往往是不可信的，因此我們很難明白觀眾的真正感受。

政府控制的媒體當然為這些官方行動粉飾一番，提點人民有關國家的偉大成就。官方還使用多種手法去宣傳共產主義所必定帶來的燦爛前景。例如，教科書中編入了方志敏的《可愛的中國》和人民大會堂等課文；[20]《人民日報》也告訴讀者，歡樂的少先隊員如何來到天安門廣場，向人民英雄紀念碑獻花圈，以培養他們對先烈的感激之情，這都是愛國主義教育的一部分。[21]英雄主義的傑出故事得以長存不朽，成了重建革命歷程時不可或缺的部分。但我們對這些感人的報導，必須謹慎去看，因為在人民共和國，黨強行規定了報章可刊登的事件及學校可教授的課文。

雖然獨立可信的資料難覓，而且中共中央檔案館仍不對外開放，但近年部分已公開的省、市級檔案資料卻顯示宣傳運動遇到很多困難。在1949年12月北京市黨委宣傳部的一份報告中，有官員承認缺乏幹部和教材，妨礙了對工人實施政治教育。[22]1951年正值抗美援朝運動的高峰

20　課程教材研究所編：《二十世紀中國中小學課程標準，教學大綱匯編：語文卷》（北京：人民教育出版社，2001），頁365及432。

21　《人民日報》，1958年6月2日，第2版。

22　中共北京市委宣傳部：〈北京市工人教育工作報告〉，北京市檔案館，1-12-9。

期，市黨委宣傳幹部發現，許多他們稱為「一般無組織和組織薄弱的群眾」，包括店員、家庭婦女和三輪車工人，「很多人是不知道抗美援朝這回事的」。即使是群眾中支持共產黨的積極分子，對該運動仍是「一知半解」，這些官員提議：「必須以全力來進行消滅這些宣傳工作的空白區。」[23]1954年12月底，首都有抗議美台共同防禦條約的反美反蔣的宣傳集會，官員承認大部分北京居民對國際知識特別缺乏，要費煞思量去創作通俗的藝術宣傳品。[24]新秧歌運動已近尾聲，改造後的年畫銷情令人失望，這種種事情也無疑令政府頭痛。

雖然有這些不足，但全面地看，作者依然認為這些政府推動的政治文化運動，在人民共和國最初十年對群眾仍有極大的影響。首先，在中共奪取政權後的建國初期，的確是一片舉國歡騰的氣氛，這不足為奇，因為人民經歷了多年戰亂和經濟困境，都渴望民族團結及太平日子的來臨。解放軍在1949年1月進入北平後不久，卜德指出：「那麼，北京市民對新『征服者』的真正態度是怎樣？這只是我的主觀看法，或許並不重要，那就是很多人反應熱烈，大多數人有好感或至少是默許，只有比較少的人堅持敵對態度。」[25]畫家徐悲鴻和建築師梁思成可算是新政權的最早支持者，因為他們從這個充滿希望的新政權看出未來，也不管它的政治理念如何了。[26]中共宣傳官員意識到，這些初期的歡騰氣氛很快便會平淡下來，他們面對的挑戰是怎樣延續這種群眾的熱情與興奮。於是他們推行大量持續不斷和因應時宜的宣傳運動，如在天安門廣場舉行勞動節和國慶日大遊行，讓民眾齊聲歌頌黨的成就。作者訪問過的遊行參與者，都對1950年代在天安門廣場見到偉大領袖時的欣喜情景，記憶

23　中共北京市委宣傳部：〈在普及深入抗美援朝運動中組織群眾積極分子的宣傳隊伍〉，北京市檔案館，1-12-80。

24　中共北京市委宣傳部：〈反對美蔣條約宣傳運動情況簡報，第一號〉，北京市檔案館，1-12-175。

25　Bodde, *Peking Diary*, 110.

26　徐悲鴻：〈我生活在北京解放一年來的感想〉，《光明日報》，1950年1月31日，第4版；梁思成：《梁思成全集》，第5卷，頁82–83。

猶新，尤其是「湧向金水橋」的儀式，讓他們更近距離見到他們敬仰的領導人。

中共宣傳人員明白，他們與教育程度低的民眾之間存在巨大的語言鴻溝，於是便學習編制普通民眾能夠理解的口號和圖像。蘇聯和德國政府經常運用直接從宗教禮儀借用的語言和形式來接觸民眾，[27]中共卻主要從民間傳統汲取靈感。大豐收的吉祥圖畫、長壽的祝福象徵、日常生活的五光十色佈置都在群眾集會中應用，官方的修飾擺設，加添了訊息獲大眾接受的機會。

中共宣傳運動產生了相當大影響的另一原因是採用了不斷重複這個技巧。雅克‧以祿提醒我們，不斷重複是宣傳的一個重要因素。他寫道：「宣傳必須沒有間斷和長期進行……宣傳要令人信服，靠的是緩慢而持續的灌輸；這些令人不知不覺的宣傳影響，只能靠不斷重複才能生效。」[28]每年都舉行的慶典和紀念活動是重複又重複的政治形式。大批群眾參與這種年復年的活動，會產生一種共同經驗，加強對黨領導的重大歷史事件和社會主義先烈的集體記憶。

壓制與脅迫是確保官方訊息能得以傳遞的有力手段。宣傳本是一種遊說的藝術，但諷刺的是，在專制國家，宣傳的推行經常涉及恐嚇和懲罰。這種脅迫性的遊說是對官方所稱的敵人，有時是施予直接的威嚇，有時卻是間接的、掩飾了的攻擊，1957年的反右運動便是結合了這兩種形式。使用施壓方式和掩飾了的攻擊手段，並結合中共宣傳系統，可以確保基層大眾，即使不情願也要接受黨的訊息；不接受的人會面臨可怕的後果。

最後，我們可以假設群眾動員運動確實有其影響，那並不是因為黨說服了民眾相信它誇大了的成就，而是民眾別無選擇。資訊壟斷可以確保民眾，不管喜歡與否，都只能聽到來自黨的唯一聲音。就如前面討論

27　Bonnell, *Iconography of Power*, pp. 146–150; Mosse, *The Nationalization of the Masses*, pp. 73–99.

28　Ellul, *Propaganda*, pp. 17–18.

過的，在油畫創作中，1950年代中央美術學院的學生只能學習蘇聯作品，這也是當時唯一可以找到的學習材料，因為歐美的藝術作品被認為是腐朽墮落而遭禁。這種限制保證了官方版本，即使沒有被大家完全接受，也確保能夠得以傳播開去。總而言之，我們可以說，雖然要了解群眾對這些政治文化形式的真實想法是極之困難的，但可以較肯定地說，這些形式對民眾產生了相當大的影響，並不是因為民眾贊同這些形式，而僅僅是因為他們幾乎別無選擇。

中國共產黨之所以能夠奪取政權，並在建國最初十年能鞏固其統治，原因當然複雜。通常的研究結論認為共產黨能成功地展開土地改革和有效的工業建設。當然，最重要的是，黨不惜運用鎮壓的手段去對付反對派，常常妖魔化他們，並稱異見者為「反革命分子」。但本書作者認為，中共成功的最重要但經常被忽視的原因，是它巧妙地運用了靈活的宣傳方式和群眾運動，來爭取人民全心全意的支持。他們或創造，或從歷史和民俗中借用了一系列的政治文化宣傳形式，作為教育的工具。中國共產黨通過說服或脅迫，把人民教育成為新政權的積極擁護者。

作者當然意識到，本書僅限於研究人民共和國成立初期的幾種文化題目和只集中於幾個地區（主要是北京和上海等大城市），所得的結論難免有過於概括之虞。但作者從沒認為此書的討論範圍涵蓋全國和參考過所有的資料。作者還意識到，中國幅員遼闊，各地必定有懸殊的差異，因而不能下簡單的結論。將來進一步的研究無疑會發現，不同地區的人對這些宣傳方式，看法可能不大相同，所作的反應也會有異。但儘管有這些差異，並不代表中國共產黨治理國家時沒有一套龐大的敘事體系。雖然黨的主體論述可能簡化了問題，也未能說明高層領導之間的各種不同看法，但事實上在共產黨的專制統治下，它透過多種政治文化形式和群眾運動，為自己繪製出一幅美好的景象。領導人創造的各種象徵、儀式、政治詞彙和圖像，編織在一起，建立了共同信念，改變了人民生活。最後，中共精心編造的龐大的敘事體系，讓共產黨鞏固了政權，確立了合法地位，收緊了對權力的掌控。

中文參考書目

（按漢語拼音排序）

檔案

北京市城市建設檔案館
北京市檔案館
上海市檔案館
中華人民共和國國務院外國專家局檔案室
中華人民共和國建築工程部檔案室

報章與期刊

《北京文史資料》
《城市規劃》
《黨史信息報》
《大眾日報》
《革命博物館工作研究》
《工人日報》
《光明日報》
《建築設計》
《建築學報》
《解放日報》（上海）
《解放日報》（延安）
《進步日報》

《美術》

《美術研究》

《內部參考》

《人民畫報》

《人民美術》

《人民日報》

《申報》

《文物》

《文物參考資料》

《舞蹈》

《舞蹈藝術》

《新觀察》

《越華報》

《中共黨史資料》

專著與論文

A

艾克恩：《延安藝術家》。西安：陝西人民教育出版社，1992。

艾思奇編：《秧歌論文選集》。缺出版地點：新華書店，1944。

B

白炎：〈人民英雄紀念碑浮雕及其他概述〉，《北京晚報》，2000年9月2日，
　　第22版。

———：《我和彥涵》。香港：天馬圖書有限公司，2002。

〈巴拉金專家對道路寬度和分期建設等問題的意見〉，北京市城市建設檔案館，
　　C3-87-1。

〈巴拉金專家對天安門廣場及長安街兩模型的意見摘要（二）〉（1954年5月12
　　日），《關於天安門廣場、長安街及前門大街規劃方面的談話記要》，北京市
　　城市建設檔案館，3-7-14。

巴蘭尼克夫：〈北京市將來發展計劃的問題〉，《中共黨史資料》，第76期（2000
　　年12月），頁3–12。

鮑加：〈從戰爭大場面中表現時代精神〉，《美術》，第6期（1961年12月6日），
　　頁11–12及30。

北京八寶山革命公墓辦公室編：〈北京八寶山革命公墓〉（油印文件）。北京：缺
　　編寫及出版年份。

北京博物館學會編：《北京博物館年鑒：1912–1987》。北京：北京燕山出版社，
　　1989。

北京建設史書編輯委員會編：《建國以來的北京城市建設》。北京：缺出版社，
　　1986。

〈北京慶祝1955年五一勞動節籌備會議〉，北京市檔案館，99-1-60。

北京市城市規劃管理局、北京市城市規劃設計研究院黨史徵集辦公室編：《黨史
　　大事條目：1949–1992》。北京：缺出版社，1995。

───：《組織史資料，1949–1992》。北京：缺出版社，1995。

北京市城市建設委員會：〈關於建設長安飯店的經驗總結〉，北京市檔案館，47-
　　1-71。

───：〈天安門廣場工程的基本情況〉，北京市檔案館，47-1-92。

北京市都市規劃委員會：〈關於城牆拆除問題的意見〉，北京市檔案館，151-1-
　　73。

〈北京市革命公墓管理情況〉，北京市檔案館，196-2-179。

〈北京市規委會關於北京市第二批道路命名清單（西郊部分）〉，北京市檔案館，
　　151-1-71。

〈北京市規委會1955年專家工作計劃〉，北京市檔案館，151-1-5。

北京市規劃委員會、北京城市規劃學會編：《長安街：過去、現在、未來》。北
　　京：機械工業出版社，2004。

北京市建築工程局：〈十項公共建築的施工情況概況介紹〉，北京市檔案館，
　　125-1-1218。

北京市民政局：〈關於遷走革命公墓內太監墳墓的請示〉，北京市檔案館，196-2-
　　135。

北京市民政局優撫科：〈關於申請烈士犧牲撫恤與有關單位來往的文書〉，北京
　　市檔案館，196-2-101。

───：〈關於移葬烈士范鴻劼於革命公墓的文書材料〉，北京市檔案館，196-2-
　　88。

〈北京市慶祝國慶大會口號〉，北京市檔案館，99-1-11。

〈北京市人民委員會關於審查1957年聘請蘇聯專家的報告〉，北京市檔案館，
　　151-1-45。

〈北京市人民委員會關於修正革命公墓安葬暫行規則的通知〉，北京市檔案館，
　　2-9-60。

〈北京市文藝工作委員會工作報告〉，北京市檔案館，1-12-3。

北平市軍事管制委員會：〈有關任免、入城紀律、機關工作等方面的通知、通告等〉，北京市檔案館，1-6-280。

本刊記者（王冶秋）：〈中國革命博物館巡禮〉，《文物》，第7期（1961年7月），頁27–37。

〈編隊工作的幾項規定〉，北京市檔案館，99-1-200。

薄松年：《中國年畫史》。瀋陽：遼寧美術出版社，1986。

———編：《中國藝術史圖集》。上海：上海文藝出版社，2004。

———：《中國灶君神禡》。台北：渤海堂文化事業有限公司，1993。

薄松年、王樹村：〈十年來我國新年畫的發展和成就〉，《美術研究》，第2期（1959年5月15日），頁12–17。

薄一波：《若干重大決策與事件的回顧》，2卷本。北京：人民出版社，1997。

C

蔡若虹：〈為創造最新最美的藝術而奮鬥〉，《美術》，第8–9期（1960），頁1–11。

常那丹：〈現實主義的歷史畫家蘇里柯夫〉，《人民美術》，第1卷，第5期（1950年10月1日），頁38–40。

陳幹：《京華待思錄》。北京：北京市城市規劃設計研究院，缺出版年份。

陳清泉、宋廣渭編：《陸定一傳》。北京：中國黨史出版社，1999。

陳煙橋、陳秋草、朱石基編：《華東民間年畫》。上海：上海人民美術出版社，1955。

程硯秋、杜穎陶：〈寒亭的年畫〉，《民間文藝季刊》，第2期（1951年5月15日），頁29–33。

崔承喜：〈中國舞蹈藝術的將來〉，《人民日報》，1951年2月18日，第5版。

D

戴愛蓮：〈我的舞蹈生涯〉，《中華文史資料文庫》，第15卷。北京：中國文史出版社，1996。

———：《我的藝術與生活》。北京：人民音樂出版社，華樂出版社，2003。

〈第二次會議記錄〉，北京市檔案館，23-1-6。

〈第二次指揮部會議〉，北京市檔案館，99-1-47。

〈第三次常務委員會會議記錄〉，北京市檔案館，150-1-30。

〈第三次指揮部會議〉，北京市檔案館，99-1-47。

〈第一次會議記錄〉，北京市檔案館，23-1-6。

董光器：〈天安門廣場的改建與擴建〉，《北京文史資料》，第49輯（1994年11月），頁1–11。

董曉萍：《田野民俗志》。北京：北京師範大學出版社，2003。

董錫玖：〈《人民勝利萬歲》響徹中南海〉，《舞蹈》，第5期（1999），頁52–53。

董希文：〈從中國繪畫的表現方法談到油畫中國風〉，《美術》，第1期（1957年1月15日），頁6–9。

———：〈油畫《開國大典》的創作經驗〉，《新觀察》，第21期（1953年11月1日），頁24–25。

〈都市計劃委員會成立大會記錄〉，北京市檔案館，150-1-1。

〈都市計劃1952年工作總結〉，北京市檔案館，150-1-56。

F

范文瀾：《范文瀾歷史論文選集》。北京：中國社會科學出版社，1979。

———：《漢奸劊子手曾國藩的一生》。西安：西北新華書店，1949。

———：〈誰是歷史的主人？〉，《進步日報》，1949年5月29日，第4版。

方成：《點傳師》，《人民日報》，1955年8月4日，第2版。

———：《我的漫畫生活：方成》。北京：五洲傳播出版社，2004。

———：〈向蘇聯漫畫家致賀〉，《美術》，第11期（1957年11月15日），頁10。

———、鍾靈：《隔海遙祭》，《人民日報》，1955年6月5日，第3版。

方孔木：〈陳列工作的歷史發展〉，《中國革命博物館發展紀事》。缺出版資料。

———：〈談黨史工作中的幾個問題〉，中國革命博物館黨史研究室編：《黨史研究資料》，第1集。成都：四川人民出版社，1980。

馮佩之、沈勃：〈國慶工程的勝利建成（初稿）〉，北京市檔案館，131-1-362。

馮真：〈年畫調查記〉，《美術研究》，第4期（1980年11月15日），頁57–60。

傅天仇：《移情的藝術：中國雕塑初探》。上海：上海人民美術出版社，1986。

G

〈各隊伍隊容情況〉，北京市檔案館，99-1-45。

〈各隊伍隊容情況〉，北京市檔案館，99-1-61。

〈革命公墓安葬暫行規則〉，北京市檔案館，2-3-58。

〈工作簡報〉，北京市檔案館，99-1-46。

〈工作日程〉，北京市檔案館，99-1-32。

〈工作日程和簡報〉，北京市檔案館，99-1-13。

〈關於革命公墓檢查情況及今後埋葬意見的報告〉，北京市檔案館，2-3-58。

〈關於革命烈士的解釋〉，《人民日報》，1950年10月15日，第1版。

〈關於革命烈士公墓安葬暫行規則希照本府行政會議決定處理〉，北京市檔案館，2-3-58。

〈關於革命、歷史兩博物館籌建情況的報告〉，北京市檔案館，164-1-31。

〈關於幾個主要的高樓大廈的巨幅標語的佈置〉，上海市檔案館，B56-2-2。

〈關於人民英雄紀念碑設計問題的一些問題的報告〉，北京市檔案館，1-5-90。

〈關於入城後的工作方針〉，北京市檔案館，1-12-19。

〈關於五一遊行和晚會準備情況的報告〉，北京市檔案館，99-1-110。

〈關於1950年2月6日楊樹浦發電廠遭受國民黨飛機轟炸的報告〉，上海市檔案館，B1-2-390-1。

〈關於移葬革命烈士墳墓修建立碑及了解犧牲經過的文書材料〉，北京市檔案館，196-2-102。

〈關於贈蘇聯專家阿布拉莫夫等17位同志精裝毛澤東選集的有關文件〉，北京市檔案館，1-6-688。

規劃局：〈北京市總體規劃綱要（草稿）：1958–1972〉，北京市檔案館，47-1-57。

國家文物局編：《回憶王冶秋》。北京：文物出版社，1995。

國慶工程辦公室：〈關於國慶工程的情況和1959年第一季度施工安排的報告（初稿）〉，北京市檔案館，125-1-1233。

———：〈關於目前國慶工程進行情況的報告〉，北京市檔案館，125-1-1233。

———：〈關於慶祝國慶十週年建房施工安排的報告〉，北京市檔案館，125-1-1233。

———：〈國慶工程簡報第15號〉，北京市檔案館，125-1-1217。

———：〈全國人民代表大會堂工程的基本情況〉，北京市檔案館，125-1-1218。

———：〈中國革命、歷史博物館工程總結〉，北京市檔案館，125-1-1223。

〈國慶工程建築造價分項統計表〉，北京市檔案館，2-12-138。

國慶工程設計審查會議辦公室：〈國慶工程設計審查會議簡報，第2號〉，北京市檔案館，131-1-359。

H

何溶：〈革命風暴中的英雄形象〉，《美術》，第4期（1961年8月6日），頁6–7。

———：〈群英會上的趙桂蘭〉，《美術》，第2期（1960年2月15日），頁18。

侯仁之：〈試論北京城市規劃建設中的三個里程碑〉，《城市規劃》，第6期（1994年11月9日），頁4–9。

———、吳良鏞：〈天安門廣場禮贊——從宮廷廣場到人民廣場的演變和改造〉，《文物》，第9期（1977年9月），頁1–15。

侯一民（侯逸民）：〈《劉少奇同志和安源礦工》的構思〉，《美術》，第4期（1961年8月6日），頁21–24。

———：〈我和我的革命歷史畫〉，《美術博覽》，第17期（2005年6月25日），頁20–55。

胡喬木：《中國共產黨的三十年》。北京：人民出版社，1951。

胡沙：〈人民勝利萬歲大歌舞創作經過〉，《人民日報》，1949年11月1日，第6版。

———：〈想起在延安鬧秧歌的幾件事〉，《人民日報》，1962年，5月24日，第6版。

胡繩編：《中國共產黨的七十年》。北京：中共黨史出版社，1991。

華君武：〈從下鄉上山談到漫畫的大眾化和民族化〉，《美術》，第2期（1958年2月15日），頁13–14。

———：《華君武政治諷刺畫選集》。北京：人民美術出版社，1954。

———：《化裝跳舞》，《人民日報》，1955年6月26日，第3版。

———：《狼的喬裝》，《新觀察》，第1期（1953年1月1日），頁28。

———：《漫畫漫話》。北京：中國工人出版社，1999。

———：〈漫談內部諷刺的漫畫〉，《美術》，第5期（1957年5月15日），頁13–14。

———：《我怎樣想和怎樣畫漫畫》。石家莊：河北教育出版社，1999。

滑田友：〈讓雕塑藝術到人民群眾中去〉，《人民日報》，1957年12月26日，第7版。

華應申編：《中國共產黨烈士傳》。香港：新民主出版社，1949。

〈呼喊的口號〉，北京市檔案館，99-1-94。

洪長泰：〈空間與政治：擴建天安門廣場〉，陳永發編：《兩岸分途：冷戰初期的政經發展》。台北：中央研究院近代史研究所，2006。

J

翦伯贊：〈參觀蘇聯博物館的印象〉，《文物參考資料》，第4期（1953年5月30日），頁29–42。

江豐著、江豐美術論集編輯組編：《江豐美術論集》，第1卷。北京：人民美術出版社，1983。

姜維樸：《連環畫藝術論》。瀋陽：遼寧美術出版社，1986。

———、王素：《連環畫藝術欣賞》。太原：山西教育出版社，1997。

〈建設祖國大秧歌〉，《人民日報》，1950年2月23日，第3版。

〈計劃人數〉，北京市檔案館，99-1-2。

吉田治郎兵衛：〈北京新秧歌的調查與思考〉，北京師範大學碩士論文，1997年。

記者：〈歡迎蘇聯油畫家康·麥·馬克西莫夫〉，《美術》，第3期（1955年3月15日），頁39。

晉察冀文藝研究會編：《文藝戰士話當年》。北京：缺出版社，2001。

靳尚誼：〈創作《毛主席在十二月會議上》的體會〉，《美術》，第6期（1961年12月6日），頁10–11。

———：〈創作《毛主席在十二月會議上》的體會〉，《革命歷史畫創作經驗談》。北京：人民美術出版社，1963。

———口述、曹文漢撰文：《我的油畫之路：靳尚誼回憶錄》。長春：吉林美術出版社，2000。

〈京郊取締一貫道工作總結〉，北京市檔案館，1-14-165。

〈救救革命紀念館〉，《黨史信息報》，1994年9月1日，第1版。

軍事科學院軍事歷史研究部編：《中國人民解放軍戰史》，第3卷。北京：軍事科學出版社，1987。

K

課程教材研究所編：《二十世紀中國中小學課程標準，教學大綱匯編：語文卷》。北京：人民教育出版社，2001。

越沢明(Koshizawa Akira)著、黃世孟譯：〈北京的都市計劃：1937–1945〉，《國立台灣大學建築與城鄉研究學報》，第3輯，第1期(1987年9月)，頁235–245。

〈擴建天安門廣場等處工程拆遷工作總結報告〉，北京市檔案館，47-1-61。

L

李海文編：《彭真市長》。太原：中共黨史出版社、山西人民出版社，2003。

李漢章：〈七個小英雄智擒特務〉，《人民日報》，1951年6月4–8日。

力群：〈論年畫的形式問題〉，《美術》，第3期(1956年3月15日)，頁14及17。

梁思成：〈北京——都市計劃的無比傑作〉，《梁思成文集》，第4卷，頁51–66。

———：〈關於北京城牆存廢問題的討論〉，《梁思成文集》，第4卷，頁46–50。

———：《梁思成全集》，9卷本。北京：中國建築工業出版社，2001。

———：《梁思成文集》，4卷本。北京：中國建築工業出版社，1982–1986。

———：〈人民英雄紀念碑設計的經過〉，《建築學報》，第6期(1991)，頁27–28。

———：〈為東長安街中央各部建築設計問題上周總理書〉，北京市城市建設檔案館，C3-80-1。

———：〈我對蘇聯建築藝術的一點認識〉，《梁思成全集》，第5卷，頁175–178。

———：〈中國建築的特徵〉，《梁思成文集》，第4卷，頁96–103。

———、陳占祥：〈關於中央人民政府行政中心區位置的建議〉，《梁思成文集》，第4卷，頁1–31。

〈梁思成對北京市政建設的幾點意見〉，《內部參考》，第2152期(1957年3月14日)，頁257–258。

〈梁思成關於民族形式、保留古物言論意見〉，北京市城市建設檔案館，C3-80-2。

林辰：〈年畫的色彩〉，《美術》，第12期 (1956年12月15日)，頁51–52。

林洙：《大匠的困惑》。北京：作家出版社，1991。

〈領袖像排列順序及旗幟排列的規定〉，北京市檔案館，99-1-1。

劉國福、衛景福編：《國魂典》。長春：吉林人民出版社，1993。

劉峻驤編：《中國舞蹈藝術》。南京：江蘇文藝出版社，1992。

劉開渠：〈雕塑藝術生活漫憶〉，《中華文史資料文庫》，第15卷。北京：中國文史出版社，1996。

———：《劉開渠美術論文集》。濟南：山東美術出版社，1984。

———：〈首都人民英雄紀念碑的歷史浮雕〉，《人民日報》，1957年1月1日，第8版。

———：〈向蘇聯雕塑藝術學習〉，《人民日報》，1954年10月15日，第3版。

劉侗、于奕正：《帝京景物略》。北京：北京古籍出版社，1982，依1635年版本重印。

劉驍純：〈羅工柳〉，《巨匠美術週刊：中國系列》，第111期 (1996年10月12日)，頁1–32。

———編：《羅工柳藝術對話錄》。太原：山西教育出版社，1999。

劉迅：〈連環畫創作中的幾個問題〉，《美術》，第7期 (1954年7月15日)，頁7–11。

劉中海、鄭惠、程中原編：《回憶胡喬木》。北京：當代中國出版社，1994。

隆蔭培：〈投身革命文藝〉，《文藝報》，第121期 (1999年10月16日)，第1版。

羅健敏：〈試評天安門廣場的規劃〉，《建築學報》，第5期 (1981年5月20日)，頁28–33。

M

茅盾：〈連環圖畫小說〉，《茅盾全集》，第19卷。北京：人民文學出版社，1991。

毛澤東著、中共中央文獻研究室編：《毛澤東文集》，8卷本。北京：人民出版社，1993–1999。

———：《毛澤東選集》，5卷本。北京：人民出版社，1952–1977。

《緬懷劉仁同志》。北京：北京出版社，1979。

苗地、趙志方：《粉碎美帝國主義的間諜活動》，《人民日報》，1951年9月4日，第3版。

〈民政局1953年上半年工作報告〉，北京市檔案館，196-2-25。

N

〈內務部關於烈士紀念建築物修建和管理工作的報告〉，北京市檔案館，196-2-179。

〈擬定革命公墓管理暫行規則〉，北京市檔案館，2-7-57。

〈扭秧歌注意四點〉，《進步日報》，1949年6月28日，第3版。

P

彭真：〈關於北京的城市規劃問題〉，《彭真文選：1941–1990》，頁307–312。

———：《彭真文選：1941–1990》。北京：人民出版社，1991。

〈彭真同志召集的國慶節遊行及保衛工作會議〉，北京市檔案館，99-1-78。

〈彭真同志召集的五一籌備工作會議記錄〉，北京市檔案館，99-1-93。

〈聘請第29卷〉(1955年5月3日)，中華人民共和國國務院外國專家局檔案室。

〈聘請蘇聯專家來華指導工作案〉，北京市檔案館，23-1-77。

《普天同慶》，北京電影製片廠，1950年。

Q

〈慶祝1955年國慶群眾遊行儀仗隊抬領袖像排列順序〉，北京市檔案館，99-1-61。

〈慶祝1955年首都國慶節文藝大隊工作總結〉，北京市檔案館，99-1-62。

瞿秋白：〈赤都心史〉，《瞿秋白文集》，第1卷。北京：人民文學出版社，1985。

全山石：〈從挫折中見光明〉，《美術》，第1期(1962年2月6日)，頁48–50。

〈全國人民代表大會堂工程的基本情況〉，北京市檔案館，2-11-138。

〈群眾遊行隊伍組織方案等〉，北京市檔案館，99-1-1。

〈群眾遊行準備工作情況的報告〉，北京市檔案館，99-1-94。

R

任遠遠編：《紀念任弼時》。北京：文物出版社，1986。

人民美術出版社編：《年畫選編：1949–1959》。北京：人民美術出版社，1961。

〈人民藝術家伊里亞·列賓〉，《人民美術》，第1卷，第4期(1950年8月1日)，頁13–14。

S

山東省人民政府文化事業管理局：《關於如何對待「灶馬」的意見》(油印文件)。山東濟南：1953年11月12日。

山東省濰坊市博物館與楊家埠木版年畫研究所編:《楊家埠年畫》。北京:文物出版社,1990。

山東省濰坊市寒亭區楊家埠村志編纂委員會編:《楊家埠村志》。濟南:齊魯書社,1993。

《上海藝術圖片:1997》。上海:上海人民美術出版社美術圖片部,1997。

〈上海市各界人民慶祝五一國際勞動節的宣傳要點和紀念辦法〉,上海市檔案館,A22-2-88。

上海市文化局:〈上海連環圖畫概況〉,上海市檔案館,B172-1-23。

〈少先隊〉,北京市檔案館,99-1-196。

沈勃:《北京解放,首都建設札記》,北京市城市建設檔案館編。北京:缺出版社及年份。

沈志華:《蘇聯專家在中國》。北京:中國國際廣播出版社,2003。

〈10月10日彭真同志在市委常委會上關於城市規劃問題的發言〉,北京市檔案館,151-1-17。

〈市政專家組領導者波.阿布拉莫夫同志在討論會上的講詞〉,《中共黨史資料》,第76輯(2000年12月),頁18–22。

〈首都國慶工程介紹(初稿)〉,北京市檔案館,131-1-361。

〈首都慶祝十週年國慶節遊行組織工作要點(草案)〉,北京市檔案館,99-1-193。

樹軍:《天安門廣場歷史檔案》(草案)。北京:中共中央黨校出版社,1998。

宋霖:〈由羅炳輝研究想到烈士研究的幾個問題〉,龍華烈士紀念館編:《烈士與紀念館研究》,第1卷。上海:上海社會科學院出版社,1996。

《蘇聯博物館學基礎》。北京:文物出版社,1957。

〈蘇聯專家對天安門廣場規劃草案模型的一些意見〉,北京市城市建設檔案館,3-7-14。

〈蘇聯專家莫辛對北京市總體規劃的意見〉,北京市城市建設檔案館,C3-86-1。

孫峻亭編:《中國革命烈士園林》。北京:北京出版社,1993。

T

邰怡:〈鳳翔木版年畫見聞記〉,《美術研究》,第2期(1985年5月15日),頁72–75。

唐豫萍:〈連環畫:開展鎮壓反革命宣傳的有力武器〉,《解放日報》(上海),1951年5月26日,第4版。

田漢:〈人民歌舞萬歲〉,《人民日報》,1949年11月7日,第6版。

田作良:《仙班》,《人民日報》,1951年5月9–12日,第3版。

童雋:《蘇聯建築:兼述東歐現代建築》。北京:中國建築工業出版社,1982。

W

〈外賓對遊行隊伍的反映〉，北京市檔案館，99-1-48。

萬里：〈關於國慶工程進展情況和存在問題的報告〉，北京市檔案館，47-1-72。

———：〈關於人大會堂屋架鋼材質量不合要求嚴重影響施工進度的報告〉，北京市檔案館，2-11-128。

———：《萬里文選》。北京：人民出版社，1995。

〈萬里同志在北京市國慶工程五級幹部會議上的報告（記錄摘要）〉，北京市檔案館，125-1-1228。

〈萬里同志在國慶工程宣傳報導會議講話提綱〉，北京市檔案館，2-11-138。

王豐德：〈報告〉，上海市檔案館，A22-2-894。

王軍：《城記》。北京：三聯書店，2003。

王克芬、隆蔭培編：《中國近現代當代舞蹈發展史：1840–1996》。北京：人民音樂出版社，1999。

王樹村：《門與門神》。北京：學苑出版社，1994。

———：〈閒話門神〉，《美術史論叢刊》，第2期（1983年8月），頁220–223。

———：《中國民間年畫史論集》。天津：天津楊柳青畫社，1991。

王冶秋：〈訪蘇觀感〉，《文物參考資料》，第11期（1950年11月30日），頁115–125。

———：〈蘇聯國立革命博物館〉，《文物參考資料》，第10期（1950年10月31日），頁66–77。

王朝聞：〈表現人民群眾的英雄時代〉，《美術》，第8–9期（1960），頁30–36。

———：〈關於時事漫畫〉，《人民日報》，1950年11月12日，第7版。

———：〈關於學習舊年畫形式〉，《人民日報》，1950年3月19日，第5版。

〈為擴大革命公墓用地面積擬購買山地一段請核示〉，北京市檔案館，2-6-194。

〈文藝大隊目前工作進行情況〉，北京市檔案館，99-1-95。

武棟：〈新年畫應力求博得農民歡心〉，《美術》，第9期（1982年9月20日），頁19–20。

吳良鏞：〈人民英雄紀念碑的創作成就〉，《建築學報》，第2期（1978年6月），頁4–9。

吳作人：〈油畫的新貌〉，《美術》，第8–9期（1960年9月），頁41–42。

〈五一節遊行隊伍領袖像排列辦法〉，北京市檔案館，99-1-3。

X

謝昌一：〈向民間年畫學習〉，《美術》，第2期（1960年2月15日），頁36–38。

———：〈搖錢樹的發展和演變〉，《故宮文物月刊》，第11卷，第11期（1994年2月），頁120–125。

〈修正革命公墓（擬改名八寶山公墓）安葬暫行規則（草案）〉，北京市檔案館，2-7-57。

徐悲鴻：〈我生活在北京解放一年來的感想〉，《光明日報》，1950年1月31日，第4版。

———：〈在蘇聯捷克參觀美術的簡略報告〉，王震、徐伯陽編：《徐悲鴻藝術文集》。銀川：寧夏人民出版社，2001。

徐靈：〈年畫工作中存在的主要問題〉，《美術》，第4期（1958年4月15日），頁6–9。

Y

楊伯達：〈蘇聯博物館工作介紹（一）〉，《文物參考資料》，第4期（1954年4月30日），頁95–100。

楊念：〈一段溫馨的回憶〉，北京市城市規劃管理局、北京市城市規劃設計研究院黨史徵集辦公室編：《規劃春秋》。北京：缺出版社，1995。

葉淺予：《細敘滄桑記流年》。北京：群言出版社，1992。

葉文西：〈試談年畫的作用和特點〉，《美術》，第2期（1978年3月25日），頁41–42、48。

葉又新：〈濰縣民間木版年畫的傳統特徵〉，《美術》，第12期（1954年12月15日），頁18–20。

〈1959年國慶節群眾遊行隊伍隊容簡況〉，北京市檔案館，99-1-208。

〈1954年8月4日國慶節籌備會〉，北京市檔案館，99-1-33。

〈1955年國慶節群眾遊行時呼喊的口號〉，北京市檔案館，99-1-61。

〈1955年五一節市容佈置工作計劃〉，上海市檔案館，B56-2-3。

《1951年國慶節：大型紀錄片》，中央電影局北京電影製片廠，1951年。

〈1951年國慶節遊行計劃〉，北京市檔案館，99-1-1。

〈一位老工人的來信〉，北京市檔案館，125-1-1228。

〈遊行隊伍介紹〉，北京市檔案館，99-1-162。

〈遊行隊伍序列和行進路線〉，北京市檔案館，99-1-61。

〈遊行計劃〉，北京市檔案館，99-1-2。

〈遊行人數〉，北京市檔案館，99-1-94。

于非闇：《中國畫顏色的研究》。北京：中華美術出版社，1955。

郁風：〈向民間年畫學習〉，《美術》，第3期（1956年3月15日），頁9–11。

于堅：〈審查中國革命博物館陳列〉，中國人民政治協商會議北京市委員會文史

資料委員會編：《周恩來與北京》。北京：中央文獻出版社，1998。

———：〈周揚與博物館〉，《中國文物報》，第42期(1989年10月27日)，第2版。

袁鷹：《風雲側記：我在人民日報副刊的歲月》。北京：中國檔案出版社，2006。

Z

詹建俊：〈走彎路有感〉，《美術》，第6期(1961年12月6日)，頁30–31。

張鎛：《我的建築創作道路》。北京：中國建築工業出版社，1994。

張承平編：《八寶山革命公墓碑文錄》。北京：改革出版社，1990。

張殿英：《楊家埠木版年畫》。北京：人民美術出版社，1990。

張仃：〈桃花塢年畫〉，《美術》，第8期(1954年8月15日)，頁44–45。

張庚：〈魯藝工作團對於秧歌的一些經驗〉，《解放日報》(延安)，1944年5月15日，第4版。

張華：《中國民間舞與農耕信仰》。長春：吉林教育出版社，1992。

張開濟：〈參加國慶工程設計的點滴回憶〉，《北京文史資料》，第49輯(1994年11月)，頁33–40。

張文元：《行賄圖》，《進步日報》，1952年1月12日，第4版。

趙冬日：〈回憶人民大會堂設計過程〉，《北京文史資料》，第49輯(1994年11月)，頁12–32。

———著、北京市建築設計研究院編：《建築設計大師趙冬日作品選》。北京：科學出版社，1998。

———：〈天安門廣場〉，《建築學報》，第9–10期(1959年10月)，頁18–22。

趙洛、史樹青：《天安門》。北京：北京出版社，1957。

趙鵬飛等：〈關於紀念國慶十週年建築工程施工力量部署的報告〉，北京市檔案館，47-1-51。

趙郙哥(彭松)：〈建設祖國大秧歌總結〉，《戲劇學習》，第1期(1950年4月2日)，頁6。

鄭金蘭編：《濰坊年畫研究》。上海：學林出版社，1991。

鄭天翔：《行程紀略》。北京：北京出版社，1994。

———、佟錚：〈專家組的一些個別反映(一)〉，北京市檔案館，151-1-6。

中共北京市委：〈報送改建與擴建北京市規劃草案和規劃草圖〉，北京市檔案館，1-5-90。

———：〈改建與擴建北京市規劃草案的要點〉，北京市檔案館，1-5-90。

———：〈中共北京市委關於紀念國慶十週年的籌建情況和問題的報告〉，北京市檔案館，125-1-1254。

———：〈中共北京市委關於紀念國慶十週年工程的籌建情況和問題的報告〉，北京市檔案館，47-1-60。

———：〈中央〉，北京市檔案館，2-7-57。

中共北京市委宣傳部：〈北京市工人教育工作報告〉，北京市檔案館，1-12-9。

———：〈反對美蔣條約宣傳運動情況簡報，第一號〉，北京市檔案館，1-12-175。

———：〈在普及深入抗美援朝運動中組織群眾積極分子的宣傳隊伍〉，北京市檔案館，1-12-80。

〈中共「七大」代表暨延安人民代表對中國革命死難烈士的祭文〉，中央檔案館編：《中共中央文件選集》，第15冊。北京：中共中央黨校出版社，1991。

中共市建一公司委員會：〈人大工程情況簡報(78)〉，北京市檔案館，125-1-1226。

中共中央文獻研究室編：《建國以來重要文獻選編》，第1卷。北京：中央文獻出版社，1992。

中國革命博物館編：《解放區展覽會資料》。北京：文物出版社，1988。

中國革命博物館50年編委會編：《中國革命博物館50年》。深圳：海天出版社，2001。

〈中國革命和中國歷史博物館工程的基本情況〉，北京市檔案館，2-11-138。

〈中國革命、歷史博物館工程基本總結〉，北京市檔案館，47-1-90。

中國國民黨中央執行委員會建築陣亡將士公墓籌備委員會：《國民革命軍陣亡將士公墓落成典禮紀念刊》。南京：缺出版社，1935。

中國人民解放軍13兵團政治部宣傳隊編：《解放之歌》。缺出版資料。

中國人民政治協商會議北京市委員會文史資料委員會編：《莊嚴的慶典：國慶首都群眾遊行紀事》。北京：北京出版社，1996。

中華全國文學藝術工作者代表大會宣傳處編：《中華全國文學藝術工作者代表大會紀念文集》。缺出版地點：新華書店，1950。

中華人民共和國建築工程部：〈關於宣傳首都一批新建工程未注意提到蘇聯專家的幫助的報告〉，北京市檔案館，125-1-1254。

〈中直各機關同志對五一遊行的意見〉，北京市檔案館，99-1-48。

周恩來：〈在音樂舞蹈座談會上的講話〉，文化部文學藝術研究院編：《周恩來論文藝》。北京：人民文學出版社，1979。

周乃寂：〈介紹《中國共產黨烈士傳》〉，《人民日報》，1951年6月17日，第6版。

周揚：《周揚文集》，4卷本。北京：人民文學出版社，1984–1991。

〈周總理對市革委會關於1972年五一節慶祝活動的請示的批示〉，北京市檔案館，99-1-784。

朱狄：〈光明在前〉,《美術》,第4期 (1961年8月6日),頁25–27。

———:〈談歷史題材的美術創作〉,《美術》,第3期(1961年6月6日),頁41–46。

〈朱兆雪、趙冬日對首都建設計劃的意見〉,北京建設史書編輯委員會編輯部編:《建國以來的北京城市建設資料》,第1卷,《城市規劃》。北京：缺出版社,1987。

〈專家談話記要 (58)〉,北京市城市建設檔案館,3-7-14。

〈專家談話記要 (130)〉,北京市城市建設檔案館,3-7-14。

〈專家談話記要 (400)〉,北京市城市建設檔案館,3-7-14。

〈組織工作要點〉,北京市檔案館,99-1-178。

〈組織群眾在西長安街參觀閱兵、遊行的工作計劃〉,北京市檔案館,99-1-75。

外文參考書目

Agulhon, Maurice. *Marianne into Battle: Republican Imagery and Symbolism in France, 1789–1880*. Translated by Janet Lloyd. Cambridge: Cambridge University Press, 1981.

————. "Politics and Images in Post-Revolutionary France." In *Rites of Power: Symbolism, Ritual, and Politics since the Middle Ages*, edited by Sean Wilentz. Philadelphia: University of Pennsylvania Press, 1985.

Alberti, Leon Battista. *The Ten Books of Architecture* (The 1755 Leoni Edition). New York: Dover, 1986.

Almond, Gabriel A. and Sidney Verba. *The Civic Culture: Political Attitudes and Democracy in Five Nations*. Newbury Park: Sage Publications, 1989.

Aman, Anders. *Architecture and Ideology in Eastern Europe during the Stalin Era: An Aspect of Cold War History*. New York: Architectural History Foundation; Cambridge: MIT Press, 1992.

Andrews, Julia F. *Painters and Politics in the People's Republic of China, 1949–1979*. Berkeley: University of California Press, 1994.

Arendt, Hannah. *The Origins of Totalitarianism*. New York: World Publishing, 1958.

Ariès, Philippe. *Western Attitudes toward Death: From the Middle Ages to the Present*. Translated by Patricia M. Ranum. Baltimore: Johns Hopkins University Press, 1974.

Arkush, R. David. "Love and Marriage in North Chinese Peasant Operas." In *Unofficial China: Popular Culture and Thought in the People's Republic*, edited by Perry Link, Richard Madsen, and Paul G. Pickowicz. Boulder: Westview Press, 1989.

Baird, Jay W. *To Die for Germany: Heroes in the Nazi Pantheon*. Bloomington: Indiana University Press, 1990.

Ben-Amos, Avner. *Funeral, Politics, and Memory in Modern France, 1789–1996* Oxford: Oxford University Press, 2000.

Bo Songnian. *Chinese New Year Pictures*. Beijing: Cultural Relics Publishing House, 1995.

Bodde, Derk. *Peking Diary: A Year of Revolution*. New York: Henry Schuman, 1950.

Boldirev, S. and P. Goldenberg. "Ulitsa Gorkogo v proshlom i nastoyashchyem" (The past and present of Gorky Street). *Arkhitektura SSSR*, No. 4 (1938), pp. 14–19.

Bonnell, Victoria E. *Iconography of Power: Soviet Political Posters under Lenin and Stalin*. Berkeley: University of California Press, 1997.

Bourdieu, Pierre. *Distinction: A Social Critique of the Judgement of Taste*. Translated by Richard Nice. Cambridge: Harvard University Press, 1984.

————. *The Field of Cultural Production: Essays on Art and Literature*. Edited and introduction by Randal Johnson. New York: Columbia University Press, 1993.

————. *Language and Symbolic Power*. Edited and introduction by John B. Thompson, translated by Gino Raymond and Matthew Adamson. Cambridge: Harvard University Press, 1991.

Bown, Matthew Cullerne. *Art under Stalin*. New York: Holmes & Meier, 1991.

————. *Socialist Realist Painting*. New Haven: Yale University Press, 1998.

Brooks, Jeffrey. *Thank You, Comrade Stalin! Soviet Public Culture from Revolution to Cold War*. Princeton: Princeton University Press, 2000.

Brown, Jonathan and J. H. Elliott. *A Palace for a King: The Buen Retiro and the Court of Philip IV*. New Haven: Yale University Press, 1980.

Burke, Peter. *Eyewitnessing: The Uses of Images as Historical Evidence*. Ithaca: Cornell University Press, 2001.

Castillo, Greg. "Gorki Street and the Design of the Stalin Revolution." In *Streets: Critical Perspectives on Public Space*, edited by Zeynep Çelik, Diane Favro, and Richard Ingersoll. Berkeley: University of California Press, 1994.

Certeau, Michel de. *The Practice of Everyday Life*. Translated by Steven Rendall. Berkeley: University of California Press, 1984.

Chartier, Roger. *Cultural History: Between Practices and Representations*. Translated by Lydia G. Cochrane. Cambridge: Polity Press, 1988.

Cheek, Timothy. *Propaganda and Culture in Mao's China: Deng Tuo and the Intelligentsia*. Oxford: Clarendon Press, 1997.

Chen, Xiaomei. *Acting the Right Part: Political Theater and Popular Drama in Contemporary China.* Honolulu: University of Hawai'i Press, 2002.

Chen, Yung-fa. *Making Revolution: The Communist Movement in Eastern and Central China, 1937–1945.* Berkeley: University of California Press, 1986.

Chinese Women and Modernity: Calendar Posters of the 1910s–1930s. Compiled by Ng Chun Bong et al. Hong Kong: Joint Publishing, 1996.

Clark, Paul. *Chinese Cinema: Culture and Politics since 1949.* Cambridge: Cambridge University Press, 1987.

Collins, George R. and Christiane Crasemann Collins. *Camillio Sitte: The Birth of Modern City Planning,* with a translation of the 1889 Austrian edition of his *City Planning according to Artistic Principles.* New York: Rizzoli, 1986.

The Common Program and Other Documents of the First Plenary Session of the Chinese People's Political Consultative Conference. Peking: Foreign Languages Press, 1950.

The Constitution of the People's Republic of China. Peking: Foreign Languages Press, 1954.

Corney, Frederick C. *Telling October: Memory and the Making of the Bolshevik Revolution.* Ithaca: Cornell University Press, 2004.

Danilova, Albina. *Dedicated to the Muses.* Moscow: Novosti, 1990.

Denton, Kirk A. "Visual Memory and the Construction of a Revolutionary Past: Paintings from the Museum of the Chinese Revolution." *Modern Chinese Literature and Culture* 12, no. 2 (Fall 2000): pp. 203–235.

Dong, Madeleine Yue. *Republican Beijing: The City and Its Histories.* Berkeley: University of California Press, 2003.

Duncan, Carol and Alan Wallach. "The Universal Survey Museum." *Art History,* Vol. 3, No. 4 (December 1980), pp. 448–469.

Eberhard, Wolfram. *A Dictionary of Chinese Symbols: Hidden Symbols in Chinese Life and Thought.* London: Routledge, 1986.

Ellul, Jacques. *Propaganda: The Formation of Men's Attitudes.* Translated by Konrad Kellen and Jean Lerner. New York: Vintage Books, 1973.

Etlin, Richard A. *The Architecture of Death: The Transformation of the Cemetery in Eighteenth-Century Paris.* Cambridge: MIT Press, 1984.

Evans, Harriet. *Women and Sexuality in China: Female Sexuality and Gender Since 1949.* New York: Continuum, 1997.

Fairbank, Wilma. *Liang and Lin: Partners in Exploring China's Architectural Past.* Philadelphia: University of Pennsylvania Press, 1994.

Falasca-Zamponi, Simonetta. *Fascist Spectacle: The Aesthetics of Power in Mussolini's Italy.* Berkeley: University of California Press, 1997.

Farnsworth, Beatrice. "Village Women Experience the Revolution." In *Bolshevik Culture: Experiment and Order in the Russian Revolution*, edited by Abbott Gleason, Peter Kenez, and Richard Stites. Bloomington: Indiana University Press, 1985.

Figes, Orlando and Boris Kolonitskii. *Interpreting the Russian Revolution: The Language and Symbols of 1917.* New Haven: Yale University Press, 1999.

Fitzpatrick, Sheila. *Stalin's Peasants: Resistance and Survival in the Russian Village after Collectivization.* New York: Oxford University Press, 1994.

————. *Tear Off the Masks! Identity and Imposture in Twentieth-Century Russia.* Princeton: Princeton University Press, 2005.

Furet, François. *Interpreting the French Revolution.* Translated by Elborg Forster. Cambridge: Cambridge University Press, 1981.

Gans, Herbert, J. *Popular Culture and High Culture: An Analysis and Evaluation of Taste.* New York: Basic Books, 1974.

Gao, James Z. *The Communist Takeover of Hangzhou: The Transformation of City and Cadre, 1949–1954.* Honolulu: University of Hawai'i Press, 2004.

Geertz, Clifford. *Local Knowledge: Further Essays in Interpretive Anthropology.* New York: Basic Books, 1983.

Goldman, Merle. *China's Intellectuals: Advise and Dissent.* Cambridge: Harvard University Press, 1981.

Golomstock, Igor. "Problems in the Study of Stalinist Culture." In *The Culture of the Stalin Period*, edited by Hans Günther. New York: St. Martin's, 1990.

————. *Totalitarian Art in the Soviet Union, the Third Reich, Fascist Italy and the People's Republic of China.* Translated by Robert Chandler. New York: Icon-Editions, 1990.

Gramsci, Antonio. *Selections from the Prison Notebooks.* Edited and translated by Quintin Hoare and Geoffrey Nowell Smith. London: Lawrence and Wishart, 1971.

Groys, Boris. "The Art of Totality." In *The Landscape of Stalinism: The Art and Ideology of Soviet Space*, edited by Evgeny Dobrenko and Eric Naiman. Seattle: University of Washington Press, 2003.

———. "The Struggle against the Museum; or, The Display of Art in Totalitarian Space." In *Museum Culture: Histories, Discourses, Spectacles*, edited by Daniel J. Sherman and Irit Rogoff. Minneapolis: University of Minnesota Press, 1994.

———. *The Total Art of Stalinism: Avant-Garde, Aesthetic Dictatorship, and Beyond*. Translated by Charles Rougle. Princeton: Princeton University Press, 1992.

Halbwachs, Maurice. *The Collective Memory*. Translated by Francis J. Ditter, Jr. and Vida Yazdi Ditter. New York: Harper and Row, 1980.

Harrison, Henrietta. *The Making of the Republican Citizen: Political Ceremonies and Symbols in China, 1911–1929*. Oxford: Oxford University Press, 2000.

———. "Martyrs and Militarism in Early Republican China." *Twentieth-Century China*, Vol. 23, No. 2 (April 1998), pp. 41–70.

Haskell, Francis. *History and Its Images: Art and the Interpretation of the Past*. New Haven: Yale University Press, 1995.

Hinton, William. *Fanshen: A Documentary of Revolution in a Chinese Village*. New York: Vintage Books, 1968.

Hobsbawm, Eric and Terence Ranger, eds. *The Invention of Tradition*. Cambridge: Cambridge University Press, 1983.

Holm, David. *Art and Ideology in Revolutionary China*. Oxford: Clarendon, 1991.

Hung, Chang-tai. "Two Images of Socialism: Woodcuts in Chinese Communist Politics." *Comparative Studies in Society and History*, Vol. 39, No. 1 (January 1997), pp. 34–60.

———. *War and Popular Culture: Resistance in Modern China, 1937–1945*. Berkeley: University of California Press, 1994.

Hunt, Lynn. *Politics, Culture, and Class in the French Revolution*. Berkeley: University of California Press, 1984.

Ikonnikov, Andrei. *Russian Architecture of the Soviet Period*. Translated by Lev Lyapin. Moscow: Raduga, 1988.

Kaple, Deborah A. "Soviet Advisors in China in the 1950s." In *Brothers in Arms: The Rise and Fall of the Sino-Soviet Alliance, 1945–1963*, edited by Odd Arne Westad. Washington, D.C.: Woodrow Wilson Center Press; Stanford: Stanford University Press, 1998.

Kenez, Peter. *The Birth of the Propaganda State: Soviet Methods of Mass Mobilization, 1917–1929*. Cambridge: Cambridge University Press, 1985.

Kertzer, David I. *Ritual, Politics, and Power*. New Haven: Yale University Press, 1988.

Kidd, David. *Peking Story: The Last Days of Old China*. New York: Clarkson N. Potter, 1988.

Kopp, Anatole. *Town and Revolution: Soviet Architecture and City Planning, 1917–1935*. Translated by Thomas E. Burton. New York: George Braziller, 1970.

Kostof, Spiro. *A History of Architecture: Settings and Rituals*. Revised by Greg Castillo. New York: Oxford University Press, 1995.

Kraus, Richard Curt. *Pianos and Politics in China: Middle-Class Ambitions and the Struggle over Western Music*. New York: Oxford University Press, 1989.

Laing, Ellen Johnston. "The Persistence of Propriety in the 1980s." In *Unofficial China: Popular Culture and Thought in the People's Republic*, edited by Perry Link, Richard Madsen, and Paul G. Pickowicz. Boulder: Westview Press, 1989.

———. *The Winking Owl: Art in the People's Republic of China*. Berkeley: University of California Press, 1988.

Lane, Barbara Miller. *Architecture and Politics in Germany, 1918–1945*. Cambridge: Harvard University Press, 1985.

Lane, Christel. *The Rites of Rulers: Ritual in Industrial Society – The Soviet Case*. Cambridge: Cambridge University Press, 1981.

Lasswell, Harold D. In collaboration with Merritt B. Fox. *The Signature of Power: Buildings, Communication, and Policy*. New Brunswick, NJ: Transaction, 1979.

Le Bon, Gustave. *The Crowd*. With an introduction by Robert A. Nye. New Brunswick, NJ: Transaction, 1995.

Leith, James A. *Space and Revolution: Projects for Monuments, Squares, and Public Buildings in France, 1789–1799*. Montreal: McGill-Queen's University Press, 1991.

Lenin, V. I. *What Is to Be Done?* Translated by Joe Fineberg and George Hanna. London: Penguin Books, 1989.

Levine, Steven I. *Anvil of Victory: The Communist Revolution in Manchuria, 1945–1948*. New York: Columbia University Press, 1987.

Lieberthal, Kenneth G. "The Great Leap Forward and the Split in the Yenan Leadership." In *The Cambridge History of China*, edited by Roderick

MacFarquhar and John K. Fairbank. Vol. 14, pp. 293–359. Cambridge: Cambridge University Press, 1987.

———. *Revolution and Tradition in Tientsin, 1949–1952*. Stanford: Stanford University Press, 1980.

Link, Perry. "The Crocodile Bird: Xiangsheng in the Early 1950s." In *Dilemmas of Victory: The Early Years of the People's Republic of China*, edited by Jeremy Brown and Paul G. Pickowicz. Cambridge: Harvard University Press, 2007.

Lodder, Christina. "Lenin's Plan for Monumental Propaganda." In *Art of the Soviets: Painting, Sculpture and Architecture in a One-Party State, 1917–1992*, edited by Matthew Cullerne Bown and Brandon Taylor. Manchester: Manchester University Press, 1993.

Lord, Albert. *The Singer of Tales*. Cambridge: Harvard University Press, 1960.

Low, David. *Low Visibility: A Cartoon History, 1945–1953*. London: Collins, 1953.

Low, Setha M. *On the Plaza: The Politics of Public Space and Culture*. Austin: University of Texas Press, 2000.

MacFarquhar, Roderick. *The Origins of the Cultural Revolution*, Vol. 2, *The Great Leap Forward, 1958–1960*. New York: Columbia University Press, 1983.

McClellan, Andrew. *Inventing the Louvre: Art, Politics, and the Origins of the Modern Museum in Eighteenth-Century Paris*. Berkeley: University of California Press, 1994.

Merridale, Catherine. *Night of Stone: Death and Memory in Twentieth-Century Russia*. New York: Penguin Books, 2000.

Mitchell, W.J.T. *Picture Theory: Essays on Verbal and Visual Representation*. Chicago: University of Chicago Press, 1994.

Moore, Barrington, Jr. *Social Origins of Dictatorship and Democracy: Lord and Peasant in the Making of the Modern World*. Boston: Beacon Press, 1966.

Mosse, George L. *Fallen Soldiers: Reshaping the Memory of the World Wars*. New York: Oxford University Press, 1990.

———. *The Nationalization of the Masses: Political Symbolism and Mass Movements in Germany from the Napoleonic Wars through the Third Reich*. Ithaca: Cornell University Press, 1975.

Nora, Pierre. "General Introduction: Between Memory and History." In *Realms of Memory: Rethinking the French Past*. Vol. 1, *Conflicts and Divisions*. Edited by Pierre Nora and translated by Arthur Goldhammer. New York: Columbia University Press, 1996.

———, ed. *Realms of Memory: Rethinking the French Past*. 3 vols. Translated by Arthur Goldhammer, Vol. 1, *Conflicts and Divisions*; Vol. 2, *Traditions*; Vol. 3, *Symbols*. New York: Columbia University Press, 1996–1998.

O'Sullivan, Judith. *The Great American Comic Strip: One Hundred Years of Cartoon Art*. Boston: Little, Brown, 1990.

Ozouf, Mona. *Festivals and the French Revolution*. Translated by Alan Sheridan. Cambridge: Harvard University Press, 1988.

Paperny, Vladimir. *Architecture in the Age of Stalin: Culture Two*. Translated by John Hill and Roann Barris, in collaboration with the author. Cambridge: Cambridge University Press, 2002.

———. "Moscow in the 1930s and the Emergence of a New City." In *The Culture of the Stalin Period*, edited by Hans Günther. New York: St. Martin's Press, 1990.

Pearce, Susan M. *Museums, Objects and, Collections: A Cultural Study*. Washington, D.C.: Smithsonian Institution Press, 1993.

Pearson, Nicholas. *The State and the Visual Arts: A Discussion of State Intervention in the Visual Arts in Britain, 1760–1981*. Milton Keynes: Open University Press, 1982.

Peking: A Tourist Guide. Peking: Foreign Languages Press, 1960.

Popkin, Samuel L. *The Rational Peasant: The Political Economy of Rural Society in Vietnam*. Berkeley: University of California Press, 1979.

Ryan, Mary. "The American Parade: Representations of the Nineteenth-Century Social Order." In *The New Cultural History*, edited by Lynn Hunt. Berkeley: University of California Press, 1989.

Schneider, Laurence A. *A Madman of Ch'u: The Chinese Myth of Loyalty and Dissent*. Berkeley: University of California Press, 1980.

Schoenhals, Michael. *Doing Things with Words in Chinese Politics: Five Studies*. Berkeley: Institute of East Asian Studies, University of California, 1992.

Schram, Stuart R. "Party Leader or True Ruler? Foundations and Significance of Mao Zedong's Personal Power." In *Foundations and Limits of State Power in*

China, edited by Stuart Schram. London: School of Oriental and African Studies, University of London; Hong Kong: Chinese University Press, 1987.

Scott, James C. *Weapons of the Weak: Everyday Forms of Peasant Resistance*. New Haven: Yale University Press, 1985.

Shikes, Ralph E. *The Indignant Eye: The Artist as Social Critic in Prints and Drawings from the Fifteenth Century to Picasso*. Boston: Beacon, 1969.

Smith, Arthur H. *Village Life in China: A Study in Sociology*. New York: Fleming H. Revell, 1899.

Speer, Albert. *Inside the Third Reich: Memoirs*. Translated by Richard and Clara Winston. London: Weidenfeld and Nicolson, 1970.

Stites, Richard. *Revolutionary Dreams: Utopian Vision and Experimental Life in the Russian Revolution*. New York: Oxford University Press, 1989.

———. *Russian Popular Culture: Entertainment and Society since 1900*. Cambridge: Cambridge University Press, 1992.

Strauss, Julia C. "Paternalist Terror: The Campaign to Suppress Counterrevolutionaries and Regime Consolidation in the People's Republic of China, 1950–1953." *Comparative Studies in Society and History*, Vol. 44, No. 1 (January 2002), pp. 80–105.

Sullivan, Michael. *Art and Artists of Twentieth-Century China*. Berkeley: University of California Press, 1996.

Tertz, Abram. *On Socialist Realism*. Introduced by Czeslaw Milosz. New York: Pantheon, 1960.

Thompson, E. P. "History from Below." *Times Literary Supplement*, April 7, 1966, pp. 279–281.

Tumarkin, Nina. *Lenin Lives! The Lenin Cult in Soviet Russia*. Enlarged ed. Cambridge: Harvard University Press, 1997.

Turner, Victor, ed. *Celebration: Studies in Festivity and Ritual*. Washington, D.C.: Smithsonian Institution Press, 1982.

Viola, Lynne. *Peasant Rebels under Stalin: Collectivization and the Culture of Peasant Resistance*. New York: Oxford University Press, 1996.

Vitruvius. *Ten Books on Architecture*. Translated by Ingrid D. Rowland. Cambridge: Cambridge University Press, 1999.

Vogel, Ezra F. *Canton under Communism: Programs and Politics in a Provincial Capital, 1949–1968*. Cambridge: Harvard University Press, 1969.

Volland, Nicolai. "The Control of the Media in the People's Republic of China." Ph.D. diss., University of Heidelberg, 2003.

von Geldern, James. *Bolshevik Festivals, 1917–1920*. Berkeley: University of California Press, 1993.

Wagner, Rudolf G. *The Contemporary Chinese Historical Drama*. Berkeley: University of California Press, 1990.

———. "Reading the Chairman Mao Memorial Hall in Peking: The Tribulations of the Implied Pilgrim." In *Pilgrims and Sacred Sites in China*, edited by Susan Naquin and Chün-fang Yü. Berkeley: University of California Press, 1992.

Walder, Andrew G. *Communist Neo-Traditionalism: Work and Authority in Chinese Industry*. Berkeley: University of California Press, 1986.

Waldron, Arthur. "China's New Remembering of World War II: The Case of Zhang Zizhong." *Modern Asian Studies*, Vol. 30, No. 4 (October 1996), pp. 945–978.

Wang Shucun. *Paper Joss: Deity Worship through Folk Prints*. Beijing: New World Press, 1992.

Watson, James L., and Evelyn S. Rawski, eds. *Death Ritual in Late Imperial and Modern China*. Berkeley: University of California Press, 1988.

White, Stephen. *The Bolshevik Poster*. New Haven: Yale University Press, 1988.

Wilentz, Sean, ed. *Rites of Power: Symbolism, Ritual, and Politics since the Middle Ages*. Philadelphia: University of Pennsylvania Press, 1985.

Wilhelm, Hellmut. "From Myth to Myth: The Case of Yüeh Fei's Biography." In *Confucian Personalities*, edited by Arthur F. Wright and Denis Twitchett. Stanford: Stanford University Press, 1962.

Williams, C. A. S. *Chinese Symbolism and Art Motifs: An Alphabetical Compendium of Antique Legends and Beliefs, as Reflected in the Manners and Customs of the Chinese*. Introduced by Terence Barrow. Rutland, VT: C.E. Tuttle, 1988.

Williams, Raymond. *Keywords: A Vocabulary of Culture and Society*. Rev. ed. New York: Oxford University Press, 1989.

Winter, Jay. *Sites of Memory, Sites of Mourning: The Great War in European Cultural History*. Cambridge: Cambridge University Press, 1995.

Wolf, Eric. *Peasant Wars of the Twentieth Century*. New York: Harper and Row, 1969.

Wood, Elizabeth A. *Performing Injustice: Agitation Trials in Early Soviet Russia.* Ithaca: Cornell University Press, 2005.

Wou, Odoric Y. K. *Mobilizing the Masses: Building Revolution in Henan.* Stanford: Stanford University Press, 1994.

Wu, Hung. *Remaking Beijing: Tiananmen Square and the Creation of a Political Space.* Chicago: University of Chicago Press, 2005.

Yang, C. K. *Religion in Chinese Society: A Study of Contemporary Social Functions of Religion and Some of Their Historical Factors.* Berkeley: University of California Press, 1961.

Yang Kuisong. "Reconsidering the Campaign to Suppress Counterrevolutionaries." *The China Quarterly,* No. 193 (March 2008), pp. 102–121.

Yang, Lien-sheng. "The Organization of Chinese Official Historiography: Principles and Methods of the Standard Histories from the T'ang through the Ming Dynasty." In *Historians of China and Japan,* edited by W. G. Beasley and E. G. Pulleyblank. London: Oxford University Press, 1961.

Young, James E. *The Texture of Memory: Holocaust Memorials and Meaning.* New Haven: Yale University Press, 1993.

Zhuravlev, A. M., A. V. Ikonnikov, and A. G. Rochegov. *Arkhitektura Soveskoi Rossii* (Architecture of the Soviet Union). Moscow: Stroiizdat, 1987.

索 引

（按漢語拼音及英文字母排序）